# 거룩한 초대

제네트 AL. 바크 지음

최승기 옮김

거룩한 초대

HOLY INVITATIONS

초판 발행: 2007년 10월 30일

2판인쇄: 2013년 4월 19일

3판인쇄: 2022년 3월 2일

4판인쇄: 2025년 8월 25일

저자: 제네트 A. 바크

번역자: 최승기

발행처: 은성출판사

등록:1974년 12월 9일 제9-66호

ⓒ 2007, 2012, 2022년 은성출판사

주소: 서울시 강동구 성내동 538-9

전화:(02) 477-4404

팩스:(02) 477-4405

홈 페이지: www.eunsungpub.co.kr

Originally published in U.S.A. Under the Title of Holy Invitationsby J. A. Bakke

Copyright ⓒ 2000 by Baker Books, Grand Rapids, Michigan 49516-6287

ISBN  979-11-92914-55-8 93230

Printed in Korea

Exploring Spiritual Direction

# Holy Invitations

*by*

Jeannette A. Baknke

# 목차

# 감사의 글

이 책의 탄생은 15년 이상의 산고를 필요로 했고, 많은 사람들의 도움과 관심이 없이는 불가능했습니다. 내가 영성지도를 위한 공식적인 훈련을 처음 받은 곳은 영성 형성을 위한 샬렘 연구소(Shalem Institute for Spiritual Formation)입니다. 그곳에서 나는 하나님을 기다리는 것을 배웠습니다. 1984년 그곳의 틸덴 에드워드(Tilden Edward) 박사와 제럴드 매이(Gerald May)박사가 이 책의 저술을 격려해 주었습니다. 그 후 참으로 오랜 기간의 기다림이 필요했습니다.

나의 영성지도자들, 피지도자들, 베델 신학교(Bethel Seminary) 학생들, 그리고 동료 교수들, 즉 이 책의 저술에 직간접적으로 영향을 주었던 모든 분들에게 감사를 드립니다. 칼 런드퀴스트(Carl Lundquist) 총장과 고든 존슨(Gordon Johnson) 학장은 영성 형성을 할 수 있는 좋은 환경을 제공해 주었고, 그로 인해 이 책의 틀을 잡을 수가 있었습니다.

컴퓨터 전문가들은 나를 가르치며 또한 구해 주기도 했습니다. 래리 핸슨(Larry Hansen), 짐(Jim)과 미첼 앤더슨(Michele Anderson), 스티브 브라운(Steve Brown), 프레스톤 라쉬(Preston Rash), 글로리아 메츠(Gloria Metz)는 컴퓨터 사용에 관한 끝없는 질문에 대답해 주었고, 최종 본을 준비하는 데 도움을 주었습니다.

미 해군 함장이며 군목인 래리 혼(Larry Horne); 찰스 안(Charles Arn) 박사;

윌키 아우(Wilkie Au) 박사; 스티브 하퍼(Steve Harper) 박사; 그리고 루벤 좁(Rueben Job) 박사와 함께 상호 협력 에큐메니칼 팀을 구성하여 영성과 영적 발달에 관해 함께 준비하여 해군, 해병대, 해안 경비대의 군목들을 가르쳤던 경험은 나의 이해를 더욱 풍요롭게 해 주었습니다.

베델 신학교, 팻 피커링(Pat Pickering), 광야의 성 요한(St. John in the Wilderness)에 있는 조셉 캠블(Joseph Campbell) 신부와 메리 린드홀름(Mary Lindholm)은 저술할 수 있는 조용한 장소를 제공해 주었습니다. 메리 버나데트(Mary Bernadette)와 성모 방문 수녀원(Visitation Convent)은 독거처를 허락해 주었습니다.

하나님께서는 셀 수 없이 많은 이 책의 공헌자들을 만나게 해 주셨습니다. 벗들은 고맙게도 기도해 주었고, 원고를 읽고 비평을 해 주었습니다. 원고를 초기에 읽어준 분들은 샬렛 발타(Charette Barta), 존 아커만(John Ackerman) 목사님, 게리 클링스본(Gary Klingsborn), 자네트 해그버그(Janet Hagberg), 그리고 루치 쇼(Luci Shaw)입니다. 보다 최근에 읽어 준 분들은 다음과 같습니다. 처음부터 영성지도를 통해 여정을 공유해온 조안 네서(Joann Nesser); 기도해 준 엘시 퍼맨(Elsie Fuhrman); 나 자신의 목소리로 말하도록 격려해 준 자넷 러핑(Janet Ruffing) 박사; 벧엘 신학교에서 내게 용기를 주고, 기도해 주고, 원고를 읽은 후 용어 하나하나에 대해 비평을 해준 닐스 프라이버그(Nils Firberg) 박사; 내게 아무 말도 하지 않은 채 묵묵히 기도해 준 미시간 사람들인 바바라 코헨(Barbara Cohen), 샌디 리틀(Sandy Little), 존 시몬스(Joan Simmons), 그리고 낸시 피트너(Nancy Pittner). 또한 통찰력 있는 질문으로 나를 생각하도록 자극해준 셰릴 넬슨(Sherrill Nelson)과 메리 베커(Mary Becker); 이 책이 출판되기까지 장기간에 걸쳐 읽어주고 기도해준 클로디 하렐(Clodie Harrell), 메릴린 뉴테슨(Marillyn Knueteson), 그리고 페그 류튼(Peg Ruetten); 집단 영성지도의 토대를 놓은 로즈 메리 도허티(Rose Mary Dougherty) 수녀; 성에 관한 현대 용어들을 잘 구별할 수 있도록 도와준 칼라 달(Carla Dahl) 박사; 이냐시오(Ignatius of Loyola) 영적 분별과 성경과 영성지도에 관한 나의 지식에 도움을 준 윌키 아우(Wilkie Au) 박사와 케이 밴더볼트(Kay Vandervort) 박사; 그리고 성경, 집단 영성지도, 영성지도에 관해 도움이 되는 질문을 해준 로이스 린드블룸(Lois Lindbloom) 박사에게도 감사를 전하고 싶습니다. 맥델린 렝글(Madeleine L'Engle)은 하나님의 부르심에 주의를 집중하게 하는 기독교 훈련 방식을 내게 가르쳐 주었습니다.

탐 쉬완다(Tom Schwanda) 박사는 베이커 북 출판사를 대신해서 이 책을 탁월하게 검토하여 좋은 제안들과 용기를 북돋워주는 말들을 해 주었습니다. 나와 계약을 맺은 베이커 북 출판사의 편집자인 밥 호색(Bob Hosack)은 열정직으로 나의 작업을 후원해 주었으며, 이 책 안에서 하나님의 초대들을 발견했습니다. 멜린다 밴 잉겐(Melinda Van Engen)은 통찰력 넘치는 세심한 편집을 통해서 이 책의 내용을 보다 명료하게 할 뿐만 아니라 읽기 쉽게 만들었습니다.

제럴드 매이는 1984년 이래로 간헐적으로 이 책의 부분들을 읽어 주었습니다. 그는 끊임없이 중요한 질문을 제기해 주었고, 통찰을 제공해 주었으며, 기도해 주었고, 아직 여물지 않는 사고들을 기도하고 씨름하면서 발전시키도록 격려해 주었습니다. 나의 남편 스탠 바크(Stan Bakke)는 나의 원고들이 성장해 가고 변화되어 가는 것을 지켜봐주었습니다. 그리고 여러 수정본들을 읽어주었고, 정확한 질문을 제기해 주었고, 현명한 조언과 돌봄 그리고 다른 요소들을 생각할 수 있는 기회들을 제공해 주었습니다. 우리의 늙은 스프링거 스패니엘 개, 코디(Cody)는 나와 이 책을 늘 지켜봐 주었습니다.

이 책은 영성지도에서 나눈 대화들의 예를 많이 수록하고 있습니다. 이것은 나의 경험과 다른 사람들의 경험에서 추출한 것들인데, 그 대부분들은 각색되어 만들어진 것입니다. 각 개인이나 집단의 예들이지만, 그들이 누구인지 알 수 없도록 충분히 세부 사항들을 변경시켰습니다.

무엇보다도, 이 책은 초창기부터 하나님의 것이었습니다. 하나님은 끊임없이 거룩한 초대를 해오셨습니다.

# 서문

이 책은 내가 실제로 저술을 시작하기 오래 전부터 내 안에 배태되고 있었다. 1980년대와 심지어 1990년대의 대부분 기간 동안 나는 개신교 세계와 동떨어진 곳에 머물고 있다는 느낌을 떨칠 수 없었다. 거기는 매우 좋은 곳이었다. 나는 다른 개신교인들도 영성지도에 참여하고 있다고 확신했다. 단지 그들은 자신들의 경험을 설명하기 위해 다른 용어를 사용한 것뿐이다. 비록 수년 동안 영성지도를 하고 있었음에도 불구하고 1983년까지 영성지도란 내게 낯선 용어였다. 내가 마주치게 된 이 사역을 설명하고 뒷받침해 주는 오랜 기독교 전통이 있다는 것을 알지 못했다. 이제 영성지도는 개신교 안에서도 서서히 자리를 잡아 가고 있는 것 같다.

지난 20년을 회고해 보면 엄청난 변화가 있었음을 알게 된다. 이 정도의 기간에 이렇게 엄청난 변화가 있었던 경우는 없는 것 같다. 1980년 초반부터 지금까지의 변화는 선형적이라기보다 기하급수적이다. 아마도 끊임없이 팽창하는 컴퓨터 기술과 미디어, 또는 따라잡기 힘든 삶의 속도에 대한 사람들의 점증하는 불만, 또는 확대되는 미국사회의 불합리성이 우리를 일깨워서 중요한 질문을 하게 만들 것이다. 혹은 아마도 이 모든 것들에다 무수히 많은 다른 요소들을 첨가한 것들 사이의 조합이 우리를 일깨우고 있을 것이다. 우리를 일깨우고 있는 것은 하나님일 수도 있겠는가? 그것이 무엇이든 간에 새로운 세기 초에 많은 사람은 기꺼이 그리고 간절히 자신들의 영혼을 돌아보기를 원하고, 자신들의 삶의 길과 질에 대해 하나님께 질문하기를 원하고, 자신들의 영혼의 상태에 주의를 집중하기를 원하는 것 같다.

이 책은 믿음의 관계를 심화시키기 원하는 많은 그리스도인들에게 도움이 되는 보고 듣는 방식에 대해 상술하고 있다. 영성지도란 믿음의 관계에 도움을 주는 하나의 특별한 방법이다. 영성지도의 최우선 목적은 하나님의 초대를 분별하는 것이다. 하나님은 우리가 삶의 한복판에서 존재하고 살며 감사하고 행동하도록 초대하신다.

이 책은 사랑에 관한 책이다. 우리 그대로의 모습으로 사랑받고 사랑하는 것에 대한 우리들의 갈망을 다룬 책이다. 그러나 이 책은 또한 사랑 안에서 성장하기를 원하고, 그리스도와의 관계를 통해 자유롭게 된 우리 존재의 중심을 인식하고 그 중심의 요청에 따라 살기를 원하는 우리들의 열망에 관한 것이다.

어떤 사람은 자신들이 하나님의 사랑을 경험한 적이 있는지, 참으로 누군가를 사랑한 적이 있는지 확신이 없다. 또 다른 이들은 실제로 외부에 나타나는 것보다 내면에 보다 많은 사랑이 있다는 것을 안다. 우리는 우리를 위한 하나님의 사랑에 감사한 마음으로 살아가며 하나님의 사랑이 우리를 통해 타인에게 흘러가는 것을 보기 원한다. 우리는 우리의 삶에 하나님의 삶이 부여되기를, 그리고 우리의 삶과 하나님의 삶이 함께 얽혀 결합되는 경험을 하여 표현하기를 열망한다.

오늘날 우리의 일상이 너무 분주함으로 인해 우리는 아마도 이러한 갈망의 느낌들에 빈번하게 주의를 집중하지는 못할 것이다. 그러나 우리의 갈망은 너무도 중요한 것이기 때문에 부엌이나 뜰이나 지하실이나 차 밑에서 혼자 일하고 있는 순간들과 같은 고요한 시간에 표면으로 떠오른다. 우리의 사고가 일상적인 과제를 처리하고 있는 순간에도, 우리의 사고에는 종종 놀랍게도 다른 생각을 할 수 있는 공간이 남아 있다는 것을 발견하게 된다. 영성지도는 우리가 이러한 갈망들의 정체를 확인하도록 도와주고, 우리가 그 갈망들을 보다 의도적으로 들여다볼 준비가 되어 있을 때 우리에게 동반자를 제공해 준다.

이 책은 영성지도에 익숙하지 않은 사람들을 위한 것이다. 그리고 은총의 임재, 즉 성령의 임재에 민감하기를 원하는 사람을 위한 것이다. 이 책은 또한 평범한 인간이 비범한 하나님과 함께하는 것과 하나님께 귀 기울이며 응답하기를 원하는 것을 다루고 있다. 영성지도에서 행하는 대화는 일부 기독교인들이 "하나님의 뜻을 발견하기"라고 일컫는 것의 여러 측면들을 포함한다. 이 책을 읽어 나가면서 영성지도와 하나님의 인도하심이 어떻게 서로 연결되어 있는지 알게 될 것이다. 우리는 영성지도라는 맥락 안에서 분별의 여러 측면들을 언급할 것이다.

나는 이 책에서 두 가지를 행하기를 소망한다. 하나는 늘 우리와 함께하시는 하나님의 사랑과 초대를 인지하도록 여러분들을 격려하는 것이며, 또 하나는 영성지도라는 사역을 분명하게 설명하여서 성령께서 자신들을 이 사역에 참여하도록 이끄시는 지의 여부를 스스로 알아낼 수 있도록 하는 것이다.

이 책은 크게 "영성지도의 입문", "영성지도에서 자주 다루는 주제들", "영성지도에서 예상되는 유익과 어려움" 등 세 부분으로 되어 있다: 각 부분은 각기 고유한 위치와 역할을 갖고 있다. 이 중 어느 한 부분이 다른 것보다 더 흥미로울 수 있다. 그래서 목차의 순서와 관계없이 흥미롭게 여겨지는 부분부터 읽는 것도 가능하다. 그러나 여러분이 영성지도에 대해 아는 것이 많지 않다면 처음부터 읽는 것이 좋을 것이다. 제1부는 영성지도에 대해 설명하면서 목회상담, 멘토링, 훈련과 비교한다. 또한 기독교 영성에 대해 논하면서 용어에 대한 차이점들을 언급한다. 그리고 어떤 사람이 영성지도에 오게 되는가를 설명하며 영성지도를 시작할 때 고려해야 할 세부사항들을 제시한다. 제2부는 영성지도에서 논의되는 몇 가지 주제들을 다룬다. 제3부는 영성지도를 통해 얻는 유익과 문제를 다룬다.

각 장의 끝에는 기도하면서, 또는 영성일지에 기록하면서 생각하기를 원하는 질문들과 과제들을 포함한 성찰의 부분이 있다. 여러분들에게 적합한 질문을 선택하라. 이 질문을 숙고하기 위해서는 기도하는 열린 마음이 필요하다. 기도와 시간과 에너지를 들여 주의를 집중함으로 결정할 수 있도록 하나님의 도우심을 구해야 한다. 그렇지 않으면 하나님을 구하기보다는 자기 분석에 매몰되기 쉽다.

성찰의 부분은 개인적으로, 짝으로, 혹은 소그룹으로 사용될 수 있다. 몇몇의 질문과 과제들은 개인적 성찰에 더 적합할 수 있다. 왜냐하면 그것은 개인적 숙고와 응답을 위한 긴 시간을 요하기 때문이다. 다른 질문들은 다양한 방식으로 다룰 수 있다. 그룹의 참여자들은 자신에게 적절한 것을 선택할 수 있다.

여러분들은 아마도 영성지도에 대해 자신이 생각하는 것보다 더 많이 알고 있다는 것을 발견하게 될 것이다. 나의 소망은, 여러분들이 이 책에서 여러분 스스로를 발견함으로 용기를 얻어 자신의 마음의 갈망과 하나님의 갈망을 탐구하게 되는 것이다.

J. B

# 제1부

# 영성생활의 입문

그러나 둘의 분리를 원하는 자들,
나의 생의 목적은 연합하는 것
나의 직업과 나의 소명을
마치 두 눈이 사물을 볼 때 하나가 되듯이.
오직 사랑과 필요가 하나가 되는 곳에,
그리고 일이 생명을 건 모험이 되는 곳에,
행위는 실제로 행해진다.
하늘과 미래를 위하여.

로버트 프로스트(Robert Frost)
"진흙탕 시대의 두 발걸음"[1]

---

1) Robert Frost, "Two Tramps in Mud Time," *Complete Poems of Robert Frost* (New York: Holt, Rinehart and Winston, 1958), 357-59.

# 제1장

# 영성지도란 무엇인가?

영성지도는 하나님이 한 개인의 삶에서 행하시는 것에 온전한 주의를 집중하여 믿음 안에서 응답할 것을 영성지도자와 피지도자 두 사람이 동의할 때 발생한다…사전 계획의 유무에 상관없이 세 가지 신념이 영성지도의 토대를 형성하고 있다: (1) 하나님은 항상 무언가를 행하고 계신다: 은총의 활력은 우리의 삶을 보다 성숙한 구원의 삶으로 이끈다; (2) 하나님께 대한 응답은 단순히 추측을 통해 하는 것이 아니다: 기독교 공동체는 하나님께 응답할 수 있도록 우리를 안내할 수 있는 지혜의 전통을 갖고 있다; (3) 각 영혼은 고유하다: 그 어떤 지혜도 각 사람의 삶과 그 상황의 고유함을 분별하지 않은 채 단순히 적용될 수 없다.

유진 피터슨[1]

내가 아직도 너희에게 이를 것이 많으나 지금은 너희가 감당치 못하리라. 그러하나 진리의 성령이 오시면 그가 너희를 모든 진리 가운데로 인도하시리라.

요한복음 16:12

---

[1] Eugene Peterson, *Working the Angels: The Shape of Pastoral Integrity*(Grand Rapids: Eerdmans, 1987), 103-4.

"당신은 지금 하나님과 잘 지내고 있습니까?" 이 질문을 받으면 즉각 내면으로부터 사생활을 보호하기 위한 방호벽이 생겨난다. 왜 이 질문은 나를 불편하게 만드는가? 아마 분명한 대답을 곧바로 할 수 없기 때문일 것이다. 사실 나 자신이 답을 알고 있는지 확실치 않다. "당신은 하나님과 잘 지내고 있습니까?" 나는 재빨리 나의 내면을 살펴본다. 대답을 재촉받게 되면 아마 나는 "어떤 부분에서는 좋아요," "그저 그래요," 혹은 "별로 생각해본 적이 없네요" 등과 같은 대답을 할 것이다.

삶은 온갖 것으로 가득하고 복잡다단하며 도전적이다. 날들은 순식간에 지나간다. 때때로 우리는 그토록 빨리 지나가는 삶을 힐끗 쳐다볼 뿐이다. 어떤 날에는 자신이 삶의 급류에 휩쓸려가고 있는 것같이 느껴진다. 우리는 무엇인가 잃어버린 것이 아닌지 생각한다. 우리가 직면하고 있는 환경에 따라 이러한 질문을 생존을 위한 필수적인 질문, 즉 반드시 다루어져야만 하는 질문으로 받아들이거나 아니면 그냥 가벼운 질문으로 여길 수도 있다.

이처럼 예리한 질문이나 이와 비슷한 질문을 받게 되면, 우리는 하나님께서 보다 더 세밀한 주의를 집중하도록 우리를 자극하고 계신지도 모른다는 생각을 할 수 있다. 우리에게는 하나님을 향한 열망을 잘 가꾸어 나가기 위한 격려가 필요하다. 그렇다면 어디서 그러한 격려를 발견할 수 있는가? 어떻게 하나님과 관계를 맺고 의사소통하며 함께 일하는지를 탐구할 때, 우리는 어디서 도움을 받을 수 있는가? 그리고 우리의 관계를 유지하기 위해 어느 영역에서 애써야 하는지를 알고자 할 때, 우리가 지원 받을 수 있는 곳은 어디인가? 이러한 흥미와 질문을 갖게 될 때, 우리가 찾고 있는 것은 아마 영성지도일 것이다.

# 영성지도란 무엇인가?

영성지도는 많은 크리스천의 삶의 한 부분을 차지하는 하나의 영성훈련이다. 다른 기독교 훈련처럼 영성지도는 우리가 하나님께 귀 기울이고, 하나님을 뵙고, 하나님께 응답하도록 돕는다. 영성지도는 대부분 두 사람 사이의 일대일 관계라는 정황 속에서 행해지지만 그룹으로 진행될 수도 있다.

개신교에서는 영성지도란 용어가 최근에서야 등장했다. 그래서 그것은 많은 개신교인들에게 아직도 낯설게 들린다. 그러나 우리가 이해한 영성지도의 내용은—하나님의 임재와 위로와 인도하심에 마음을 여는 것—크리스천들에게 늘 중요한 것이었으며, 우리가 지금 갈망하고 있는 것이다. 나는 영성지도라는 용어를 사용하기로 선택했다. 왜냐하면 방대한 문서들이 다른 용어보다는 영성지도라는 용어를 채택하고 있기 때문이다. 이 책의 참고문헌은 영성지도에 대한 보다 깊은 연구를 시작할 수 있는 좋은 장소를 제공해 주는 책과 웹 사이트의 목록들을 수록하고 있다.

우리의 교단 배경과 전통이 무엇이든지 간에, 혹은 우리의 삶에 관여하시는 하나님의 행동을 표현하는 정확한 용어가 무엇이든지 간에 우리는 하나님의 근접성과 개인과 집단에 대한 하나님의 인도하심을 인식한다. 주도권을 쥐고 우리를 먼저 초청해서 믿음의 여정을 걸어가도록 이끄시는 분이 바로 성령이시라는 것을 우리는 안다. 성령께서는 성경, 예배, 기도, 가르침, 설교, 연구, 음악, 친구들과 가족들, 친절한 행위들, 성도들의 공동체들, 삶의 환경들, 영감을 불러일으키는 글, 기독교 고전들, 시, 전기, 소설, 예술 작품, 창조세계의 아름다움이라는 수많은 도구 등을 사용하여 우리를 양육하고 격려함으로써 우리가 하나님의 음성을 듣고 따르도록 도우신다. 성령은 때때로 외부로부터 우리에게 말씀하기도 하며, 또한 때때로 우리 마음에서 떠오르는 말, 감명, 꿈, 영상 등을 통해서 내면으로부터 말씀하신다.

영성지도는 분별 중의 분별이다. 우리에게 무엇이 보다 중요한 것이고 무엇이 덜 중요한 것이며, 어떻게 선택하며, 어떻게 그 선택에 따라 행동할 수 있는지를 탐구한다. 우리는 어떻게 하나님과의 관계와 연관된 우리의 경험과 생각과 느낌을 해석하며, 어떻게 하나님과의 관계가 다른 사람들과의 관계에 영향을 미치는지에 대해 주의를 집중한다.

영성지도란 용어를 이미 들어 보았는지 그 여부와는 관계없이 이 용어는 다소 오해를 불러일으킬 수 있다. 왜냐하면 영성지도는 결코 완전히 영적인 것만도 아니며, 특별히 지시적이지도 않기 때문이다. 그러나 다른 측면에서 살펴보면 영성지도는 적절한 용어이다. 이 용어는 우리가 구하는 일차적 안내자가 바로 성령이시라는 것을 분명하게 확인시켜준다. 또한 이 용어는 우리 인간의 영과 하나님의 영이 서로 연결되어 있다는 사실과 하나님에 대한 의존성을 더욱 심화시키고자 하는 우리의 욕구를 인정한다. 그래서 영성지도는 그러한 욕구가 우리의 모든 사고, 태도, 가치, 선택, 행동에 스며들어서 이 모든 영역에서 최우선적 위치를 차지하는 것을 인정한다.

오늘날 영성지도자들은 피지도자들이 하나님과의 관계에서 무엇을 해야 하는가에 관해서, 혹은 피지도자들이 어떤 삶의 선택을 해야 하는가에 관해서 답이나 조언을 주지 않는다. 대신 그들은 피지도자들과 함께 성령께서 어떻게 임재하시며 활동하시는가를 알기 위해 귀 기울인다. 영성지도자들은 피지도자들이 하나님께 귀 기울이고 응답할 때, 그들을 후원해 주고 용기를

북돋워 준다.[2]2)

영성지도는 종종 우리가 사물을 바라보는 관점에 영향을 미치는 한 과정이다. 때때로 영성지도자들은 특정한 성경구절과 개념에 대한 탐구, 혹은 기도나 영성일지를 기록하는 방식에 대한 탐구를 장려하는 질문을 할 것이다. 이러한 제안은 피지도자들 스스로가 제기하는 질문과 고려해야 할 사항을 분명히 인식하여 조사하도록 돕는 것들이다.

"영성"과 "지도"라는 단어의 결합이 의미하는 바는 아래에 제시된 영성지도의 대화에 잘 반영되어 있다.

피지도자: 최근에 나의 영적 삶이 나와 함께 살고 있는 사람들, 특히 남편에게 어떤 영향을 미치고 있는지에 대해 생각해 보았습니다. 그리고 남편의 하나님께 대한 관심 부족이 나에게 어떤 영향을 미치는지에 대해서도 생각해 보았습니다.

지도자: 그것이 무엇과 같이 여겨집니까?

피지도자: 한 마디로 말하기는 어렵습니다. 나는 서로 경쟁하는 두 개의 세상에서 살고 있는 것처럼…하나님과 남편 모두를 만족시키고자 노력하고

---

2) 영성지도는 성경에 근거를 둔 사역이다. 영성지도는 사막의 교부와 교모들의 삶을 통해서 발전되고 더욱 깊이를 갖게 되었다. 오늘날에는 교회의 주요한 사역으로 자리 잡았다. 영성지도의 역사에 관해서 좀 더 자세히 살펴보려면, 다음을 보라. Tilden Edwards, *Spiritual Friend: Reclaiming the Gift of Spiritual Direction*(New York: Paulist Press, 1997), 2장, "Living Waters of the Past"; 그리고 Kenneth Leach, *Soul Friend: The Practice of Christian Spirituality*(San Francisco: Harper & Row, 1977), 2장, "Spiritual Direction in the Christian Tradition."

있는 것처럼 느껴집니다. 그러나 나는 어느 한 쪽에서도 만족을 느끼지 못합니다. 나는 언제나 손쉬운 방식을 택하거나, 바르지 않는 방식으로 일을 처리하고 있는 것처럼 느껴집니다.

**지도자**: 그것이 당신에게 어떤 영향을 미치고 있습니까?

**피지도자**: 말하기는 싫지만, 나는 모두를 비난하고 있는 것 같습니다.

**지도자**: 아, 그래요.

**피지도자**: 하나님과 남편 모두를…

**지도자**: 그것이 어떤 모습처럼 보이나요?

**피지도자**: 나는 하나님을 사랑하고, 하나님의 음성을 듣고, 들은 것을 실천하려고 노력하고 있습니다. 나는 또한 남편을 사랑하고, 남편의 말을 듣고, 들은 것을 실천하려고 노력하고 있습니다. 아, 이제 꽤 분명하게 정리되는군요.

**지도자**: 여기서 무언가가 빠진 것 같습니다.

**피지도자**: 그것이 무엇이죠?

**지도자**: 당신입니다. 당신은 남편과 하나님 양자 모두에게 귀 기울이고, 양자를 만족시키기 원한다고 말합니다. 그러나 당신 자신의 마음에 어떠한 주의를 기울이는지와 무엇이 당신께 적절한 것인지에 관해서는 아무 말도 하지 않았습니다. 만일 당신이 하나님과 남편으로부터 한 발 물러서서 무엇이 당신 자신에게 중요한 것인가를 질문해 본다면 어떤 일이 벌어질 것인지 궁금합니다.

**피지도자**: 사랑받는 것이 내게는 중요합니다. 하나님과 남편 모두에게서 사랑받고 있다는 느낌을 갖는 것이 중요하죠.

**지도자**: 무엇이 사랑받고 있다고 느끼게 만드나요?

**피지도자**: 하나님과 남편이 내가 하고 있는 것을 좋아할 때이죠.

지도자: 당신이 하고 있는 것과 하고 있지 않는 것이 무엇인가가 중요하다는 말인가요?

피지도자: 그렇게 들리네요.

지도자: 당신의 기도는 어떠했습니까?

피지도자: 특별한 것 없었어요. 내가 행한 것을 하나님께 보고했고요, 하나님께서 머리를 어루만지며 격려해 주시기를 기다렸죠. 그러나 하나님께서 격려해 주실 것 같지는 않았어요.

영성지도자가 피지도자를 격려하여 그녀가 맺고 있는 관계에서 무슨 일이 벌어지고 있는가를 분석하도록 하는 것은 쉬운 일이었을 것이다. 그러나 영성지도자는 하나님의 영이 그를 무엇에게로 초대하시는지를 알아보기 위해 그 문제를 하나님께 아뢰었다.

지도자: 당신의 말을 듣고 있자니 시편 139편이 떠오르는군요. 매일 그 말씀과 함께 시간을 보내보시겠습니까? 도움이 되는지를 살펴보십시오. 천천히 읽은 후 떠오른 것들이 무엇이든지 그것을 기도하십시오. 시편 139편을 전부 읽을 필요는 없습니다. 마치 하나님께 말씀드리듯이 읽으십시오. 아마도 당신은 몇 가지를 기록하고 싶어 할지도 모릅니다.

피지도자를 성경으로 초대하는 목적은 피지도자로 하여금 자기중심적 초점에서 벗어나도록 하는 것이며, 성령께서 피지도자를 다른 관점의 장소로 이동시키시도록 허용하는 것이다. 소망컨대 그 장소는 하나님이 진정으로 누구시며 하나님이 피지도자를 어떻게 생각하며 느끼고 계시는지를 피지도자들이 다시 들을 수 있는 장소이다. 우리를 위한 하나님의 사랑을 우리의 시야에서 놓치기가 쉽기 때문이다.

**피지도자**: 출발점으로 되돌아갈 필요가 있다는 말씀이군요. 성경을 읽는 것은 좋은 생각인 것 같습니다. 나는 너무 이 문제에 쳇바퀴 돌듯 매몰되어 있었습니다. 성경을 읽는 것은 확실히 나를 안정시켜서 내가 어디쯤 있으며 무엇을 하기 원하는지를 볼 수 있게 해 주리라 생각됩니다. 나는 그 문제에 대해 대부분 나 자신과만 씨름해 왔습니다.

**지도자**: 특별히 위기감이 느껴지는 부분이 있습니까?

**피지도자**: 모르겠어요. 사실 어떤 특정한 부분이라기보다는 그 전체에 대해 불안한 느낌을 지녀왔어요. 때때로 남편은 나의 영적 생활을 시기하는 것 같은 행동을 합니다. 사실 말이 되지 않는 이야기이지만요. 내가 어떤 다른 사람에게 관심을 기울이는 것이 아니잖아요. 글쎄요, 조금은 비슷할 수도 있겠네요. 왜냐하면 결혼생활과는 다른 방식이긴 하지만, 하나님과의 관계도 친밀한 관계이니까요.

**지도자**: 당신이 의도적으로 하나님을 위해 보다 많은 공간을 확보한 이후로 남편을 향한 당신의 감정에 어떤 변화가 있었습니까?

**피지도자**: 어떤 면에서는 이전과 같은 방식으로 그가 필요하지는 않게 되었죠. 그도 내가 그를 기쁘게 하기를 원하지만 이전과 같이 그와의 관계에 완전히 몰입하지는 않고 있다는 것을 느끼는 것 같아요. 이렇게 말하면서 느끼는 것인데, 지금이 훨씬 더 건강한 관계라고 생각됩니다. 남편을 향한 나의 비현실적인 기대들이 약화되는군요. 그도 이 점을 기뻐할 것입니다.

**지도자**: 변화가 있었다는 건가요?

**피지도자**: 그럼요. 이 문제에 관해 말하면서, 내가 왜 하나님과의 관계와 남편과의 관계 사이에 끼여 양자가 나를 끌어당기고 있다고 느끼는지, 그 이유를 알기 시작했습니다. 거기에는 어떤 움직임이 있어요. 나 스스로도 그

변화에 완전히 편안해하지는 못하고 있어요. 관계에 집착하는 것을 싫어하는 것만큼이나, 지금 나는 불균형 상태에 있다고 느껴져요. 마치 나 자신에 대해서 뿐 아니라 어떻게 응답해야 할지도 모르겠다는 것처럼 말이에요.

**지도자**: 지금 당신은 대화 중에 있는 것처럼 들리네요.

**피지도자**: 다른 방식을 알아낼 수 있다는 생각은 비현실적이었어요. 나는 지금 바른 길에 있다고 생각합니다. 남편은 나와 결혼했을 때 그가 얻을 것이라고 생각했던 것을 얻지 못했어요. 내가 하나님과 보다 많은 시간을 보낸 이후로 나의 삶에 생긴 변화는 놀라운 것이었습니다. 불쌍한 남편은 자신에게 상처를 주는 것이 무엇일까를 생각할 거예요. 이 모든 일들이 어떻게 진행될 것인지는 좀 더 지켜봐야 할 것 같습니다.

하나님의 신실하심이 영성지도의 핵심이다. 우리가 영성지도를 필요로 할 때, 우리는 하나님과 우리를 찾으시는 그분의 사랑에 전적으로 의존한다. 우리의 희망을 기꺼이 하나님께 두는 것 또한 영성지도의 필수 요소 중 하나이다. 우리는 파괴되고 복잡한 이 세상에서 하나님의 임재를 경험하기를 갈망하며 하나님의 음성을 알아차릴 수 있는 우리들의 능력을 믿도록 하는 도움이 필요하다. 우리는 또한 하나님을 하나님으로 신뢰하고, 성령을 또 하나의 인격으로 신뢰하며, 특정한 영성지도의 관계 속에 임재하시는 하나님을 신뢰할 필요가 있다. 이 모든 것들의 주도권은 우리 것이 아님을 기억하는 것은 도움이 된다. 사실 하나님을 찾는 우리 쪽의 그 어떠한 움직임도 하나님께서 이미 우리를 찾고 계신다는 것을 드러내는 표식일 뿐이다.

우리가 하나님을 구할 때, 우리가 상상하는 것 이상으로 하나님은 신뢰할 만한 분이라는 것을 발견하게 된다. 성경은 하나님이 듣고 돌보고 응답하는 분이라는 것을 확증하고 있다.

"두려워 말라, 내가 너와 함께함이니라. 놀라지 말라, 나는 네 하나님이 됨이니라"(사 41:10)

"하나님을 가까이하라 그리하면 너희를 가까이하시리라"(약 4:8)

"아버지께서 내게 주시는 자는 다 내게로 올 것이요 내게 오는 자는 내가 결코 내어 쫓지 아니하리라"(요 6:37)

"내가 또 너희에게 이르노니 구하라 그러면 너희에게 주실 것이요 찾으라 그러면 찾을 것이요 문을 두드리라 그러면 너희에게 열릴 것이니 구하는 이마다 받을 것이요 찾는 이가 찾을 것이요 두드리는 이에게 열릴 것이니라"(눅 11:9-10)

"두세 사람이 내 이름으로 모인 곳에는 나도 그들 중에 있느니라"(마 18:20)

영성지도는 전심으로 하나님을 찾는 방법이며, 우리를 찾으시는 하나님께 응답하는 방법이다. 영성지도에서 우리는 많은 실타래를 함께 모은다. 우리는 다양한 기도, 감동, 경험을 영성지도의 대화 안으로 가져온다. 그리고 성령께서 우리의 영과 삶에 영향을 미치는 주제, 패턴, 운동들과 반대 운동, 밝히 드러내 주시기를 원한다.

영성지도는 우리의 하나님과의 관계에 관심 어린 주의를 기울이는 하나의 방법이다. 이 주의의 초점은 일상적 분주함 이면에 자리 잡고 있는 삶의 토대에 맞추어진다. 하나님의 음성을 듣고자 하는 우리의 의도를 받아주시는 하나님께 우리 자신과 희망, 두려움을 열린 마음으로 드린다.

성령께 우리 자신을 맞추려고 할 때 활동가적인 자세를 취하는 것보다 기다리는 태도를 갖고 온전히 주의를 집중하는 것이 도움이 된다. 이것은 우리의 전 존재와 삶을 부드럽게 하나님의 돌보심에 맡기는 것이 필요하다. 우리가 하나님과의 관계를 지나치게 통제하려고 할 때, 우리는 종종 하나님께로부터 뒷걸음치게 되고 진정으로 들으려는 마음을 흩뜨리기 쉽다. 우리는 수용적 방식으로 하나님께 온전히 우리 자신을 열기를 원한다. 수용적 방식이란 내줌(내가 여기 있나이다)과 기다림을 의미한다.

최근에 이르러서야 관조(상)적 현존과 훈련을 개신교인들과 가톨릭 교인들에게 적절한 방식으로 설명하여 가르치고 있다. 사실 많은 크리스천들은 관조를 의심스런 눈으로 보아왔다. 부분적으로는 관상과 행동을 대극(對極)으로 바라보는 서양의 대중문화 때문이기도 하다. 많은 사람은 관상을 일종의 수동성, 심지어 게으름으로 간주했다. 관상자들은 삶의 도전에 관여하기보다 하나님께서 무언가를 해 주시기를 그냥 기다리기만 한다고 추측하기도 했다. 그러나 이것은 실제의 관상과는 거리가 멀다. 기도의 사람들이 하나님과의 관계로 인해 자연스럽게 행동의 사람이 된다는 것이 일반적인 이해였다. 무엇을 어떻게 하는가는 하나님께 귀 기울임에 의해 영향을 받는다. 기도와 행동 모두가 동일한 가치를 지닐 때, 아마 우리는 분명한 동기와 마음의 태도에서 기인한 행동들을 추구하게 될 것이다.

하나님은 관상과 행동 모두를 원하신다. 누가복음 10장에서 예수는 선한 행동과 관상 양자를 모두 강력하게 승인한다. 누가복음 10:25-37은 선한 사마리아인이 행한 적극적인 긍휼을 언급한다. 한편 예수는 누가복음 10:38-42에 언급된 마리아와 마르다의 이야기에서 자신의 발아래 앉아 말씀을 듣는 마리아의 선택을 지지한다.

우리는 생각과 경험들의 끊임없는 흐름에 의해 동기 유발이 되고, 이끌리고 거부되기도 한다. 하나님께 귀 기울이는 것은 우리가 알곡과 가라지를 선별할 수 있도록 도와준다. 우리는 어떤 길을 선택해야 하는지, 어떤 행동을 취해야 하는지, 특정한 추구에 얼마나 많은 시간과 에너지를 사용해야 하는지를 우리와 하나님과의 관계라는 맥락 하에서 결정하기를 원한다. 우리가 시간을 내어 의도적으로 성령께 귀 기울일 때, 우리의 행동은 하나님이 창조하신 우리 자신의 본연의 모습, 하나님이 원하시는 우리 자신의 본연의 모습을 보다 진실하게 표현하는 것이 될 수 있다. 이런 점에서, 관상과 행동은 아래의 예에서 볼 수 있는 바와 같이 하나로 통합된 통일체이다.

나는 15년 동안 4주에서 6주 사이에 하루 오전이나 오후 동안 만나는 네 명으로 구성된 집단 영성지도 그룹의 일원이다. 점차적으로 변화되는 것 중의 하나는 우리의 깨달음이다. 우리는 침묵을 함께 공유함으로써 우리의 공동의 임재가 강화되는 것을 인식하고 있다. 우리의 공동의 임재란 성령과 서로를 향해 열려있는 상태로 모여 있는 것을 의미한다. 심지어 홀로 기도할 때조차 임재의 질이 강화되는 것을 느낀다. 네 사람 모두는 우리의 삶이 혼잡하도록 허락하는 경향이 있다. 그리고 우리 문화의 급한 속도에도 쉽게 저응한다. 함께 모였을 때, 우리는 관상적 양식에 더 적응할 수 있도록 도와주는 구조를 필요로 한다. 구조가 없이 그것은 우연히 발생하지는 않는다.

우리는 서로 인사한 후 함께 식탁을 준비한다. 그리고 사교적 대화를 그치고 자신과 시간을 하나님께 드린다. 하나님의 영과 서로를 향해 온전히 임재할 수 있도록 하나님의 은총을 구한다. 그리고 한 시간 동안 침묵하며 식사하고 영성지도를 준비한다. 때때로 말이 없는 음악을 배경으로 사용하지만 그렇지 않을 때도 있다.

침묵의 공유는 우리의 에너지와 관심을 사로잡고 있는 것이 무엇인가를 알아차릴 수 있는 기회를 제공한다는 것을 발견했다. 우리는 영성일지를 쓰기도 하며 기도하거나 산책하거나 그냥 조용히 쉬기도 한다. 우리는 전체 모임에서 무엇에 대해 말할 것인가를 생각하기도 하고 성령께서 우리를 특별한 방식으로 초대하고 있거나 우리의 주의를 요청하고 있는지의 여부를 탐구하기도 한다.

이러한 준비의 시간은 우리가 영성지도를 위해 함께 모였을 때, 하나님과 서로를 향한 관상적 임재와 기다림의 임재를 더욱 촉진시켜 준다. 주의를 집중하여 듣는 것은 관상적 공간에서조차 힘든 일이다. 우리는 조금씩 잠잠함으로 하나님을 알아가는 것(시 46:10)을 배우고 있다. 이 시편 구절의 의미는 다음처럼 표현될 수 있다. "분주함에서 벗어나라! 오랫동안 사랑의 눈으로 나—너의 지극히 높으신 하나님—를 바라보라."

의도적으로 함께 갖는 관상의 시간을 제공함으로, 우리가 일상생활 속에서 하나님께 보다 민감하게 주의를 기울일 수 있는 가능성을 제고시킨다. 우리는 우리가 함께하고 있는 훈련의 영향이 삶으로 넘쳐흘러 보다 지속적으로 하나님의 임재를 인식하게 되고 그 임재에 응답하게 되기를 소망한다. 이것이 바로 바울이 우리에게 쉬지 말고 기도하라고 한 권면의 의미이다. 즉 매 순간 기도하는 마음으로 하나님을 인식하면서 살라는 의미이다(살전 5:16-18).

## 누가 영성지도에 관여하는가?

영성지도는, 한 사람은 영성지도자의 역할을 감당하고, 또 다른 사람은 피지도자의 역할을 하는 독특한 형태를 띤 우정의 틀 안에서 발생한다. 영성지도자와 피지도자라는 용어는 여러분이 사용하는 언어일 수도 있고 아닐 수도 있다. 영성지도자와 피지도자 대신에 사용 가능한 용어들의 목록은 다음과 같다.

| 영성지도자 | 피지도자 |
|---|---|
| 영적 아버지/어머니 | 영적 아들/ 딸 |
| 목자 | 양 |
| 목자 | 성도 |
| 안내자 | 구도자 |
| 산파 | 아이 |
| 영혼의 친구 | 영혼의 친구 |
| 기도 동반자 | 기도 동반자 |
| 영적 친구 | 영적 친구 |

영성지도에 관여하는 두 사람의 역할을 설명하기 위해 사용된 위의 용어들은 영성지도의 특징의 일면을 보여주고 있다. 이 중 그 어떤 용어도 영성지도의 모든 실제적인 면을 반영하지 못한다. 하나님의 부르심의 역할과 영성지도자의 성숙을 강조하는 용어들은 영적지도자와 피지도자 사이의 영적 위계 질서를 과장해서 표현하고 있다. 위계 질서가 아닌 상호성을 의미하는 다른 용어들은 우리가 모두 연약한 인간이라는 사실을 적절하게 나타내고 있다. 그러나 이 용어들은 영성지도자를 선택할 때 우리가 특정한 영성지도자에게 이끌리게 만드는 은총, 즉 각 영성지도자들이 고유하게 지닌 은총을 깊이 고려하지 않은 점이 있다. 영성지도를 조금 알고 있는 약간의 개신교인들은 영성지도자가 하나님과 우리 사이에 끼는 것을 우려한다.

영성지도자와 피지도자를 칭하는 다양한 이름을 검토해 보는 것과 이들 중 어떤 것이 여러분 자신의 영성지도 경험에 적합한 것인지를 찾아보는 것도 흥미로울 것이다. 영성지도의 핵심을 가장 적절하게 전달해 주는 표현들은 영적 안내자의 소명을 깊이 고려한다. 그러한 표현들은 또한 피지도자가 하나님을 더욱더 의지할 수 있도록 그/그녀의 자유와 책임감을 제공하며,

피지도자로 하여금 기도와 성경과 분별에 근거해서 스스로의 결정에 도달해 가도록 후원한다.

영성지도자들과 피지도자들은 하나님의 방법과 원하심과 초청을 듣기 위해 귀 기울이는 데 전념한다. 그들은 함께 만나 피지도자를 위해서 성령과 서로를 향해 귀를 기울인다. 그러나 궁극적으로 서로의 대화는 하나님을 위한 것이다. 왜냐하면 피지도자가 점점 더 자신을 하나님의 뜻에 맞추어 감에 따라 그의 삶과 행위들은 점점 더 하나님의 바람을 반영하기 때문이다. 우리의 생각과 느낌을 다른 사람에게 드러내 보이고 의도적으로 하나님의 임재를 요청하는 것은 닫혀 있는 창문을 열어서 신선한 공기가 들어오도록 하는 것과 같다. 우리 안에는 참된, 부분적으로 참된, 그리고 거짓된 개념들과 생각들과 느낌들이 모두 존재한다. 또한 우리는 각자 분명한 기호를 지닌 인간으로서 특정한 성, 나이, 문화, 가족, 성격의 한계들에 의해 많은 영향을 받는다. 그러나 내면생활에 대해 이야기할 때, 우리는 무엇이 우리 삶에서 본질적인 것인가를 보다 쉽게 파악하게 된다.

우리가 영성지도에서 가장 논의하기를 꺼리는 것은 종종 우리의 관심과 주의를 필요로 하는 것들이다. 그러나 때때로 저항은 자기를 보호하는 좋은 수단이기도 하다. 영적으로 성숙하게 되면 우리들은 특정한 때에 어떤 기회나 도전들에 대해 저항하지 않고 대면할 수 있게 된다. 지나치게 서두르거나 늑장을 피우지 않는 것이 중요하다. 우리가 어떠한 시점에서 의미있는 주제들을 다룰 준비가 되어 있을 것인지는 오직 하나님만이 아신다.

저항은 그 자체로는 가치중립적이다. 그러나 저항은 일반적으로 새로운 차원의 기도에 대한 가능성을 시사한다. 그 누구에게도 말하고 싶지 않은 것들이 있다. 또 어떤 것은 친구들에게는 말할 수 있지만 영성지도자에게는 말하기가 쉽지 않다. 기도에서 우리가 제기하는 질문은 "하나님의 영이 무엇을 요청하고 있는가?"이다. 아마 마음속에 떠오르는 것이 있을 것이다. 왜냐하면 우리 자신이 치유와 하나님과의 사랑의 심화를 통해 내?외면의 세계를 확대할 준비가 되어 있다는 것과 하나님의 사랑을 이 세상에서 실천하라는 부르심에 응답할 준비가 되어 있다는 것을 하나님께서 아시기 때문이다. 우리는 우리 자신이 생각하는 때가 아니라 성령께서 계획하신 때를 알기 원한다.

영성지도자들은 비록 특정한 영역의 주제들이 다루어져야 할 필요가 있다는 것을 강하게 느낄 때조차도 조용히 기도하며 하나님의 관점을 구한다. 영성지도자들은 비강제적인 질문을 통해 피지도자들 또한 그러한 주제들을 인식하게 함으로써 그들이 그것을 다룰 준비가 되어있는지를 테스트할 수도 있다. 그러나 영성지도자들은 다룰 주제에 대한 선택권과 책임성을 온전히 하나님과 피지도자에게 일임해야 한다.


이제 영성지도에서 이루어진 대화에 귀를 기울여 보자.

**피지도자**: 오늘은 감추어져 있는 것에 관해 생각해보고 싶습니다.

**지도자**: 무슨 뜻인가요?

**피지도자**: 글쎄요, 내 안에 내가 인식하지 못한 엄청나게 많은 어떤 것들이 있다고 생각합니다. 감추어져 있는 것은 무엇이든지 단순히 내가 볼 수 없다는 이유 때문에 힘을 가지고 있다고 생각합니다. 내가 혹시 그 감추어져 있는 것들에 의해 자동으로 기능하고 있지는 않는지 의심스럽기도 합니다.

**지도자**: 왜 그것에 대해 관심을 갖게 되었나요?

**피지도자**: 하나님은 그 모든 것을 보시기 때문입니다.

**지도자**: 그렇군요.

**피지도자**: 하나님께서 보시는 모든 것을 나 또한 볼 필요가 있다거나, 보기

를 원한다거나 하는 것은 아닙니다. 다만 그 감추어진 장소에 하나님께서 내가 더 알기를 원하시는 어떤 것이 있지 않나 생각해본 것입니다.

**지도자**: 특별히 당신의 호기심을 자극하는 어떤 것이 있습니까?

**피지도자**: 그래요. 사실은 있습니다. 나는 특별히 하나님께 나 자신을 더 내어 드리고자 하는 의도를 지니고 살아가고자 기도해왔습니다. 그러나 나와 함께 하신 성령의 임재를 인식하지 못한 채 대부분의 시간들을 나 홀로 보냅니다. 내가 무언가를 놓치고 있지 않나 여겨집니다.

**지도자**: 흥미롭군요. 당신은 지금 서로 다른 두 관점에서 제기한 문제를 생각하고 있는 것처럼 들립니다. 하나의 관점은 당신 자신에 대해 모르는 것이 무엇인가이고, 다른 하나는 하나님께 대해 모르는 것이 무엇인가입니다. 이 둘은 서로 연결되어 있는 것인가요?

**피지도자**: 그런 것 같습니다. 비록 그런 방식으로 생각해보지는 않았지만 말입니다. 나는 특별히 이성의 영역 밖에 있는 것으로서, 하나님께 드릴 수 있는 나의 부분을 찾고 있습니다. 그리고 그렇게 하는 것이 괜찮다고 느껴집니다. "이성의 영역 밖에 있는 것"이 의미하는 바는, 내가 나의 삶을 하나님께 드렸을 때 그 어떤 것도 남겨 놓지 않은 채 나의 전 존재를 드렸다고 생각했다는 것입니다.

**지도자**: 지금 현재는 그것에 대해 어떻게 생각하십니까?

**피지도자**: 지금도 그렇게 생각합니다. 그러나 때때로 마치 하나님께서 "이것도 내게 주었니?"라고 물으시는 것 같습니다. 마치 자신을 맨 처음 하나님께 드릴 때 나의 모든 것을 드렸다는 것을 내가 깨닫지 못하고 있음을 하나님께서 알아차리신 것처럼 말입니다. 나는 다양한 조건들과 기회들, 심지어 유혹들을 봅니다. 나의 유혹들이 어떻게 변화되었는지를 보면 놀랍습니다.

**지도자**: 아, 그렇군요.

**피지도자**: 과거에는 직장에서 내가 어떻게 인식되고 있는지에 신경을 많이 쓰곤 했습니다. 그것이 꼭 나쁜 것만은 아닙니다. 그러나 나는 하나님이 나를 어떻게 생각하시는가보다 다른 사람들이 나를 어떻게 생각하는가에 훨씬 더 신경을 쓰고 있다는 사실을 인식하기 시작했습니다. 그 이후로, 다른 사람들이 나를 어떻게 생각하는지는 나의 행동을 결정할 때 힘을 발휘하지 못하게 되었습니다. 내가 다른 사람들을 고려하지 않는다는 말이 아닙니다. 그러나 그것은 단지 내가 고려해야 할 여러 요소들 중의 하나가 되었습니다. 이전처럼 그렇게 지배적이진 못하죠.

**지도자**: 그것이 바로 감추어져 있으나 이제는 더 이상 감추어져 있지 않는 것의 구체적 예입니까?

**피지도자**: 그렇습니다. 바로 그 점 때문에 혹시 감추어져 있는 다른 것이 있지 않나 생각하게 되기도 합니다. 나는 직장에서 훨씬 자유롭게 되어 그것을 즐기고 있습니다. 그로 인해 많은 것들이 달라졌습니다. 재미있는 것은 다른 사람들이 나를 더욱 좋게 보게 되었다는 것입니다. 역설적이죠, 그렇지 않습니까?

**지도자**: 감추어져 있는 것들이 기도 중에 어떻게 드러납니까?

**피지도자**: 제가 기도보다는 분석을 더 많이 한 것 같습니다. 그러나 어떻게 기도하면 좋겠는지에 관한 아이디어를 갖고 있습니다. 감사를 표현하기를 원합니다. 이것은 좋은 변화라고 생각됩니다. 나는 감사를 표현하지 못했습니다. 저는 지금 매우 감사합니다. 그리고 성령께서 드러내어 치유하기를 원하시는 감추어진 다른 것들이 있는지를 여쭙고 싶습니다. 앞의 경험을 통해서, 성령께서 드러내시는 감추어진 부분을 직면할 수 있는 용기를 더욱 갖게 되었습니다. 약간은 두렵고 무모하게 느껴지지만, 나는 하나님께서 드러내신 것은 그 무엇이든지 내가 다룰 준비가 되어 있는 것이라는 확신을 갖고

있습니다.

**지도자**: 네, 아주 좋습니다.

**피지도자**: 이제 알겠습니다. 제가 어떻게 하나님의 임재에 더욱 민감하게 깨어 있고, 하나님께 더욱 나 자신을 드릴 수 있는지에 관해 알고자 했다는 것은 분명합니다. 나는 이 좋은 것을 잃어버리고 싶지 않습니다. 특별히 이타적이거나 영적인 동기에서가 아니더라도, 적어도 그것은 나의 솔직한 심정입니다. 아, 보세요. 또 하나의 기도할 주제를 발견하게 되었네요.

어디서부터 대화를 시작하든지, 대화의 주제로 무엇을 선택하든지 관계없이 하나님은 신실하게 우리를 인도하셔서 우리의 삶과 하나님과 타인과의 관계들을 더욱 풍성하게 하기 위해 고려해야 할 것을 다루게 하신다.

## 영성지도 그리고 그와 연관되어 있는 것들

영성지도는 설교, 가르침, 중보기도, 치유기도, 목회상담 등과 같은 신앙생활의 여러 요소들 중 한 부분이다. 그러나 영성지도는 또한 하나의 구별된 사역이다. 어떤 사람이 하나님께 귀 기울이기를 원하시는 하나님의 부르심을 느낄 때, 영성지도는 그에게 후원과 격려를 제공할 수 있는 장소가 된다.

영성지도를 그와 비슷한 다른 것들, 즉 목회상담, 멘토링, 제자훈련과 구별한다는 것은 쉬운 일이 아니다. 이렇게 관계를 도와주는 사역들은 각각 독특한 특징들을 지니면서 항상 몇 가지 공통점을 지닌다. 유사점과 차이점을 분명히 하는 한 가지 방법은 목회상담가, 멘토, 제자훈련 담당자, 영성지도자가 자신들이 제공하는 것을 어떻게 설명하고 있는가를 귀담아 들어보는 것이다. 아래의 문단들을 읽어보면 알게 되겠지만, 특별히 임재의 질과 주의 집중의 초점이라는 면에서 이들의 역할은 서로 다르다. 도움을 주는 자가 미리 주제를 설정한다면, 그것은 어떤 방식의 귀 기울임을 할 것인가를 결정하는 데 커다란 영향을 미친다. 그들이 미리 주제를 갖고 있다면, 그들은 대화를 주도하거나 대화할 주제를 제시하려 할 것이다. 그들의 일이 하나님께 귀 기울이는 것이라면, 그들은 기도하는 마음으로 훨씬 느긋하게—허용하며, 초청하며, 무엇이 일어나는지를 인식하며, 반응하며—대화를 할 것이다. 상대방이 말하기를 간절히 원하는 대화와 당신이 가능한 한 오랫동안 이야기하고 상대방은 당신의 말을 듣는 데 만족하는 대화 사이에는 차이점이 있다.

목회상담이나 다른 목회 활동들에서 도움을 주는 사람은 아마도 이렇게 말할 것이다. "주님의 이름으로, 내가 지금 여기에 당신을 위해 있습니다. 당신께 주의를 집중하겠으며, 당신을 향한 하나님의 사랑과 돌봄의 대리인으로 당신과 함께 있겠습니다. 그 하나님의 사랑은 온전하시 못한 인간인 나를 통해 표현됩니다. 그러나 우리가 함께 있는 동안에 당신을 향한 나의 관심과 돌봄이 당신과 함께할 것이며 우리가 떨어져 있는 동안에는 나의 기도가 당신과 함께할 것입니다."3)

멘토링은 관계를 돕는 다른 사역들과 많은 점들을 공유한다. 그러나 멘토링은 직장?학문의 세계?혹은 다른 기관 등과 같은 배경을 보다 더 많이 암시한다. 멘토는 아마도 이렇게 말할 것이다. "당신의 성장과 발전을 위해서 당

---

3) Gerald G. May, *Care of Mind, Care of Spirit: Psychiatric Dimensions of Spiritual Direction* (San Francisco: Harper & Row, 1982), 99. 나는 목회적 돌봄과 영성지도에 대한 제럴드 매이의 설명을 논의의 출발점으로 사용했다. 멘토링과 제자훈련에 관한 대화록은 나 자신의 것이다.

신 곁에 서서 함께 걷겠습니다. 나는 당신의 견해?관찰?반응에 귀 기울일 것이며, 당신이 속한 그곳—직장, 학문의 세계, 기관—의 체계를 당신이 더 잘 이해하도록 돕겠습니다. 나는 듣고, 조언하고, 지시하고, 도전하고, 격려할 것입니다. 나는 당신이 비전, 지혜, 기술, 자신감을 더욱 분명히 하고 깊게 하고 확대할 수 있도록 당신을 돕기를 소망합니다. 나는 당신을 개인적으로 후원하기를 원합니다. 나는 나의 경험을 나누어줄 것입니다. 나는 나 자신을 당신께 주겠습니다. 우리 함께 하나님을 위해, 당신을 위해, 당신의 조직을 위해 당신의 성장을 추구합시다."

제자훈련에서 제자훈련 담당자는 아마도 이렇게 말할 것이다. "창조주 하나님, 메시아 예수, 그리고 성령에 대해서 가르쳐 주겠습니다. 당신이 하나님께 죄의 용서를 구하도록, 하나님께서 당신의 삶에 관여해 주시기를 요청하도록 당신에게 용기를 북돋워 주겠습니다. 당신에게 성경을 소개해 주고, 어디서부터 읽기 시작해야 하며 어떻게 읽고, 연구하고, 해석해야 하는지를 알려주겠습니다. 그리고 홀로 또는 타인과 함께 기도드리는 법을 가르쳐 주겠습니다. 참으로 중요한 예배와 봉사와 선교에 참여할 수 있도록 당신을 도와주겠습니다. 크리스천으로서 내가 배웠던 것을 토대로 해서 당신을 가르치겠습니다. 당신과 함께 그리고 당신을 위해 기도하겠습니다. 하나님을 위해서 나 자신을 당신께 주겠습니다."

영성지도에서 영성지도자는 아마도 이렇게 말할 것이다. "나는 하나님의 뜻이 당신에게 이루어지기를, 그리고 당신이 계속해서 하나님 안에 깊이 거하게 되기를 기도합니다. 우리가 함께 있는 동안에 나는 나 자신, 나의 깨달음과 주의, 나의 희망과 마음을 당신을 위해 하나님께 드립니다. 당신을 위해 나 자신을 하나님께 복종시킵니다. 나의 한 쪽 귀는 성령께, 다른 쪽 귀는 기도하는 동안 일어난 것과 하나님과의 관계에 대한 당신의 설명에 집중할 것입니다. 당신이 당신 자신의 하나님 경험을 이야기하고 분별할 때, 나는 기도로 당신을 후원할 것입니다. 그리고 나 자신의 기도와 성찰을 토대로 당신께 응답할 것입니다."

아래의 도표는 각 사역의 특징들을 살펴볼 수 있는 또 다른 방식을 제공해준다.

### 두 사람 사이의 다양한 영적 관계들

|  | 과제 | 과정 | 돕는 자의 역할 | 학습자의 목표 |
|---|---|---|---|---|
| 목회상담 | 내담자에 의해 설정. | 문제해결 위기관리 과거 상처의 치유 | 촉진자 | "건강한" |
| 멘토링 | 멘토와 멘티에 의해 실정. 직장이나 교육기관과 같은 "외부의 것"에 의해 영향을 받음. | 발전 | 코치 | 개인 "외부의 것처럼" |
| 제자훈련 | 제자훈련 담당자에 의해 설정. | 가르침 | 전달자 | 배움 합체 "스승처럼" |
| 영성지도 | 성령에 의해 드러남 | 인지하기 주의를 기울이기 | 기도하는 자 경청하는 자 | 하나님의 형상 "하나님처럼" "그리스도처럼" |

앞의 대화들과 도표를 통해서 우리는 상담, 멘토링, 영성지도가 하나님의 참여와 다른 사람을 돕고자 하는 이의 의도를 강조한다는 점에서 공통점을 지니고 있다는 것을 알 수 있다. 그러나 그들은 최우선적 목표와 과정에서 서로 다르다. 위 네 개의 돕는 관계들은 자주 만남으로써 부분적으로 형성되는 각기 다른 수준의 상호의존성을 지니고 있다. 목회상담은 일정 기간 동안 혹은 필요할 때 한하여 정기적으로 만난다. 멘토링과 제자훈련도 일정 기간 진행되지만 종종 더 자주 만나서 지속적인 관계를 형성한다. 그 형성된 관계는 영적인 측면만 아니라 교제도 포함한다. 영성지도는 보통 한 달에 한 번, 한 시간 동안의 만남을 갖는다. 느슨한 빈도의 만남은 피지도자로 하여금 자신의 삶에 대한 책임성을 유지하고 지도자에게 지나치게 의존하지 않게 한다.

## 목회상담과 영성지도의 비교

목회상담은 종종 우리가 해결하고자 하는 문제에 초점을 맞춘다. 많은 사람은 위기상황에 처해 있을 때 상담을 원한다. 고민거리가 있거나 고통을 겪을 때나 정신적 상처를 입었을 때, 그들은 자신의 경험을 이해하여 받아들일 수 있도록 자신을 도와 줄 사람을 찾는다. 과거의 상처에 대한 치유가 필요할 뿐만 아니라, 친밀한 관계 안에서 보다 효과적으로 기능하기를 원하는 것과 같은 발달에 관한 문제들로 인해 상담을 원하게 된다. 상담을 원하게 되는 이와 같은 이유들은 아마도 각각 그 안에 영적인 영역도 포함하고 있을지 모른다.

우리는 종종 일상적 삶을 만족스럽지 못하게 방해하는 우리들의 개념, 태도, 행동들을 분명히 인식하고, 그것을 수정하기 위한 도움을 기꺼이 받아들일 준비가 되어 있을 때 상담을 하려 한다. 상담은 내담자가 상담을 하게 된 이유였던 위기나 의문들이 극복되고 해소되었을 때 종료된다. 우리가 상담을 원할 때, 이렇게 말할 것이다. "어떻게 내가 이 위기를 헤쳐 나갈 수 있겠습니까?" 혹은 "어떻게 내가 보다 보람 있는 역할을 하며, 보람 있는 삶을 살 수 있겠습니까?"

하나님과의 관계에 보다 세밀한 관심을 기울이기를 원할 때, 사람은 영성지도를 선택한다. 영성지도는 본질적으로 건강한 사람을 위한 것이며, 기간의 한정이 없이 계속해서 지속될 수 있다. 영성지도에서 알기를 원하는 전형적인 질문은 다음과 같다. "여기서 하나님은 어디에 계십니까?" 혹은 "하나님은 어디로 가셨으며, 나는 왜 하나님의 임재를 전혀 느낄 수가 없습니까?" 혹은 "어떻게 내가 그리스도처럼 되어 갈 수 있겠습니까?"

목회상담가들의 교육과 실천방법은 매우 다양하다. 상담가 중 일부는 내담자가 제기하는 문제를 지칭할 때 심리학적 범주와 도구를 우선적으로 사용하는 경향이 있다. 다른 상담가들은 경청을 위한 많은 이론에 익숙하다. 상담가가 영적인 문제에 흥미를 갖고 있으며 영적인 문제를 다루도록 하나님의 부르심을 받았으며 또 그럴 만한 은사를 지니고 있다면, 그들이 제공하는 상담은 영성지도와 매우 유사하거나 영성지도를 실제로 포함할지도 모른다.

영성지도자로 부름을 받은 사람은 하나님께서 자신들을 가르치고 있다는 것, 즉 성령이 자신들의 일차적 스승이라는 것을 인식하고 있다. 영성지도자가 되기 위한 "교육"은 하나님과 함께 시작되며, 하나님과 함께 지속된다. 성령께서 영성지도자 양성을 위한 공적인 교육을 받도록 우리를 인도하시는 시점은 우리가 하나님과 영적 여정을 시작한 때에서 어느 정도 진행된 시점이다. 영성지도자가 된 사람은 영성지도자가 되고자 의도적으로 추구하지도 않았다. 그들은 하나님께 보다 민감하게 응답하기 위해 기도와 성경 읽기, 예배, 홀로 거함, 침묵을 위한 시간을 성령의 인도함을 받아 따로 떼어 놓는다. 그들은 성령께서 자신들을 사랑하고 형성하시도록 허락한다. 영성지도를 위한 은사들은 지속적인 기도와 의도적으로 하나님께 주의를 기울이는 삶이라는 정황 속에서 성령과 인간 영혼의 협력적 창조 활동을 통해 개발된다. 영성지도자로의 부르심에 대한 인식은 아마 오랜 시간 동안 천천히 생겨나거나 혹은 갑작스럽게 발생하기도 한다. 그러나 그 부르심이 분명해질 때, 그것은 우리의 선택이 아니라 하나님의 선택이라는 것 또한 명백해진다. 종종 하나님의 부르심은 자신의 삶에 특별한 일이 발생하고 있다는 것을 느끼고 자신의 경험을 들어주고 기도해 줄 사람을 찾는 믿음의 사람들이 도움을 요청해 올 때 확증된다.

영성지도자들이 보다 공적인 배움의 필요성을 느낄 때, 그 배움은 반드시 하나님께서 그들을 형성해 온 방식을 존중하며 성령께서 시작한 것을 대신하기보다는 그것을 분명하게 하는 데 도움이 되는 것이어야만 한다. 지위나 지식을 얻고자 원하는 자아(ego)의 욕구를 만족시켜 주는 공부로 인해 내적 발달을 억제하지 않는 것이 중요하다. 동시에 하나님이 원하시는 공부와 기도하는 마음으로 행하는 성찰은 성령과 피지도자에게 귀 기울이고 응답할 수 있는 영성지도자의 자유를 강화시켜 준다.[4] 적절한 교육의 경험은 지식

---

4) 영성지도를 위한 공식적인 교육은 보통 성경, 신학, 인간발달, 기도와 다른 기독교 훈련, 영성의 역사, 영적 분별에 관한 가르침을 포함한다. 그 교육은 또한 영성생활

과 정제된 능력을 확대시킬 수 있으며 하나님의 부르심과 하나님이 주신 은사에 대한 영성지도자의 인식을 고양시킬 수 있다. 그러나 영성지도자가 아무리 광범위한 교육을 받는다 할지라도 영성지도자와 피지도자를 위한 일차적인 자원은 언제나 성령임을 기억해야 한다. 영성지도는 하나님을 초청하는 것이며 하나님께 귀 기울이는 것이다.

## 멘토링과 영성지도의 비교

사람은 특별한 영역의 자질을 향상시키고자 원할 때 멘토링을 구한다. 어떤 기관이나 체계에서 중요한 것이 무엇인지를 솔직하게 설명해 줄 코치, 후원자, 격려자를 찾고 있다. 타인의 재능과 발달 단계를 알아낼 수 있는 충분한 경험을 지닌 자와 성장을 독려하고 돕는 것을 소중하게 여기는 자를 사람은 찾고 있다. 일반적으로 멘토를 찾는 사람은 자신들이 어떤 영역에서 도움을 필요로 하는지를 안다. 그들은 의사결정에 보다 긴밀하게 관여하게 되기를 원하거나 그들 자신과 그들이 속한 기관을 위한 목표를 설정하고 그것을 성취해 가는 데 보다 더 주도권을 쥐기를 원할 것이다. 그들은 교육이나 훈련을 받으려 할 것이다. 그들은 아마도 그룹에서 효과적으로 말하는 것, 세

---

과 기도하는 사람들이 거쳐 가게 되는 과정들과 영적 성숙의 주제들에 관한 정보를 포함한다. 기술과 내적 민감성을 더욱 발전시키는 것 또한 교육의 내용이다. 내적 민감성은 내면의 움직임의 근원이 우리 자신인지, 하나님인지, 아니면 다른 영적인 것인지를 알아차리는 법을 배우는 것을 담고 있다. 책임과 감독(supervision)은 영성지도를 위한 공식 교육의 주요한 두 측면이다. 어떠한 학문적 연구를 추구하든지 간에 성령께서 영성지도자를 불러서 그들에게 은사를 부여하여 영성지도를 제공하도록 한다는 것을 인식하는 것이 그 연구의 가장 중요한 본질이 되어야 한다.

미나에서 가르치는 것, 혹은 모임을 인도하는 것을 배우는 것과 같은 목적을 가지고 있을 것이다. 그들은 자신들이 속해 있는 기관의 공식적일 뿐 아니라 비공식적인 규칙과 관례들을 이해하는 데 도움을 받길 원한다.

멘토링을 원하는 사람은 다음과 같은 질문을 한다. "나의 장점과 약점은 무엇입니까? 어떤 것이 나에게 개인적으로나 직업적으로 가장 중요한 것입니까? 어디에 나의 노력의 초점을 맞추어야 합니까? 이 상황에서 무엇이 중요합니까? 그것은 나의 우선순위와 어떻게 일치합니까? 어떻게 나는 보다 강하고, 보다 숙련된 팀 구성원이 될 수 있을까요?"

## 제자훈련과 영성지도의 비교

제자훈련 담당자는 종종 자신이 훈련하는 사람들과 함께 매 순간 따라야 할 명확한 계획을 가지고 있다. 성경은 우리에게 전해져 온 것을 지켜서 전달하는 것에 관해 이야기한다(딤전 6:20; 딤후 1:12-14; 유 3을 보라). 그러므로 제자도의 목적 중 하나는 가르치는 것, 즉 하나님, 성경, 하나님과 인간의 관계에 관한 정보들을 전달하는 것이며 하나님과의 관계에 기초한 의미 있는 삶이 무엇인가를 탐구하는 것이다. 제자도는 일반적으로 동의된 지식의 체계를 포함하고 있다. 제자훈련 담당자는 제자가 위의 정보들에 익숙해지도록 정보와 씨름하고 이해한 다음에 배운 것을 자기의 것으로 흡수하여 통합시키도록 도와준다. 제자훈련에는 제자들에게 하나님과 타인들에 대한 경험을 해석하는 틀을 제공해 줄 수 있는 상당한 지적 노력이 포함된다. 선택의 폭과 가능성을 넓혀 주는 지식의 전달이 제자훈련의 목적이다. 제자훈련의 결과는 제자가 새롭게 얻게 되는 정보에 대해 어떤 응답을 하느냐에 달려있다.

그러나 영성지도자는 다루어야 할 것에 대한 계획을 매우 적게 가지고 있거나, 혹은 전혀 없이 영성지도의 만남에 참여한다. 영성지도자는 성령께서 다룰 주제를 선택하시고, 대화를 이끌어 가시고, 가르치시기를 요청한다. 구체적인 주제들은 영성지도자와 피지도자가 대화를 해 나감에 따라 분명하게 드러난다. 그리고 그 주제들은 어떤 정해진 계획에 따라 다루어지기보다는 기도와 성찰의 초점이 된다. 가르쳐야 할 경우일지라도, 그 가르침은 대부분 피지도자의 기도와 하나님의 뜻에 관한 피지도자의 선택에 집중되어 이루어진다.

제자훈련과 영성지도 모두 하나님과 하나님과의 관계에 초점을 맞춘다. 그러나 서로 다른 방식으로 초점을 맞추는 것이다. 제자훈련 담당자는 교사로서의 역할을 감당하며 제자보다 더 많은 말을 하게 된다. 모든 훈련의 목적을 달성하기 위해 관계 형성의 물줄기는 하나님께로부터 시작되어 제자훈련 담당자에게, 그리고 제자에게로 흘러가게 된다. 이러한 관계는 제자훈련 담당자가 강하고 성숙하고 숙련된 어른인 반면, 제자는 어리고 미개발되고 미성숙하거나 신앙의 초보자라면 더욱 분명하게 드러난다. 그러나 영성지도에서 가장 중요한 관계는 하나님과 피지도자 사이의 관계이다. 영성지도자는 기도하는 마음으로 도움을 주는 경청자이며 중요성의 순서에서도 맨 마지막에, 즉 하나님, 피지도자, 그리고 영성지도자의 순서로 위치하게 된다.

비록 우리가 여러 영적인 사역들 사이의 차이점들을 구별하여 보았지만 이들 사이에는 상당한 공통점들이 있다. 그러므로 이들 사역들을—목회상담 멘토링, 제자훈련, 그리고 영성지도—너무 세밀하게 구별하려고 노력하는 것은 불필요하며 중요하지도 않은 것 같다. 그러나 위 사역들에서 형성되는 관계가 무엇을 위한 것이냐에 대한 우리의 인식은 우리의 역할이 어떠해야 하느냐에 지대한 영향을 미친다는 사실을 기억하는 것은 필요하며 중요하다. 형성되는 관계가 일차적으로 문제 해결, 코칭, 가르침, 성령을 경청하는 것 중 어느 것이냐를 결정하였을 때, 미묘한 차이점뿐 아니라 분명한 차이도 발생한다. 물론 어떤 경우에는 가르침과 문제해결이 종종 영성지도의 목적인 성령을 경청하는 것과 결합된다. 그러나 영성지도의 관계에서는 다른 사역의 관계들에서보다 은혜가 더욱 분명한 역할을 감당한다. 상담, 멘토링, 제자훈련을 통해서, 많은 사람들이 보다 효과적으로 의미 있는 삶을 추구한다. 그리고 그들은 자신들을 보다 분명하고, 보다 강력하고, 보다 의도적인 방식으로 일을 담당하거나 책임을 감수하는 자들로 여길 것이다. 이러한 접근과는 대조적으로 비록 인식, 가치, 선택들은 성령께 기꺼이 경청하며 협력하는 것에 의해 영향을 받지만, 영성지도에서 일어나는 변화는 문제를 해결하거나 자신을 변화시키려고 하는 우리의 노력보다는 은혜에 더욱 많이 의존한다. 영성지도를 찾는 사람은 영성지도자와 함께 이야기하기를 원하는 것에 대해 기도하며, 그것이 무엇인가를 분별할 필요가 있다. 그리고 다른 사역의 방식을 통해 더 나은 도움을 받을 수 있는 것과 영성지도자를 통해 더 나은 도움을 받을 수 있는 것을 분별할 필요가 있다.[5]

---

5) 어떤 측면에서는 영성지도와 다른 유사 사역들을 비교하는 것이 오해를 불러일으킬 수도 있다. 왜냐하면 비교 시에는, 공식적인 관계라는 렌즈를 통해 영성지도를 바라보기 쉽기 때문이다. 우리의 근본적인 갈망은 어떤 인간의 체계에 의해 유용한 사람으로 형성되는 것이 아니라, 오직 나 자신을 하나님께 내어 드리는 것이다.

# 영성지도의 실제

영성지도는 정보를 포함한다. 그러나 영성지도는 우리를 다른 종류의 지식으로 초대한다. 영성지도에서 추구되는 지식은 총체성을 지각하는 사랑의 지식과 유사하다. 영성지도는 외부의 사실에만 전적으로 의존하지 않는 내면의 지식에 대한 인식 능력을 제고시키며, 또한 그러한 내면의 지식을 삶에서 실현시키도록 촉진시킨다. 이 지식은 우리의 영과 하나님의 영의 결합으로부터 발생한다. 우리는 성령을 통해서 "그리스도의 마음을 갖는다"고 성경은 말한다. 우리는 영성지도를 통해 하나님의 음성과 마음을 분별하기를 추구한다(고전 2:10-16).

다음에 기록된 영성지도의 예를 통해 우리는 영성지도가 어떠한 것인가를 짐작할 수 있을 것이다. 피지도자가 대화를 시작한다.

**피지도자:** 나는 압니다. 나는 압니다. 나는 압니다.

**지도자:** 당신이 상당히 확신하고 있는 것처럼 들리는군요.

**피지도자:** 내가 더 이상 말하지 않았다면 상당히 거만하게 들렸으리라 짐작됩니다. 그러나 이것은 나에게 무척 새로운 것이며, 나는 그것에 상당히 매혹되어 있습니다. 감사한 마음입니다. 내가 "그것은 나의 지식이 아닙니다"라고 말하면, 당신이 이해할 수 있을지 모르겠습니다.

**지도자:** 그것에 대해 좀 더 자세히 이야기해 주시겠습니까?

**피지도자:** 그래 보죠. 그것은 지식(앎)이에요. 마치 순전한 선물처럼 느껴져요. 그걸 얻기 위해 애쓰지 않았어요. 그것에 대해 질문하지도 않았어요. 나는 단지 감사한 마음으로 하나님과 함께 지낸 것뿐이에요. 그리고 대부분 조용하게 나 자신을 하나님께 드리고 하나님께서 나와 함께 계시기를 요청

하였을 뿐입니다. 내 안의 깊은 곳에서 어떤 것이 분출하기 시작했습니다. 그것은 일종의 확신을 주는 임재와 살아 있음을 느끼게 하는 명료함이었습니다. 그것은 나의 일상의 흐트러짐에 의해 방해받지 않았습니다. 내가 할 수 있는 최상의 설명은 그것이 "주어진" 앎이었다고 말하는 것입니다.

**지도자**: 무엇에 대한 앎이었나요?

**피지도자**: 좋은 질문입니다. 그것은 아마도 일종의 기준을 제시합니다. 만일 그것이 다시 나타난다면, 나는 그것이 성령이라고 생각할 것이며 그것에 주의를 집중할 것입니다. 거짓된 경험도 있으리라 생각됩니다. 아마도 거짓된 경험들은 이론적으로 설명할 수 있거나 인위적으로 만들어 낼 수 있을 것입니다. 어떠한 지식도 여기서 실제로 발생했던 것보다 우선시 하지 않는 것은 도움이 되는 것 같습니다. 그것은 지성을 뛰어넘는 것이었습니다. 아니, 지성에 반하는 것이었습니다. 적어도 인간의 지성과 그 지성이 우리 안에서 작용하는 방식에 반하는 것이었습니다. 그것은 일종의 총체적 앎이었습니다. 이 말이 의미하는 바는 그것이 지성을 포함하지만 인간의 정신작용에 의해 제한받지 않는다는 것입니다. 영성지도는 사람들에게 하나님 경험을 성찰할 수 있는 기회를 제공합니다. 그와 같은 경험을 이야기하고 다음과 같은 질문의 공간을 갖는다는 것은 좋은 일입니다. "왜 그것이 하나님이었다고 생각하십니까? 이것이 바로 당신이 성경을 읽을 때 발견했던 그 하나님입니까?"

**지도자**: "그래서 어떻다는 것입니까?"라는 질문을 해보십시오. 이 경험으로부터 발생되는 것이 있는 것 같습니까? 하나님과의 관계에서요? 이웃과의 관계에서요?

**피지도자**: 확실히 그것은 나를 겸손하게 합니다. 비굴한 방식이 아니라 내가 인식할 수 있도록 해 주는 방식으로 겸손하게 합니다. 내가 말하고자 하

는 바는 그것은 마치 우주의 창조주, 나를 만드시고 나의 모든 것을 아시는 분이 나에게 "우리는 벗이야, 친밀한 동료야"라고 말하는 것같이 느껴지게 만든다는 것입니다. 그것은 다른 모든 것과는 완전히 다른 관계의 질처럼 느껴집니다. 거기에서 내가 예수 그리스도라고 생각하게끔 하는 유혹은 자리잡지 못합니다. 나는 특별하게 자신을 희생하는 사람이 아니고, 단지 내 모습 그대로 사랑받는 자입니다. 이것이 나의 삶 곳곳에서 만들어 내는 차이를 당신께 말로 다 설명할 수가 없습니다. 그것은 마치 내가 매우 큰 빛의 음료를 들이마셔서 그 빛이 나를 통해 퍼져나가는 것과 같습니다. 사람은 내가 이전과 다르다는 것을 발견하고 무슨 일이 있었냐고 내게 묻습니다. 나는 달라졌거나, 달라지고 있거나…달라지기를 원하는 것 같습니다.

**지도자:** 그것은 상처받기 쉬운 영역처럼 들리는군요.

**피지도자:** 그렇다고 말하고 싶습니다. 놀랍게도 지금 내가 그것에 관해 많은 말을 했군요. 다른 사람들이 질문할 때는 대답하기를 다소 피하죠. 저는 지금 하나님을 느끼고 있고 재잘거리고 싶은 마음이 없군요. 그것을 여기저기서 이야기하는 것은 그 경험에서 무언가를 빼앗기게 되는 것과 같이 느껴집니다.

**지도자:** 당신이 이에 대해 꽹장히 신중한 것처럼 들리는군요.

**피지도자:** 그렇습니다. 오늘 당신을 만나러 오기 전에 당신에게 말하는 것은 괜찮다고 결정했습니다. 그러나 그렇게 결정하기까지 많이 생각하고 기도했습니다. 내가 이러한 기분을 영원히 간직할 수는 없다는 것을 압니다. 그러나 이 기분을 밀쳐 내고 싶지 않습니다. 나는 하나님께 많은 질문을 합니다. 그리고 하나님께 배우고 있는 것처럼 느껴집니다. 오늘 말하고 싶은 것은 다 말한 것 같습니다.

의도성, 훈련, 변화는 영성지도의 일부분이다. 상담, 멘토링, 제자훈련 등 대부분의 모델들은 가르침과 행동을 위한 결단에 의존하여 의도적인 변화를 추구하는 것을 그 구성요소로 삼고 있다. 한편 희망하는 변화를 성취하는 데 의도성과 자기훈련이 중요하지만 어떤 모델들은 그리스도께 먼저 굴복한 후에 교육과 이성적 선택을 행하는 것이 좋다고 제안하기도 한다.

그러나 영성지도에서는 성령이 스승이며 은혜와 능력의 근원으로 항상 인식된다. 우리는 은혜에 의존한 상태에서 성령께 협력하기를 원한다. 우리에게 하나님의 도움이 없이 참된 자기에 이를 수 있는 능력이 있다는 환상을 거부한다. 의도적으로 하나님께 주의를 집중하는 것이 영성지도의 시작이자 마지막 목표이기도 하다. 우리는 변화 그 자체만을 구하지는 않는다. 우리는 하나님을 구하고 성령과 보다 온전히 교제하기를 구하며 무슨 일이 발생하든지 관계없이 하나님을 신뢰하기를 구한다. 우리는 하나님께서 우리와 함께하심을 인식하기를 원하며, 하나님과 보다 친밀하게 되기를 원하고, 하나님 안에 거하는 것이 의미하는 바를 탐구하고자 한다. 우리는 더욱 예수님의 발아래 앉아 있는 마리아처럼 되어 가는 법을 배우고 있다(눅 10:38-42). 일련의 교리 교육만으로는 우리가 원하는 바를 얻을 수 없다.

영성지도의 핵심은 하나님과의 사랑과 친교를 더욱 깊게 하는 것이다. 크든지 작든지 변화는 바로 이러한 하나님과 인간의 관계로부터 발생한다. 그러나 변화 그 자체가 영성지도의 중심이 아니다. 하나님의 친구, 제자, 연인, 신뢰받는 자가 되고자 원하는 우리의 소망이 가장 중요하고 중심이다.

영성지도를 받는 것에 관해 기도하고, 영성지도에 대해 알아보고, 영성지도를 받아야 할 이유들을 발견한 후 숙고(熟考)하는 것을 멈추고 하나님의 관대하심을 신뢰하면서 다음 단계로 나아가야 한다. 우리는 자유롭게 본래의 우리 자신이 되기를 희망하면서 최선의 노력을 다한다. 그러나 우리는 그 결과가 우리 자신의 노력 이상의 것에 달려 있다는 것을 안다. 영성지도에서 우리는 반드시 하나님을 의지해야 한다.

## 성찰을 위한 질문

우리가 새로운 형태의 관계를 고려하고 있을 때, 우리가 가졌던 관계들과 그것들이 우리에게 어떤 의미가 있었는가를 생각해 보는 것은 도움이 된다.

1. 용지의 맨 아래 생년월일을 쓰고, 그곳에서부터 용지의 맨 위까지 선을 그리십시오. 그 선을 5년 혹은 10년 단위로 나누십시오. 당신에게 중요했던 친구들의 이름의 첫 자를 해당 지점에다 기록하십시오. 당신의 우정에 대해 무엇을 알아냈습니까? 그들은 당신의 삶의 여정 어느 시점에서 등장했습니까? 당신이 특별한 우정을 발견했을 때 무슨 일이 발생했습니까? 당신의 친구들은 당신보다 나이가 많았습니까, 적었습니까, 아니면 대략 동년배이었습니까? 동성의 친구는 얼마나 많았으며, 이성의 친구는 몇 명이었습니까? 어느 친구들과의 관계가 영적 영역을 지녔습니까? 당신에게 중요하게 여겨지는 또 다른 것을 인지한 것이 있습니까?

2. 이 장에서 도움을 주는 네 종류의 관계, 즉 멘토링, 목회상담, 제자훈련, 영성지도를 설명했습니다. 이들 중 어떤 것을 경험해 보았습니까? 이러한 종류의 관계를 가졌던 사람들의 이름 첫 자를 앞의 인생선에 기입해 보십시오. 각 이름에 그와 가졌던 관계를 말해 주는 딱지를 붙여보십시오. 가령 사우=사교적 우정, 멘=멘토링, 목상=목회상담, 제=제자훈련, 영지=영성지도 등과 같은 딱지를 붙여보십시오. 어떤 이름에는 하나이상의 딱지가 붙기도 할 것입니다. 이들과의 관계에서 당신은 무슨 역할을 했습니까? 이러한 관계들이 발생시킨 유익들과 장애들은 무엇이었습니까?

3. 영적인 동료관계를 설명하는 방식은 다양합니다. 그들 중 더러는 우리에게 익숙하고 매력적이나, 또 다른 것은 경험해 보지 않은 낯선 것들입니다. 아래의 자료를 읽게 되면, 아마도 영적인 동료관계의 몇 가지 가능성에 대한 새로운 사고를 발견하게 될 것입니다. 그들 중 어떤 것이 경험해 본 것이고, 어떤 것이 경험해 보지 않은 것인지를 확인해 보십시오. 어떤 것이 매력적이고 흥미롭게 느껴집니까? 어떤 것에 대해 더 알고 싶습니까? 지금 경험해 보고 싶은 것은 무엇입니까?

## 비공식적인 영성지도

이 관계들에서는 구조와 역할에 대한 규정이 결여되어 있다. 만남은 정례적이지 않으며, 임의적이다. 이 만남에서는 거의 언제나 상호성의 분위기가 질문주조를 이룬다.

- 지혜의 나눔—모든 사람이 찾아가는 가족의 지혜로운 노인과 같은 사람들

- 영적 우정—하나님과 함께하는 삶에 대해 자연스럽게 말할 수 있는 사람들

- 영혼의 짝—서로 깊이 내적으로 연결된 채로 서로 후원하고 돌보는 평생의 관계들

- 간헐적 만남—한 사람이나 그 이상의 사람들을 위한 영적 안내가 이루어지는 우연한 만남들(종종 일회적 만남임)

## 공식적인 영성지도

이 관계들은 분명하게 영성지도로서 정의된다. 또한 그것은 영성지도의

관계가 수반하는 모든 것을 포함한다.

- 전문적인 영성지도자—하나님의 부르심을 받고 전문적으로 교육을 받은 사람들. 영성지도가 그들의 직업이다.

- 재능과 은사가 있는 영성지도자—훈련보다는 부르심과 은사로 영성지도 자가 된 사람들. 그들은 처음부터 마지막까지 성령을 의지한다.

- 스승과 제자의 관계—영성지도자는 하나님께 이르는 창문처럼 행동한다.

- 제도적 차원의 영성지도—신학교나 다른 기독교 기관의 상황에서 행해지 는 영성지도. 공식적으로 영성지도자의 역할을 담당하는 사람이 있으며, 영성지도자는 피지도자에 대해 제도적인 권위를 지니기도 한다.

- 멘토링의 관계, 제자훈련의 관계, 연장자와의 관계—보통 도덕적이며 교 육적인 인도에 보다 초점을 맞춘다.[6]

4. 아래의 질문에 대답함으로써, 당신이 맺고 있는 관계가 목회상담, 멘토링, 제자훈련, 영성지도, 혹은 그 외의 어떤 것인지를 알아볼 수 있습니다.

- 누가 관계를 주도합니까?

- 그 관계에서 사람에게 어떻게 주의를 집중합니까?

- 그 관계에서 하나님께 어떻게 주의를 집중합니까?

- 상호 동의한 내용은 무엇입니까?

- 상호 동의한 관계의 분위기(교육적, 관상적 등등)는 무엇입니까?

- 결과로 기대하는 것은 무엇입니까?

---

6) Gerald G. May, "Varieties of Spiritual Companionship," Shalem News 22, no. 1 (Winter 1998): 5.

● 무엇이 그 관계의 기간을 결정합니까? 일반적인 기간의 범위가 있습니까?

● 만남의 형태는 무엇입니까(빈도, 환경, 기간)?

● 책임감은 어떻게 분할되고 공유됩니까?

● 각 만남의 회기 사이에는 무엇이 기대됩니까?

● 주기적인 평가는 어떻게 제공됩니까?

제2장

# 영성지도의 핵심

우리는 영성지도를 한 크리스천에 의해 다른 크리스천에게 주어지는 도움
이라고 정의한다. 그 도움은 후자로 하여금 하나님의 개인적인 의사소통에
주의를 집중하도록 하며, 이렇게 개인적으로 의사소통을 하는 하나님께 응
답하도록 하며, 이 하나님과의 친밀함이 신장되고, 하나님과의 관계에서
경험되는 것에 따라 살아가도록 하는 도움이다. 이러한 형태의 영성지도는
그 초점을 개념이 아니라 경험에, 특히 종교적 경험에 둔다. 다시 말하면 우
리가 하나님이라 칭하는 신비로운 절대 타자의 경험에 둔다. 더욱이 이 경
험은 한 번만의 동떨어진 경험으로서가 아니라 하나님께서 우리 각 개인과
맺으신 지속적인 인격적 관계의 표현으로 간주된다.

윌리엄 베리와 윌리엄 코놀리[1]1)

이제부터는 너희를 종이라 하지 아니하리니 종은 주인의 하는 것을 알지
못함이라. 너희를 친구라 하였노니 내가 내 아버지께 들은 것을 다 너희에
게 알게 하였음이니라.

요한복음 15:15

---

1) William Barry and William Connolly, *The Practice of Spiritual Direction* (New
York: Seabury Press, 1982), 8.

하나님과 함께하는 우리의 삶에 대해 대화를 나누는 것은 잘해도 어색할 수 있다. 어떤 언어를 선택하든, 경험의 뉘앙스를 설명하려고 어떤 노력을 하든, 우리는 결코 경험의 실재를 완전히 파악할 수 없거나 우리가 표현하고 싶어 하는 모든 것을 결코 완전히 말할 수 없다. 하나님을 완벽하게 설명하거나, 이해하는 것은 불가능하다. 그러나 우리의 경험에 대해 이야기하는 것은 중요한 일이다.

적합한 말이 떠오르지 않는 것을 말로 설명하려는 딜레마를 더욱 어렵게 만드는 것은 우리 각 사람의 영적 여정이 고유하다는 사실이다. 우리가 어떤 형태로 하나님에 대해 이야기하고, 또 어떤 형태로 그 대화에 반응하는지는 우리의 삶의 역사에 의해 강하게 영향을 받는다.

신앙과 관련된 어떤 용어나 문구들은 중립적인 반면, 다른 용어나 문구들은 하나님과의 만남의 즐거운 기억들을 일깨워 준다. 그러나 기독교 영성의 모든 표현들이 이러한 방식으로 우리를 감동시키는 것은 아니다. 어떤 용어와 구절은 우리를 긴장시킨다. 왜냐하면 그것은 특별히 우리가 어렸을 때 영적으로 학대당하고, 이용당하고, 조종당한 기억들을 불러일으키기 때문이다. 나는 지금 사람들을 통제하기 위해 성경을 부적절하게 사용하는 것, 군림하는 목자와 양의 관계, 지나치게 삶의 스타일을 제한함으로 통제하는 것, 하나님께서 주신 사고 능력 사용하기를 두려워하게 만드는 것, 그리고 하나님의 이름으로 처벌하는 것 등을 지칭하고 있다. 영성에 대해 이야기하는 몇몇의 방식들은 우리가 기독교 신앙을 이해해 온 방식과는 너무 달라서 위협적으로 느껴진다. 우리는 심지어 용어를 그런 방식으로 사용하는 사람들이 참으로 크리스천인가에 대해 의심하기조차 한다. 그들의 용어와 문구들은 우리에게 낯설게 느껴진다.

우리가 신앙과 관련된 용어에 강한 긍정 혹은 부정적 반응을 느낄 때, 우리의 몸과 감정에 주의 깊게 귀를 기울인 후 반응들이 무엇을 의미하는지를 질문하는 것은 도움이 된다. 우리의 강한 반응을 무조건 밀쳐 내거나 받아들이는 대신에 주의를 기울이는 것은 치유와 성장을 위한 기회를 우리에게 제공해 준다. 이것은 특별히 우리가 그 강한 반응을 기도와 영성지도의 대화 속으로 끌어들일 때 가능해진다.

## 영성지도와 기도

영성지도는 영성지도를 위한 만남의 순간이든 다른 시간이든 기도에 의존한다. 기도는 마음을 하나님께 열고 하나님의 음성을 듣고 응답하려 할 때 발생한다. 영성지도는 기도라는 정황 안에서 이루어진다. 우리는 영성 지도자에게 우리와 함께 하나님과의 관계 안에서 하나님의 영에 귀 기울일 것을 요청한다. 우리는 하나님과 가장 의도적이며 자유롭게 교제하는 장소에 영성지도자와 함께 있기를 원한다.

영성지도자와 피지도자는 기도에서 수용적 태도를 취하며, 그로 인해 일어나는 것을 관찰한다. 그들은 경험과 관찰을 동시에 하기도 하고 때때로 경험과 관찰을 반복한다. 영성지도는 새를 관찰하는 것—조용히 기다리며 나타난 것을 주목하는 것—과 비슷하다. 우리는 기도하는 마음을 갖게 하는 장소와 깊은 만남의 시간을 확보하기 원한다. 우리는 성령께서 어떤 방식으로 지금 우리와 함께하고 계시는가에 주의 집중을 시도한다. 영성지도의 대화를 통해 발생한 것이 무엇이든지 간에, 그것은 우리와 하나님과 관계가 어떠한지를 시사한다. 이와 같은 가능성은 우연히 발생하지 않는다. 우리가 원한다고 해서 발생하는 것이 아니며, 발생할 것이라고 추측할 수 있는 것도 아니다. 그 가능성은 함께 있을 때든지 떨어져 있을 때든지, 언제나 영성지도자와 피지도자가 드리는 기도의 후원을 받는다.

효과적인 영성지도의 만남은 영성지도자와 피지도자 모두가 성령께 주의를 집중하여 귀 기울이고자 하느냐의 여부에 달려 있다. 성령께 귀 기울이는 것은 적극적으로 하나님의 음성을 들으려고 하는 것보다는 인내하며 기다리는 것에 더 가깝다. 기도는 능동성과 수동성의 결합이 되어 간다. 즉, 성령께 자신을 내어 드리고자 원하는 능동적인 의도성과 하나님께서 영성지도에서 나눌 대화의 주제를 설정하시도록 요청하는 수동적이고 열린 마음의 자발성, 이 양자의 결합이다. 피지도자는 영성지도를 위해서 놀랍거나 성공적인 기도생활을 해야 할 필요는 없다. 그러나 피지도자는 규칙적으로 기도할 필요가 있으며 성령의 초청을 기꺼이 탐구할 의사를 가져야 한다. 영성지도자와 피지도자 모두 기도가 만족스럽지 못하고 불편하게 느껴질 때라도 기꺼이 계속해서 기도함으로 하나님을 구하고자 하는 자발성은 영성지도를 가능하게 하는 본질적 요소이다.

기도에 대한 설명과 정의는 매우 많다. 우리가 참된 기도에 대한 설명을 시도할 때, 다음 중 어떤 면들이 중요하게 부각되는가를 관찰해 본다면 많은 도움과 시사점을 얻을 수 있을 것이다.

| | |
|---|---|
| 경배 | 은혜 |
| 간구 | 사랑 |
| 진실성 | 수용성 |
| 변화 | 응답 |
| 교제 | 복종 |
| 고백 | 변형 |
| 연결성 | 올바름 |
| 용기 | 상처받기 쉬움 |

이것은 우리가 기도의 구성 요소들을 생각할 때 떠오르는 것들이다. 당신이 생각하는 기도의 본질을 내포한 관계를 묘사하는 성경적 표현이 있는가? 기도에서 당신은 하나님을 탕자의 비유(눅 15장)에 등장하는 아버지와 같이 무조건적으로 사랑하는 부모로 간주하는가? 아니면 아가서가 함께 있고 싶어 하는 하나님과 인간의 갈망의 심층을 특징적으로 더욱 잘 표현해 준다고 생각하는가? 혹은 한적한 곳으로 가서 홀로 아바 하나님과 함께 있곤 했던 주님을 떠올리는가? 이외에 당신의 마음이 끌리는 기도에 대한 다른 성경적 표현들은 무엇인가? 기도에 참여하고 있는 하나님과 인간에 대해 당신은 어떤 미래를 그리는가? 위의 목록 중 어느 것이 당신이 생각하는 기도의 핵심 요소들인가? 그 목록에 첨가하고 싶은 용어들은 무엇인가?

기도에 관한 대화는 우리가 생각하는 바를 밝히 드러내 준다. 아래 제시된 영성지도의 대화에 귀를 기울여 보자.

겨울 햇살이 드는 탁자에 앉아 그들은 대화했다. 하나님께서는 변화의 초대장을 보내셨고, 수(Sue)는 주의를 기울이려고 노력했다. 그녀는 자신의 기도가 어떠했는지를 종종 급하게, 때로는 짧막하게 간혹 생략하면서 설명함으로써 대화를 시작했다. 그러고 난 후 그녀는 이렇게 말했다. "내가 하나님과 함께 지내는 시간을 회피하고 있는 이유가 있는지 궁금해지기 시작했습니다. 내 삶은 지금 분주합니다. 나는 아마도 하나님께서 내 스케줄에 또 다른 일을 추가하도록 요청하실까 봐 두려워하는 것 같습니다."

**지도자**: 흥미롭군요. 하나님께서 특별히 당신에게 촉구하시는 것이 있다고 생각합니까?

**피지도자**: 글쎄요? 지금 당장은 아무것도 생각나지 않는군요. 이 점이 저를 불안하게 만듭니다. 보통 내가 생각하는 것은 아닌 것 같습니다. 내가 그것을 하나씩 검토해 보았으나, 이것이구나라고 생각되는 것이 없었습니다.

**지도자:** 왜 그것이 당신을 불안하게 만드는가요?

**피지도자:** 사실, 아무리 내가 바쁘다고 느낄지라도 하나님께서 요청하신 어떤 것을 놓치고 싶지 않습니다. 때때로 나는 진정으로 주의를 기울일 때 발생하는 일에 대해 놀랍니다. 비록 많은 질문들이 있을 때라도, 만일 내가 그 질문을 따르면—나의 정직한 관심이 표면으로 떠오르게 허락하고, 그것을 가지고 기도하면—상당히 흥미로운 일이 발생합니다.

**지도자:** 그것은 무엇과 같은 것입니까?

**피지도자:** 지난해 비슷한 상황에서 나는 불현듯이 이모에게 전화하고 싶어졌습니다. 당신이 기억하겠지만, 그녀는 내가 일 년에 한 번 정도 대화를 나누는 상대입니다. 이모가 내게 말했습니다. "오, 수. 전화해 줘서 기쁘구나. 우습게 들릴지 모르겠지만, 나는 너와 대화할 수 있는 기회가 주어지기를 기원했단다. 내가 전에 말했던 건강문제에 이제는 정말로 주의를 기울여야 할 것 같구나. 그런데 어디서부터 시작해야 할지 모르겠다." 나는 하나님께서 나를 쿡쿡 찔러 주신 것에 대해 반응할 수 있어서 감사했습니다. 뒤따라 발생했던 모든 일들을 되돌아볼 때, 성령께서 나를 자극하셨다는 확신을 갖게 되었습니다.

**지도자:** 아마도 거기에는 연관 관계가 있을 수도 있고, 없을 수도 있습니다. 당신의 기도가 무엇과 같았는지에 대해 좀 더 이야기해 주겠습니까?

**피지도자:** 하나님께서 내게 무언가를 하도록 요청하신 것 같은 가능성에 대한 나의 염려를 기도로 가져가기 전까지 나의 마음은 안정되지 않습니다. 나는 나 자신이나 하나님께 참된 의사소통을 위한 기회를 제공하기 전에 그 문제로부터 도망치려 합니다.

**지도자:** 당신이 이미 언급했으니 질문하겠습니다. 무엇이 당신께 도움이 될 수 있으리라 생각합니까?

**피지도자**: 이 문제를 직면하여 극복하는 것이 좋을 듯합니다. 그것이 무엇이든지 간에, 지금 이 상태가 지속되는 것을 원치 않습니다. 왜냐하면 내가 무언가를 숨기고 있는 것 같은 느낌이 들고, 내가 바라는 형태의 하나님과의 관계를 위해 나 자신을 내어주지 않는 것 같은 느낌이 들기 때문입니다. 나는 바쁜 와중에도 하나님의 임재와 인도를 감지하기를 갈망합니다.

**지도자**: 그렇게 하기 위해서는 무엇이 필요하다고 생각합니까?

**피지도자**: 하루 피정을 갖은 지가 꽤 되었습니다. 몇 시간 동안이라도 나의 환경에서 벗어난다면, 긴장을 푸는 데, 주의를 집중하는 데, 생각해 온 아이디어들을 기록하는 시간을 내는 데 도움이 될 것 같습니다. 영성일지의 기록은 보통 내가 얼마나 삶의 세부적 일들에 몰두해 있는지를 깨닫도록 도와줍니다. 그리고 나로 하여금 뒤로 물러서서 다른 시각을 갖도록 도와줍니다. 영성일지의 기록을 계속해 나가면서, 나는 그토록 많은 시간을 들이게 한 소란스런 소리를 뚫고 하나님께 접근합니다. 영성일지의 기록은 하나님께 귀 기울일 수 있는 능력을 증진시키는 것 같습니다. 집에서 영성일지를 기록하려고 하면, 내가 해야 할 일들이 소리치는 것 같습니다. 내가 스쳐 지나간 싱크대 선반들은 "나를 깨끗하게 해 주세요"라고 소리칩니다.

**지도자**: 저도 그런 경험이 있습니다. [함께 웃는다]

**피지도자**: 내가 안정된 이후로, 이야기하고 싶은 몇 가지 것들이 있습니다. 때때로 몇 가지 성경의 구절들이 떠오릅니다. 나는 계속해서 그것을 곰곰이 묵상하고, 묵상을 통해 나의 관심을 끄는 것이 생겨나면 그것이 무엇이든지 간에 그에 대해 기도합니다. 비록 기도 시간에 나의 생각을 정리할 수 없다 할지라도, 하나님께서 서둘러서 나를 돌보고 계신 것같이 느껴집니다.

영성지도의 대화의 초점은 상당 부분 매일의 기도 경험에 있다. 기도에 대한 영성지도의 대화는 기도 가운데서 발생한다. 이것은 친구들과 우연히 기도에 관해 대화를 나누는 것과는 다르다.

영성지도의 대화에서 영성지도자는 의도적으로 자신의 주의와 마음, 희망과 생각을 하나님께 맞추고 하나님께서 임재하셔서 친히 영성지도자가 되어 주시기를 요청한다. 영성지도자의 첫 번째 귀는 하나님께 열려있어야 한다. 이것이 바로 기도를 경청하는 방식이다. 영성지도자는 바로 이런 기도의 정황 안에서 피지도자에게 귀를 기울인다. 피지도자 또한 자신을 하나님께 개방하고 성령을 초청한다. 피지도자는 하나님과의 관계가 어떠한지에 대해 이야기한다.

영성지도자와 피지도자는 단지 하나님과 함께한 그들의 경험에 대해 이야기하기 시작하는 것이 아니다. 그들은 먼저 하나님과 함께 한 그들의 경험과 삶에 침잠해 들어가려고 노력한다. 이것은 어떤 사람이 깊이 사랑에 빠져서 이 사랑의 색조가 타인과의 관계의 특징을 이룰 때와 유사하다. 영성지도는 하나님과 인간의 사랑의 관계라는 정황 속에서 일어나며, 그 사랑의 관계 안에 머무르는 동시에 그 사랑의 관계에 대해 이야기하고자 노력하는 것이다. 영성지도자는 성령과 피지도자에게 경청하며 피지도자가 스스로 경청할 수 없는 것에 주의를 기울이도록 돕고자 애쓴다.

내 기도의 중심으로, 하나님을 향한 나의 사랑의 중심으로, 하나님과 함께 한 삶의 중심으로 타인을 초청하여 나의 모든 것과 하나님과 대화를 나누는 나의 방식을 보도록 허용할 때, 나는 다음의 질문에 대한 명료한 답을 얻게 된다. 그 질문은 "하나님과 나는 어떻게 지내고 있는가? 내 삶의 어느 부분에서 하나님의 은혜가 분명하게 작용하고 있는가? 나는 어디에 있는가? 곤경에 처해 있으면서 하나님께 저항하는가? 무엇이 나의 맹점들인가? 하나님이 얼마나 멀리 계시는 것처럼 느껴지는가? 어디서 나를 향한 하나님의 사랑과 하나님을 향한 나의 사랑을 느끼는가?" 등이다. 대답이 떠올랐을 때, 나는 종종 새로운 질문 보따리를 발견하곤 한다.

한 사람이 다른 사람에게 자신의 변덕스러움까지 포함한 마음의 상태를 솔직하게 열어 보여주기 위해서는 반드시 그러한 정직성이 하나님과의 친밀성과 관계의 질이라는 영역에서 큰 변화를 만들어 낼 수 있다는 확신을 가져야만 한다.

## 우리의 이야기를 말하기

영성지도가 발생하는 기도의 정황은 이야기하고, 경청하고, 의문을 제기하고, 질문하고, 도전하고, 가르치고, 상담하고, 분명히 하고, 분별하고, 긍정해 주고, 회복시키고, 위로하고, 치유하고, 격려하는 영성지도 행위들을 위한 환경이 된다.[2] 영성지도는 우리의 희망과 꿈과 두려움에 관한 이야기를 경청해 주는 사람과 함께, 그리고 함께하신 하나님의 실재를 인식하는 우리의 방식을 존중해 주는 사람과 함께 이야기하고, 기도하고, 주의를 집중할 수 있는 열린 공간을 제공해준다.

영성지도의 대화는 인지적인 정보와 반응들뿐 아니라 정서적인 것들도 포함한다. 우리는 생각하는 것과 느끼는 것에 대해 이야기한다. 우리는 개념과 이해뿐 아니라 감정을 설명한다. 우리는 심지어 이야기할 때 느끼는 우리

---

2) Shaun McCarty, "Basics in Spiritual Direction," *Handbook of Spirituality for Ministers*, ed. Robert J. Wicks(New York: Paulist Press, 1995). 영성지도를 간결하고 정제된 형태로 소개한 좋은 소논문이다.

의 반응을 인식한다. 영성지도에는 침묵의 순간이 있으며 새로움과 성령의 임재를 인식하는 순간들이 있다. 우리는 종종 깊은 곳에서 솟아나오는 기쁨에 의해 감동된다.

이 모든 것들이 우리의 이야기를 말할 때 발생한다. 영성지도의 이야기들은 각 개인의 삶에 고유하게 녹아들어 있는 하나님의 이야기들이다. 모든 사람은 하나님과 고유한 은혜의 관계를 맺는다. 하나님은 놀랄 만한 방식으로 관계를 시작하고 이끌어 가신다. 아마도 어떤 사람은 가족 안에 발생한 비극에 의해 촉발되어, 낡은 하나님 이미지와 새로운 하나님 이미지에 관한 질문을 탐구하고 있을 것이다. 아마도 또 다른 사람은 하나님과 사랑에 빠졌지만, 그것이 좋은 소식인지 나쁜 소식인지, 아니면 그저 그런 소식인지를 확신하지 못하고 있을 것이다.

비록 사람들이 각기 다른 이유로 영성지도를 받으러 오며 그 이유가 논의의 주제와 출발점을 결정하는 데 영향을 미치지만, 원래 의도했던 주제들을 유연성 있게 유지하는 것은 중요하다. 영성지도자와 피지도자 모두는 대화하는 가운데 자연스럽게 전면에 등장하는 것을 다루기를 소망한다. 사전 계획에 대한 지나친 집착이나 과도한 심사숙고는 영성지도의 자연스런 전개 과정을 방해할 수 있으며, 영성지도의 탐구를 협소하게 만들 수 있다.

계획된 주제들을 다루어 가는 구조에 보다 익숙한 사람은 (사실 우리 모두가 그러하지만), 계획을 세우지 않는다는 것이 불편하게 느껴질 것이다. 심지어 일의 진행이 우리가 예상했던 것과 다르게 전개된다 할지라도 계획을 갖는 것은 안전함과 안도감을 일정 부분 제공해 준다. 계획을 갖는다는 것은 우리가 변덕스러운 방식으로 영성지도를 하고 있지 않다는 사실을 상기시켜 줄 수 있다. 영성지도는 하나님을 향한 수용성과 지도자와 피지도자 상호 간의 수용성을 고무시키는 다른 형태의 준비를 수반한다. 우리는 우리 자신을 성령께 열고 하나님께서 원하는 방식으로 우리와 대화하시도록 하나님을 초대한다. 설정한 주제는 예상치 못한 방식으로 변경될 수 있다는 개방성을 포함하고 있어야 한다. 영성지도가 계획한 대로 진행되면 하나님께서 필요한 것에 대해 대화하도록 은혜를 주셨음을 발견하게 된다.

그 어떤 것도 쓸데없는 것은 없다. 지난번 만남 이후로 하나님과 함께한 삶을 설명하기 시작할 때, 어느 시점을 선택하든지 관계없이 하나님의 영의 도우심으로 우리의 초점을 하나님과의 관계에 맞추기만 한다면 영성지도의 만남의 시작은 그것으로 충분하다. 왜냐하면 영성지도에서 우리가 이야기한다는 것 자체가 하나님께 귀를 기울이겠다는 의욕과 의도를 드러내는 표식이 되기 때문이다.

때때로 우리는 최근의 삶에 대해 이야기함으로써 영성지도의 만남을 시작하기도 한다. 즉 삶의 기복과 하나님에 대한 느낌들의 변화, 혹은 하나님의 부재 의식과 그것이 의미하는 바를 설명함으로써 시작하기도 한다. 혹은 그간의 삶의 대부분을 투자하도록 만든 매우 중요한 사건이나 문제를 이야기함으로써 시작할 수 있다.

특별한 관심거리를 가지고 있는 사람은 대화의 초반부에 그것을 이야기할 필요가 있다. 보다 일상적이고 덜 심각한 문제를 먼저 이야기하고 특별한 관심거리를 대화의 후반부로 미룬다면, 중요한 결과들이 발생하지 않을 수도 있다. 왜냐하면 우리가 일상적이고 덜 심각한 문제를 이야기하고 있을 때, 우리의 참된 자아는 이야기하지 않고 미루어 둔 매우 중요한 문제 주변을 맴돌고 있기 때문이다.

아무런 장애나 방해가 없이 우리의 이야기를 할 수 있는 기회는 드물다. 대부분의 시간 동안 사람은 자신들의 관심사에 매몰되어 온전한 주의를 기울여 경청하지는 않는다. 그러므로 다른 사람이 당신을 위해 당신과 함께 당신에게 온전한 주의를 기울인다는 것은 놀랄 만한 일이다. 특별히 그들은 하나님과 당신께 온전한 주의를 기울이기 위해 자신의 문제를 한쪽으로 내려놓는다. 그와 같은 사람이 우리에게 있다는 사실은 때때로 우리를 자유롭게 하기도 하지만, 또 다른 때에는 우리를 불편하게 만들기도 한다. 우리는 스스로 자신의 말에 귀를 기울이고, 그 말들을 평가하고, 자신이 진실하게 이야기했는지 아니면 경솔하게 이야기했는지를 판단하고 있는 자신의 모습을 발견한다.

때때로 영성지도에서 한 번도 이야기해 본 적이 없는 것을 끝도 없이 이야기하게 되기도 한다. 우리는 영성지도를 선택한 자신의 용기에 놀라기도 한다. 그리고 우리는 "도대체 누가 이 일의 책임자인가?"라는 질문을 한 차례 이상 한다. 우리는 우리의 영혼이 그렇게 갑자기 벌거벗기를 기대하지 않았었다. 또 다른 경우, 우리 영혼의 어떤 부분을 감추려고 했던 이유를 묻기도 한다. 우리는 이야기해야 할 필요가 있는 것이 무엇인지를 잘 알게 된다. 그러나 타인에게 우리의 생각을 드러낼 정도로 타인을 신뢰한다는 것은 대단히 어려운 일이다. 아마도 우리는 믿음을 잃거나 이단이 되지 않을까 하는 두려움을 지닐 수도 있다. 또한 우리는 하나님께 너무 깊이 빠지는 것이 아닌가, 혹은 성령이 요구하는 일이면 무엇이든지 실행하는 사람이 되는 것이 아닌가 하는 두려움을 지닐 수도 있다. 우리의 저항이 무엇이든지, 그 저항은 우리의 영적 성숙을 고착시키는 실재이다. 그 저항은 물론 우리가 영성지도를 찾게 되는 중요한 이유이기도 하다. 우리는 보다 분명하게 볼 수 있기를 원했다. 그러나 하나님을 따르거나 회피하는 우리의 방식을 이해하기 시작했을 때만큼이나 우리가 아직도 그것을 이해하기 원하는지에 관해 확신이 없다. 이야기하지 않은 것이 이야기한 것만큼이나 중요하다.

그러나 우리의 이야기를 영성지도자에게 말하는 것은 하나의 순수한 선물이다. 우리가 말하기 시작함에 따라, 우리는 감추어진 부분과 연결됨을 느끼기 시작한다. 통찰이 떠오르고, 환경이나 우리 자신에 대한 관점이 변하기도 한다. 영성지도 안에는 하나님과 인간의 확증과 동의가 존재한다. 때때로 우리가 듣고 싶어 하는 말이 우리 입을 통해서 나오기도 한다. 하나님과 피지도자에게 열린 마음으로 귀를 기울인 과정을 통해 나온 영성지도자의 응답은 종종 도움이 된다. 영성지도자는 우리가 듣기를 원했던 것, 그리고 영성지도자가 아니면 우리가 요청할 수도 없었을 것을 말해준다. 그 이유는 아마도 그것이 우리의 무의식에 있었거나, 우리가 그것을 설명할 용어를 찾지 못했기 때문일 것이다.

내적 발달은 우리가 분명히 알 수 없는 침묵으로부터 생겨난다. 우리는 단지 어떤 것이 움직이거나 변화한다는 것, 그리고 하나님께서 역사하신다는 것을 알 뿐이다. 우리는 아마도 성령께서 우리를 쉼으로 안내하고 계시며, 탐구의 여정 가운데 우리가 혼자가 아님을 온전히 인식하도록 요청하고 계시다는 것을 느낄 수 있다. 그것은 마치 하나님께서 우리를 지키시고, 예비하시고, 보호하시고, 과거의 상처들을 치유하시는 것 같은 느낌이다. 혹은 그것은 마치 하나님께서 우리를 새로운 곳으로 초대하시는 것 같은 느낌이다. 그런데도 우리는 단지 하나님께서 가까이 계심을 인식하여, 그 근접성을 감사할 수 있을 뿐이다.

우리의 이야기를 말하는 기회는 우리가 하나님의 이야기—우리의 삶과 세계의 삶에 임재하시고 참여하시는 하나님의 이야기—에 더 깊이 귀 기울이도록 해준다. 하나님 안에서 모든 인간의 이야기는 상호 연결된다. 우리가 영성지도에 참여할 때, 우리는 이 연결성을 보다 깊게 인지할 수 있다. 그것은 아마도 영성지도에서 우리가 보다 더 깨어 있게 되고, 더 자신을 열어 내주기 때문일 것이다. 우리는 주의 집중을 추구하고 있으며, 하나님은 우리의 인식(awareness)과 감지(appreciation)와 이해(understanding)의 능력을 확장시키고 계시다. 아마도 하나님의 임재에 대한 우리의 개방성은 종종 우리가 타인 가운데 역사하시는 하나님께 보다 더 민감하게 해준다. 우리는 하나님께서 살아계시고, 이 세계 한복판에서 활동하고 계시다는 것을 안다.

## 성찰을 위한 질문

1. 영성지도에 대해 더 알고 싶은 것은 무엇입니까?

2. 당신의 삶의 이야기 중 어떤 것은 수없이 말했을 것이고, 또 어떤 것은 전혀 하지 않았을 것입니다. 그것들 중 더러는 하나님에 관한 이야기일 것입니다. 당신은 하나님께서 당신의 옆구리를 찌르고 계시다는 것을 알았거나, 중요한 영적 문제에 관해 생각하고 있었습니다. 아마도 당신은 특별한 은총과 기쁨을 입었다고 느끼고 있었거나, 아니면 하나님의 외형적 부재에 분노하고 있었는지도 모릅니다. 영성지도자에게 말하고 싶은 이야기에 적합한 제목들을 붙여 보십시오. 그것 중 하나를 선택한 후, 아래의 질문을 사용하여 영성일지에 기록해 보십시오.

   ● 하나님은 어떻게 임재하셨습니까?

   ● 당신에게 중요한 것은 무엇이었습니까?

   ● 이와 같은 만남의 질을 서술하기 위해 어떤 용어를 사용하겠습니까?

   ● 당신이 아는 한도 내에서 이 이야기의 열매는 무엇이라고 생각합니까?

3. 그 누구에게도 말해 본 적이 없는 이야기 하나를 선택하십시오. 마찬가지로 다음의 질문을 사용하여 영성일지에 기록해보십시오.

● 왜 그 이야기에 대해서는 침묵해 왔습니까?

● 하나님께서 그 이야기를 지금 하도록 초대하고 계시다고 생각합니까? 아
니면 여전히 침묵하기를 원하신다고 생각합니까?

# 제3장

# 누가 영성지도를 받는가?

영적 여정에 있는 사람은 다양한 끌어당김과 밀쳐 냄, 좋아함과 싫어함, 이 끌림과 거부를 경험한다. 이러한 것은 우리가 나아갈 방향에 영향을 미친다. 예를 들면 내가 이 책을 저술하고 있을 때, 나는 기도의 시간을 다소 줄이고 저술에 더 많은 시간을 들이고 싶은 이끌림을 느꼈다. 나는 이 이끌림을 따라야 하는가, 아니면 기도를 위해 따로 떼어 놓은 시간을 굳건히 유지하여야 하는가? 이 이끌림의 느낌은 하나님의 참된 요청인가, 기도를 회피하기 위해 스스로 만들어낸 변명인가, 아니면 "다른" 힘에 의한 교활한 속임수인가? 이것은 분별의 문제이다. …영성생활에서 우리는 항상 이러한 분별을 해야 한다. 조심스런 기도와 숙고를 통해 우리가 나아가야 할 길을 선택해야 한다. 그러나 우리 안에 내재한 개인적인 맹점과 자기기만 때문에, 또한 외부적 힘들에 영향 받기 쉬운 우리들의 상태 때문에 도움을 받는 것이 필요하다. 그러므로 영성지도자는 우리가 바른 길을 찾도록 돕는다.

제럴드 매이[1]

나 여호와가 말하노라 너희를 향한 나의 생각은 내가 아나니 재앙이 아니라 곧 평안이요 너희 장래에 소망을 주려 하는 생각이라.

---

[1] Gerald G. May, Care of Mind, *Care of Spirit: Psychiatric Dimensions of Spiritual Direction* (San Francisco: Harper & Row, 1982), 7-8.

영성지도는 인간이 경험할 수 있는 가장 참된 사랑인 하나님의 사랑과 관련되어 있다. 우리는 참된 마음과 갈망들, 참된 자아를 그 거룩한 사랑의 맥락에서 발견하도록 요청받고 있다. 하나님과 인간의 연결고리는 그리스도 안에, 그리고 자아와 이기심을 우리 주목의 궁극적 중심으로 삼지 않으려는 우리의 자발성 안에 존재한다. 하나님과 인간의 만족스러운 관계는 우리를 위한 하나님의 사랑과 하나님의 것이 되고자 하는 우리의 응답에 토대를 둔다. 우리 자신을 하나님께 온전히 굴복할 때, 하나님께서 의도하신 모든 것을 인지하여 하나님의 뜻에 합한 존재가 될 수 있는 길이 우리에게 열린다.

일단 신앙의 여정을 시작하면, 우리는 하나님의 사랑을 수용하고 이에 응답하는 것과 사람들 사이에 사랑을 주고받는 것이 아주 긴 여정이라는 것을 발견한다. 때때로 우리는 하나님을 갈망하며, 보다 더 깊고 온전하며 완전한 관계를 추구한다. 어떤 분이 우리를 손짓하여 불러서 새로운 가능성을 탐구해 보라고 하는 것 같다. 우리는 욕구들이 분출되어 나오다가 멈추고, 그 후에 다시 분출되어 나온다는 것을 알고 있다. 또한 하나님을 향한 갈망이 상당히 변덕스럽다는 것을 알고 있다. 후원이나 격려 혹은 의도된 주의 집중이 없다면, 우리는 쉽게 우리를 향한 하나님의 섬세한 이끄심을 놓치기가 쉽다. 영성지도는 신실한 사랑이신 하나님의 음성을 경청하여 알아내고, 또한 그 음성에 주의를 집중하도록 우리를 도와준다.

우리의 가장 깊은 희망은 성령을 경청하는 것이다. 성령은 하나님의 임재를 느끼도록 우리를 일깨우며, 또한 우리를 인도하고, 생기 있게 하고, 자유롭게 하여 하나님께 응답하게 한다. 하나님께 응답하는 것은 오직 하나님만이 우리의 가장 깊은 희망을 아신다는 실재에 뿌리를 둔 인식으로부터 발생한다. 우리가 성령께서 말씀하신 것을 정확하게 분별하여 기꺼이 믿고 따르려 할 때, 치유, 사랑, 성장, 섬김을 위한 새로운 가능성이 열린다. 성령은 우리가 하나님과 이웃과 우리 자신을 사랑하는 것이 가능하도록 하신다.

## 누가 영성지도를 받는가?

누가 영성지도를 받는가? 위에 언급한 것들에 이끌림을 느끼는 사람은 누구나 가능하다. 그러나 앞으로 언급되어야 할 것이 훨씬 더 많다. 영성지도를 찾는 사람은 하나님을 추구한다. 그러나 영성지도가 특정한 순간에 도움이 될 수 있다고 생각하게 만드는 동기들은 그들의 삶의 이야기로부터 출현한다.

사람은 아마도 자신의 삶의 여정의 각 단계—처음, 중간, 또는 마지막—에서 하나님께 보다 세밀한 주의를 기울이는 하나의 방식으로 영성지도를 선택하는지도 모른다. 우리는 변한다. 상황도 변한다. 세상도 변한다. 계속 주어지는 새로운 기회들이 우리를 향한 성령의 의도와 초대들을 분별하도록 요청한다. 우리는 자신의 다양한 자발성을 대면하게 되고, 하나님을 따르거나 하나님께 저항하는 우리의 고유한 방식을 아는 법을 배우게 된다.

누가 영성지도를 받는가를 생각해 보면 광범위한 주제들이 떠오른다. 인생의 여정에는 사람들이 영성지도를 찾게 되기 쉬운 특정한 시기들이 존재한다. 그러나 그들이 찾는 것은 일대일의 관계에서 벌어지는, 명확히 규범화된 형태의 영성지도만이 아니다. 아래에 제시된 일련의 주제들은 생의 신비, 그리고 우리와 함께 우리 안에서 행하시는 하나님의 신비를 가리키고 있는 고유한 환경들 가운데서 출현한 것들이다.

# 신앙의 전환기를 경험하고 있는 사람들

많은 사람들이 영성지도에 찾아오는 이유는 더 이상 자신이 살고 있는 세계가 편안하게 느껴지지 않기 때문이다. 그들은 하나님과 신앙에 대한 자신의 생각을 거듭해서 탐구하고 있다. 그들이 지닌 하나님의 이미지는 변하고 있고, 신앙 행위의 방식들도 변하고 있다. 그러나 대부분의 경우에, 그들은 자신들이 씨름하고 있다는 것을 인식하고 있다. 그들은 소속감을 느꼈던 곳에 대해 더 이상 편안함을 느끼지 못하며, 하나님과 그들 자신 중 누가 혹은 무엇이 변했는지를 질문한다. 오랫동안 예배드렸던 장소가 변했을 수도 있고, 아니면 그들의 사고나 정서가 다른 방향들로 발전되어 가고 있을 수도 있다. 그들은 무엇이 변했는지를 곧바로 말할 수 없을 수도 있다. 그러나 변화가 무엇이든지 간에 그들은 표류하고 있다고 느끼면서 자신들을 불안하게 만드는 것을 찾아내려 하고 있다. 그들은 하나님께서 말씀하고자 하신 것과 보여주고자 하신 것이 무엇인지를 질문한다. 용기를 내어 자신들을 불안하게 만드는 것을 명명하게 되기까지는 어느 정도 시간이 걸릴 것이다.

다음에 제시된 대화는 어떻게 영성지도 중에 통찰들이 떠오를 수 있는지를 보여준다.

지도자: 당신의 마음에 대해 무엇을 인식했습니까?

피지도자: 그렇게 물으니 우습군요. 사실 나 자신을 얼음공주라고 생각해 오고 있습니다.

지도자: 왜 그렇게 생각하죠?

피지도자: 아무런 감정이 느껴지지 않습니다.

지도자: 그것이 당신에게 발생한 변화인가요?

**피지도자:** 네 그래요. 나는 하나님과 사랑을 나누곤 했습니다. 그것은 정말 놀라운 것이었어요. 하나님이 바로 옆에 계신 것 같았습니다. 하나님의 사랑을 느낀 것은 어려움을 겪던 시절에 시작되어서, 몇 년 동안 지속되었습니다.

**지도자:** 달라진 것을 언제 감지하였습니까?

**피지도자:** 약 5년 전입니다.

**지도자:** 그것은 무엇과 같은 것이었나요?

**피지도자:** 매우 낯설게 느껴졌어요. …마치 하나님이 멀리 떠나버린 것 같았어요. 적어도 예수님에 대한 나의 느낌이 사라진 것 같았어요. 그것은 용기를 잃게 만들었습니다. 나는 예수님이 가장 중요하다고 생각해 온 사람입니다. 그런데 내가 일종의 이단자가 된 것같이 느껴지기 시작했습니다.

**지도자:** 그래서 어떻게 했나요?

**피지도자:** 다른 방식의 기도를 시도해보았죠. 영성일지에다 예수님과 하나님께 보내는 편지를 썼죠. 어디로 가셨냐고 물었어요. 내가 심각한 죄를 범했기 때문에 그랬는지 알아보기 위해 현미경으로 보는 것처럼 자세히 내 삶을 살펴보았습니다. 그런데 모르겠어요. 나는 아무것도 생각할 수가 없습니다. 나는 맹인이 된 것 같습니다. 그래서 성령께 기도했습니다. 우리 사이에 어떤 문제가 있다면, 우리의 사랑을 방해하는 것이 있다면 알려주시라고요. 그러나 아무 응답도 없었습니다.

**지도자:** 그것이 당신의 기도에, 그리고 하나님과 함께하는 삶을 풍요롭게 하기 위해 당신이 행하고 있는 다른 훈련에 어떤 영향을 미쳤습니까?

**피지도자:** 별다른 영향은 없어요. 수년 동안 내가 해오던 것을 그대로 하고 있는 것 같아요. 나는 하루를 시작할 때 한 시간 정도 하나님과 교제의 시간을 가지려고 합니다. 항상은 아니지만, 그래도 꽤 규칙적으로 갖고 있습니

다. 이 시간에 저는 영성일지를 쓰고, 성경을 읽고, 기도합니다. 때때로 한 시간이 금방 지나가기도 하지만, 참으로 그 시간이 길게 느껴지는 때도 있습니다.

지도자: 당신의 기도는 어떻습니까?

피지도자: 점점 더 고요해지는 것 같습니다. 때때로 기도는 "성령님, 오시옵소서" 또는 "거룩한 하나님, 당신은 나를 사랑하십니다. 제가 여기 있습니다"와 같은 구절로 시작됩니다. 종종 나는 내부에서 어떤 움직임을 감지합니다. 그러나 어떤 감정이 느껴지지는 않습니다. 마치 어떤 활동이 진행되고 있는 것 같습니다. 하나님이 활동하십니다. 이것이 내가 알고 있는 전부입니다.

지도자: 이런 현상이 당신의 일상적인 외적 생활과도 어떤 방식으로든 연관되어 있는 것 같습니까?

피지도자: 그렇다는 느낌을 받습니다. 왜냐하면 내가 느끼곤 했던 방식대로 느끼진 못하지만, 성령께서 나를 매우 직접적으로 인도하고 계신 것 같은 느낌을 갖습니다.

지도자: 무슨 의미입니까?

피지도자: 나는 해야 할 것을 알고 있는 것 같습니다. 어떤 과제를 수행해야 하는지, 어디로 가야 하는지, 어떤 사람들을 만나야 하는지를 알고 있는 것 같습니다.

지도자: 어떤 점에서 당신 안에서 활동한 분이 하나님이라고 생각하십니까?

피지도자: 좋은 질문이네요. 내가 마음의 감명을—이 용어가 가장 적합한 용어라고 생각되는군요—따를 때, 성령께서는 나로 하여금 그것이 바로 하나님께서 원하시는 것이라는 사실을 확증하는 경험을 하게 하십니다. 그것

은 마치 내가 나의 몫을 감당하고, 그리고 하나님께서 무언가를 행하시는 것과 같습니다. 이것을 지켜보는 것은 흥미로운 일입니다. 그러나 때때로 저는 마지막에 가서야 무슨 일이 진행되고 있는지를 알게 되는 것 같습니다.

**지도자:** 이 모든 것을 통해서 하나님께서는 당신에게 무엇을 말씀하고 계신 것 같습니까?

**피지도자:** 그것은 새로운 관점입니다. 혹시 하나님께서 저를 다른 형태의 신뢰, 하나님을 향한 보다 깊은 신뢰로 초대하고 계시지 않나 생각합니다. 보거나 느낄 수는 없지만, 항상 신실하게 저를 돌보아주시는 하나님을 더욱 신뢰하라는 초대이지 않을까요. 그래요. 이 말이 지금 저에게 진행되고 있는 일을 잘 설명해 주는 표현인 것 같습니다.

**지도자:** 그러면 얼음공주란?

**피지도자:** 그녀는 내가 두려워했던 것만큼 딱딱한 마음을 가지고 있지는 않는 것 같습니다. 이것은 제게 좋은 소식으로 느껴지는군요.

피지도자의 이런 표현은 마치 하나의 정답처럼 들린다. 그러나 그것은 단지 시작에 불과하다. 피지도자는 하나님이 이 새로운 장소에 계시다는 희망을 갖기 시작했다. 그러나 이 사실이 성령이 인도하신 방향을 그녀가 분명히 알고 있다는 것을 의미하지는 않는다. 그렇게 되기에는 상당한 시간이 걸릴 것이지만 그녀에게는 성령이 인도하신 방향을 알고 있는 사람이 곁에 있고, 그 사람은 그녀와 함께 그녀를 위해 기꺼이 기도한다. 그녀는 더 이상 자신을 이단자처럼 느끼지도 않는다. 그렇다고 해서 그녀가 답을 알고 있는 것은 아니다. 바로 신앙의 삶에서 발생하는 이러한 형태의 전환은 많은 사람들이 영성지도에서 다루고 싶어 하는 주제들 중 하나이다.

사람들이 성숙해짐에 따라 사물을 바라보는 다른 시각을 갖게 될 때, 이러한 새로운 시각을 알고 있고 신앙의 여정에 속한 단계들에 익숙한 사람과 관계를 갖는 것은 도움이 된다. 사람들이 크리스천으로서의 자신의 모습이 적절한지 혹은 온전한지를 질문할 때, 영성지도는 이러한 영적 여정의 전환기에 하나님이 어디에 계시는가를 탐구할 수 있는 기회를 제공해준다. 어떤 면에서 이러한 사람은 상실, 즉 그들이 익숙해 있고 정상적이라고 생각해 왔던 신앙생활의 상실을 경험하고 있는 것이다.

## 상실을 경험하고 있는 사람들

다양한 종류의 상실들—우리 자신의 상실이든지 우리와 가까운 사람들의 상실이든지—때문에도 사람은 영성지도에 오게 된다. 우리가 고통을 처리하는 일반적인 과정, 즉 부정, 분노, 협상, 우울, 수용의 과정을 겪고 있다는 것을 알아차렸을 때, 우리는 상실의 감정을 다루고 있음을 알게 된다. 이러한 다섯 과정들은 반드시 정확하게 순서대로 찾아오는 것만은 아니다. 우리는 보통 해결책에 이르기 전까지, 혹은 한 단계를 끝마치기 전까지 그 과정들을 왔다 갔다 한다.

육체적 상실, 즉 자연스런 나이 들어감의 과정에서 발생하는 상실이든 혹은 사고나 질병과 같이 고통스런 사건을 통해 발생하는 상실이든, 이러한 상실이 발생할 때 우리는 "왜, 나에게?" 그리고 "하나님은 도대체 어디에 계시는가?"라는 질문을 하게 된다. 물질의 상실 또한 그러한 질문을 제기하게 만든다. 우리는 부주의, 자연재해, 주식의 급락, 타인의 행동, 혹은 집을 매매하는 것과 같은 우리 자신들의 결정으로 인해 물질들을 상실하기도 한다. 성령이 초대하시는 소명의 길을 따르고자 선택할 때도 우리는 물질의 손실을 경험할 수 있다. 왜냐하면 그 소명의 길은 추가적인 교육비와 노동시간의 감소를 요구할 수도 있기 때문이다. 아마도 성령께서는 우리가 단기 혹은 장기의 선교 프로젝트에 헌신하도록 도전하실 수 있다. 또한 우리는 보다 적은 월급을 받는 직업, 보다 섬기는 일을 중심으로 삼는 직업에 이끌림을 받을 수도 있다. 우리의 가치들은 변화하고 있다. 비록 우리가 경험하는 상실이 하나님의 계획하심이라는 것을 믿고 있을 때조차도, 우리는 그 손실에 완전히 편안해하지 못할 수 있다.

꽹장히 중요한 관계의 상실은 과거와 현재의 상처들을 상기시키며, 많은 질문을 제기하게 만든다. 그 관계의 상실은 죽음이나 이혼과 같은 영원한 상실일 수도 있으며, 자녀들이 자라서 집을 떠나고 어른으로서의 정체성을 가지고 독립하게 되는 것과 같은 관계의 변화일 수도 있다.

이러한 상실들을 경험하고 있는 사람은 그러한 역경의 한복판에서 삶의 의미를 발견하고 싶은 소망으로 영성지도를 찾을 수 있다. 그들은 하나님이 어디에 계시며, 하나님이 그 일들에 어떻게 관여하고 계신지에 대해 알고 싶어 한다.

## 자아 인식의 변화를 경험하고 있는 사람들

결혼 초기에 나는 남편을 사랑했지만 외롭고 단절된 느낌을 지녔던 것으로 기억된다. 왜냐하면 새로운 결혼생활이 결혼 이전에 지녔던 다양한 관계들을 제공해 주지 못했기 때문이다. 결혼 전에 나는 가족과 친척들 근처에 살았다. 나는 바쁜 대학생이었으며, 주변에는 활동적인 만남으로 행복감을 주는 친구들이 있었고, 지금 결혼한 남편과도 사랑에 빠져 있었다. 그러나 어느 날 갑자기 나는 낯선 지역에 살게 되었다. 남편 외에 아는 사람이란 없었다. 그리고 내가 준비하고 있는 일자리를 나 자신이 매우 싫어한다는 사실을 알게 되었다. 여기에 또 하나의 상실의 영역이 있었는데, 그것은 자존감의 상실이었다. 이러한 것을 인식하게 되자, 나는 하나님과 하나님의 인도하심을 구하게 되었다.

우리 자신의 기대나 타인의 요구, 심지어 하나님의 요구에 미치지 못한 상태로 살아가고 있다는 죄책감은 우리의 자아 인식에 영향을 미친다. 자아 인식은 우리가 생각하는 것 이상으로 견고하지 못하며, 변화하기 쉽다. 그것은 아주 쉽게 수면, 영양상태, 건강이나 웰빙 지수와 같은 신체적 생활 방식에 의해 영향을 받는다. 우리는 탈진, 굶주림, 질병에 처해 있을 때보다는 충분한 쉼을 갖고 잘 먹으며 건강한 상태에 있을 때, 우리 자신에 대해 좋은 느낌을 갖게 된다. 중요한 사람들과 관계를 맺는 방식 그리고 현재의 삶의 환경은 우리 자신의 자아 인식에 강력한 영향을 미친다. 다른 사람들로부터 받는 메시지 또한 우리에게 큰 영향을 미친다. 우리를 슬프게 하고, 화나게 하고, 실망시키고, 우울하게 하고, 논쟁적이 되게 하는 어떤 것이 발생하였을 때, 혹은 우리가 삶을 부정하게끔 몰아가는 어떤 것이 발생하였을 때, 우리는 영성지도에 보다 더 매력을 느끼게 된다.

우리의 자아 인식에 대해 솔직하게 열린 마음으로 말할 수 있는 곳을 발견하기란 쉽지 않다. 왜냐하면 우리는 자신이 자기중심적이고 무가치하며, 미숙한 존재로 비쳐지는 것을 두려워하기 때문이다. 우리가 자신의 생각을 큰 소리로 마음껏 털어 놓음으로써 그리고 기도를 통해 아룀으로써 우리 자신의 생각을 언급할 때, 친구들은 우리를 교정하거나 위로하려 든다. 그러나 사물이나 사건을 하나님의 임재 안에서 분명하게 바라보면, 명확한 이해와 치유와 성장이 가능해진다. 영성지도에서의 대화는 바로 이런 것들이 발생할 수 있는 환경을 제공해 준다.

## 인생의 분주함을 경험하고 있는 사람들

도전, 변화, 기쁨을 포함한 인생의 모든 것은 영성지도를 받는 것을 고려하도록 기회를 제공한다.

사람은 종종 쉼이 없고 정신없이 분주할 때 영성지도를 찾는다. 그들은 질문한다. "인간의 삶에 이것들이 전부인가?" 아마도 그들은 "보다 더"를 희망하는지 모른다. 그들은 하나님과의 관계에서 "보다 더"를, 그리고 인간관계에서 "보다 더"를 희망한다. 그들은 자신들의 일이나 놀이나 기도로부터 "보다 더" 큰 만족을 얻기를 희망한다. 혹 우리는 그 정반대를 경험할 수도 있다. "보나 너"의 경험은 갑자기 찾아온다. 하나님께서 우리에게 새로운 방식으로 말씀하시기 때문에 우리는 불안해한다. 새로운 방식이란 하나님의 임재나 설명할 수 없는 내적 평화, 이유를 알 수 없이 밀려드는 사랑이나 치유하고 있다는 느낌 등을 말한다. 우리 안에 큰 변화가 생겼으며 그 변화는 우리가 행한 것이 아님을 안다. 하나님은 우리의 예상을 뛰어넘는 분이시다. 이것은 때때로 우리를 기쁘게도 하지만 두렵게도 한다. 우리는 기쁨과 두려움을 동시에 경험한다. 우리는 그 중 어떤 감정을 믿어야 하는지, 혹은 어떻게 복합적인 감정에 주의를 기울여야 하는지, 어떻게 하나님께 주의를 기울여야 하는지에 대해 확신이 없다.

영성지도에 대해 새롭게 알게 되어 영성지도를 받으러 오는 사람들이 더러 있다. 그들은 근자에 영성지도의 사역에 대해 배움으로, 이 영성지도가 바로 자신들이 찾고 있었던 사역이라는 것을 알게 된다. 그들은 하나님에 대한 생각과 느낌을 자신들에게 말해 줄 사람을 찾고 있지 않다. 그들은 자신들과 자신들의 경험을 존중해 줌으로써 자신들이 이미 생각하고 느끼고 있는 것들에 더욱 기도하는 마음으로 집중하도록 도와줄 수 있는 사람을 찾고 있다. 그들은 바로 그런 사람에게 자신의 이야기를 하고 싶어 한다.

## 하나님을 향한 갈망을 경험하는 사람들

사람은 인생의 전환기에 있거나, 삶의 고통과 상처와 분별의 문제를 안고 씨름하고 있을 때 영성지도를 찾아온다. 피지도자가 영성지도를 찾은 이유를 무엇이라 말하든지 상관없이 우리가 주의 깊게 들으려고 한다면, 우리는 그들의 이야기 안에 하나님을 향한 참된 갈망이 자리 잡고 있다는 사실을 발견할 수 있다. 그들은 질문한다. "이 가운데 하나님이 어떤 방식으로 임재하십니까?" 단순히 삶의 상황에 대한 대답을 구하기보다 그들은 하나님의 임재를 구하고 있으며, 어떻게 항상 우리와 함께하시는 하나님을 자각하여 그 하나님과 함께 있을 수 있는지를 알고 싶어 한다. 그들은 하나님과 인간의 동반자 관계를 추구한다. 그들은 삶의 잠재적 충만함을 온전히 다 누릴 수 있는 여부가 하나님의 음성을 보다 분명하게 듣는 것에 달려 있다고 확신한다.

50대 중반 여성인 새라(Sarah)는 3년에 걸쳐 천천히 조금씩 영성지도에 들어오게 되었다. 그녀는 직업이 있었으며, 교회를 다녔고, 만족스러운 친구관계를 지니고 있었다. 그녀는 인력, 목표, 과정, 기대 수준의 변경으로 인해 야기된 불만족스러운 근무환경에 갇혀 있다는 고통스런 감정과 씨름하고 있었다. 이것은 그녀의 승진 기회에 직접적인 영향을 미쳤다. 그러나 그녀의 주 관심은 세상 자체가 점점 더 적대적으로 변화되어 가고 있는지의 여부였다. 만약 그렇다면, 그것이 하나님의 능력과 영향력에 관해 의미하고 있는 바가 무엇인지 그녀는 궁금했다. 불안한 직장 외에도, 교회의 많은 사람들이 공동체의 중요한 문제에 관해 일치되지 않은 다양한 의견들을 목소리 높여 표출하고 있다는 사실이 그녀를 염려하게 만들었다. 그녀 자신도 강한 의견을 가지고 있었으며, 목소리를 높여 의견을 표출하고 싶었다. 그러나 그렇게 하면, 안전한 공간으로서의 교회를 상실하게 될 것 같은 생각이 그녀를 괴롭혔다.

새라는 그녀의 생각들과 의문들을 친구들과 빈번하게 토론했다. 그리고 계속해서 기도했다. 그러나 그녀의 삶의 문제를 다루어 왔던 그간의 방식들이 더 이상 충분하게 느껴지지 않았다. 그리고 그녀는 자신의 기도가 혼란스러워지고 있다는 것을 알아차렸다. 기도가 밋밋해졌다. 사실, 그녀는 기도를 회피하고 있었다. 그녀는 이 모든 것들 가운데 하나님이 어디에 계시는지를 알고 싶었다. 그녀는 이렇게 불편한 상황들 속에서도 보다 평안하고 신뢰하는 마음을 갖기 위해서 자신이 할 수 있는 일들이 있는지를 알고 싶어 했으며, 가능한 한 신속하게 그 어려움들을 통과해 가기를 소망했다. 그녀는 절대적으로 필요한 정도 이상으로 이러한 상황에 머물러 있기를 원치 않았다.

그녀는 3년 전에 영성지도에 관해 처음으로 들었다. 간혹 영성지도자를 찾아볼까 하는 생각이 들곤 했다. 그녀는 영성지도에 관한 서적을 약간 읽고 친구들과 이야기하였으며 자신이 진척 없이 문제의 주변을 계속해서 맴돌고 있다는 사실을 깨달았을 때, 영성지도를 받아보기로 결심했다.

한 달에 한 번씩 6개월 동안 영성지도자와 만남을 가져 본 후, 새라는 지금까지 그 누구와도 심지어 친구들과도 가져보지 못했던 새로운 방식으로 하나님과의 관계에 대해 이야기할 수 있는 기회를 영성지도가 제공해 주었다고 말한다. 그녀는 영성지도가 얼마나 자신을 자유롭게 하는지에 놀라고 있다. 새라는 개인 기도와 성경 읽기, 교회 활동 참여만으로 충분히 지속적으로 성장할 수 있으리라 생각했다. 그러나 지금은 다르게 생각한다고 말한다. 영성지도자는 그녀로 하여금 성령의 임재를 인식하도록 도와준다. 새라에게 그토록 중요하게 여겨졌던 몇 가지 문제는 그 중요도가 약화되었다. 가장 중요한 것이 무엇인가에 대한 깨달음은 그녀로 하여금 삶의 순간순간에 하나님을 신뢰할 수 있도록 해 주었다. 그녀는 크고 작은 은총을 더욱 자주 인식할 수 있게 되었다. 이러한 은총의 인식은 자신이 참으로 필요로 할 때에 하나님은 어떤 방식으로든 함께 계실 것이라는 확신을 갖게 해 주었다. 자신의 신앙에 대해 영성지도자에게 말하는 것은 새라가 성령의 활동을 탐지할 수 있도록 도움을 주었으며, 또한 하나님을 외면한 채 자신을 의지하게 만드는 방식을 알아차릴 수 있도록 도움을 주었다.

새라는 자신이 더 행복해졌다고 말한다. 아마도 그녀의 만족감 중 일부는 "참으로 중요한 것을 하고 있다"는 것에 대한 즐거움으로부터 생겨났을 것이다. 중요한 것이란 하나님과의 관계에 보다 의도적으로 주의를 집중할 수 있게 되는 것이며, 성령의 초대에 보다 의도적으로 귀 기울일 수 있게 되는 것이다. 하나님과의 관계와 성령의 초대라는 정황 안에서 그녀는 자신의 기도, 분별, 응답을 바라본다. 그녀는 이렇게 말하며 웃는다. "영성지도자가 '당신의 기도 가운데 그것은 어떠했습니까?'라고 물을 때, 나는 다루는 주제가 무엇이든지 간에 실제 기도에서는 내가 영성지도자에게 설명하고 있는 그대로 발생하지만은 않았다는 것을 깨닫고 자주 놀랍니다. 그래서 저는 또 다른 눈이나 귀의 도움을 받는 것이 기도 중에 발생한 것을 실제 그대로 보는 데 얼마나 큰 힘이 되는가를 깨닫고 놀라곤 합니다."

샘(Sam)은 그의 영적 여정에 대해 달리 말한다. 그는 38세이며 존(Joan)과 결혼했다. 그들에겐 세 자녀가 있다. 그는 자신을 하나님의 사람이 되기를 갈망하는 크리스천이라고 불렀다. 그러나 그는 교회를 떠나 있었다. 그렇게 된 것은 그의 바쁜 생활 때문이기도 했지만, 또 다른 요인들이 있었다. 그 요인들을 언급하고 싶어 할 때조차도 그는 어떻게 이야기해야 할지를 몰랐다. 그는 때때로 성경을 읽었고, 자발적으로 기도도 드렸다. 그는 자신에게 중요한 문제들과 씨름하고 있었으며, 하나님이 그에게 무엇을 원하시는지에 관심이 있었다. 그러나 이러한 생각을 다른 사람들과 논의하였을 때, 그들은 지각이 없거나 불충분하게 여겨지는 답변만을 제공했다.

그가 신문에서 영성지도에 관한 기사를 읽었을 때, 흥미를 갖게 되었다. 그는 신문사에 전화해서 기자와 대화를 나누었고, 신문에 언급된 영성지도자들을 어떻게 접촉할 수 있는지를 물었다. 그 영성지도자들 중 한 사람과 자신의 질문에 대해 논의를 한 후, 그는 영성지도를 받기 시작했다. 그것은 2년 전의 일이다. 과거를 되돌아볼 때, 그는 영성지도를 받기로 한 자신의 결정이 대단히 중요한 것이었음을 알았다. 자신이 과거보다 얼마나 더 많이 더 폭넓게 볼 수 있게 되었는지에 대해 계속해서 놀라고 있다고 그는 말한다. 그는 지금 영성지도를 받기 전 그 수많은 세월 동안 어떻게 목적도 없이 그냥 굴러 올 수 있었는지에 대해 의아해 한다. 그러나 가장 흥분되고 놀라운 일은 그가 하나님의 임재와 사랑을 순간순간 분명하게 느낄 수 있게 되었다는 사실이다. 그리고 자신과 아내와 자녀들이 하나님을 더욱 깊이 사랑하도록 인도되고 있으며, 이 세상에서 하나님의 사람들이 되고자 하는 소망을 품게 되었다는 사실을 깨닫는 것 또한 흥분되고 놀라운 일이다.

# 각 사람은 독특하다

사람은 다음과 같은 때에 영성지도를 받을 것을 고려한다.

- 분주하여 쉼이 없거나 도전을 받았을 때

- 전환기에 처해 있을 때

- 상실과 씨름하고 있을 때

- 마음이 끌리는 새로운 방식을 알고 있는 사람과 자신의 여정을 나누고 싶어 할 때

- 자기 자신, 자신이 소중하게 생각하는 사람, 그리고 심지어 하나님의 기대에 맞게 살지 못하고 있는 것에 대해 죄책감을 느낄 때

- 현재 삶의 모습들이 만족할 만한 삶의 전부인가라는 의문을 갖게 될 때

- 이전에 알았던 것과는 다른 영적 경험을 했을 때

- 마음을 열고 하나님의 사랑을 보다 온전히 받아들이며, 또한 그 사랑에 보다 온전히 응답하길 원할 때

- 분별에 관한 일반적이거나 보다 구체적인 질문을 탐구하고자 할 때

- 영성지도에 관한 정보를 듣고 응답하고 싶을 때

- 하나님을 갈망할 때[2]

---

2) Carolyn Gratton, *Guidelines for Spiritual Direction* (Denville, N.J.: Dimension Books, 1980). 사람들이 왜 영성지도를 받으러 오는가에 대한 캐롤린 그래튼의 제안이 이 목록의 토대가 되었다.

당신은 고유하다. 나도 고유하다. 각 사람의 긴 인생 여정은 고유하다. 그리고 개인의 구체적 삶을 통해 드러나는 개인과 하나님과의 관계도 고유하다. 게다가 우리의 삶의 이야기는 영적인 것과 물질적인 것, 그리고 내적 현실과 외적 현실의 형태로 분리될 수 없다. 우리 삶의 각 측면들은 결코 서로 분리될 수 없이 연결되어 있으며, 그것은 하나님의 은혜와 활동의 무대가 된다. 개인의 삶의 모습과 하나님과 맺은 관계의 모습은 개인이 영성지도를 선택하게 된 각각의 환경, 재료, 그리고 동기들을 제공한다.

사람을 집단화시켜 보지 않고 개인의 고유함을 인정하는 것은 대단히 중요하다. 거의 무의식적으로 고정화된 시각으로 사람을 바라보는 것은 우리의 말하는, 듣는, 반응하는 방식을 규정하여 성령을 향한 우리의 열린 마음을 제한한다. 우리는 영성지도의 관계에서 자신과 타인의 고유한 색깔과 모양을 결정하는 미묘한 차이에 충분한 주의를 기울이지 않음으로 인해 은혜와 중요한 의미를 놓칠 수 있다.

수태, 출생, 출생지 등을 포함한 개인의 삶의 환경들은 우리가 누구인가를 구성하는 첫 번째 요소이다. 각 인간은 특정한 남자와 여자의 결합으로 출생한다. 이러한 두 유전자의 결합은 성, 인종, 육체적·정신적 잠재 능력과 장점들을 포함한 새로운 삶을 위한 모든 것을 수반한다. 문화적 특징, 세대적 특징, 윤리적 특징, 종교적 기회, 경제적 자원 등을 포함한 사회적 환경 또한 우리가 누구인가를 형성한다.

때때로 우리는 물려받은 것에 감사한다. 그러나 또 다른 때에는 우리가 속은 것처럼, 아마도 하나님께 속은 것처럼 느껴지기도 한다. 박탈당했다고 느낄 수도 있다. 우리는 기회가 불공평하거나 비상식적인 방식으로 제한되어 있고, 우리의 환경이 너무도 척박하다고 생각할지 모른다. 아마도 우리는 상처를 받았다고 느낄 수 있으며, 우리가 정상적이지 않거나 타인과 같지 않다고 생각할 수도 있다.

모든 사람은 자신의 구체적인 삶의 사건과 양태에 어느 정도 주의를 기울인다. 많은 사람들이 조만간 어떻게 하나님이 있는 모습 그대로의 자신의 존재와 연결되어 있는지를 생각하고 싶어 할 것이다. 우리는 아마도 신학적 렌즈를 통해서 생의 사건들을 해석할 수도 있다. 그리고 그 바탕에서 하나님께 감사하거나 하나님을 저주할 수도 있다. 이러한 우리 자신과 삶에 대한 해석은 영성지도에서 우리 자신을 인식하고 표현하는 방식의 구성요소가 된다.

삶의 환경과 더불어, 인간의 삶의 주기 또한 하나님과의 관계의 형태를 규정하는 요소가 된다. 우리는 삶의 단계들에 의해 강한 영향을 받는다. 우리가 속한 단계가 유아기, 아동기, 청소년기, 청년기, 중년기, 노년기 중 어느것이냐에 따라, 우리가 맺은 하나님과의 관계의 모습은 달라질 수 있다. 하나님을 인식하는 방식과 그 인식을 해석하여 응답하는 방식은 우리의 나이와 관련된 육체적, 정신적, 사회적 특징들에 의해 채색된다. 삶의 각 단계는 우리가 영성지도를 찾게 만드는 고유한 기회들과 도전들을 함유하고 있다.

인간 발달단계와 행동을 연구한 학자들의 발달이론을 연구함으로써, 우리는 인간 발달에 따른 변화들에 더 잘 대처할 수도 있다. 발달이론에 대한 연구는 우리 자신의 성장에 수반되는 중요한 측면들을 더 잘 이해하도록, 그리고 더 깊이 성찰하도록 도와준다. 또한 발달이론을 알게 되면, 우리는 인생의 특정한 시기에 어떠한 형태의 영적 우정관계가 필요하게 되는지를 알수 있게 된다. 그러면 우리는 두려움을 보다 쉽게 처리할 수 있고, 자아 인식의 변화를 보다 잘 이해할 수 있게 되며, 삶의 의문들과 고통들에 대해 보다 긍정적인 방식으로 대처할 수 있게 된다. 또한 발달이론에 대한 연구는 우리가 특별히 불안을 느끼는 삶의 전환기나 시기에 처해 있을 때 하나님의 보호

와 인도하심을 더욱 의도적으로 구할 수 있도록 격려하고 도와준다.[3]

인간은 철저하게 친숙한 것에 의존한다. 자연스런 생의 주기에 따른 변화에 인간은 불안해한다. 우리는 종종 예측 가능하고 편안한 관계를 창출하고자 노력한다. 그리고 자신과 세계의 변화에 대해 불안함을 완화시켜 줄 수 있는 환경을 창출하고자 노력한다. 그러나 우리는 미래에 무엇이 발생할 것인지를 알 수 없다는 불안함으로부터 자신을 완전히 보호할 수는 없다. 우리는 미래를 볼 수 없다. 이 사실은 우리를 불안하게 한다. 삶에 대한 질문과 갈바를 알지 못해 난처해하는 것은 바로 미래에 대한 불안함과 긴밀하게 연결되어 있다. 그리고 이것은 영성지도에서 나누는 대화의 핵심 주제들이다.

구체적인 삶의 정황 속에서 우리를 향한 하나님의 뜻과 하나님을 인식하는 것은 영성지도에서 대단히 중요하다. 하나님을 사랑하고 따르는 우리의 개인적 특징들은 우리가 받은 유산, 양육, 환경, 그리고 발달의 기회와 도전

---

3) 다양한 관점으로 성인 발달의 단계들을 연구한 책들이 많이 있다. 그 책들 중에서 초기 작품으로, 지금은 고전으로 분류되는 책들은 다음과 같다. James W. Fowler, *Stages of Faith: The Psychology of Human Development and the Quest for Meaning* (San Francisco: Harper & Row, 1976; Daniel J. Levinson, *The Seasons of a Man's Life*(New York: Ballantine Books, 1978); Carole Gilligan, *In a Different Voice: Psychological Theory and Women's Development* (Cambridge: Harvard University Press, 1982); Mary Field Belenky, Blythe McVicker Clinchy, Nancy Rule Goldberger, and Jill Mattuck Tarule, *Women's Ways of Knowing: The Development of Self, Voice, and Mind* (New York: Basic Books, 1973); James and Evelyn Whitehead, Christian Life Pattern: *The Psychological Challenges and Religious Invitations of Adult Life* (Garden City, N.Y.: Doubleday, 1979); 보다 최근의 책들은 다음과 같다. James Fowler, *Faith Development and Pastoral Care*(Philadelphia: Fortress, 1987); Elizabeth Liebert, *Changing Life Pattern: Adult Development in Spiritual Direction*(New York: Paulist Press, 1992).

들로부터 자라난다. 우리 자신의 삶에 대한 인식과 해석 그리고 성령과 우리의 상호작용에 대한 인식과 해석은 영성지도의 필요성을 계속해서 제기할 뿐 아니라, 영성지도에서 나누는 대화의 주제들이 된다.

## 나는 왜 영성지도를 받으러 왔는가?

본서가 나 자신이 하나님을 체험한 이야기로부터 발생했다는 사실은 놀랄 일이 아니다. 이 책을 발전시키는데 수년의 세월이 소요되었다. 영성지도의 일대일 대화에서 내 이야기를 하는 것은 종종 나를 긴장시킨다. 이 페이지에 담겨 있는 몇몇의 이야기는 나를 더욱 긴장시킨다. 나는 내 마음을 세상에 털어 놓는 것을 좋아하지 않는다. 내 영적 여정의 일부와 내가 왜 영성지도를 받게 되었는가를 설명하는 까닭은 당신이 영성지도자를 찾아가서 당신의 이야기를 보다 손쉽게 할 수 있도록 하기 위해서이다.

나 자신을 소개하도록 요청받았을 때, 시를 써서 소개하기로 결정했다. 시는 나의 중요한 것을 빠르고 직접적인 방식으로 소개할 수 있도록 도와준다.

미국에 조부님들은 작은 배를 타고 왔네,
소와 스웨덴 사람들과 염소들이 뒤범벅인 채로.

이민자들은 번창하여 늘어갔다.
나의 부모님들이 태어났고—마침내 나 또한.
우리 가족은 다섯 명이었고, 작은 동네에서 살았다.
시카고의 변두리에서 우리는 자라고 번창해 갔다.

여름에 우리는 미시간 호숫가를 걸었다.
베다니 해변에서, 우리는 파도소리를 즐겼다.

학교생활은 빠르게 흘러갔다.
책과 선생님들에게서 배운 것들로 내 머리를 채웠다.

휘튼, 코넬, 그리고 미네소타―
이십 이 년은 내게 할당된 학교생활 기간보다 많은 것 같다.

하나님께선 내게로 다가오셨다―나는 지금 그것을 안다.
그리고 고통스러운 인생의 교훈들을 배우기 시작했다.

가족의 문제는 점점 커져가고 많아졌다.
삶은 쫓기고, 분주하며, 황폐해졌다.

쓴웃음을 짓게 만드는 생의 고난의 목록들은 추가되어 갔다.
우리는 죽게 되었다고 생각했다.
누가 우리의 회생을 상상할 수나 있겠는가?

칠흑처럼 어두운 인생의 밤중에 질문들은 늘어만 갔다.
괴로움의 격정에 싸여 질문들은 토해져 나왔다.

나는 그 질문을 하나님과 친구들과 나의 적들에게 쏟아냈다.
"왜 이해하는 척하십니까?"
"당신이 도대체 무엇을 아십니까?"라는 질문과 함께.

내 머리로는 생각도 예상도 못했다.
하나님이 내게 다가와 내 손을 잡아주시는 것을.

하나님의 사랑의 경험을 말로 설명할 수가 없다.
하나님은 고통의 한복판으로 찾아오셨다.

어려운 질문들은 여전히 남아 있고, 악은 여전히 강하다.
그러나 하나님은 생의 새 노래를 내게 가르쳐 주신다.

나는 남편, 강아지 한 마리, 그리고 고양이 한 마리와 함께 살고 있다,
파도와 잔잔함이 동시에 있는 호숫가에서.

겨울뿐 아니라 여름에도 스키를 타며,
난롯가에서 책을 읽으며, 이야깃거리를 찾는다.

바람에 지는 낙엽 소리에 귀 기울이고,
왜가리와 갈매기가 비상하는 것을 지켜보며,

부들개지와 구름과 떠 있는 보트를 바라본다.
어머나!—비록 스웨덴 사람이나 염소는 없어도,
마치 맨 처음과 유사한 광경이네.

영성지도에 온 사람은 보통 자신들의 하나님 경험을 가능한 한 직설적으로 말하길 원한다. 그들은 자신들의 삶을 하나님의 은혜와 사랑, 그리고 하나님이 원하시는 참된 자신의 모습과의 관련 하에 이야기하기를 원한다. 그들은 또한 자신들의 삶이 어떻게 해서 곁길로 가게 되었는가에 대해 이야기하기를 소망한다. 영성지도자에게 어떤 이야기를 할 것인가와 어떻게 이야기할 것인가는 우리의 가장 깊은 자아를 어느 정도 드러내고 숨길 것인가라는 문제와 직결된다. 우리의 이야기를 하는 방식은 너무도 많기 때문에, 그리고 이야기를 하고자 하는 우리의 의지가 확고하기 때문에 우리는 자신의 이야기를 새로운 관점에서 바라볼 수 있을 것이다.

핵심적 이야기를 하고자 결심했지만, 결국 덜 중요한 주변의 이야기를 하고 있는 자신을 발견하기도 한다. 우리는 하나님께 이끌릴 때, 드러냄과 감춤을 반복하면서 자신의 이야기를 한다. 우리의 이야기를 하는 것은 하나의 의사소통이며, 타인으로 하여금 우리가 누구인가를 보도록 허락하는 것이며, 자신을 스스로 들여다보려는 용기이기도 하다. 이야기 중 일부는 일상적인 생활에서 생겨나며, 또 다른 일부는 정신적 외상, 위기, 그리고 몸과 마음과 관계의 깨어짐으로부터 출현한다. 뿐만 아니라 영성지도에서 할 이야기는 기쁜 일들로부터 생겨나기도 한다.

왜 내가 영성지도를 받게 되었는지에 관해 보다 길고 자세하게 이야기해 보겠다. 나는 매주 교회와 주일학교에 갈 뿐 아니라 때때로 주중의 예배에도 참석하고, 집에서 성경을 읽으며 하나님에 대해 이야기하는 가정에서 양육되었다. 어린 소녀 시절에, 나는 천국 문을 열고 달려 들어가 주님의 팔에 안기며 웃으면서 "나, 집에 왔어요"라고 외치는 모습을 상상하곤 했다.

십대 시절에 나는 그러한 장면을 여전히 그려보기도 했지만, 어린 소녀 시절에 지녔던 열정과 공개적인 사랑이 낯설게 느껴졌다. 대학 시절에 나는 큰 기쁨으로 하나님을 찬양했으며, 독립교회에서 일했고, 성숙해져 갔다(청소년기부터 현재의 성숙한 모습에 이르는 도중에 있었던 많은 전환들은 일생에 걸친 과정을 필요로 하는 작업이었다). 대학을 졸업한 후 결혼을 했다. 크리스천의 가정을 이루었다고 확신했다. 그러나 나는 위험을 감수하면서까지 하나님께 완전히 빠져보지는 못했다고 생각한다. 이러한 생각들이 심층에 자리 잡고 있었으나, 나는 용기를 내어 그것을 탐구해 보지는 못했다.

나의 청년 시기에 고통스러운 일들이 찾아왔다. 시력 장애를 가진 조카가 태어났을 뿐만 아니라, 가족 중 한 사람이 자살을 했다. 이러저러한 원치 않은 일들의 발생을 시작으로 길고도 힘겨운 시절이 진행되었다. 그러나 우리는 여전히 하나님께 헌신했고, 교회에 출석하였다. 그리고 수년이 지나서야 나는 비로소 기꺼이 나 자신의 분노, 혼란, 새로운 삶의 의문들, 그리고 경험을 통해서 발견한 것을 솔직하게 하나님께 말할 수 있게 되었다. 고통은 표피에 있는 것을 날려버리고, 그 이면에 감추어진 것을 드러나게 만들었다. 나는 하나님께서 고통 중에 있는 나를 돌보고 계시는지 그렇지 않은지를 알고 싶었다. 만일 하나님이 돌보고 계시지 않거나 존재하시지 않는다면, 나는 이제야말로 하나님을 의지하는 척하지 말고 성숙해져서 내 문제를 스스로 처리해야 할 때라고 생각했다. 그러나 만일 하나님이 계시고 하나님이 나를 사랑하시는 것이 분명하다면, 하나님의 도우심을 구해야 할 때라고 생각했다. 나의 일차적 목표는 개인적 생존이었다.

　나는 많은 곳을 방문했고, 내 질문이 상대방의 기분을 상하게 하는지의 여부에 상관없이 내가 하고 싶은 모든 질문을 했다. 나는 치유를 위한 모임, 기도 모임, 컨퍼런스, 세미나, 피정 등을 찾아다녔다. 우울증 치료를 위해 전문 상담가를 찾았다. 내가 신뢰할 수 있다고 생각되는 사람과 약속을 잡기 위해 거의 일 년을 기다렸다. 내가 진짜로 생각하고 느끼는 것을 참을성 있게 들어줄 수 있는 사람을 발견했다고 생각했다. 이러한 구도(求道)적인 과정에서, 나는 많은 사람들을 만났다. 도움이 된 분들도 있었고, 그렇지 않은 분들도 있었다. 역으로, 나의 행동과 질문으로 인해 상처를 받은 분들도 있고, 도움을 받은 분들도 있었다.

　가장 놀라운 것은 하나님의 사랑의 주도권이었다. 하나님은 다양한 치유의 모임들을 통해서 나를 가르치셨다. 그 모임들은 자신의 이야기를 솔직하게 나누는 소규모 모임, 함께 예배하고 기도하고 식사하는 모임, 성경을 읽고 성경과 함께 기도하는 모임, 영성일지를 쓰는 모임, 얼굴을 땅에 대고 완전히 엎드리어 공허감의 고통을 쏟아내는 기도의 모임들이었다. 어느 날 오후 나의 엄마도 구성원으로 있는 소그룹 여성 모임에 참석하고 있을 때, 성령께서 사랑으로 나를 씻기셨고, 나는 그것을 알아차렸다. 고통의 수원지가 사라져버렸다. 나는 자유롭게 되어 새로운 방식으로 하나님을 인식하고 하나님께 응답할 수 있었다. 내가 온전히 자신의 고통에 매몰되어 있을 때, 나를 위해 기도했던 많은 사람들의 중보기도를 하나님께서 응답해 주셨다고 믿었다.

　나의 영적 추구의 초창기에 많은 사람들이 기꺼이 나를 위해 나와 더불어 하나님께 귀 기울여 주었다. 그들 중 어느 누구도 영성지도라는 말을 들어보지는 못했으리라 생각한다. 그러나 그들은 실제로 영성지도를 한 것이다. 그들은 단지 최선의 조언만을 해준 것이 아니라 경청했고, 기도했고, 기다렸고, 성령의 활동에 주의를 기울였다. 내가 영성지도가 무엇인지를 알고 그것을 찾기 전까지, 나는 오랜 여정을 걸어야만 했다. 그러나 내가 하나님을 찾을 때, 성령께서는 나를 인도하여 내게 필요한 도움들을 얻게 하셨다. 내게 필요한 도움이 무엇인지를 내가 알든지 모르든지, 혹은 어떻게 그 도움을 요청해야 하는지 알든지 모르든지 상관없이 성령께서는 나를 인도하셨다.

나의 치유의 여정 중 어느 시점부터, 사람들이 내게 찾아와 기도를 부탁하거나 대화를 나누기 시작했다. 비록 간혹 그들의 문제를 해결하려고 곁길로 빠지기도 했지만, 거의 모든 경우에 그들의 문제에 대한 해답이 내게 없다는 것을 나는 알았다. 하나님께 의존하는 법을 배우는 것은 일생이 걸리는 일이다. 그러나 타인의 영적 여정을 도와주는 이 방면에 점점 더 성숙해져 감에 따라, 나는 보다 깊게 기도하고 보다 많이 하나님을 의존함으로 상대방이 편안해하는 공간을 만들어내기 시작했다. 나는 피지도자로서뿐 아니라 영성지도자로서 영성지도에 실제로 관여하고 있었던 것이다. 그러나 나는 여전히 그때까지 영성지도란 이름을 들어보지 못했다. 간혹 나는 타인의 삶에 내가 너무 깊이 개입되어 있다는 사실에 불편함을 느껴 상담을 배워 볼까 생각하기도 했다. 그러나 항상 무슨 일이 생겨 상담 공부를 실행하지 못했다. 이러한 만남들 안에서 생겨난 통찰과 변화들은 기도를 통해서 생겨나게 된 것이다. 만남의 대화 가운데 행한 기도이든, 대화를 위해 행한 기도이든 그 기도를 통해 하나님께서 행하신 것이었다.

나는 개인의 영적 발달에 관해 더 많이 배우기를 원했다. 그래서 피지도자로서 정식으로 영성지도를 받게 되었고, 영성지도에 관해 배우는 프로그램에도 지원했다. 어떤 사람이 마지막 순간에 지원을 포기해서, 내가 대신 입학허가를 받았다. 영성지도에 관한 글들을 읽기 시작했을 때, 내가 영성지도에 참여하게 된 것은 하나님의 섭리에 따른 은총이라고 느껴졌다. 문이 활짝 열린 것 같았다. 피지도자와 영성지도자로서의 나의 경험을 통해서, 성령께서는 내게 영성지도를 가르쳐 오셨던 것이다. 그리고 나는 많은 영성지도자들을 만나서 그들의 경험과 사고와 사역을 접하게 되었다. 내가 경험해 왔던 것을 이해하고, 나의 경험에 대해 해줄 말을 가지고 있고, 나의 경험과 그 경험 안에 계신 하나님께 주의를 집중하는 법을 알고 있는 사람들이 존재한다는 것이 분명해졌다.

그리고 수많은 세월이 흘렀다. 나는 여전히 피지도자와 영성지도자, 모두로서 영성지도에 관여하고 있다. 나는 아직 종착점에 도달하지 않았다. 나는 여전히 고통스런 현실과 질문에 합당한 대답을 찾고 있다. 내가 어릴 적 지녔던 "집에 돌아온 이미지"는 새롭게 회복되었다. 그래서 나는 때때로 천국의 문을 통과하여 하나님의 환대의 팔에 뛰어 들어가는 나의 모습을 그려 보기도 한다. 영성지도는 내게 있어 하나님의 사랑을 기억하는 공간이며, 나의 깨어진 일상의 생활을 나누는 공간이며, 어떤 일이 발생하더라도 나 자신을 은총 안에 거하게 해 주는 공간이다. 따라서 영성지도는 집에 되돌아온 것 같은 느낌, 일이 해결된 것 같은 느낌을 맛보게 한다.

모든 사람은 어떻게 하나님께서 자신을 피지도자나 영성지도자, 혹은 양자 모두로서 영성지도에 참여하게 하셨는지에 관한 각자만의 이야기를 가지고 있다. 아마도 영성지도에 참여하는 건에 관해 가족과 목회자, 혹은 친구들과 의논하기를 원할 것이다. 그러나 그런 의논을 할 때도, 여러분은 허가나 승인을 요청하고 있는 것이 아니다. 영성지도에 참가하기를 바라는 사람은 물론 다른 사람들의 이야기를 주의 깊게 들을 필요가 있으나, 나 자신의 결정에 타인의 의견이 결정적인 요인이 되지 않도록 해야 한다. 영성지도에 참여하는 결정은 오직 하나님의 인도하심과 온 마음으로 하나님을 따르고자 하는 개인의 열망에 근거하여 이루어져야 한다.

누가 영성지도를 받으러 오는가? 하나님께 경청하기를 원하는 사람, 기도하면서 자신의 삶의 이야기 안에 포함되어 있는 하나님의 활동을 발견하기를 원하는 사람, 그들은 누구나 영성지도를 받을 수 있다.

## 성찰을 위한 질문

1. 오늘날 당신 자신이 되게 하는 데 긍정적으로나 부정적으로 공헌했던 유산들은 무엇입니까?

  당신의 어머니로부터 받은 유산

  당신의 아버지로부터 받은 유산

  출생의 환경들

  육체적, 정신적, 감성적 능력과 특징들

  교육과 경제적 조건들과 기회들

  종교적이며 영적인 유산

  대가족과 가족체계

  특별한 위기들

  다른 유산들

만일 위의 주제들에 대해 각각 한 장씩 서술한다면, 각각의 장에 어떤 제목을 부여하겠습니까?

2. 사람들이 언제 영성지도를 고려하는가에 관해 앞에 서술한 목록을 보십시오. 조용한 시간에 기도하면서, 어떤 요인 때문에 당신이 영성지도를 고려하게 되는지를 하나님께서 알려주시도록 요청하십시오. 목록에서 두세 개의 가능성을 선택하고, 그에 대해 기도한 후에, 영성일지에 기록해 보십시오.

제4장

# 영성지도와 신뢰

그러나 엄밀하게 말해서, 크리스천에겐 기회가 주어지지 않는다. 예식의 비밀스런 주인이 역사하고 있다. "너희가 나를 택한 것이 아니라 내가 너희를 택하였나니"라고 제자들에게 말씀하신 그리스도께서 참으로 모든 크리스천 그룹에게 "너희가 서로를 택한 것이 아니라 내가 서로를 위해 너희를 택하였다"라고 말씀하실 것이다. 우정이란 타인을 배제하고, 서로에게서 좋은 점을 발견하여 서로를 선택한 것에 대한 보상이 아니다. 그것은 모든 다른 사람들의 아름다움을 개인들에게 보여주기 위해 하나님께서 선택하신 도구이다…이 축제에서 상을 배설하고, 초대할 손님들을 선택하는 분은 바로 하나님이시다. 아마도 우리는 하나님께서 항상 그 축제를 주재해 주시기를 감히 소망할 것이다. 축제를 배설하신 주인을 배제하는 것은 생각도 하지 말아야 한다.

C. S. 루이스[1]

너는 마음을 다하여 여호와를 의뢰하고 네 명철을 의지하지 말라.

잠언 3:5

---

1) C. S. Lewis, *The Four Loves* (New York: Harcourt, Bruce and Company, 1960), 126-27.

"나를 신뢰하라." 신뢰할 수 있을까? 신뢰해야 하는가? 신뢰할 것인가? "나를 신뢰하라"는 말의 의미는 무엇인가? 이 말의 준수는 어떤 결과를 가져오는가? 우리를 안심시키고자 한 말들은 오히려 종종 화자(話者)에 대한 의심과 재고(再考)를 초래하기도 한다. "나를 신뢰하라"는 말을 듣게 되면, 오히려 아무 말이 없었을 때보다도 신뢰하기를 주저하게 된다. 신뢰한다는 것이 어떤 때는 단순하며 쉬운 일로 느껴진다. 그러나 또 다른 경우에는 생의 위협이나 아니면 적어도 내포된 잠재적 위험을 감수해야 하는 일로 느껴진다.

나는 신뢰를 요구하는 관계를 맺고 산다. 당신이나 다른 모든 사람도 그러한 관계를 맺고 산다. 관계를 천천히 조심스럽게 진척시킬 때도 있으며, 신뢰의 결과가 무엇일까를 생각하기도 한다. 그러나 비록 조심스럽게 행동하고자 할 때조차도 어쩔 수 없이 위험을 감수하게 되는 경우가 있다.

인간의 삶에는 신뢰의 여부를 결정해야 하는 순간들이 빈번하게 찾아온다. 의료 검사의 결과를 신뢰하여, 의사가 추천한 치료의 과정을 따라야 하는가? 중고차, 오래된 집 등을 믿고 사야 하는가? 귀가 시간을 어긴 자녀들이 제시하는 이유를 믿을 수 있겠는가? 강의나 책이나 인터넷 사이트에 있는 정보는 정확한가? 우리의 친구는 우리가 확신에 차서 해준 말을 지킬 것인가? 우리는 하나님의 음성을 정확하게 들을 수 있는 능력이 있는가?

삶의 모든 영역의 현실은 우리가 상호의존적인 신뢰의 그물망 가운데 살고 있다는 인식을 강화시켜 준다. 인간의 생존, 보존, 성취는 협력에 의존한다. 심지어 어렸을 때조차도, 우리는 주변 사람들 가운데서 신뢰할 수 있는 사람이 누구인가를 어느 정도 알아차린다. 인간의 모든 환경은 신뢰할 수 있고 신뢰해야 하는 것들과 신뢰할 수 없고 신뢰하지 말아야 하는 것들의 혼합으로 구성되어 있다. 함께 살거나 일하는 사람이 온전히 신뢰할 만한 사람이 아니라는 것을 알았을 때, 우리는 불안해한다. 그러나 우리 자신 또한 온전히 신뢰할만한 존재가 아니라는 사실을 깨달았을 때, 우리는 더욱 혼란스러워 한다. 신뢰의 그물망은 우리가 의식하고 있는 영역너머까지 미칠 정도로 복잡하다. 우리의 신뢰에 영향을 미치는 요소들을 모두 다 인식하지 못할 뿐만 아니라, 그럴 필요도 없다. 그러나 우리가 현재 유지하고 있는 관계들에 영향을 미치는 우리 나름의 신뢰의 역사를 지니고 있다는 것을 인식하는 것은 도움이 된다. 즉 영성지도에 관여하는 영성지도자나 피지도자를 신뢰할 것인가를 결정하는데 나의 신뢰의 역사가 영향을 미친다는 것이다. 우리 자신의 역사뿐 아니라 부모님, 중요한 사람들, 멘토들, 동료들, 지인들이 신뢰할 만한 사람들이었는가의 여부도 타인과 자기 자신과 하나님을 기꺼이 신뢰하는 데 영향을 미친다.

## 하나님을 신뢰함

하나님을 신뢰한다는 것은 단지 삶의 도전과 환경 안에 하나님의 뜻이 담겨 있다는 사실을 신뢰하는 것만이 아니다. 그것은 하나님께서 우리에게 하나님 자신을 가르쳐 주신다는 사실을 신뢰하는 것을 포함한다.

**피지도자:** 피정 중이었습니다. 저녁을 먹은 후 내 방으로 돌아왔을 때, 내 방에 촛불을 켜 놓은 채로 나갔었다는 것을 발견하고 놀랐습니다. 물론 촛불은 유리잔 안에 있었기 때문에 안전했습니다. 그러나 나는 끄고 나가려고 했었습니다. 깜박이는 촛불은 나를 고요하게 만들었습니다. 나는 베개를 벽에 대고 침대에 편안하게 앉았습니다. 그렇게 한참 동안 앉아서, 하나님 앞에 홀로 있음에 감사했습니다. 눈에 비치는 햇살, 이른 아침과 초저녁의 푸르고 긴 어둠 등등과 같은 겨울의 아름다움에 대해 하나님께 감사했습니다. 나는

점점 더 깊은 침묵의 기도 속으로 잠겨 들어갔습니다. 촛불 곁 창턱에는 봄철과 같이 인조 꽃이 장식되어 있었습니다. 그 꽃은 싱싱해 보였습니다: 하얀 데이지, 진한 청색, 연한 핑크, 녹색. 촛불과 꽃이 어우러져 빚어낸 아름다움에 매료되었습니다. 그리고 기도하면서 "아름다움이신 삼위일체(Beauty of the Trinity)" 하나님께 말씀드리고 있다는 사실을 알게 되었습니다.

**지도자**: 그게 무엇과 같은 것이죠?

**피지도자**: 참된 온화함. 사실, 커다란 안도감이었습니다.

**지도자**: 무슨 뜻이지요?

**피지도자**: 내가 참으로 불안했었다고 말했던 것을 기억하시죠? 마치 예수님을 상실해 버린 것처럼 느껴졌기 때문에 불안했습니다. 그런데 갑자기 내가 다시 주님과 연결된 것 같았습니다. 주님께서는 삼위일체 하나님과의 관계에 주의를 집중하도록 나를 초대하고 계셨습니다. 요한복음 17장의 내용이 떠올랐습니다. 예수님께서 자신을 믿는 모든 이들을 위해 아버지께 기도하신 내용입니다. 예수님께서는 그들이 우리 안에 있고 우리가 하나인 것처럼 그들도 하나가 되게 해달라고 아버지께 요청했습니다. 나는 그 구절을 찾아 다시 읽었습니다. 그 구절을 통해 나는 깨달았습니다. 삼위일체의 각 위격들이 서로 관계를 맺는 방식과 유사한 방식으로, 예수님을 따르는 우리 또한 삼위일체 하나님과 관계를 맺게 된다는 것입니다. 예수님은 우리들이 하나님과의 관계와 우리 사이의 관계에서 그와 같은 상호의존적인 관계를 맺기 원하십니다. 상당히 사변적으로 들리지만, 그 순간에는 절대로 사변적이지 않았습니다. 그것은 하나님과 함께 있는 것을 전혀 새로운 방식으로 즐기는 것과 같았습니다. 거대한 하나님의 사랑과 임재를 즐기는 것 같았습니다.

**지도자**: 그때 이후로 무엇을 느끼게 되었습니까?

**피지도자**: 이전에 그랬던 것처럼 예수님을 상실하는 것에 대해 불안해하

지는 않습니다. 나는 이것이 새로운 어떤 것의 시작이라고 생각합니다. 아마도 하나님과 함께 새로운 장을 여는 것 같습니다.

**지도자**: 그 새로운 장에 적합한 제목을 붙인다면, 떠오르는 제목이 있습니까?

**피지도자**: 제목을 생각하기엔 너무 이른 것 같습니다.

**지도자**: 이 경험 이후로 당신의 기도에 어떤 변화가 있습니까?

**피지도자**: 때때로 하나님을 "아름다움이신 삼위일체 하나님"이라고 칭합니다. 그리고 어떤 방식이든, 이끌리는 대로 기도합니다. 물론, 하나님께 이 경험이 의미하는 바에 관해 수많은 질문도 합니다. 그리고 무엇에 관해서 기도해야 하는지, 새로운 인식과 관련하여 무엇을 해야 하는지에 관해서도 질문을 합니다.

**지도자**: 새로운 시작을 위한 좋은 질문들 같습니다.

"너는 마음을 다하여 여호와를 의뢰하고 네 명철을 의지하지 말라"(잠 3:5)는 말씀은 성경의 분명한 명령이다. 그러나 우리는 주로 우리에게 익숙한 하나님만을 하나님으로 신뢰하는 경향이 있다. 지금까지 이해하고 알아 본 바의 하나님을 넘어선 하나님을 신뢰하는 것을 불편해 한다. 그러나 우리는 자신보다 하나님을 더 신뢰하라는 명을 받았다. 이 명령은 하나님의 은총을 덧입지 않고는 준수하기 어려운 것이다. 우리는 직접적인 감각기관을 통해 감지할 수 있는 것을 의존할 때, 그리고 하나님과의 관계 안에서 살아가는 기존의 방식을 의존할 때 편안해 한다.

우리 자신을 관리하는 데 열중해 있을 때는 적어도 일정 기간 동안 책임감, 자신감, 독립심을 느끼게 된다. 우리가 자신을 알고, 하나님께서 주신 삶의 선한 청지기가 되는 것은 중요하다. 그러나 하나님으로부터 독립하는 것은 하나님의 뜻이 아니다. 우리는 하나님의 동반자가 되기 위해 창조되었다. 시편 139편은 하나님께서 우리를 창조하셨고, 항상 우리를 알아 오셨고, 우리에게 지대한 관심을 가지고 계시다고 말한다.

> "주께서 내 장부를 지으시며 나의 모태에서 나를 조직하셨나이다. 내가 주께 감사하옴은 나를 지으심이 신묘막측하심이라. 주의 행사가 기이함을 내 영혼이 잘 아나이다. 내가 은밀한 데서 지음을 받고 땅의 깊은 곳에서 기이하게 지음을 받은 때에 나의 형체가 주의 앞에 숨기우지 못하였나이다. 내 형질이 이루기 전에 주의 눈이 보셨으며 나를 위하여 정한 날이 하나도 되기 전에 주의 책에 다 기록이 되었나이다."(시 139:13-16)

이 구절이 의미하는 바를 전부 이해할 수는 없다. 그러나 최소한 이 구절은 하나님께서 우리를 위해 가장 좋은 것을 주기 원하신다는 사실을 의미한다. 어떤 사람은 이 사실을 믿기가 어려울 것이다. 그러나 그들을 위한 하나님의 사랑을 늘 알아 왔고, 비록 고통스러운 상황 속 일지다도 그 사랑을 믿어 의심치 않은 사람도 있다.

우리는 하나님을 신뢰하도록 격려하는 환경 가운데 자라왔을 수도 있고, 그 반대일 수도 있다. 그러나 우리 모두는 때때로 하나님의 신실하심에 대해 의문을 품는다. 인간의 삶은 역경으로 가득하다. 그러나 우리가 영성지도를 받고자 할 때 우리 안에 하나님과 보다 친밀한 관계를 갖기를, 하나님을 보다 분명하게 알기를, 하나님의 음성을 보다 분명하게 듣기를 소망하기에 충분한 신뢰가 있음을 발견하게 된다. 우리는 적어도 하나님은 우리 자신들보다 더욱 신뢰할 만하며, 하나님을 청종하는 것이 우리에게 큰 유익이 된다는 결론에 도달하게 된다.

우리의 관심은 단지 하나님과 하나님의 생각들에 대해 호기심을 갖는 차원을 넘어선다. 우리는 어떻게 하면 하나님의 사랑 가득한 임재, 원하심, 가르치심, 돌보심에 우리 자신을 일치시킬 수 있는지를 탐구하고 있다. 우리는 하나님을 보다 기꺼이, 보다 온전히 신뢰하고 따르기 위해서 영성지도를 받고자 한다. 우리는 하나님의 부르심에 귀 기울여 응답할 수 있는 참된 열린 마음과 자발성과 용기를 지닐 수 있기를 소망한다.

영성지도를 선택한 사람들 가운데는 오랜 세월에 걸쳐 하나님을 신뢰한 폭넓은 경험을 지닌 사람도 있다. 그들은 하나님의 임재와 돌보심을 감지하는 다양한 방식을 잘 알고 있다. 사실, 그들은 자신들보다 하나님을 더욱 신뢰한다.

비록 우리 행위의 진정한 의미를 깊이 인식하지 못하면서도, 우리는 종종 하나님을 향한 뜨거운 신뢰를 표현한다. 수잔(Susan)은 하나님을 "영원히" 신뢰한다고 말한다. 그리고 그녀는 "내가 갑자기 죽는다 할지라도, 예수님으로 인해 나는 하나님과 함께 있을 것을 압니다. 그러나 때때로 지금 하나님께서 나와 함께 계시는지 확신하지 못할 때가 있습니다"라는 말을 첨가한다. 빌(Bill)은 웃으면서 하나님을 향한 신뢰를 이렇게 설명한다. "나는 하나님의 사랑을 받고 있다는 느낌을 지니고 있습니다. 그 하나님의 사랑은 너무도 강해서 나로 하여금 인간적인 사랑과는 다른 그 사랑에 기초하여 타인을 사랑하게끔 도와줍니다. 그 사랑은 훨씬 더 충만하며 자유롭게 하는 사랑입니다. 그 사랑은 결코 내게서 나온 것이 아닙니다." 앤(Ann)은 이렇게 말한다. "하나님과 나는 신뢰의 싸움을 하고 있습니다. 현재 신뢰가 잘 되지 않습니다. 사실, 다음 번 인원 감축에 내가 낄 것 같은 불안함이 있습니다. 나는 지금 하나님께 수많은 질문을 제기하고 있습니다. 이렇게 질문을 제기하는 것이 좋은 것이라고 생각됩니다. 왜냐하면 비록 하나님과의 관계에 금이 가긴 했지만, 질문을 제기한다는 것은 내가 여전히 하나님께 달려가고 있다는 것을 의미하기 때문입니다. 내 마음은 신뢰의 결과와 관계없이 평안과 희망을 누리진 못하지만, 내 실제 행동은 내가 적어도 하나님을 신뢰하길 원한다는 것을 말해 줍니다." 이것들이 오늘날 하나님을 신뢰하고자 씨름하고 있는 사람들의 예이다.

우리의 하나님 신뢰는 우리가 지닌 하나님 인식과 하나님 이미지에 의해 크게 영향을 받는다(제10장 "하나님 체험"은 이 점에 대해 다루고 있다). 종종 우리의 하나님 인식은 성경을 통해 알게 된 하나님 이해에 근거하고 있다. 하나님을 신뢰할 기회들은 수없이 다양한 형태로 인간들에게 주어져 왔다. 성경은 예수님의 성육신 전에 하나님을 신뢰했던 많은 사람들의 이야기를 담고 있다. 그들은 아브라함과 사라, 모세, 노아, 드보라, 다윗과 아비가일 등등이다. 신약성경의 초점은 예수의 삶, 치유, 가르침, 죽음과 부활에 놓여 있다. 이것은 우리가 하나님을 기꺼이 신뢰할 수 있도록 도와줄 핵심적인 정보와 통찰을 제공해 준다.

예수님은 하나님 아버지께 순종하는 것이 죽음을 초래할 것이라는 사실을 아셨다. 그리고 그의 죽음과 부활의 결과로 우리가 죄의 지배로부터 해방되리라는 사실도 아셨다. 온전한 하나님의 사랑을 신뢰하도록 우리를 부르시는 하나님의 초대는 바로 그리스도의 자기희생에 근거를 두고 있다. 예수님은 하나님이 신뢰할 만한 분이라는 사실을 입증하는 완벽한 예이다. 로마서 5:8은 이렇게 말한다: "우리가 아직 죄인 되었을 때에 그리스도께서 우리를 위하여 죽으심으로 하나님께서 우리에게 대한 자기의 사랑을 확증하셨느니라."

그리스도의 지상 생애 동안 제자들은 보고, 듣고, 질문하고, 실수 범함을 통해서 그리스도를 신뢰하는 법을 점차적으로 배웠다. 그리스도와 날마다 함께 지냄으로써, 그들은 하나님을 인지하고 의지할 수 있는 계속된 기회들을 갖게 되었다. 제자들이 예수님과 실제 생활을 함께 했다는 이유로 인해, 우리들은 그들이 우리보다 더 좋은 조건을 지녔었다고 생각하기 쉽다. 그러나 제자들은 여러 가지 중요한 것을 이해하지 못했다. 이 중에는 나중에야 비로소 분명하게 이해하게 된 것들도 있다. 제자들과 마찬가지로, 하나님에 대한 우리의 신뢰도 일상생활 가운데서 시작되어 자라간다. 그리고 하나님과의 계속된 만남의 형태에 따라 그 신뢰가 발전되고 깊어진다.

예수님이 하나님께 이르는 길이라는 사실을 인정하는 믿음을 통해서, 우리는 하나님을 신뢰하기로 선택하며, 하나님께 복종과 헌신을 다짐하며, 하나님과의 관계를 맺는다. 우리는 자신을 하나님의 돌보심에 내맡긴다. 하나님은 때로는 천천히, 때로는 급격하게 우리를 변화시키신다. 우리는 은혜로 성숙해지며, 점점 더 흔쾌히 하나님을 신뢰하게 되고, 우리 자신의 생각이나 세상의 가치를 덜 의존하게 된다.

우리는 하나님의 부르심에 여러 가지 방식으로 응답한다. 우리는 때때로 성령께서 우리의 전 존재를 하나님의 돌보심에 내맡기도록 요청하고 계시다는 것을 감지한다. 우리는 이 요청에 갈등을 겪는다. 우리의 대답은 "예이면서 동시에 아니오"이다. 비록 아무런 제한 없이 하나님의 것이 되기를 원하지만, 우리는 또한 자신의 운명을 스스로 통제하고 싶어 한다. 우리의 삶을 타인에게 맡긴다는 것은—심지어 하나님께 맡기는 것이라 할지라도—쉽지 않다. 우리는 하나님의 영이 우리 자신을 계속해서 전심으로 하나님께 드리도록 요청하고 계시다는 것을 인식하게 된다.

삶이 진행되고 새로운 가능성들이 생겨남에 따라, 우리는 성령의 질문을 받게 된다. "여전히 나를 신뢰하길 원하는가? 지금까지의 경험에 비추어 무엇을 선택하길 원하는가? 하나님, 아니면 다른 것? 하나님을 신뢰할 수 있겠는가? 누구의 지혜를 선택하길 원하는가? 너의 지혜인가, 나의 지혜인가?"

우리가 강하게 집착하고 있는 자신의 견해, 선택, 혹은 특권이라는 영역에서 자기포기가 요청되어진다.

마치 학기는 하나님의 것이고 여름방학은 나의 것인 양 행동하는 모습을 보게 될 때, 나는 하나님이나 나에 대해 행복해 하지 않았다. 어떤 면에서, 저녁과 주말 또한 나의 것이었다. 이런 나 자신의 모습을 발견하고 놀랐다. 나의 놀람은 내가 하나님의 길이 아니라 나의 길을 의식적으로 걸어가고 있다는 점이 아니었다. 그것은 오히려 상당한 양의 시간을 사용하는 나의 방식, 그리고 그 시간을 나의 것으로 생각하는 사고방식을 알아차리지 못했다는 점이다. 휴일인 노동절 주말에 독신자들의 피정을 인도하도록 요청받은 경우와 같이 하나님께서 내게 요청한 것이 분명한 경우에도, 휴일이라는 이유로 나는 억지로 그 일을 감당했고, 화를 내기도 했다. "저를 시키지 마세요!" 나는 충분한 준비 시간을 갖는 것, 가족과 휴일을 즐기는 것, 안식일을 지키는 것, 운동 등을 하지 못하게 될까봐 염려했다.

글을 쓰고 있는 이 순간에도 나의 소경됨에 긴장이 느껴진다. 내가 시간에 대해 얼마나 눈이 멀었던가를 생각하면, 마음이 불편해진다. 그리고 지금도 그와 같이 보지 못하고 있는 어떤 다른 것들이 더 있지 않나 의심되기도 한다. 이러한 마음의 상태는 나를 기도로 이끈다. 성령께서 도우셔서 내가 알지 못하고 보지 못하는 것들에 관해서도 하나님의 좋으심을 신뢰할 수 있도록 해달라고 기도한다. 영성일지에 기록하거나, 영성지도자에게 이야기하는 것과 같은 방식으로 관찰한 것을 직면하는 것은 힘든 일이다. 그러나 직면하면 도움이 되고, 결국에는 그것들로부터 자유롭게 된다.

나의 사역과 관련해 하나님의 뜻을 분별하고자 할 때, 헌신이 부족한 영역과 무리하게 헌신하는 영역을 보다 잘 파악하여 극복해 가는 나를 발견한다. 보다 분명히 순수하지 못한 혼합된 나의 동기를 보게 되며, 하나님께서 내게 말씀하신 것을 보다 분명히 들을 수 있게 된다. 나의 의문들, 두려움들, 희망들을 공개하였을 때, 새로운 가능성의 길들이 열리게 된다는 것을 알게 되었다. 하나님께서는 종종 나의 계획이나 예상을 뛰어넘는 흥미롭고 모험적인 제안들, 장소들, 사역들, 그리고 환경들에로 나를 이끌어 가신다. 하나님은 또한 예기치 않았던 휴식이나 휴가를 예비하심으로 나를 놀라게 하신다.

하나님께서 모든 것에 관여해 주시길 기도하면서 스케줄을 짤 때, 스스로 통제하려는 경향성이 줄어든다. 그러나 나의 결정에 영향을 미치는 모든 것을 분명하게 볼 수 있도록 하나님의 도우심을 구했을 때조차도, 종종 성령의 인도하심을 인식하여 기꺼이 하나님의 뜻을 따르는 데 어려움을 겪기도 한다.

나는 이러한 일들에 관해 영성지도자와 대화할 수 있는 기회가 주어진 것에 감사한다. 이러한 일들에 관해 기도할 때, 나는 하나님의 응답에 놀라기도 한다. 어느 날 기도하고 있을 때, 하나님께서 내게 다음과 같이 말씀하시는 것 같았다. 나는 그것을 영성일지에 기록했다:

네가 특정한 곳에 서기 전까지는, 내가 네게 보여주고자 하는 것을 네가 볼 수 없단다. 과거의 경험을 기억해 보라. 네가 그 특정한 장소를 분별하였을 때, 나는 다른 곳에서는 보여줄 수 없는 것을 네게 보여줄 수 있다. 독특성은 매우 소중한 것이란다. 특정한 상호 관계의 색조는 순간마다, 상황마다, 관계의 구성 형태마다 각각 독특하단다. 나는 무대를 설정하는 이가 되고 싶다. 그리고 종종 그 기쁨을 너와 함께 나누고 싶단다. 내가 이렇게 아름답고 향기로운 여름철 장소로부터 너를 다른 먼 곳으로 데리고 갈 때, 내가 너를 더 좋은 곳, 즉 나 자신에게로 데려오고 있다는 것을 신뢰하여라. 네가 그냥 집에 머물러 있길 원한다는 것을 나는 잘 알고 있다. 나를 신뢰하여라. 나와 함께 보내는 시간이 결코 낭비하는 시간이 되지 않을 것이다. 네가 진실로 내놓고 내게 온전히 내맡기는 것이면 무엇이나 하나님의 나라를 위해 심긴 씨앗이 될 것이다. 나는 그것이 무엇을 의미하는지를 참으로 아는 유일한 자이니라. 그러나 네가 이렇게 영광스러운 길을 기꺼이 배우고자 할 때에야 비로소 나는 너를 가르칠 것이다.

내가 이 하나님의 말씀을 묵상하거나 기억할 때, 그리고 내가 1980년대 중반 공산주의 동유럽을 방문했을 때 발생했던 아래의 사건들을 기억할 때 나는 하나님의 사랑과 인도하심을 신뢰하는 데 많은 도움을 받는다. 우리는 정확한 시간에 정확한 장소에 있었다는 것을 발견했다. 우리는 친구인 제이(J)의 가족사진을 오십 장 이상 찍었다. 그중에는 온화한 미소를 짓고 있는 제이의 아버지를 찍은 사진들도 있었다. 우리가 제이에게 사진을 전달한 2주 후에, 그녀의 아버지는 갑자기 세상을 떠났다. 우리는 제이의 집에서 필요한 식량과 의복을 구할 수 있었다. 그러나 더욱 중요한 것은 제이의 아버지가 그의 딸인 제이와 제이의 가족들이 잘 지내고 있다는 소식을 들은 것이다. 제이의 아버지와 어머니는 사랑과 격려가 담긴 제이의 편지를 우리에게서 건네받았다.

우리는 하나님의 신실한 임재와 돌보심을 직접적으로뿐 아니라 우리가 만나는 사람들을 통해서도 경험한다. 우리가 만난 한 정교회 신부의 딸은 우리가 할 일을 알려주었을 뿐만 아니라, 택시를 대절하여 밤에 우리를 찾아와서 우리가 가고 싶어 한 곳으로 데려다주기까지 했다. 그녀는 또한 우리의 안전과 통역을 위해서 동행해 주었다. 이러한 위험을 감수하는 그녀의 헌신 때문에, 우리는 찾던 사람을 만날 수 있었고 그들의 메시지를 미국으로 가져올 수 있었다. 그것은 하나님이 예비하신 모험이었으며, 이 모험으로 우리를 인도하신 하나님의 판단이 옳았다. 우리는 그 동유럽에 가게 된 것을 기뻐했다. 왜냐하면 나 혼자로는 결코 동유럽에 가는 것을 선택하지 않았을 것이기 때문이다.

하나님은 신뢰할 만한 분이신가? 하나님을 신뢰해야 하는가? 이러한 주제에 관한 대화들은 영성지도에서 빈번하게 다양한 형태로 발생한다. 신뢰에 관한 질문들은 인간 삶의 환경과 정황들로부터 야기된다. 그 질문들은 추상적인 것들이 아니다. "성경의 원리에 따라 결혼 생활에 최선을 다했는데도 불구하고 결혼생활이 깨어지는 상황에서 어떻게 하나님을 신뢰할 수 있겠는가?" 혹은 "지난주에 여덟 살 먹은 소년이 길을 건너다 살해되었다. 그 소년은 하나님을 사랑했다. 하나님은 신실한 사람들에게 보상을 주신다고 나는 믿었다. 그런데 어떻게 그런 일이 그 순전한 소년에게 발생할 수 있단 말인가?" 비극적인 사건들은 우리가 하나님께 대해 갖는 신뢰의 문제를 표면 위로 떠오르게 한다. 영성지도에서 나눈 아래의 대화를 경청해 보자.


**피지도자:** 왜 내가 하나님을 신뢰해야 하는지에 대해 다시 말해 보십시오. 나는 지금 화가 나고 슬픕니다. 나는 그러한 일이 왜 허락되었는지에 대해 이해할 수가 없습니다. 결코 이해하지 않을 것입니다.

**지도자:** 어떤 일이 있었습니까?

**피지도자:** 오늘 아침 신문을 보지 않았습니까? 1면 기사를 말입니다.

**지도자:** 아니오.

**피지도자:** 15세 소녀가 이 지역 남부에서 실종되었습니다. 그녀는 뒷길에서 자전거를 타러 나갔는데, 그 이후로 그녀를 본 사람이 아무도 없습니다. 도대체 이 나라가 어떻게 되어가는 것입니까? 아이들이나 어른들 모두 자신의 안전에 신경을 쓰지 않고는 일상의 삶을 살아갈 수 없게 되었습니다. 내 어린 시절에는 참으로 안전하고 자유로웠습니다. 자전거를 타고 온 동네를

돌아다녔고, 다른 사람이 나를 해하거나, 납치하거나, 살해하려 한다는 염려를 하지 않은 채 친구들의 집으로 놀러 다녔습니다. 몹시도 화가 납니다.

**지도자**: 동의할 수밖에 없군요. 화가 날 만하다고 생각합니다.

**피지도자**: 당신도 그렇게 생각하시는군요.

**지도자**: 하나님은 그것에 대해 어떻게 생각하실 것 같습니까?

**피지도자**: 좋은 질문이군요. 글쎄요. 만일 하나님이 내가 생각하는 그런 분이라면, 하나님은 이런 상황을 나보다 더 혐오하실 것입니다. 그런데 하나님이 혐오하신다면, 왜 이런 일이 허용되는가요?

**지도자**: 당신은 어떻게 생각하십니까? 다르게 말하죠. 이런 상황에 대해 기도할 때, 어떻게 느끼셨습니까?

**피지도자**: 그것에 대해 충분히 기도해 보지는 못했습니다. 그 신문기사를 읽은 후로, 하나님께 투덜댔습니다. 나는 실종된 소녀 때문에 마음이 혼란스러웠습니다. 그리고 열여섯 살 먹은 내 아들에 대해서도 염려가 되었습니다. 그가 어디에 가는지, 무엇을 하는지 걱정이 되었습니다. 우리는 그 아이에게 그가 감당할 수 있는 정도의 자유와 책임을 허용하려고 노력해 왔습니다. 그런데 이런 미친 세상에서 어떻게 우리가 그 자유와 책임을 허용할 수 있겠습니까? 이제 생각하니, 이 문제는 내가 이미 기도해 왔던 것입니다. 아주 많이요.

**지도자**: 그 기도는 어떤 것인가요?

**피지도자**: 젊고 한창 커가는 아들 옆에 계신 하나님 앞에 서서 하나님께서 탐(Tom)의 안내자와 방패가 되어 주시고, 그를 보호해 주시기를 간청하는 것입니다. 더 나아가, 하나님께서 안내자와 방패가 되어 주신다는 것이 진정으로 무엇을 의미하는지를 탐이 배울 수 있도록, 또한 그가 이 세상에서 하나님의 사람이 되도록 하나님께서 도와달라고 간청하는 것입니다. 나는 종종

나의 역할에 대해서도 기도하며, 남편과 아버지로서 필요한 지혜와 인내와 유머 감각을 구합니다.

지도자: 지금 그 기도는 어떻게 느껴집니까?

피지도자: 적절하지 않은 것 같아요.

지도자: 무슨 의미죠?

피지도자: 부모의 기도가 자녀들에게 일어나는 일에 어떤 영향을 미칠 수 있을까를 생각하기 시작하고 있습니다. 내 친구들의 자녀들 가운데는 부모가 원치 않은 영역으로 나가 버린 아이들이 상당히 있습니다. 지금 드는 생각인데, 하나님께서 탐을 위해 기도했던 것과는 다른 방식으로 기도하도록 나를 재촉하시는 것 같습니다.

지도자: 아! 그렇습니까!

피지도자: 하나님께로 나아가 이 세상에서, 나의 아내와 자녀에게, 그리고 나의 직장에서 벌어지고 있는 일들에 대해 얼마나 많은 시간 동안 주께 말씀드렸는지 모릅니다. 그리고 모든 것, 내게 흥미로운 것이면 무엇이든지 그것에 관해 기도했습니다. 하나님께서 들으시는 줄을 압니다. 그러나 나는 지금 하나님께서 내 기도 자체에 대해 무슨 생각을 하시는지에 관해 질문하고 있습니다. 단지 하나님께서 내 기도에 어떻게 응답하실 것인가에 관해서가 아니라, 이것이 하나님께서 지금 나와 함께 있기를 원하시는 방식인가에 관한 질문입니다. 나 자신의 기도에 대해 더 기도할 필요가 있다고 느껴집니다. 이 말이 무엇을 의미하는지를 지금 정확히 말할 수는 없습니다. 아마도 다음에는 더 자세히 말할 수 있겠죠. 이러한 생각이 실종된 15세 소녀나 내 아들에 대해 기도하는 나의 방식을 어떻게 변화시킬 수 있는지가 궁금합니다. 나는 여전히 화가 나 있습니다. 이에 대해 더 이야기하는 것이 지금 도움이 되리라 생각되지 않는군요. 이에 대해 기도를 해보고 싶습니다.

거룩한 하나님은 매 순간 어떤 상황이나 관계나 경험에서도 하나님을 신뢰하도록 우리에게 요청한다. 영성지도는 우리가 어떤 경우에 하나님을 신뢰하고, 어떤 경우에 신뢰하지 않는지를 알아차리도록 도와준다. 우리 자신과 우리의 하나님 이해를 솔직하게 드러내는 것은 우리의 기도와 행동에 영향을 미친다. 그리고 우리를 위한 하나님의 사랑, 자비, 행동을 더욱 의지하도록 이끌어 준다.

영성지도는 우리를 격려하여 성령께 우리의 신뢰를 더욱 굳건하게 만들어 주시길 요청하도록 도와준다. 우리 자신이나 타인을 신뢰하려고 한다는 것을 인식하였을 때, 영성지도는 우리가 하나님과의 관계에 다시 초점을 맞추도록 도와준다.

때때로 우리는 자신이나 타인을 향한 신뢰를 방해하는 것이 무엇인지를 확인하고 그에 관해 기도함으로써, 하나님을 보다 더 신뢰하지 못하도록 방해하는 것이 무엇인지를 알아낼 수 있다. 인간관계에서 경험되는 특정한 장애물은 하나님과의 관계에서도 유사하게 장애물로 작용한다. 그러나 또 어떤 때는 기도를 통해서나 영성지도 시간에 즉시 이야기함으로써, 하나님을 신뢰하는 문제를 직접적으로 다루기도 한다. 종종 우리는 하나님을 향한 신뢰가 어떻게 자라고 깊어지게 되었는지를 살펴볼 때 놀라기도 한다.

우리는 하나님을 신뢰함으로써 점점 더 우리 자신을 버리고, 점점 덜 통제하며, 더 많은 영적 자유를 지닌 채 살아가기를 소망한다. 이러한 삶을 점점 더 가능하게 하는 한 가지 방식은 바로 영성지도에 참여하는 것이다. 영성지도를 받고자 할 때 우리는 하나님이 신뢰할 만하다는 것을 기억하도록, 그리고 하나님께 귀 기울여 하나님을 따르도록 우리를 도와줄 관계를 찾는다.

# 우리 자신을 신뢰함

우리는 또한 우리 자신에 대한 신뢰를 어느 정도 지니고 있는지를 살펴볼 필요가 있다. 왜냐하면 하나님을 신뢰하는 것과 자신을 신뢰하는 것은 서로 결합되어 있기 때문이다. 이런 맥락에서, 우리 자신을 신뢰하는 것이 하나님을 신뢰하는 것에 반하는 것이라고 생각되지 않는다. 오히려 우리 자신을 신뢰한다는 것은 구원받은 인간은 하나님의 바라심을 인지하여 따를 수 있다는 것을 신뢰하는 것이며, 하나님의 말씀을 경청하여 응답하고자 원하는 우리의 선한 의도와 능력을 신뢰하는 것이다. 하나님께서는 우리가 하나님과의 접촉을 유지하고 있으면 우리가 필요로 하는 모든 것을 알게 하실 것이라는 확신을 갖기 원하신다. 이 점에 관해 언급한 성경 구절들이 많이 있다. 시편 32:8은 이렇게 말한다. "내가 너의 갈 길을 가르쳐 보이고 너를 주목하여 훈계하리로다."

우리가 인식한 하나님의 뜻을 신뢰해야 할 때와 그것을 재고할 필요가 있을 때를 구별한다는 것은 쉽지 않은 일이다. 때때로 선물과 같이 느껴지는 신뢰를 통해서, "우리는 어떤 것이 하나님의 뜻이라는 것을 확신한다." 우리는 우리의 인식을 신뢰한다. 그러나 한편 자신의 이익과 관심사에만 매몰되어 있는 우리의 모습을 보기도 한다. 이때 우리는 하나님의 뜻을 발견하는 우리의 능력을 의심하며, 우리의 동기와 의도에 관해 회의를 품기도 한다.

또 어떤 때에는 너무도 혼란스러워서 우리가 할 수 있는 최선의 방도는 우리 자신과 그 문제를 하나님께 맡기고 자비와 은총을 구하는 것이라는 사실을 알게 된다. 그러나 우리 자신 안에 완전히 갇혀 있을 때에는, 자신의 한계를 인식하지도 못하며 자비와 은총을 구하는 기도를 드리지도 않게 된다. 우리는 단순하게 하나님을 의뢰해야 한다. 우리가 처한 상황이 어떻든지 우리에게 영향을 미치는 모든 요소들을 이해하여 통제하려고 하는 데만 매몰되어 있다면, 우리는 너무도 쉽게 하나님의 사랑의 섭리나 "우리 가운데 계신 하나님"(골 1:25-27) 신뢰하기를 잊어버리게 된다.

우리는 자신을 너무 신뢰하거나, 아니면 충분히 신뢰하지 않거나 한다. 전자의 경우에, 우리는 하나님을 찾는다는 이유만으로 우리 자신의 인식과 해석이 옳다고 생각하게 된다. 이러한 오류를 벗어나는 길은 우리가 한계를 지닌 인간이라는 사실을 인식하는 것이다. 자신을 너무 신뢰하면, 우리의 삶이 실제로 얼마나 하나님과 타인에게 의지하고 있는지를 볼 수 있는 능력이 약화된다.

한 편으로는, 우리들 대부분은 종종 자신을 충분히 신뢰하지 않는다. 우리는 어떤 순간에 무엇이 적절한 것인지를 알고 있었음에도, 알고 있는 대로 행동하지 않았다. 우리는 자신이나 타인이나 환경을 탓한다. 그러나 누구 탓을 하든, 우리는 다른 선택을 할 용기를 지녔어야 했다고 생각한다. 우리는 아마도 이 모든 것 가운데 계신 하나님의 임재, 특별히 능력을 부여하시는 하나님의 임재를 충분히 고려하지 않았을 것이다. 우리 안에 계신 하나님을 잊어버린 채 모든 것이 우리 자신에게 달렸다고 생각하거나, 역으로 우리 자신을 신뢰하여 행동할 만큼 충분하게 자신이 느끼고 생각하는 것에 대해 확신하지 못하기가 쉽다.

우리 안에 있는 하나님의 생명이 우리 자신을 향한 신뢰를 증진시킬 수 있는 가능성에 대해 우리는 충분히 고려하지 않았을 수 있다. 은혜가 인간의 성격(personality)에 미치는 영향은 무엇인가? 인간은 전적으로 하나님의 것이 될 수 있는, 전적으로 선하게 될 수 있는, 혹은 적어도 그러한 방향으로 전진해 나갈 수 있는 잠재력을 지니고 있는가? 성경은 말한다. "또 여호와를 기뻐하라. 저가 네 마음의 소원을 이루어 주시리로다"(시 37:4). 이 구절은 우리가 하나님의 영과 협력해나감에 따라 우리의 가장 깊은 소망들도 하나님에 의해 변화될 것이라는 사실을 암시하고 있다. 우리의 가장 참된 소망들이 드러나도록 허락하여 그것들에 관해 하나님께 기도할 때, 우리는 사물들을 새로운 각도에서 보게 될 뿐만 아니라 새로운 사실들을 깨닫게 된다. 성령께서는 종종 감각과 인지 작용을 포함한 우리 자신의 모든 기관들 안에 반영되어 있는 하나님의 좋으심을 보여주신다. 그리고 성령께서는 하나님, 삶, 소망하는 것들에 관한 우리의 깊은 인식을 어느 순간에 어떤 곳에서 신뢰해야 하는가에 관해 더욱 많이 배울 수 있도록 도와주신다.

우리 자신을 신뢰하고, 우리 안에 우리와 함께 계시는 하나님을 신뢰하는 것을 배울 수 있는 한 가지 방식은 집착을 버린 초연한 마음으로 하나님을 향한 첫사랑의 시기를 하나님과 함께 되돌아보는 것이다. 즉 우리 자신의 삶의 역사를 통해서 배우는 것이다. 모든 것이 분명했던 시절, 그래서 오늘의 하나님 경험, 기도 경험, 생각이나 반응들과 비교되는 시절을 기억나게 해 달라고 열린 마음으로 하나님께 요청하는 것이다. 하나님 경험을 회상한다. 하나님께서 우리에게 어떻게 행하셨으며, 어떻게 우리와 함께하셨으며, 무엇을 우리에게 가르치셨으며, 일들이 어떻게 진행되었는지를 회상한다. 우리는 여전히 과거와 동일한 인물이지만, 우리는 성장했고 변화했다. 때때로 삶이 매우 혼란스러운 경우에는, 은혜 가운데 거했던 삶의 순간을 떠올려 그 가운데 머물러 있는 것이 도움이 된다. 그 느낌과 시각으로 현재 우리가 하나님과 갖고 있는 관계의 내용과 질을 검토해 보면 큰 도움을 얻을 수 있다. 영성지도에서 이루어진 대화를 경청해 보자.

**피지도자**: 어떻게 나 자신을 신뢰할 수 있을까요? 나 자신을 신뢰했던 방식을 생각해 보겠습니다. 그런데 별로 많지 않은 것 같군요. 때로는 어떤 경우

에 하나님께서 원하시는 것을 알아차리지 못했다는 느낌 때문에 곁길로 빠질 때가 있습니다. 그리고 하나님의 음성을 정확하게 듣고 응답했던 경우들이 매우 많았다는 사실을 잊어버립니다.

지도자: 그것에 대해서 지금은 무엇이 중요하다고 생각합니까?

피지도자: 저는 지금 재정적 선택을 잘못한 것에 대해 후회하고 있습니다. 그리고 저의 이해력이 둔하다고 생각합니다.

지도자: 지금 이런 당신의 생각이 하나님의 생각과는 어떤 연관이 있을까요?

피지도자: 하나님을 이 문제에 관한 논의에 아직 초대하지 못했습니다. 왜냐하면 나 자신에 대해 스스로 불만족스러워하고 있기 때문입니다.

지도자: 왜 그것이 당신이 하나님을 초대하는 것을 주저하게 만드는가요?

피지도자: 나 자신의 힘으로 파악해야 하는 것을 항상 하나님께로 가져가는 것을 좋아하지 않습니다.

지도자: 그렇다면 하나님이 아닌 또 다른 누군가가 있습니까?

피지도자: 핵심을 찌르는군요. 글쎄요. 현재의 딜레마는 차치하고, 저는 지금 무언가를 기억하기 시작하고 있습니다. 수년 전 하나님께서는 제가 이스라엘 여행 비용을 댈 수 없는 사람들에게 돈을 주기를 원하셨습니다. 그 이스라엘 여행이 그들의 사역에 장기간에 걸쳐 중요한 영향을 미칠 수 있을 것으로 생각되었습니다. 그들은 기부금에 의존해 살아가는 평신도와 목회자들이었습니다. 그들의 봉급은 생활하기에는 적절했으나, 이스라엘 여행과 같은 여행비를 포함하고 있지는 않았습니다. 나는 좀 불편함을 느꼈습니다. 왜냐하면 그들이 나의 도움에 대해 어색해하지 않기를 원했기 때문입니다. 나의 도움이 우리의 우정을 변하게 하지 않기를 바랐습니다. 그러나 그 도움을 주도록 요청한 분은 하나님이었습니다.

**지도자**: 그래서 어떻게 되었나요?

**피지도자**: 놀랍게도 좋은 결과가 생겼죠. 아무도 나의 도움에 기분 상해하지 않았습니다. 아무에게도 알리지 않고, 그들과 나만의 비밀로 간직하고 있죠. 그 여행은 내 기대 이상이었고, 그 여행에서 솟아난 은총은 지금도 그들에게로, 함께 여행했던 다른 동료들에게로, 그들의 사역현장으로, 그리고 나에게로 넘쳐흐르고 있습니다.

**지도자**: 도움을 주는 것이 참으로 하나님의 요청이었던 것으로 들리는군요.

**피지도자**: 그렇습니다. 그것이 나의 아이디어였다고 생각하지 않습니다. 나는 음성을 들었고, 그 음성에 응답했습니다. 하나님은 행복해하셨고, 나도 행복했습니다. 이 과거의 경험이 현 상황에 대해 내게 확신을 줄 수 있다고 생각합니다. 지금은 내가 후원하는 곳을 변경해야 할 때라고 생각합니다. 내가 지금까지 후원해 왔던 곳에 후원을 끊고 싶지는 않습니다. 그러나 다른 곳을 후원하고 싶은 느낌을 가지고 있습니다.

**지도자**: 그 다른 곳에 대해 좀 더 이야기해 주시겠습니까? 그리고 무엇이 그 곳으로 당신의 마음이 끌리게끔 만들었나요?

**피지도자**: 그거야 말하기 쉽죠. 사실 계속해서 말하고 싶습니다. 저는 도심의 가난한 아이들을 위한 캠프 사역에 관심을 가지고 있습니다. 그 사역의 담당자들은 대단한 프로그램을 가지고 있습니다. 나는 그 청소년들이 인간에 대한 다른 시각을 갖게 되는 것을 보고 싶습니다. 그리고 동시에 그들이 무조건적으로 사랑하시는 하나님과 관계를 맺는 것을 보고 싶습니다. 그들은 관계 맺음과 희망을 필요로 합니다.

**지도자**: 이 일에 대해 굉장히 흥분하시는군요.

**피지도자**: 그렇습니다. 나는 그 일에 대해 곰곰이 생각하기도 하며, 기도하

기도 합니다. 나는 이 아이들을 염려합니다. 내가 관심을 갖는 것 이상으로 하나님께서 이 아이들에게 관심을 갖고 계시다고 생각합니다. 하나님께서 내게 말씀하신 것이면 무엇이든지 기꺼이 하고 싶습니다.

**지도자**: 참 좋게 들리는군요.

**피지도자**: 내 이야기에 스스로 귀를 기울여 보니, 당신의 견해에 동의하지 않을 수 없군요. 성령께 귀를 기울이고 하나님을 신뢰하기 위해서 나 자신을 신뢰하는 것은 괜찮은 것이라 생각됩니다. 내가 성령의 음성을 들으려고 노력하고 끊임없이 기도할 때, 나 자신을 신뢰하는 것은 괜찮다고 여겨집니다. 그리고 다른 기관에 대해서도 이전처럼 염려가 되지는 않는군요. 만일 하나님께서 나를 아이들 돕는 일로 인도하신다면, 이전의 기관도 하나님께서 돌보시리라 여겨집니다.

어떤 면에서 우리는 항상 초보자일 것이다. 그러나 우리의 시작은 새로운 세계와 새로운 장을 열 수 있다. 우리는 즉각적이면서도 사려 깊은 응답을 통해서 하나님과 우리 자신을 신뢰하는 것에 대해 더욱 민감해질 필요가 있다. 우리는 우리 안에 계시고 우리와 동행하시는 하나님을 더욱 신뢰하는 법을 배우고 있다.

## 타인을 신뢰하기

기꺼이 타인을 신뢰하려는 우리의 마음을 보여주는 영성지도를 받고자 한다는 것은 우리의 신뢰를 한 단계 발전시키는 것이다. 여기서 우리가 관심을 갖는 신뢰는 특별한 종류의 신뢰이다. 우리는 타인 안에서 타인을 통해 일하시는 성령님을 신뢰하기 원한다. 그들이 하나님께 열려 있고, 하나님께서 우리를 대신하여 그들을 사용하실 수 있다는 사실을 받아들이기를 원한다. 비록 영성지도자가 많은 재능을 지니고 있다 할지라도, 그들의 인간적인 능력과 전문기술을 신뢰하는 것은 우리의 주된 목적이 아니다. 대신에 우리는 그들 안에 계신 하나님, 그들을 통해 일하시는 성령님을 신뢰하고자 한다. 그들이 우리에게 제공할 수 있는 최선의 도움은 하나님께 굴복하는 마음, 우리와 함께 하나님께 귀를 기울이고자 하는 자발성에서 기인한다.

신앙을 공개적으로 실천하는 사람들과 함께 살면, 그들의 영향을 받게 된다. 성경은 말한다. 성도들 간의 협력은 인간 몸의 지체들 간의 상호 연결과 협력처럼 필요할 뿐 아니라 요긴하다(고전 12:12-14, 18, 26-27). 삶은 사람들의 협력이 없이는 영위가 불가능하다. 사람은 각자의 다양한 재능들을 가지고 인간의 삶에 공헌한다. 가치 있는 어떤 일을 이루기 위해서는 서로를 깊이 신뢰해야 한다. 삶에서 이러한 예들은 허다하게 존재한다. 그러나 타인으로 하여금 우리의 영혼을 바라보도록 허락하는 것은 또 다른 종류의 신뢰를 필요로 한다. 그러한 신뢰는 행위보다 우리의 존재와 더욱 밀접하게 연결되어 있다. 영성지도는 피지도자만이 아니라 성령과도 협력할 수 있는 다양한 은사를 지닌 사람들을 의지하는 것이다. 비록 우리의 궁극적인 신뢰는 오직 하나님 한 분만을 위한 것이지만, 우리는 상호의존적이고 상호협력적인 관계들을 통해서 역사하시는 하나님을 더욱 신뢰하는 법을 배워야 한다.

하나님께서는 우리의 고유함을 깊이 고려하시면서 말씀하신다. 따라서 우리의 경험과 생각을 분별할 때, 우리는 기도해야 함과 동시에 하나님의 마음을 분별하는 데 도움을 줄 수 있는 사람들과 협의해야 한다. 타인의 경험을 우리 자신의 경험을 분별하는 기준으로 사용하는 것도 타인 안에서 역사하시는 성령님을 신뢰하는 하나의 방식이다. 이것은 우리가 성경을 하나님의 말씀으로 받아들이는 이유이기도 하다. 우리는 성경의 기자들 가운데 역사하신 성령의 활동을 신뢰한다. 따라서 우리는 성경을 신뢰한다. 우리가 성경을 안내자와 기준으로 삼을 뿐 아니라 성경을 끊임없이 인용하는 것을 보면, 우리가 얼마나 성경을 신뢰하는지를 알 수 있다. 우리는 또한 존경하는 동시대의 신앙 인물을 포함해서 최근의 역사적인 신앙 인물들 안에서 역사하며 영향을 미치는 성령을 신뢰한다.

나는 출생 이후 지금까지 내게 영향을 미친 사람들에게 감사한다. 그들 중에는 글을 통해서만 알게 된 사람도 있고, 직접적인 만남을 통해서 알게 된 사람도 있다. 그들의 목록을 만들어 본다면, 그것은 가족들, 친구들, 상담가들, 교사들, 교수들, 목회자들, 과거와 현재의 작가들, 음악가와 예술가들을 포함한 긴 목록일 수밖에 없다. 나는 또한 자신들의 삶에 깊숙이 참여하도록 내게 허락해 준 사람들에게 감사한다. 나는 함께 웃고, 울고, 노래하고, 이야기하고, 공부하고, 논쟁하고, 기도한 사람들에 의해 영향을 받아 왔다. 그리고 날씨에 구애받지 않고 계절마다 함께 해변 걷기를 즐겼던 친구들, 함께 독서를 했던 친구들, 나와 함께 동물을 사랑했던 친구들에 의해 영향을 받아 왔다. 이들 중 대부분은 하나님을 사랑하며, 비슷한 시각을 가진 사람들이다. 그러나 더러는 하나님을 사랑하나 인생에 대한 서로 다른 시각을 가진 사람들이다. 더러는 아직 하나님을 깊이 사랑하지는 않지만 여전히 내게는 하나님의 선물로 작용하는 사람들이다.

우리는 볼 수 있고, 들을 수 있고, 만질 수 있는 사람들을 신뢰함으로써 하나님을 향한 신뢰를 시험해 볼 수 있다. 그러나 우리가 신뢰했던 사람들이 모두 바람직한 결과만을 보여준 것은 아니다. 우리 중 대부분은 잘못 신뢰함으로 어려움을 겪었던 경험을 가지고 있다. 왜곡된 기독교적 가르침을 준 사람들을 심하게 의존한 사람도 있다. 그 결과로 신앙의 어려움을 겪거나 심한 학대를 경험하기도 했다. 어떤 때는 심지어 예수의 이름으로 학대를 받기도 했다. 우리의 이러한 기억은 영성지도를 받는 것을 주저하게 만든다. 물론, 우리 모두는 타인을 신뢰해서 실망한 적이 있다. 우리는 모두 인간이라는 사실을 인정해야 한다.

우리는 때때로 상처를 준 특정한 사람들을 다시 신뢰하기를 주저한다. 혹은 다른 사람일지라도, 상처받은 상황과 유사한 상황 하에서는 신뢰하기를 주저한다. 우리의 경험으로 인해, 타인을 신뢰한다는 것은 늘 위험이 따른다. 우리의 신뢰와 개방성을 하나님께서 사용하셔서 좋은 결과와 성장을 제공하실 것이라는 믿음이 없다면, 우리 자신을 드러내는 것은 무의미해진다. 그러나 영성지도에 자유롭게 참여하여 그로부터 유익을 얻기 위해서는, 우리는 기꺼이 하나님을, 타인을, 우리 자신을 신뢰하는 모험을 할 필요가 있다. 영성지도는 은총이 가득한 환경 하에서 그러한 모험의 기회를 제공해 준다.

## 신뢰의 가능성을 탐구함

영성지도를 위해 두 사람이 만났을 때, 그들은 상호간의 신뢰 관계보다는 우선적으로 성령과의 신뢰 관계를 구축하고자 한다. 그러므로 영성지도에서 이루어진 신뢰는 전적으로 사람의 자질에 의존한 사람간의 신뢰와 유사함과 동시에 다르다. 영성지도에서 하나님을 향한 신뢰를 발전시켜 가는 것이 두 사람의 만남의 토대이며 목적이다. 따라서 영성지도에서는 가능성의 확장이 존재한다. 가령, 삶의 작은 한 영역을 생각해보자. 우리가 그 영역을 하나님께 열어 놓고 하나님을 신뢰할 때, 우리는 종종 일의 결과에 놀라기도

한다. 삶은 우리가 전혀 예상하지 못했던 경험과 상황의 가능성을 향해 열려 있다.

우리 자신을 자세히 살펴보면, 우리에게 신뢰의 선호도가 있다는 것을 알게 된다. 어떤 사람은 자신이나 타인보다 하나님을 보다 쉽게 신뢰한다. 참으로 파괴적이고 상처를 주는 인간의 상호작용을 경험한 사람은 대체로 자기 자신을 포함하여 인간의 얼굴을 한 그 누구도 신뢰하기가 어렵다. 이들 중 더러는 이러한 경험 때문에 오히려 하나님을 찾기도 한다. 그러나 정반대로 인간의 실패에 대한 뿌리 깊은 경험 때문에, 신실하며 사랑이 넘치는 하나님을 상상하기가 어렵게 된 사람도 있다. 다른 한 편으로, 우리들 중에는 무척이나 독립적이며, 자신을 너무 완벽하게 신뢰하여 하나님이나 타인을 신뢰하고 싶어 하지 않는 사람도 있다.

사람은 생의 도전들에 다양한 방식으로 반응한다. 클라이드(Clyde)는 자신의 신앙 여정을 이렇게 말한다. "하나님과 나는 잘 지내고 있습니다. 그 거룩한 분이 늘 내 곁에 계신 것 같습니다. 그래서 나는 상당히 쉽게 하나님과 나 자신에게 마음을 열 수 있습니다. 우리는 행복한 짝입니다. 그러나 나는 다른 사람들 안에 계신 하나님 혹은 그들을 통해 일하시는 하나님에 대해서는 그 정도의 신뢰를 가질 수가 없습니다. 그 이유를 모르겠습니다. 이성적으로 생각해 볼 때, 만일 하나님께서 그런 방식으로 나와 함께 하길 원하신다면, 하나님께서 타인을 통해 나와 의사소통하시는 방법을 내가 알아차리지 못한다는 것은 말이 되지 않습니다. 나의 닫힌 체계를 깨뜨릴 도움이 필요합니다. 그러면 놀라운 일이 생길 것 같습니다."

할(Hal)은 이렇게 말한다. "비록 실수를 한다 할지라도, 나는 나 자신을 신뢰하게 되었습니다. 나는 타인에게 너무도 많이 실망을 해서 경계심을 늦추지 않습니다. 하나님에 대해 나의 믿는 바가 무엇인지를 스스로 파악할 수 있을 만큼 충분히 노력하지는 않은 것 같습니다.”

잰(Jan)은 자신에 대해 다음과 같이 설명한다. “나는 타인의 생각이나 감정이나 견해를 나 자신의 것이나 하나님의 것보다도 더욱 경청하여 따르는 경향이 있습니다.”

누구를 가장 쉽게 신뢰하는지를, 그리고 하나님과 나 자신 혹은 타인을 신뢰하려 할 때 우리를 주저하게 만드는 이유가 무엇인지를 아는 것은 유익하다. 과거의 어떤 경험 때문에 신뢰의 문제를 지닌 사람들이 있다. 그들은 기대에 어긋났던 과거의 상황을 회상하며 회복의 작업을 계속하고 있다. 반대로 어떤 사람은 오래 전의 놀라운 기억에 사로잡혀 있다. 그들은 계속해서 과거에 살고 있다. 이들은 현재에 초점을 맞추는 것을 어려워하며, 자신들의 삶에서 새롭게 찾아오는 기쁨과 도전들을 향해 마음을 여는 것을 힘들어 한다.

테리(Terry)는 말한다. “수년이 지난 후에도 여전히 나를 괴롭히는 친구 사이의 문제가 있습니다. 그 문제에 관해서는 심지어 하나님께도 마음의 문을 열기가 두렵습니다. 그 문제는 상당히 빈번하게 내 마음에 떠오릅니다.” 산드라(Sandra)는 이렇게 중얼거린다. “내게는 사업상의 문제였습니다. 나는 교회 사람들에게 이용당했습니다. 그때 하나님께서 어디에 계셨는지 지금도 의문을 갖고 있습니다.” 찰스(Charles)는 다음과 같이 기억합니다. “십년 전 하나님과 나는 놀라울 정도로 가깝게 지냈습니다. 나는 은사를 강조하는 교회에 다니고 있었고, 예배는 영광스러웠습니다. 하나님께 마음을 열고 성령의 임재를 감지하는 데 아무런 장애물이 존재하지 않는 것 같았습니다. 그 때를 그리워하며, 많이 생각하곤 합니다. 하나님께서 나의 그 경험을 어떻게 사용하실 것인지, 그리고 지금은 하나님께서 어디에 계시는지를 알고 싶습니다.”

미래에 대해 생각할 때, 즉 무슨 일이 생길 것이며, 무슨 일이 가능할 것인지에 대해 생각할 때 보다 쉽게 신뢰하는 사람들이 있다. 과거와 미래는 모두 중요하다. 우리는 매 순간에 의해 영향을 받는다. 그러나 우리의 참여가 가능한 순간은 오직 지금 현재의 순간뿐이다. 우리의 삶의 에너지가 과거나 미래의 주변에 머물러 있다면, 우리는 지금 현재 우리와 함께 계신 하나님의 은혜를 온전히 인식하여 누리지 못하며, 그 은혜를 향해 온전히 깨어 있지 못하게 된다.

모든 사람에겐, 신뢰의 영역에서 성장해야 할 부분이 있다. 신앙의 여정에서 성령의 첫 번째 초대는 우리가 이해할 수 있는 방식으로 우리를 가르치고 이끄시는 하나님에로의 초대이다. 그러나 결국에 성령께서는 우리의 이해를 넘어서는 하나님을 신뢰하도록 우리를 초대하신다. 마치 하나님께서는 아브라함(창 12장)과 같이 우리를 부르셔서 지금 현재 내딛는 발걸음 외에는 갈 바를 알지 못하는 곳으로 나아가도록 요청하신다. 우리가 과거와 미래의 모든 것을 하나님의 손에 내맡길 때, 우리는 매 순간 하나님께 더욱 마음을 열 수 있게 된다.


## 하나님의 신뢰

우리는 하나님의 신뢰 보다 우리의 신뢰에 대해 더욱 많이 생각하는 경향이 있다. "하나님의 신뢰"라는 이 부분이 이 책에 포함되지 않았다면, 우리는 아마도 포함되지 않았다는 사실조차 알아채지 못했을 것이다. 그러나 영성지도가 줄 수 있는 놀라운 선물 중 하나는 하나님께서 우리를 얼마나 신뢰하시며, 우리에게 얼마나 많은 것을 맡기시는지를 계속해서 인지하게 하는 것이다. 하나님께서는 하나님의 임재, 음성, 가치, 그리고 행동을 우리에게 맡기셔서, 우리가 그것을 세상 한복판에서 드러내기를 원하신다. 나는 수년 전에 어머니가 MRI 검사를 받은 후 집에 와서 다음과 같이 말할 때에 하나님의 신뢰에 대해 다시 생각하기 시작했다. "하나님께서는 이처럼 환자를 돕는 데 필요한 정보를 얻을 수 있는 장비를 누구에게 맡겨 만들도록 결정하셨을까 궁금하구나." 그 때 이후로, 치유와 관한 통찰이나 치유를 위한 새로운 발견들이 등장할 때마다, 어머니의 말과 비슷한 생각들이 내게 떠오르곤 했다. 그리고 어머니의 말은 그 MRI 기계를 고안한 사람이 쓴 소논문을 읽을 때 다시 내게 떠올랐다. 그는 사람 몸에 삽입하지 않은 채 진단할 수 있는 의료 장비를 개발하기 위해 수많은 세월 동안 인내하며 씨름할 수 있게 해준 힘은 자신의 끈기와 갈망이었다고 설명하였다.

이것은 하나의 극적인 예이다. 그러나 나는 확신한다. 하나님께서 세상 가운데서 하나님을 반사할 수 있도록 사람들을 택하여 그들에게 정보를 맡기신 예는 수없이 많다. 한 여성이 최근에 내게 와서 국경일 전날에 큰 식료품 가게에서 빠져나온 이야기를 해 주었다. 그곳의 주차장은 빈자리가 없었다. 고객들은 긴 구매 목록과 가득 찬 시장바구니를 들고 가게를 가로질러 걷고 있었다. 축제의 분위기가 가득했다. 그리고 더 많은 물품을 사려고 급하게 서두르는 분위기가 역력했다. 쇼핑을 마치고, 그녀는 가게를 빠져나와 차가 있는 곳으로 걸어갔다. 식료품이 담긴 여러 봉지를 차 뒤에 싣고, 큰 소리가 나게끔 문을 닫고 난 후에 급히 다른 볼 일을 보기 위해 출발 준비를 했다. 그 때 무엇인가가 그녀를 멈추게 했다. 그녀는 잠시 동안 기도하는 마음으로 조용히 앉아 있었다. 그러고 난 후 쇼핑 수레가 그녀 곁 빈 공간에 있다는 것을 알아차렸다. 명세서 목록이 빼곡하게 들어있는 한 여성의 지갑이 쇼핑 수레의 맨 위쪽에 놓여 있었다. 지갑의 주인은 보이지 않았다. "하나님, 감사합니다. 저를 천천히 움직이게 만들어서 다른 사람의 소중한 것을 챙겨 줄 수 있는 기회를 주셔서 감사합니다." 그녀는 지갑을 가게에 가지고 가서 점원에게 맡겼다. 그녀는 하나님께서 자신을 신뢰하여 그 일을 맡겨 주신 것에 대해 기쁨이 가득했다. 그녀는 그 일이 자신에 대한 하나님의 신뢰를 인식하도록 일깨웠다고 말했다. 잠시 멈추는 것과 같은 작은 일이 하나님의 선물을 가져 다준다.

하나님께서는 당신의 소망을 이루기 위해 인간의 협력을 요청하신다. 성육신(그리스도의 생애, 죽음, 그리고 부활)을 통해, 우리는 그리스도처럼 살 수 있도록 능력을 덧입는다. 하나님의 성육신적 함께 하심은 우리를 통해서 이루어진다. 하나님의 음성을 듣고, 하나님을 향해 열린 마음을 갖기를 소망하고, 이 세상에서 기꺼이 하나님을 위해 일하고자 하는 사람들을 통해서 이루어지는 것이다. 하나님께서는 우리에게 특별한 관계들, 아이디어들, 과업들, 희망들을 위임하셔서 그것들이 실제로 우리를 통해 이루어지게 하신다. 하나님께서는 그들 자신만이 깨달아 실현할 수 있는 것을 각각 모든 사람들에게 맡기시는 것처럼 느껴진다. 하나님께서는 우리를 초대하신다. 하나님을 의지함과 동시에 우리의 역할을 기꺼이 감당함으로써, 하나님과 함께 창조 행위에 참여할 수 있도록 우리를 초대하시는 것이다.

## 영성지도의 과정을 신뢰하기

참된 영성지도를 위해서는, 하나님과 인간의 사랑의 관계에 대해 솔직하게 이야기할 수 있을 정도로 충분히 하나님과 다른 사람과 자기 자신을 신뢰하시는 것이 필요하다. 영성지도는 또한 하나님께서 우리를 신뢰하며 우리에게 위임하시는 방식을 인지할 수 있는 기회들을 제공한다.

우리는 아마도 하나님과 타인과 우리 자신을 신뢰할 필요가 있다는 것에 깊이 공감할 것이다. 그럼에도 우리는 영성지도의 과정을 온전히 신뢰하는 데 약간의 제한을 두려고 한다. 우리의 질문을 말하고, 그것을 기도로 가져가고, 그것에 관해 다른 사람과 논의하는 것은 우리의 주의 집중이 요청되는 것이면 무엇이든지 분명하게 드러나게 해달라고 하나님께 요청하는 방식들이다. 우리가 영성지도자로, 피지도자로, 혹은 양자 모두로 영성지도에 참여하도록 하나님께서 요청하는지의 여부를 고심할 때, 성령께서 우리를 인도하실 것이다.

신뢰가 갑자기 완벽한 형태로 발생하리라 기대하지 말라. 신뢰는 우리가 하나님과 함께, 그리고 타인과 함께 영성지도란 탐험의 여정을 조금씩 걸어 나감에 따라 점진적으로 자라간다. 우리의 신뢰가 자람에 따라, 더욱 자유롭게 말하고 들을 수 있는 용기와 자원하는 마음도 커져 간다. 사물을 보다 분명하게 볼 수 있다는 것은 종종 우리의 신뢰가 자람으로 빚어낸 열매이기도 하다.

신뢰와 영성지도에 관해 사람들이 생각할 때, 그 생각의 이면에 자리 잡은 중요한 질문은 바로 다음과 같다. "성령께서는 하나님과 나의 관계를 타인에게 이야기할 수 있을 정도로 충분히 타인을 신뢰함을 통해서, 하나님의 사랑을 더욱 깊이 의지하도록 내게 요청하고 계시는가?" 적절한 영성지도자의 자격 요건에 관해서는 제6장 "영성지도자를 선택하기"에서 설명하겠다.

## 성찰을 위한 질문

영성지도에 이끌리게 하는 것이 무엇인지를 곰곰이 성찰하면서 기도하면, 당신은 자신의 신뢰의 역사를 보다 분명하게 보게 될 것이다. 성령께서는 우리의 성장을 촉진시키기 위해 우리의 이끌림을 사용하실 수 있다. 그리고 성령은 우리가 하나님과의 관계에서 발생하는 새로운 가능성을 인지하도록 도와주실 수 있다. 고통스러운 기억이 떠오른다면, 그것은 하나님께서 당신을 치유로 초대하고 계시다는 표시이다.

부드럽고, 기도하는 열린 마음으로 다음의 질문을 다루어 보라.

1. 생애를 의미하는 선을 그려 보십시오. 그리고 그것을 5년이나 10년 단위로 분할하십시오. 각각의 기간 동안 당신이 어떻게 타인과 하나님과 자신을 신뢰했는지를 살펴보십시오. 누구를 신뢰했으며, 그 결과는 어떠했습니까? 그 선에 신뢰한 사람들의 이름 첫 글자들을 기록해보십시오. 무엇을 발견하게 됩니까?

2. 당신의 신뢰의 역사가 당신 자신과 타인과 하나님을 신뢰해야 하는가에 대해 어떤 질문을 제기합니까?

3. 무엇이 당신 자신과 타인과 하나님을 신뢰하도록 용기를 북돋아 줍니까?

4. 당신 자신이 신뢰할 만한 가치가 있는 존재라는 것에 대해 어떤 생각과 느낌이 듭니까?

5. 당신은 자신을 신뢰하는 사람으로 간주합니까, 아니면 신뢰하지 않는 사람으로 간주합니까? 이것이 영성지도에 참여하는 데 어떤 영향을 미칠 수 있겠습니까?

6. 하나님께서는 언제 어떻게 당신을 신뢰하십니까?

나는 어떤 때 하나님을 가장 온전히 신뢰합니까?

만일 내가 하나님을 더욱 신뢰했더라면 어떻게 되었을까요?

제5장

# 영성지도를 준비하기

성도의 교제에서 우리가 타인에게 해줄 수 있는 첫 번째 봉사는 그들의 말을 들어주는 것이다. 마치 하나님을 사랑하는 것이 하나님의 말씀을 듣는 것으로부터 시작되는 것과 같이, 형제간의 사랑의 시작도 그들의 말을 경청하는 법을 배우는 것이다. 우리를 향한 하나님의 사랑은 단지 우리에게 말씀을 주시는 것만이 아니라 하나님께서 우리의 말을 경청해 주시는 것을 포함한다. 이처럼 우리가 타인의 말을 경청하는 법을 배울 때, 우리는 형제와 자매를 위한 하나님의 일을 대신하는 것이 된다.

디트리히 본회퍼[1]

영성지도란 "크리스천 사이에 계약으로 맺어진 우정이다. 이 우정의 관계 안에서, 한 사람은 다른 사람이 하나님의 임재를 분별하여 하나님의 부르심에 따라 관상적 삶을 살도록 도와준다." 계약으로 맺어진 우정이란 크리스천의 삶의 핵심인 관계의 중요성을 암시한다. 하나님의 음성을 듣고 응답하기 위해서, 우리 모두는 타인의 도움을 필요로 한다. 도움이 없을 경우, 우리는 때때로 우리의 가장 깊은 경험을 잘못 이해하고 그릇되게 해석하기도 한다. 사건의 소용돌이 안에 매몰되어, 우리는 하나님을 잊어버리

---

1) Dietrich Bonhoeffer, "Life Together," in *Writings on Spiritual Direction by Great Christian Masters*, ed. Jerome Neufelder and Mary C. Coelho (New York: Seabury Press, 1982), 86-87.

거나 영적 순례를 삶의 한 구석으로 밀쳐놓아 유보하게 된다. 이러한 사실은 영성지도가 하나의 관계, 특별히 두 크리스천 사이의 "계약으로 맺어진 우정"의 관계라는 것을 이해하는 것이 참으로 중요하다는 것을 강조한다.

하워드 라이스[2]

나의 영혼아 잠잠히 하나님만 바라라 대저 나의 소망이 저로 좇아 나는 도다.

시편 62:5

영성지도는 일상생활의 정황 속에서 발생한다. 많은 사항들, 즉 우리의 기대, 인식, 자원하는 마음, 자아 개념, 성 인식을 포함한 것은 영성지도에 참여하는 방식에 영향을 미친다. 영성지도를 시작하기 전에 이러한 요소들을 숙고하는 것은 영성지도에 보다 의도적으로 참여하도록 우리를 준비시켜 준다.

## 기대

칼(Carl)은 영성지도로부터 중요한 통찰과 도움을 얻기를 기대한다. 왜냐하면 친구들이 자신들의 경험을 그에게 이야기해 주었기 때문이다. 수잔은 영성지도를 받는 것에 대해 다소 이중적인 마음을 가지고 있다. 그러나 그녀는 자기 스스로에게 수많은 질문을 제기하고 있기 때문에, 그리고 하나님께

---

2) Howard Rice, *The Pastor as Spiritual Guide* (Nashville: The Upper Room, 1998), 63.

서 왜 어떤 때는 함께 계신 것 같으나 또 다른 때는 함께 계시지 않는 것처럼 느껴지는지에 관해 숙고하고 있기 때문에, 영성지도를 받아야만 될 것 같다고 느끼고 있다. 그녀는 이 문제를 홀로 처리하기를 선호하나, 영성지도자와의 만남이 도움이 되지 않을까 생각하고 있다.

내가 영성지도를 맨 처음 고려할 때, 마치 나 자신이 투명해져서 영성지도자가 내 마음을 들여다보게 되는지의 여부가 궁금했다. 나는 그런 상황을 좋아하지 않았다. 나는 영성지도에 대해 아는 것이 많지 않았다. 토론할 내용을 내가 통제할 수 있는지, 아니면 영성지도자가 만남의 틀과 내용을 결정하는지가 궁금했다. 아직 공개할 준비가 되지 않았거나 정확하게 인지하지 못한 나 자신의 모습들을 다른 사람이 볼 수 있다는 가능성이 나를 불편하게 했다. 그러나 나는 하나님께서 내 안에서 나를 통해서 행하길 원하시는 것이면 무엇이든지, 그것에 주의를 집중할 수 있도록 나를 도와줄 사람이 필요하다는 것을 알고 있었다. 나는 나 자신에게 누가 영성지도를 책임지고 있는가라는 질문을 했다. 하나님인가, 영성지도자인가, 나인가?

기대란 일이 어떻게 진행될 것인가를 생각하는 것이다. 기대가 반드시 현실인 것은 아니다. 그러나 우리는 종종 기대가 현실인 것처럼 간주한다. 기대는 우리 자신의 삶의 역사에 기반을 둔 관념과 상상으로 구성되며, 우리의 의식과 무의식 안에 있는 기억을 포함한다. 그것은 오늘 우리의 예측과 행동에 영향을 미친다. 우리는 기억과 현재의 정보를 결합하여, 미래가 어떻게 될 것인지를 예측한다. 우리의 기대는 예측 가능하거나 예측 불가능한 미래의 상황에 응답하도록 우리를 준비시키는 데 도움을 준다.

우리는 의식과 무의식의 기대에 따라 행동한다. 종종 기대 그 자체를 많이 생각하지 않은 채 행동한다. 우리의 기대는 어디서 유래된 것인가? 성경인가, 타인인가? 우리 자신인가, 하나님인가? 문화나 하위문화인가? 미디어인가? 다른 영적 공급원인가? 우리의 기대는 하나의 원천으로부터 발생하는가, 아니면 다양한 원천으로부터 발생하는가? 만일 잠시 멈춰 서서 우리 기대의 원천과 내용과 색조에 대해, 그리고 그 기대들이 우리에게 미친 영향에 대해서 생각해 본다면, 우리는 우리 자신에 관해서나 하나님과 우리 사이의 상호작용에 관해서 많은 것을 알 수 있게 된다. 영성지도의 초점은 우리와 하나님과의 관계에 맞춰지기 때문에, 이 관계에 영향을 주는 우리의 기대를 깊이 생각해 보는 것은 유익하다.

우리는 매번 일련의 기대를 가지고 예배하며, 기도하며, 성경공부를 하거나 하나님을 섬긴다. 우리는 하나님께서 우리를 교훈하고 복 주시기를 기대할 것이다. 혹은 우리가 하나님의 임재를 인식하는 것은 가능하지 않다고 생각할지도 모른다. 이러한 신앙 활동들 가운데서 아무런 느낌도 갖지 못한다는 것은 우리가 일을 바르게 처리하지 못했거나, 우리와 하나님의 관계에 무언가 문제가 있다는 것을 입증하는 것이라고 우리는 생각할지 모른다. 우리는 우리의 이해, 하나님 사랑과 이웃 사랑, 그리고 하나님의 이름으로 한 봉사가 부적절했다는 마음에 불편한 정보와 직면하게 될 수도 있다. 때때로 우리는 하나님의 손길을 느끼는 것을 기대하지 않은 채, 냉담하거나 지루해할 수 있다. 왜냐하면 하나님과의 관계가 의미 있는 의사소통이 없는 공식적인 관계 혹은 죽어버린 관계가 된 것처럼 느껴지기 때문이다. 또 다른 때에는 하나님께 마음을 열고, 자원하는 마음이 가득하며, 하나님의 음성을 들을 수 있으리라 믿는다. 어떤 상황에서 우리는 두려움, 경외, 혹은 우리 자신의 둔감함 때문에 하나님에게서 유래한 것이 틀림없는 것으로부터 도피하기도 할 것이다.

하나님께 무언가를 말씀드리게 되기까지, 혹은 성령께서 초대한 것이라고 믿는 것을 실행하게 되기까지 아마도 우리에게는 오랜 기다림의 시간이 필요하다. 왜냐하면 우리는 우리 행동의 결과나 하나님의 반응을 두려워하기 때문이다. 우리는 과거의 경험에 의해 지나치게 제한을 받아 미래의 열려진 가능성을 알아차리는 데 어려움을 겪는다.

성경에 기반을 둔 기대들은 대단히 중요하다. 그러나 이러한 기대가 성경이 실제로 말하거나 의도한 것만큼이나 성경의 해석하는 방식에 의해 형성된 것이라는 사실을 인식할 필요가 있다. 성경과 우리 자신의 복잡성 때문에, 성경을 조심스럽게 해석하고 적용해야 한다. 하나님의 말씀을 읽고, 경청하며, 그 말씀에 따라 행동하는 방식을 끊임없이 기도하면서 검토함으로, 더욱 나은 방식을 만들어 낼 필요가 있다. 본서의 제11장 "성경"은 이러한 주제들을 보다 자세히 다루고 있다.

영성지도에 대한 기대들은 우리의 다른 기대들 가운데 포함되어 있다. 우리에게 영성지도를 하는 사람도 기대를 가지고 있을 것이다. 영성지도자와 피지도자 모두가 하나님, 인간 본성, 성경, 그리고 영성지도에 대한 자신들의 기대가 영성지도에 어떤 영향을 미칠 것인가를 숙고해 보는 것은 유익한 일이다. 우리가 기대에 아무리 주의를 기울인다 할지라도, 본질적으로 중요한 것은 충분히 기도하면서 하나님과 함께 주의를 기울여야 한다는 점이다.

새로운 것을 하려고 고려할 때면 언제나 두려움을 갖게 되는 것은 자연스러운 일이다. 두려운 기대들을 드러내는 것은 유익하다. 왜냐하면 그럴 경우에만, 우리는 두려움에 대해 기도하게 되고, 도움을 청하게 되기 때문이다. 이러한 준비가 있을 때, 우리는 보다 더 안정감과 신뢰감을 가지고 영성지도를 선택하여 참여할 수 있게 된다. 영성지도를 고려하고 있는 사람들 중에는 다음과 같은 두려운 기대를 갖고 있는 사람들이 있다.

피지도자들은 아마도: 자신의 부족함이 드러날까 두려워한다. 그들은 영

적 생활에 대해 이야기할 때, 자신이 영적으로 부족하다고 느끼게 되거나 천박함이 드러나 당혹감에 빠지지 않을까 하는 의구심을 갖는다.

영성지도자가 자신을 판단하거나 비판하지 않을까를 염려한다. 왜냐하면 그들은 이미 자신들을 부정적으로 평가하고 있기 때문이다.

자신들이 어색해하지 않을까, 자기중심적으로 보이지 않을까, 너무 심각한 사람으로 보이게 되지 않을까라고 생각한다.

자신의 독립성을 잃게 될까 두려워한다. 혹은 영성지도자가 하나님과의 관계에서 그들 자신이 해야 할 일을 명령하지 않을까 두려워한다. 좀 더 깊은 차원에서는, 자신의 삶에 대한 통제권을 잃게 되지 않을까를 두려워한다. 삶에 대한 통제권을 상실하고 있다는 느낌은 우리를 기겁하게 한다. 심지어 우리가 사람이 아니라 하나님을 의지하고 있다는 것을 거듭 상기하더라도, 그것은 우리를 기겁하게 한다.

낯선 생각을 소개받게 되지 않을까를 염려한다.

갑자기 부끄러워하는 자신의 모습을 발견하게 되지 않을까 걱정스럽다.

타인과 한 번도 논의해 본 적이 없는 자신의 문제를 노출하게 되지 않을까, 혹은 평소 이상으로 자신을 드러내게 되지 않을까를 궁금해 한다. 자신의 기도와 하나님과의 관계에 대해 자유롭게 타인에게 이야기할 때, 자신이 노출된다는 불편한 느낌을 갖게 되지 않을까를 두려워한다.

자신에 대한 긍정적인 혹은 부정적인 정보를 나누는 것에 더욱 익숙하게 되는 것을 두려워한다. 그리고 영성지도에서 반드시 이와 같은 정보를 나누어야만 하는 것을 두려워한다.

피하고 싶은 내용을 논의하게 되는 것과 그 내용이 초래할 것에 대해 심사숙고하게 되는 것을 두려워한다.

또 다른 두려운 기대들은 어떤 것이 있을까?

영성지도에 대해 갖는 두려운 기대의 상당 부분은 우리 자신과 자아인식에 대한 기존 생각에 집착하는 것에 뿌리를 두고 있다. 그러나 우리가 자신의 태도를 인식할 때, 우리는 그 태도에 대해 자유롭게 말할 수 있게 된다. 이러한 인식은 종종 은총과 치유의 여정이 시작되었다는 것을 드러내는 표식이 된다.

기대는 보통 양면적이다. 부정적인 기대가 있으면 긍정적인 기대도 있다. 만일 우리가 성령의 인도하심을 느껴 영성지도를 고려한다면, 우리는 희망적인 기대들을 갖게 될 것이다. 두려운 기대들과 마찬가지로, 희망적인 기대들은 현실적인 것에서부터 비현실적인 것에 이르기까지 광범위한 영역을 포함하고 있다. 영성지도를 고려할 때, 사람은 다음과 같은 것을 희망한다.

하나님을 향한 그리고 하나님에 대한 질문들의 답을 발견하기를 소망한다.

하나님과의 관계에 있어 자신의 바람과 의도와 행동들을 진지하게 들어줄 사람과의 관계를 발전시키기를 희망한다.

"자신과 같은" 사람과 함께 있기를 소망한다.

더욱 영적이고, 거룩하고, 순수하고, 경건하게 되기를 희망한다.

기도와 다른 영적인 훈련에서 격려와 도전을 받기를 희망한다.

치유받기를 소망한다.

은총을 입었다는 것을 느끼기 원한다.

하나님과 함께 하는 삶에 대한 책임을 나누어 질 사람을 만나길 희망한다.

마음속에 떠오르는 또 다른 희망 어린 기대들이 있는가?

이 기대의 목록에는 우리가 하나님을 향해 열린 마음을 갖도록 하는 기대도 있지만, 우리 자신이나 자신의 문제에 매몰되게 하는 기대들도 포함되어 있다. 우리의 기대들을 영구히 둘 중의 하나로 분류하는 것은 어렵다. 어떤 기대들 중에는 해가 없거나 어느 순간에는 도움이 되지만, 또 다른 순간에는 해가 되는 것들이 있다.

영성지도에 대한 기대는 영성지도를 받기 전이나 막 시작했을 때 많이 발생한다. 우리는 영성지도에 대한 우리의 기대가 무엇인지를 안다고 생각한다. 그리고 우리가 두려워하는 것들과 희망하는 것을 스스로 인지하고 있다고 생각한다. 그러나 우리는 영성지도에서 실제로 어떤 일이 벌어질지 모른다. 영성지도를 받고자 한다는 것은 우리가 모든 것을 알 수는 없으며, 심지어 알면 도움이 되는 것조차도 모두 알 수는 없다는 것을 기꺼이 인정하는 것이다. 우리가 영성지도를 위해 성령의 인도하심을 받기 원한다면, 영성지도자나 피지도자 모두 계획된 논의 주제를 의지하거나, 서로의 반응을 추측해서는 안 된다. 하나님의 영은 우리가 신뢰하도록 초대하신다. 즉 성령께서 하나님과 더욱 친밀한 관계가 되도록, 그리고 이러한 친밀한 관계에 합당한 삶을 살 수 있도록 우리를 인도해 가신다는 것을 신뢰하도록 초대하신다.

우리 삶의 대부분의 영역과는 대조적으로, 영성지도는 기대로부터 어느 정도 자유하기를 우리에게 요청한다. 다시 말하면, 미리 어떤 것을 추측하지 않은 채, 발생하게 되는 것에 대해 항상 열린 마음을 갖는 자유를 소유하기를 요청하는 것이다. 이러한 열린 대화는 과거, 현재, 미래에 대해 하나님을 신뢰하는 하나의 방식이다. 또한 열린 대화는 필요한 것이면 무엇이든지 성령께서 알게 하시리라는 믿음에 그 뿌리를 두고 있다. 그러나 열린 대화란 아무런 기대를 갖고 있지 않는 것이라고 말하는 것은 아니다. 오히려 우리 그리고 각자 기대를 갖는 것으로부터 하나님께 희망을 두는 것으로 이동하는 것이라고 말하는 것이 보다 정확하다. 우리의 질문들은 자신의 말하기,

듣기, 반응하기를 사색한 결과물에 관한 것이 아니다. 그 질문들은 점점 더 성령께서 제기하는 것에 대해 어떻게 응답할 것인가에 관한 것이 되어 간다.

# 인식

인식(awareness)은 우리의 기대에 영향을 미치는 많은 것들 중의 하나이다. 우리는 매일 수많은 자극으로 폭격을 당한다. 그 중 어떤 것은 우리의 주의를 사로잡아 전면에 나서지만, 그 외의 것은 이면에 머물러 있게 된다. 영성지도를 받으러 오는 사람은 하나님이 어떤 분이시며, 성령께서 우리에게 지금 무슨 말씀을 하시는지를 더욱 잘 인식하기를 원한다. 그들은 과거가 아니라 현재에 온전한 주의를 집중하기를 원한다. 하나님은 항상 변함없이 사랑, 용서, 새롭게 하심, 인도하심을 제공하신다. 그러나 하나님의 현존과 행동에 관한 우리의 인식은 변동이 심하다. 때때로 우리는 하나님의 사랑의 개입을 인식하며 감사함을 느낀다. 그러나 또 다른 때에는, 비록 하나님이 우리를 떠난 것이 아니라고 스스로를 납득시키려 하지만, 하나님과의 거리감을 느낀다.

우리가 보다 의도적으로 하나님의 음성을 경청하겠다고 단순하게 결심하는 것은 적절한 행위가 아니다. 왜냐하면 결심 그 자체가 계속해서 변함없이 하나님의 음성에 주의를 집중하는 것을 보장해 주지는 못하기 때문이다. 우리를 향한 하나님의 열망과 하나님을 향한 우리의 갈망은 많은 도전을 받게 된다. 그러한 도전들 중에 더러는 우리의 깊은 이중적 감정에 뿌리를 두고 있다. 인간의 마음은 당위, 원함, 주저함과 같은 감정을 모두 함께 복합적으로 품고 있다. 우리를 위해 무엇이 바른 것인가에 대해 많은 생각을 갖고 있다. 우리는 하나님을 따르고, 성령과 협력하기를 원한다. 그러나 동시에 우리의 일부는 자신의 방식을 따르기를 선호하며, 우리 자신과 우리의 계획을 하나님께 복종시키는 것에 저항한다. 우리는 때때로 하나님뿐 아니라 자신과도 씨름을 한다. 영성지도를 선택할 때, 우리는 성령의 음성과 인도하심에 보다 열린 마음으로 주의를 집중할 수 있게 되도록 하나님의 도우심을 요청하고 있는 것이다. 또한 성령의 음성과 인도하심을 듣고 따르고자 하는 우리의 열망과 능력을 더욱 키워달라고 하나님께 도움을 요청하는 것이다. 이제 인식으로 시작하는 영성지도의 대화 한 토막에 귀를 기울여 보자.

존(Joan)은 오후 영성지도 시간에 무슨 이야기를 할까를 생각하면서 아침에 영성일지를 들춰보았다. 그녀는 무엇부터 시작해야 할지 감이 잡히지 않았다. 몇 가지 가능성이 떠올랐다. 프로젝트를 완결한 것에 대해 감사의 마음을 표하는 것으로 시작하는 것도 하나의 가능성이었다. 그녀는 집 앞에 있는 우편함에 멈춰 서서 들어있던 편지를 열어보았다. 그 편지는 오후에 이야기할 주제를 갑자기 변경하게 만들었다.

예전에 한 친구가 존에게 프로젝트의 책임을 맡아 달라고 요청했다. 조안은 자신이 행정에 재능이 없다는 것을 알고 있었다. 그러나 그 프로젝트의 다른 부분에 참여한 사람들이 그녀를 원했다. 그녀 또한 요청한 친구를 기쁘게 해 주고 싶었다. 그들은 4월 10일에 서로 만나기로 약속했다.

하나님께서는 존의 한계선을 다양한 방식으로 넓혀 오셨다. 새로운 프로젝트를 맡게 된 것도 그 연장선상에서 벌어진 일인 것 같다. 그런데 오늘 도착한 편지에는, 같은 날 다른 도시에서 벌어지는 축하행사에 참여해 달라는 요청이 담겨 있었다. 그 축하행사는 정확한 날짜만 모르고 있었지, 사실은 존이 제안한 것이었다.

오후 영성지도를 받으러 가는 길에, 조안은 서로 다른 방향으로 자신의 마음이 나누어지는 것을 강하게 느꼈다. 그리고 하나님이 원하시는 것이 무엇인지를 알 수가 없었다. 영성지도를 받으러 오는 동안 내내 그녀는 자신이 선택할 수 있는 사항들이 무엇인지를 생각했다. 영성지도자와 잠시 동안 침묵기도를 한 후, 존은 자신의 상황을 설명하면서 영성지도를 시작했다.

**지도자:** 무슨 일이 일어났습니까? 무슨 경험을 하셨습니까? 무엇을 하길 원하십니까?

이 질문들은 식상해 보였다. 그녀와 그녀의 가치관을 아는 친구라면 누구나 할 수 있는 평범한 질문들이었다. 영성지도자와 존은 이 질문을 다양한 각도에서 살펴보았다. 그러나 어떤 것도 분명해지지 않았다. 마침내 그들은 이 문제를 미해결 상태로 놓아두도록 결정했다. 그러나 영성지도자와의 만남은 친구와의 만남과 다른 점이 있었다. 이제 존의 이야기, 그녀가 인식했던 모든 것, 상황에 대해 존이 느꼈던 모든 것은 존 자신의 기도뿐 아니라 영성지도자의 기도 내용이 된 것이었다.

영성지도자와 존은 완결한 프로젝트에 대해 이야기했다. 존은 손쉽게 완결 할 수 있었던 한 프로젝트에 대해 이야기했다. 그것은 마치 식은 죽 먹기와 같았다. 왜냐하면 그 일에 재능이 있었기 때문이었다. 그녀는 또 다른 프로젝트에 관해서 갖고 있는 염려에 대해 이야기했다.

**지도자:** 이 사실이 당신에게 무엇을 말해 줍니까?
**피지도자:** 나는 나 자신에 대해 특별한 주의를 기울이지 않았습니다. 갑자기 내가 방어적인 느낌을 갖고 있다는 것을 알았습니다. 나는 그것을 넘어섰다고 생각했기 때문에 그것에 대해 무방비 상태였습니다. 나는 상당히 균형

을 잃었습니다. [영성지도자는 침묵한 채 기다렸다] 내 친구가 그녀의 프로젝트의 한 부분을 맡아 달라고 요청한 것과, 내가 그 일을 맡아 처리한 것도 이 일 직후에 벌어졌습니다. 오늘 아침까지 나는 이미 이 일을 해야겠다고 느끼고 있었습니다. 왜냐하면 이 일이 그녀에게 대단히 중요하다는 것을 알기 때문입니다. 나는 내가 그 일에 자격이 있는지 확신할 수 없었습니다. 무언가가 꺼림칙했습니다. 그리고 나는 의도적으로 나 자신이나 하나님과 의논하지 않은 채 그 프로젝트를 수락했다고 느끼기 시작했습니다.

지도자: 흥미로운 이야기이군요. 그러나 저는 이 문제에 관해 제 자신의 의견을 제시하지 않도록 주의해야 합니다. 당신 스스로 기도하면서 분별해야 합니다. 저의 경우에는, 과중한 책임감을 느끼는 순간이 바로 일의 추진 속도를 늦추고, 주위를 돌아보며, 일이 어떻게 진행되어 가고 있는지를 살펴야 할 때에 해당합니다.

이 대화를 통해서 존은 자신이 너무 많은 스케줄을 미리 잡고 있다는 것을 알아차렸다. 새로운 프로젝트를 맡는 것은 많은 시간과 에너지를 필요로 한 것이다. 그것은 결코 이미 꽉 짜인 스케줄 사이에 샌드위치처럼 집어넣어 해결할 일이 아니다. 그녀는 너무 경솔하게 "예"라고 말한 것과 자신이 그 일에 적합하지 않다는 것을 인정해야 한다는 사실 때문에 당혹감을 느꼈다. 그녀는 "아니"라고 속히 대답을 해 줌으로써, 자신의 친구가 다른 방안을 고려할 충분할 시간을 주었어야만 했다고 생각했다.

이 과정에서 영성지도는 어떤 역할을 할 수 있겠는가? 영성지도는 분별의 마음을 가지고 그녀의 이야기에 귀를 기울여 주는 것, 그녀에게 질문을 하는 것, 그녀와 함께 기도하는 것 등을 제공해 줄 수 있다.

존은 또한 미래를 위한 통찰들을 얻었다.

**지도자**: 이번 경험에서 당신의 일 처리 방식의 일반적인 패턴을 생각해볼 수 있는 점들이 있습니까?

**피지도자**: 예, 그렇습니다. 내가 균형감각을 잃었을 때도, 아니 그 이상일 때조차도, 나는 친구에게 헌신적이라는 것을 쉽게 알 수 있군요. 정서적으로 힘든 상황이었는데도, 그것이 내게 미칠 영향에 대해서는 고려하지 않았습니다. 새 일을 맡을 시기가 아니었죠. 미래의 경우를 대비해서 이 사실들을 기억하고 싶습니다. 이번 일은 정말로 불편했습니다. 그래서 이러한 통찰들을 얻게 된 것 같습니다. 정말로 새로운 통찰에 따라 행하고 싶습니다. 이번 일에 있어 한 가지 좋은 점은 마음이 너무 불편하여 그 일을 언급하게 되었다는 점입니다. 그렇지 않다면, 내 친구와 함께하는 프로젝트에서 이렇게 일찍이 이 문제가 전면에 부각되지는 않았을 것입니다. 이렇게 여러 일들이 한꺼번에 닥쳐서 심각하게 고려하게 된 것이 우연은 아니라고 생각됩니다. 다시 한 번, 하나님께서 저를 보호하고 계시다고 느낍니다. 기분이 좋습니다.

여기서 무엇을 감지하든, 궁극적으로 영성지도를 주도하는 분은 성령님이라는 것과 성령께서 우리의 무지를 깨뜨리신다는 것을 아는 것은 위로가 된다. 때때로 혼자 있을 때, 우리는 필요한 것들만 보게 된다. 그러나 영성지도의 대화는 또 다른 측면을 우리에게 드러내 보여준다. 통찰들이 영성지도자를 통해서 오게 될 경우도 있다. 그러나 영성지도자는 단순하게 기도하는 마음으로 함께 있어 줌으로써, 우리가 스스로 필요한 말들을 하도록 도와준다. 앞의 대화에 등장한 피지도자는 하나님께서 그녀의 한계를 넘어서는 일들을 하도록 요청하고 있는지의 여부에 관해서 씨름하고 있었다. 결국 성령께서 그녀의 불편한 마음을 확증해 주셨다. 이 경험은 그녀의 응답하는 방식과 에너지 사용 방식의 특징들을 분명하게 드러내 주었다. 일단 일이 결정되면 존은 더 이상 선택 가능한 옵션을 고려하지 않고, 과거에 계획했던 일들로 평화롭게 옮겨간다는 것을 발견했다.

## 자발성

자발성과 의도성은 서로 반대되는 개념이다. 의도성은 자신의 의도와 방식으로 꽉 차서 스스로 모든 것을 통제하는 사람이 되는 것에 만족감을 느끼는 것이다. 자발성은 영성지도를 위해 필수불가결한 것이다. 자발성이란 상처받기 쉬운 위치를 선택하는 것이다. 즉 우리는 하나님의 사랑, 동행하심, 인도하심을 필요로 하는 연약한 인간이라는 사실을 인정하는 것이다. 자발성은 또한 우리 모두가 자신이 되고자 소망하는 그런 사람이 아니라는 사실, 하나님께서 우리에게 희망하시는 그런 사람이 아니라는 사실을 인정하는 것을 포함한다. 자발성은 우리의 방식을 포기하고 하나님의 방식을 선택해야 하는 순간에도 성령의 초대하심을 듣고 따르기를 원하는 우리의 갈망을 지칭한다.[3]

---

3) Gerald G. May, *Will and Spirit: A Contemplative Psychology* (San Francisco: Harper & Row, 1982), 5-6. "자발성과 의도성은 몇 마디 말로 설명될 수 없다. 왜냐하면 그것은 대단히 미묘한 특질을 지니고 있으며, 때때로 상호 중첩되기도 하고, 쉽게 상호간 혼동이 이루어지기도 하기 때문이다. 그러나 자발성은 자아-분리의 포기, 삶 그 자체의 심연에 깊이 몰입하는 것을 암시한다. 자발성은 우리가 궁극적인 우주적 과정의 한 부분이라는 것을 깨닫는 것이며, 그 과정에 헌신하는 것이다. 반면에, 의도성은 존재를 지배하고, 지시하고, 통제하고, 혹은 조종하기 위해서 자

우리가 조금이라도 솔직하다면, 우리의 자발성의 정도가 다양하다는 것을 알게 된다. 자발성은 우리에게 무엇이 요구되는가와 누구에 의해서 요구되는가에 따라 달라질 수 있다. 하나님이 요구하시는 것들 가운데 만족할 만한 결과를 산출하리라 여겨지는 것들이 있다. 이러한 요구에 순종하기란 쉽다. 그러나 성령께서 정신적인 영역에서나 실제적인 일의 영역에서 우리를 완전히 낯선 곳으로 이끌고 가실 때가 있다. 이런 경우, 우리는 성령의 요구를 따르는 것을 불편하게 느낄 수 있다. 하나님의 사랑과 의도는 우리가 생각하는 것보다 훨씬 더 크고 넓다. 하나님의 사랑과 의도는 우리에게 익숙한 사람들의 영역을 넘어서며 친숙한 문제들, 가능성들, 즐거움을 주는 일들의 범위를 넘어선다.

에블린 언더힐(Evelyn Underhill)은 하나님을 향한 자발성이 창출한 예기치 못한 결과들에 관해 다음과 같이 기술한다.

우리는 성인들 안에서 자발성의 예기치 않은 결과를 발견한다. 특별히 삶의 부침과 고통을 안정되고 고요한 마음으로 받아들이는 그들의 모습 안에서 발견한다. 성인들은 우리가 종종 괴롭힘을 당하는 일상의 변화무쌍한 작은 일들이 거대한 신비의 부분이라는 것을 안다. 그 일상적 삶은 하나님과 연결된 것이며, 하나님이 알고 있는 것이다. 다시 말하면, 그들은 자신들과 그들이 그토록 사랑하는 모든 영혼들이 영원(Eternity) 안에 영속적으로 속해 있다는 것을 안다. 그리고 그 영원 안에서, 그들이 행하고 창출하는 모든

---

신을 삶의 근본적 본질과 분리시키는 것이다. 보다 단순하게는, 자발성은 삶의 매 순간에 살아있음의 신비에 '예'라고 말하는 것이다. 의도성은 '아니오'라고 말하는 것이며, 보통은 '예, 그러나'라고 말하는 것이다."

것들의 의미가 이해된다. 그래서 그들의 모든 행동은 바로 이 중심에서 나온다. 그 행동이 작든 크든, 영웅적이든 평범하든 그들에겐 아무 문제도 되지 않는다. 그들의 행동은 복종과 헌신의 차분한 표현이다. 여부스 사람 아라우나가 타작마당을 제단으로 변화시킨 것처럼, 성인들은 삶의 모든 것을 하나님의 손에서 발원한 것으로 간주하여, 그것을 성령의 목적에 맞는 것으로 변화시키는 법을 안다. 성 버나드와 성 프란시스코는 모든 외적 소유들을 버렸다. 삶의 풍요와 아름다움을 버리고 가난과 고난을 받아들였다. 그들의 버림을 통해서, 보다 큰 부와 더욱 멋진 아름다움이 세상에 주어졌다. 성 제노아의 캐서린은 자신의 황홀한 기도의 경험을 떠나서 병원의 재정을 정상적인 상태로 만드는 일에 힘썼다. 엘리자베스 프라이(Elizabeth Fry)는 뉴게이트(Newgate) 감옥에 갔고, 메리 슬레솔(Mary Slessor)은 정글로 갔으며, 엘리자베스 레쉴(Elizabeth Leseur)은 가택 연금 생활을 받아들였다. 이 모든 것들이 동일한 멋진 봉사였다.[4]

성경과 우리의 삶 안에는, 우리가 가능하다고 생각하는 그 이상의 존재가 되도록, 그리고 우리가 가능하다고 생각하는 그 이상의 일을 하도록, 성령께서 우리를 초청하신 예들이 수없이 많다. 모세, 다윗, 아브라함과 사라, 에스더, 마리아, 바울, 요한, 베드로, 그리고 수많은 사람들이 하나님의 부르심을 받고 낯선 영역으로 발걸음을 내딛었다. 그들은 종종 예상과는 다른 길로 인도되었거나, 자신들이 선택하지 않은 길로 부르심을 받았다. 하나님께 처음으로 자원하는 마음을 드렸을 때, 그들의 삶은 자신들이 전혀 예측할 수 없

---

4) Evelyn Underhill, *The Spiritual Life* (Wilton, Conn.: Morehouse Barlow, 1955), 95-97.

었던 방식들로 전개되어 갔다. 사실, 어떤 점에서는 모든 사람들이 하나님의 부르심을 받아 전혀 예측할 수 없었던 삶의 영역을 경험한다.

게다가 예수님께서는 자신이 인간이 되셨을 때, 근본적인 자발성을 구현하셨다. 만일 예수님께서 하나님의 바람(desires)을 구현하여 인간이 되지 않았다면, 인류의 역사와 미래는 확연히 다른 모습을 띨 것이다. 하나님의 바람을 위해 인간적인 바람을 포기한 것이 그리스도의 삶의 특징이다. 이러한 특징은 그의 십자가와 부활에서 절정을 이룬다. 자발적 포기와 자기 드림으로의 부르심은 인간 안에서 뿐 아니라 삼위일체 안에서 역사하시는 하나님의 활동의 결과이다 (요 8:29; 히 10:5-7).

신앙이 성숙해짐에 따라 우리의 자발성은 시험을 겪고, 확장되며, 정제된다. 우리는 자신의 한계를 보다 깊이 인식하게 되고, 하나님을 더욱 의지하게 된다. 스스로를 의롭다고 생각하게 만드는 것들에 대해 점점 더 확신할 수 없게 된다. 하나님을 의지하는 데 우리의 마음을 맞추면 맞출수록, 하나님의 은혜가 필요하다는 사실이 더욱더 분명해진다. 우리는 다른 사람들의 바람직하지 못한 행동에 직면하게 되었을 때, 우리 또한 비슷한 행동들을 할 가능성이 있다는 것을 인정하면서 하나님의 도우심으로 그와 같은 함정에 빠지지 않게 된 것을 감사한다. 성경은 하나님께서 거룩하신 것처럼 우리도 거룩하라고 가르친다. 그러나 성령께서 우리에게 능력을 주시고 우리가 그 성령께 자원하여 협력하지 않는 한, 우리는 거룩한 행동을 할 수 없다는 것을 점점 더 깊게 깨닫는다. 영성지도를 하나의 창문으로 사용하는 사람들이 많다. 그들은 영성지도라는 창문을 통해서 그들 자신의 기대가 무엇인지를 알아차리며, 그들의 자발성과 의도성을 표현한다.

# 자아인식

우리는 누구인가? 우리는 왜 지금 이런 모습의 존재인가? 하나님께서는 우리를 어떤 모습으로 창조하셨으며, 무엇을 하도록 창조하셨는가? 우리 모두는 이러한 질문에 대해 나름의 생각을 가지고 있다. 자아인식이란 영구히 고정된 것이 아니다. 오히려 그것은 역동적이며, 유연하며, 변화 가능하다. 자아인식은 수면, 영양상태, 건강과 안녕의 질과 같은 육체적 상태에 의해 쉽게 영향을 받는다. 일련의 유사한 상황들에 직면했을 때, 우리는 몸의 상태에 따라 다르게 반응할 수 있다. 탈진했는지 아니면 쉼을 가졌는지, 굶주렸는지 아니면 충분한 식사를 했는지, 병들었는지 아니면 건강한지 등의 여부에 따라 다르게 반응할 수 있다는 것이다. 우리에게 중요한 사람들과 어울리는 방식과 현재 삶의 경험들도 자아인식과 견해에 많은 영향을 미친다.

때때로 우리는 스스로에 대한 생각에 지배받고 있음을 깨닫지 못하는 경우들이 있다. 그리고 우리의 생각들, 감정들, 행동들에 대한 부정적, 긍정적 판단들에 반응하면서 행동하고 있다는 사실을 깨닫지 못하는 경우들도 있다. 우리 자신이 누구인가라는 생각에 대한 집착이 도전을 받을 때, 우리는 매우 당혹스러워한다. 다른 사람이나 사물이 우리가 아직 성령의 열매를 맺지 못하고 있는 영역을 드러낸다. 그러면 우리는 자신이 자기중심적이며, 자아도취적이라는 것을 깨닫는다. 우리에게 그리스도를 닮은 면보다 자기중심적인 면이 더 많다는 것을 알게 된다. 우리가 부족하다는 사실에 대한 인식은 우리를 당혹스럽게 하거나 방어적이 되게 한다. 그러나 때때로 영적으로 새롭게 깨어나 하나님의 도우심이 절실히 필요하다는 것을 깨닫기도 한다. 또 어떤 경우에는, 우리 자신이 예상치 못한 방식으로 은혜에 찬 응답을 하게 된 것을 보고 놀라기도 한다. 이런 경험들은 하나님께서 계속해서 우리에게 영향을 미치고 계시다는 사실을 신뢰하도록 우리를 격려해 준다.

자아인식의 문제는 우리가 자신에 대해 생각한다는 사실 그 자체에 있기보다 우리가 너무 많이 자신에 대해 생각한다는 사실에 있다. 우리는 타인이나 하나님에 대해 생각하는 것보다 훨씬 자주 우리 자신에 대해 생각한다. 그리고 우리 자신의 이익에 우선순위를 두는 경우가 허다하다.

영성지도에서 대화의 많은 부분들이 자아인식을 중심으로 이루어진다.


피지도자: 보통 때와는 다른 방식으로 진행된 일들을 해왔습니다. 이번 영성지도 시간에 그것에 관해 이야기하고 싶습니다. 왜 일이 그렇게 진행되었는지에 관해 몇 가지 생각한 바가 있습니다. 그 일이 당신께는 어떻게 느껴지는지도 알고 싶습니다.

지도자: 좋습니다.

피지도자: 어느 큰 교회로부터 세 번의 설교를 해달라는 요청을 받았습니다. 그런 일은 보통 내가 승낙하는 일이 아닙니다. 나는 설교자가 아니기 때문입니다. 20명쯤 되는 그룹을 가르치는 일은 문제없이 해왔습니다. 그러나 하나님께서 나로 하여금 새로운 일을 하도록 초청하고 계시는 것처럼 느껴집니다. 설교할 날이 다가오자, 나는 그 교회를 두세 차례 방문하여 그곳에서 설교한다는 것이 어떤 것일까를 알아보기로 했습니다. 나의 발표 방식이 그들이 해오던 방식과 너무나도 다르다는 것을 확인하고, 내가 그들에게 어떻게 받아들여질 것인가를 염려했습니다. 그럼에도 불구하고, 그 일은 여전히 하나님께서 내게 요청하신 일처럼 느껴졌습니다. 약 한 달이 남았을 즈음에 설교의 대략적인 윤곽이 떠올랐습니다. 상당히 빨리 떠오른 것입니다. 피정을 다녀온 후 그 윤곽은 약간 변경되었습니다. 생각들과 요점들이 떠올랐고, 나는 수시로 그것을 첨가했습니다. 상당히 오랜 기간에 걸친, 천천히 이

루어진 준비였습니다. 구체적인 내용 하나하나가 중요하게 느껴졌습니다. 설교가 이제 2주일 남았습니다. 그런데 한 친구가 나와 함께 설교를 위해 기도했습니다. 우리는 하나님께서 무언가를 행하고 계신다는 것을 느꼈으나, 그것이 무엇인지를 알 수가 없었습니다. 나는 설교 전이나 도중이나 후에나 전혀 긴장하지 않았습니다. 아마 세 번째 설교 전에 약간 긴장한 것 빼고는 말이죠. 그러나 문제는 설교 그 자체가 아니었습니다. 나는 내 육체의 에너지 단계를 인식한 후, 내가 피곤해 있다는 사실을 깨달았습니다. 그런데 내가 이 문제를 제기한 핵심적 이유는 설교를 준비하는 것부터 끝마치는 전 과정이 전혀 힘들지 않았다는 사실입니다. 참으로 색다르게 느껴졌습니다.

**지도자**: 당신은 그것을 어떻게 생각하십니까?

**피지도자**: 말하기가 약간 주저됩니다. 왜냐하면 상상해서 말하고 싶지 않기 때문입니다. 그러나 제게는 이렇게 느껴집니다. 이 일은 하나님께서 원하시는 일입니다. 내가 해야 할 일은 단지 하나님을 경청하여 따르는 일입니다. 그 일을 실제로 하시는 분은 하나님이십니다. 설교를 마치고 그날 오후에 어떤 특별한 모임에 참석하고자 했습니다. 그런데 하나님께서는 내가 집에 머무르기를 원하신다는 강한 느낌을 받았습니다. 마치 아침부터 무언가가 진행된 것이 있어서, 오후에 이르러 그것이 집에서 완결되리라는 느낌이었습니다. 제가 어떤 소리를 들은 것은 아무것도 없었습니다. 그러나 저는 강한 느낌을 가졌습니다. 내가 집에 홀로 머무르지 않았다면, 그것은 내가 하나님의 길이 아니라 나의 길을 가고 있다고 느꼈을 것입니다. 산책을 하기 위해 밖으로 나왔을 때, 다음과 같은 말씀이 떠올랐습니다. "내 멍에는 쉽고, 내 짐은 가벼우니라."

**지도자**: 지금 이 모든 것들에 대해 어떻게 생각하십니까? 이것들에 관해 기도할 때 어떤 경험이 있었습니까?

피지도자: 약간 불편하게 느끼기 시작한 부분이 있습니다. 솔직히 말하면, 하나님께서 설교의 영역에서 내가 더 많은 일을 하길 원하신다고 믿습니다. 그 일을 할 때, 하나님께서는 길을 열어주시고, 나의 역할은 듣고 순종하는 것입니다. 마치 아직도 많은 부분들이 감추어진 형태로 있기는 하지만, 그것은 일종의 부르심이나 인준과도 같이 느껴집니다.

지도자: 그렇다면 감추어져 있지 않은 부분은 무엇인가요?

피지도자: 이 모든 것이 하나님의 아이디어라는 것은 분명합니다. 나는 단지 하나님의 요청에 따라 행한 것이라고 생각합니다. 그러나 그 이상은, 정말로 모르겠습니다. 단지 하나님께서는 내가 알지 못했던 방식으로 그 설교를 사용하셨다고 생각합니다.

지도자: 하나님께서 지금 당신에게 말씀하고 계신 또 다른 어떤 것이 있다고 느끼십니까?

피지도자: 다만 기다려라.

지도자: 기다림. 이에 대해 어떤 느낌이 드십니까?

피지도자: 놀랍게도, 평화로움을 느낍니다. "놀랍게도"라고 말한 이유는, 나 자신이 평소에는 다음에 닥칠 일들에 대해 인내심이 없다는 사실 때문입니다. 그런데 이 일에 관해서는 다릅니다. 언제 어떤 방식으로 드러나게 되든 상관없이, 나는 이 일이 자연스럽게 드러나게 되도록 기다리는 것에 만족합니다.

영성지도를 받기로 선택한 사람은 점점 더 자신의 방식에 집착하지 않게 된다. 스스로에 대한 인식들로부터 점점 더 자유롭게 되기를 소망하며, 점차적으로 자신이나 자아 개념에 대해서는 관심을 덜 기울이고, 하나님과 하나님의 생각에 대해서는 더 많은 관심을 기울이게 되기를 소망한다.

피지도자들은 자신의 자아 개념이 변화되기를 원하며, 하나님의 개입을 향해 마음의 문을 연다. 달리 말하면 영성지도의 목적은 피지도자의 자아를 강화시켜 주는 것이 아니라, 그 자아를 하나님께 굴복시키도록 돕는 것이다. 피지도자들은 자아의 변화와 성장, 자아인식의 변화와 성장이 무엇인가를 스스로 정의하지 않는다. 또한 그들은 그것들의 정의를 영성지도자에게 떠넘기지도 않는다. 대신 그들은 자아의 변화와 성장, 자아인식의 변화와 성장을 온전히 자유로운 마음으로 하나님께 내맡긴다.

# 성

오늘날 용어의 사용이 늘 분명한 것은 아니다. 두 단어, 성(sexuality)과 성별(gender)의 사전적 정의는 오늘날 이들이 사용되고 있는 용법들을 충분히 포괄하지 못한다. 어떤 글들에서 이들은 모두 생물학적 측면, 즉 남자나 여자가 된다고 하는 것이 무엇을 의미하는가를 함의하는 것으로, 상호 교환되어 사용되고 있다.

그러나 여기에서는, 성이란 남성이나 여성으로서 몸을 입고 이 세상에서 살아가는 우리들의 방식을 포괄한다. 즉 몸을 지닌 존재로서 이 세상에서 살아가는 구체적인 방식, 이 세상을 경험하는 구체적인 방식을 의미한다.[5] 성욕(sex)이란 용어는 리비도(libido)와 출산을 포함한 몸과 연관해서 고려되어야 한다. 성별은 개인의 성욕과 특정한 문화 속에서 우리가 어떻게 사회화되

---

5) James B. Nelson, *Embodiment: An Approach to Sexuality and Christian Theology* (Minneapolis: Augsburg, 1978), 20.

어 왔는가를 의미한다. 남성과 여성으로서의 적합한 행동이 무엇이라고 배워 왔는가를 의미한다. 남성적인 것과 여성적인 것이 무엇이냐에 대한 우리의 생각은 문화에 의해 결정된다.

영성지도자들과 피지도자들을 포함한 우리 모두는 성을 우리가 누구인가를 계속해서 구성하는 요소로 인식한다. 또한 우리 모두는 남자나 여자가 된다는 것이 무엇을 의미하는지에 대한 명확한 생각을 가지고 있다. 사실 우리는 모든 것을 받아들이고 해석할 때, 우리의 남성적 혹은 여성적 렌즈를 사용하는 것을 피할 수가 없다. 우리가 단순히 성적인 존재라는 이유로 모든 인간관계는 성적인 측면을 지니고 있다. 영성지도 또한 예외가 아니다.

영성지도는 하나의 친밀한 관계이다. 우리는 참으로 우리에게 중요한 것들에 관해 이야기한다. 우리의 깊은 개인적 감정과 생각을 나누는 것은 우리의 몸을 나누는 것과 유사하다. 때로는 육체적 결합보다도 더욱 친밀하게 느껴질 수가 있다. 우리는 몸, 정신, 감정, 영을 지닌 전인적 존재이다. 우리 자신을 전인으로 보지 않고, 부분화 혹은 파편화시키는 것은 건강하지 않을 뿐 아니라 가능하지도 않다. 우리를 구성하는 각 부분들은 서로 영향을 주고받는다.

우리는 영성지도를 통해서 새로운 방식으로 하나님의 용납과 이해와 사랑을 느끼기도 한다. 또한 우리를 향한 영성지도자의 수용과 존중을 느낀다. 하나님과의 열린 사랑은 인간 차원에서의 열린 사랑에 대한 감수성을 촉진시킨다. 그 역도 사실이다. 우리가 인간의 사랑에 깊이 감동되었을 때, 더욱 더 하나님의 사랑에 대해 수용적이 된다. 어떤 종류이든, 참된 사랑은 흘러넘쳐 가게 되어 있다. 피지도자들은 하나님, 피조물, 자기 자신, 그리고 타인들에 대한 사랑이 깊어지면 그 사랑이 성, 성적 행동, 성별의 사항들을 감사하는 것을 포함한 모든 것들에 영향을 미친다는 것을 발견한다.

우리는 인간이기 때문에, 사랑은 우리의 감정뿐 아니라 몸도 자극한다. 영성지도자들과 피지도자들 가운데 자신의 성과 성적 감응에 예민하게 주의를 집중하는 사람들이 있다. 그들은 자신의 성을 편안해 하고 남자 됨이나 여자 됨을 긍정하며, 자신들의 성적 감응을 환영하고, 성을 책임감 있게 그리고 사랑스럽게 표현하려고 노력한다.

그러나 사람은 자라면서 들었던 메시지들 때문에, 성에 대해 지나치게 주저하기도 한다. 그들은 아마도 성적 외상(trauma)이나 성적 학대의 경험을 지니고 있을지도 모른다. 성이 위험하게 보일 수도 있다. 자신의 성을 거부하는 것이 스스로를 위험으로부터 보호하는 바람직한 방식으로 간주될 수도 있다. 성욕이나 성에 대한 생각을 탐구하는 것은 두려운 일처럼, 우리를 무기력하게 만드는 매혹적인 유혹처럼 느껴질 수 있다. 그러나 이런 사람들이 하나님께서 얼마나 그들을 사랑하시는가를 깨닫기 시작했을 때, 그들은 어느 순간엔가 하나님은 자신들을 남자와 여자로 창조하신 분이라는 사실을 묵상하게 된다. 성은 하나님의 아이디어이다. 그들은 자신의 남성성과 여성성을 표현하는 특별한 방식에 관심을 기울이기 시작할지 모른다. 그리고 그에 관해 기도하게 된다. 일상의 삶 또한 영향을 받는다. 많은 피지도자들이 여성이나 남성으로서 하나님의 사랑을 받음으로 인해 점점 더 기쁨과 자유가 증대되고, 타인을 사랑하는 능력 또한 증대되는 것을 경험한다.

성을 포함한 주제들이 영성지도 시간에 등장하게 된다. 때때로 두 사람 모두, 혹은 둘 중 한 사람이 성욕, 성, 성별에 대한 관심이 깊어지는 것을 인식하게 될 것이다. 종종 그들의 고양된 민감성은 남자 됨과 여자 됨이 하나님과의 관계에 어떤 영향을 미치는가를 배우는 것과 연관되어 있다. 그들은 성별이 기도, 언어, 하나님께 대한 응답에 영향을 미치는 방식을 알게 될 것이다. 또한 자신들 안에 있는 남성적 혹은 여성적 특질들에 관해 배우게 되며,

하나님께서 우리가 그 특질들을 어떻게 인식하여 표출하기 원하시는지를 알게 될 것이다. 그들은 보다 의도적으로 하나님의 사랑과 부르심을 입은 남성과 여성이 된다는 것이 무엇을 의미하는지에 초점을 맞춘다. 성령께서 그들에게 성과 관련된 인식들에 보다 깊은 주의를 기울이도록 요청하실 때, 그들 또한 하나님의 부성과 모성, 그리고 성별을 넘어서는 하나님의 초월성에 관해 탐구하기를 원하게 된다.

성별에 대한 생각들은 성적 행위나 감정들에 대해 생각하는 것만큼 위협적으로 느껴지지 않을 수 있다. 후자는 피지도자들이 자신들의 성적 감응을 보다 잘 인식하게 되었을 때 떠오른다. 피지도자들이 자신들의 성적 충동들을 인식하게 되었을 때, 그들은 성적 충동의 적절한 표현 방식과 행동 방식에 대한 질문에 직면하게 된다. 어떤 사람은 기도나 명상을 할 때, 때때로 성적 자극을 느낀다. 영성지도는 이들에게 그 성적 자극에 관해 숙고하며 기도하는 공간을 제공하고, 또한 그 성적 자극이 의미하는 바가 무엇인가를 발견해 가는 과정을 제공한다. 이러저러한 성적 문제를 영성지도에서 다루는 것은 적절하다. 그러나 사람들이 성적 문제를 지나치게 두려워할 때, 그들은 과도한 관심을 기울이거나 혹은 정반대로 무관심한 반응을 보이기도 한다. 대부분의 사람은 성적인 생각들이나 매혹들이 떠오르는 순간, 그것들이 어떤 맥락에서 떠올랐는가라는 기준에 따라 곧바로 그것들이 부정적인 것인가 아니면 긍정적인 것인가를 판단하는 경향이 있다. 그들은 아마도 성적 관심을 공개적으로 인정하고, 기도를 통해 하나님께 아룀으로써 그것을 다룰 수 있는 가능성을 고려하지 않을지도 모른다. 성적 자극들을 너무 위험한 것으로 간주하여 무시함으로 억누르거나, 아니면 정반대로 적극적으로 성적 자극에 따라 행동하는 것이 사람들의 일반적인 현상이다. 하나님과 함께 성적 자극에 직접적인 관심을 기울임으로써 우리는 성령의 보호와 인도하심을 받을 수 있으며, 은총과 지혜와 하나님을 향한 깊은 신뢰를 주시도록 기도할 수 있게 된다.

여기서 우리가 관심을 갖고자 하는 바는 영성지도에서 등장하는 다른 주제들을 다룰 때의 관심과 동일하다. "성령께서 우리가 무엇을 듣고 인지하며, 행하기를 원하시는가?" 이것이 우리의 관심이다. 때때로 하나님의 영은 구체적인 주제들을 제기하신다. 왜냐하면 우리의 두려움은 온전한 삶을 살지 못하도록 방해하기 때문이다. 또한 우리가 성령께 경청하며 순종할 때, 하나님께서는 과거에 혼란과 어려움을 야기했던 삶의 영역에서 우리를 보호하고 도우신다는 것을 보여주고자 하신다.

기대, 의식, 자발성, 자아인식, 성에 대한 인식은 영성지도를 어떻게 그리고 누구와 함께 시작할 것인가에 대한 우리의 결정에 영향을 미친다. 이러한 요소들은 영성지도로 부르시는 하나님의 초청에 대한 우리의 인식 여부와 상관없이 기도를 통한 하나님 추구를 위한 좋은 방식을 제공한다.

## 성찰을 위한 질문

1. 하나님께 대하여 그리고 하나님에게서 무엇을 기대합니까?

2. 당신의 기대들을 인식할 수 있도록 도와주는 것은 무엇입니까?

3. 어떤 상황에서 당신은 자신의 기대들에 대해 무지한 것처럼 느낍니까?

4. 일반적으로 자신의 기대들을 인식했을 때, 무엇을 합니까?

5. 영성지도에 대한 당신의 기대들의 원천(sources)은 무엇입니까?

6. 당신의 인식(awareness)을 도와주는 것과 방해하는 것은 무엇입니까?

7. 당신 자신이나 타인, 하나님과 관련되었다는 사실을 인지하지 못함으로 인해 당신을 놀라게 한 것이 있다면 무엇입니까?

8. 당신 자신이나 타인, 하나님에 대해 손쉽게 인지하는 것은 무엇입니까?

9. 자발성과 의도성이 당신의 개성, 하나님과의 관계, 타인과의 관계, 당신 자신과의 관계에서 어떤 방식으로 발현됩니까?

10. 아래 연령 때의 당신의 모습을 잘 드러내는 단어의 목록을 만들어 보십시오. 당신의 현재 나이를 초과한 경우에는 스스로 기대하는 미래의 모습을 상상하면서 단어의 목록을 만들어 보는 것도 흥미로울 것입니다.

5세

10세

15세

20대

30대

40대

50대

60대

70대

80대

90대

100세

11. 어떤 점에서 당신의 성은 선물입니까?

12. 당신 자신이나 타인의 성과 관련하여 당신은 어느 정도 편안해 합니까?

13. 성에 대한 질문들 중에서 당신의 기도 제목이나 영성지도에서 다룰 주제
  가 될 수 있다고 느끼는 것은 무엇입니까?

제6장

# 영성지도자 선택하기

교회 자체가 영성지도자이다. 교회는 당신의 이야기를 하나님의 이야기에 연결시킨다. 이 공동체의 일원이 된다는 것은 그 연결을 맺도록 당신이 지도되며, 인도되며, 요청된다는 것을 의미한다.

성경은 영성지도자이다. 사람은 성경을 반드시 자신들을 위한 말씀으로 읽어야 하며, 성경을 통해 하나님께서 자신들에 말씀하시기를 요청해야 한다.

마지막으로, 크리스천 개인들이 영성지도자들이다. 영성지도자는 교회와 성경의 가르침을 실행하는 크리스천 남성과 여성으로서, 당신이 기꺼이 하나님 안에서의 당신의 삶을 나누는 사람들이다.

헨리 나우웬[1]

이와 같이 좋은 나무마다 아름다운 열매를 맺고 못된 나무가 나쁜 열매를 맺나니 좋은 나무가 나쁜 열매를 맺을 수 없고 못된 나무가 아름다운 열매를 맺을 수 없느니라…이러므로 그의 열매로 그들을 알리라.

마태복음 7:17-18, 20

---

1) Henri Nouwen, "Hearing God's Voice and Obeying: A Dialogue with Richard Foster and Henri Nouwen," *Leadership* (Winter 1982): 7.

사람은 어떻게 자신의 영성지도자를 선택하는가? 여러 가지 면에서, 그것은 당신이 상담가나 멘토, 친구를 선택하는 것과 유사하다. 언제나 우리는 의미 있는 관계를 추구한다. 우리는 의도적이 될 필요가 있다. 우리가 영성지도자를 찾을 때, 우리의 생각을 부드럽게 멈추고 하나님의 생각을 인지할 기회를 얻는다. 우리들을 영성지도로 이끄시는 분은 성령이시다. 영성지도자의 임무는 피지도자와 함께 분별하는 것이다. 기도는 우리의 탐구에 가장 필수적인 것이다.

어떤 때에는 하나님께서 우리의 기도에 즉각적으로 응답하신다. 이 경우, 탐구와 계획과 행동을 위해 우리 편에서 들인 노력은 거의 없다. 또 다른 경우에는 하나님께서 영성지도에 필요한 준비의 과정을 겪도록 인도하신다. 이러한 준비의 과정은 영성지도에서 다룰 우리의 주제와 바람들을 분명하게 해준다. 어떤 형태의 준비 과정이 전개되든, 우리의 본질적 질문은 "영성지도에 대해 성령께서 내게 무슨 말씀을 하시며, 내가 취해야 할 다음 발걸음은 무엇인가?"이다.

모든 사람은 재능과 한계를 지니고 있다. 영성지도자를 구할 때 우리는 기도해야 하며, 어떤 자질을 지닌 영성지도자가 우리에게 필요한지를 숙고해야 한다. 그리고 영성지도자의 신학적 배경과 이해와 해석을 고려해야 한다. 우리는 다음과 같은 질문을 해봄으로써 다양한 개념들에 대한 우리의 생각이 무엇인지를 알 필요가 있다. 하나님은 누구시며, 어떤 분과 같은 분이신가? 사람은 하나님을 어떻게 경험하는가? 사람들이 하나님의 형상을 따라 창조되었다는 성경의 가르침이 의미하는 바는 무엇인가? 죄의 영향은 무엇인가? 성경의 역할은 무엇인가? 기도란 무엇인가? 무엇이 하나님과의 관계를 깊게 할 수 있는 기회를 제공하는가?

또한 영성지도를 통해 우리가 희망하는 것이 무엇인지, 그리고 영성지도자의 기도와 신앙이 우리에게 어떤 영향을 미칠 것인지에 관해 기도하며 숙고할 필요가 있다. 영성지도자와 우리의 배경은 무엇인가? 어느 정도의 유사성이 우리에게 편안한 느낌을 가져다줄 수 있겠는가? 어느 정도의 상이성이 우리에게 유익과 도전을 제공할 수 있겠는가? 영성지도자로 평신도를 선택해야 하는가, 아니면 목회자를 선택해야 하는가? 남자여야 하나, 여자여야 하나? 교단은 같아야 하나, 달라야 하나? 같은 교회에서 찾아야 하는가? 아니면 다른 교회에서 찾아야 하는가?

이러한 질문을 하는 사람들이 많은 것은 아니다. 그들에겐 타이밍이 중요하다. 영성지도는 그 다음에 따라오는 자연스런 발걸음이 될 것이다. 사람들이 끝없는 질문을 가지고 있을 때, 아마도 그것은 그들이 지나치게 염려하고 있거나 준비되지 않은 영역으로 스스로를 밀어 넣고 있음을 시사한다. 그러나 다른 경우에, 질문의 제기는 중요하며 도움이 되는 일이다. 질문의 제기는 알지 못하는 영역을 새롭게 배우는 초기 단계의 특징이기 때문이다.

탐(Tom)은 자신이 다니는 교회의 교우들 중 한 사람과 대화를 나누고 싶어 한다. 왜냐하면 그는 그들의 신학적 언어와 해석이 자신의 것과 유사하다고 생각하기 때문이다. 짐(Jim)은 자기 교회 교우가 아닌 다른 사람과 대화하기를 원한다. 그 자신이 처한 환경과 주변 사람을 아는 것에 의해 영향 받지 않은 사람이 더욱 신뢰할 만하다고 그는 생각한다.

우리가 선택한 영성지도자와 관련하여 장점과 단점이 공존한다. 이 장에서는 영성지도자를 선택할 때 구체적으로 고려해야 할 사항을 다루어 보겠다.

# 유사점과 차이점들

만일 우리와 매우 유사한 영성지도자를 선택한다면, 우리는 즉각적으로 수용과, 인정받음, 이해받음의 느낌을 갖게 된다. 이러한 선택은 영성지도 자체를 보다 편안하게 만들어 준다. 그러나 역설적으로 영성지도자가 우리와 너무 유사하다며, 우리는 모든 것이 벌거벗겨진 것처럼 느끼게 된다. 때때로 그런 영성지도자는 우리가 말하기도 전에 직관으로 우리의 생각을 알아차린다. 우리와 매우 유사하다면, 의미 있는 대화를 많이 할 수 있는 가능성을 갖게 될 것이다. 그러나 그러한 상황 또한 우리의 관심을 하나님을 청종하는 것으로부터 벗어나게 하기 쉽다. 영성지도자는 하나님께 의존하는 대신에 최선의 조언을 해 주려는 유혹을 받기 쉽다. 뿐만 아니라 유사성으로 인해, 공동으로 지니고 있는 맹점을 알아차리기가 쉽지 않게 된다.

반면에 서로가 너무 다르다면, 그것은 서로의 말을 정확하게 듣고 이해하는 우리의 능력에 영향을 미칠 수 있다. 나 자신에게 명확한 것이 타인에게도 항상 명확하다고 말할 수 없다. 언어는 미묘한 것이다. 같은 단어라도 듣는 사람에 따라 다른 의미, 암시, 기대로 이해될 수 있다.

이러한 현상은 단지 신학적 언어에만 해당되지 않는다. 말이 많든지 적든지 간에, 우리의 일반적 언어 사용과 사용하는 단어의 범위는 우리의 단어 선택 방식과 타인의 말을 해석하는 방식에 영향을 미친다. 나는 지금 영성지도에서만 벌어지는 상황을 언급한 것이 아니다. 우리의 일반적인 대화에 관해 말하고 있는 것이다. 영성지도자나 피지도자가 상대방의 단어 사용 범위를 넘어선 단어들을 사용한다면, 그 상대방은 주눅이 들 것이다. 이것은 그들이 하나님께 귀 기울이는 것을 방해할 수 있다.

우리는 방어적이 되거나 상대방이 의미하는 바를 이해하기 위해 고군분

투하는, 그런 영성지도의 관계를 원치 않는다. 우리는 존경하고 인정할 수 있는 영성지도자와 관계를 맺기 원한다. 그러한 영성지도자와의 관계 안에서, 쉼을 누릴 수 있게 된다. 왜냐하면 그러한 관계 안에서만 타인이 우리의 하나님과의 관계를 지지해 주고 우리의 신앙과 경험의 고유함을 인정해 준다는 확신을 지닐 수 있기 때문이다.

어떠한 두 사람이든지, 그들 사이에는 자연적으로 다른 점이 있을 수밖에 없다. 두 사람이 만든 관계의 독특성은 영성지도에서 다루는 주제와 관찰 대상에 영향을 미친다. 여기서 중요한 점은 두 경우의 차이를 구별하는 것이다. 하나는 두 사람 사이의 다름이 진실을 말하기 어렵게 만드는 경우이고, 다른 하나는 비록 다르지만 타인의 개방성을 믿을 수 있는 경우이다. 다시 말하면, 타인 또한 성령의 인도하심에 열린 마음을 지니고 있다는 것을 믿을 수 있는 경우이다. 우리가 자신에게 적합한 영성지도자를 선택하기 위해서는, 어떤 종류와 어느 정도의 유사점과 차이점이 필요한지를 알 수 있도록 기도할 필요가 있다.

우리는 특정한 영성지도자에게 호감을 갖게 만드는 요소들이 무엇인지를 지적할 수 있다. 혹은 특정한 영성지도자에 대해 아는 것은 별로 없지만, 하나님께서 그와 함께 영성지도를 하도록 요청하신다는 느낌을 지닐 수도 있다. 특정한 영성지도자가 우리에게 적합한 이유를 알든지 모르든지 관계없이, 하나님께서는 예기치 않은 놀라운 일들을 통해 우리의 기도와 믿음과 섬김의 삶을 격려하며 심화시키신다.

샐리(Sally)는 화요일 여성 성경공부 반을 인도하고 있는 새라(Sarah)에게 자신의 영성지도자가 되어 달라고 부탁하려고 생각하고 있다. 샐리는 새라의 성경 접근법을 좋게 생각한다. 그리고 그녀는 새라가 성경연구의 경험을 가지고 있으며, 성경을 통해 기도하는 것에 대해 관심을 가지고 있다는 것을 알고 있다. 샐리는 성경연구와 성경을 통해 기도하는 것에 매력을 느낀다. 그녀는 또한 새라가 믿음을 부드럽고 실제적으로 표현하는 것과 모든 사람을 위한 하나님의 사랑을 깊이 인식하고 있는 것에 호감을 느끼고 있다.

존(John)은 자기와는 상당히 다른 이에게 영성지도자가 되어 달라고 요청하는 것에 대해 기도하고 있다. 존은 스스로를 지나친 외향주의자라고 부른다. 그는 균형을 잡기 원한다. 그는 수년 동안 침묵기도의 생활을 해온 어떤 사람에게 이끌림을 느낀다. 왜냐하면 그는 자신의 고요한 측면을 일깨우고 싶어 하기 때문이다. 그는 하나님께서 지금 자신을 그 영역으로 초청하고 계신다고 생각한다. 존은 수년 전에는 이러한 영역에 조금도 관심이 없었으나, 지금은 침묵 명상과 성찰의 수련을 해보고 싶다고 말한다.

영성지도에서 두 사람 사이의 관계의 건강성은 하나님께서 요청하시는 것이면 무엇이든지 말할 수 있는 자유로움에 달려 있다. 둘 중 어느 한 사람이라도 억압된 느낌을 갖는다면, 참된 만남과 성장의 가능성은 방해를 받게 될 것이다. 이것은 개인적인 실패, 죄악, 부족함을 이야기할 때 스스로 과묵해지는 자연스러운 현상을 지칭하는 것이 아니다. 또한 친밀한 은혜의 경험을 이야기할 때 말이 적어지는 것을 의미하지 않는다. 이러한 주제들을 이야기할 때는 자연스럽게 주저함이 생긴다. 동시에 가장 성스러운 하나님 경험의 순간에 대해 항상 이야기해야 하는 것은 아니다. 영성지도에 참여해 감에 따라, 우리는 대화를 인도하시는 성령의 활동을 존중하는 법을 배운다. 때때로 우리는 자신의 경험을 하나님 이외의 다른 사람에게 말하는 것이 적절하지 않다고 느낄 수 있다. 아주 친밀한 사랑의 관계처럼, 어떤 것은 타인에게 드러내지 않은 채 소중히 마음에 품어 두기를 우리는 원한다.

사람마다 편안하게 생각하는 유사성과 상이성의 정도가 다르다. 어떤 사람은 상이성에서 오는 도전을 즐거워하는 반면, 또 다른 사람은 자신과 유사한 성격을 지닌 사람들에게서 더욱 안전함을 느낀다. 따라서 영성지도자를 선택할 때, 우리의 선호도를 인식하고 존중하면서 그것에 관해 기도하는 것이 적절하다.

## 신학적 고려 사항

모든 사람은 하나님과 인간에 대해 참된 인식, 부분적으로 참된 인식, 그릇된 인식으로 결합된 형태의 인식을 지니고 있다. 하나님과 인간에 대한 인식을 신학적 인식이라고 말할 수 있다. 우리의 인식들 중 더러는 어린 시절에 형성된 것이다. 최근에 면밀하게 검토하지 않은 연유로, 우리가 붙잡고 있는 인식들도 있다. 만일 면밀하게 검토한다면 우리는 그 인식들이 참되다고 확신하지 못할 것이다. 그러나 우리의 인식들 중에는 연구해봄으로 인해 참되다고 확신하게 된 인식들도 있다. 신학적인 생각을 검토해 보는 것은 영적 여정의 특정한 단계들에서 보다 중요하게 간주된다. 하나님의 영이 이러한 신학적인 고려 사항을 전면에 떠오르게 하실 것이다. 그러므로 우리의 신학적 입장과 조화되는 입장을 지닌 영성지도자를 선택하는 것이 현명하다.

영성지도의 만남은 신학적 논쟁으로 변질되지 않아야 한다. 피지도자가 참되다고 믿는 영역 밖으로 피지도자를 몰아가지 말아야 한다. 그러나 때때로 하나님께서는 사람들의 관점에 도전을 하시고, 그들의 시야를 넓히신다. 피지도자가 신학적인 것과 관련하여 무언가 삐걱거림을 느끼는 때를 알아차리는 것이 중요하다. 피지도자들은 이 문제에 대해 기도할 필요가 있으며, 자신들이 하나님께서 원치 않으시는 방향으로 나아가고 있는지와 하나님께서 하나님 자신과 하나님께서 주신 새로운 것을 배우도록 초청하고 계시는지를 분별할 수 있는 은총을 구해야 한다.

## 성별 고려 사항

영성지도를 배우고, 가르치고, 실행하고 있는 사람은 동일한 성별로 구성된 그룹이나 다른 성별이 혼합된 그룹에서 영성지도를 하는 것에 관해 다양한 견해를 피력한다. 두 가지 중 어떠한 경우든, 그곳에는 특별한 은총과 도전이 공존한다. 영성지도를 고려하고 있는 사람은 성별에 관계없이 하나님께서 허락한 사람이면 그 누구와도 기꺼이 함께 일하겠다는 마음가짐이 필요하다.

하나님의 사랑을 감지하여 응답할 수 있는 우리의 능력이 성장해 갈 때, 깊어진 하나님과의 친밀성은 모든 인간관계, 즉 부부관계, 친구관계, 영성지도의 관계에 영향을 미치지 않을 수 없다. 비록 우리가 하나님과 이웃을 내 몸과 같이 사랑하고자 할지라도, 마음과 경계선을 확장시키는 사랑은 아름다우면서도 동시에 우리를 불안하게 만드는 것이다. 열린 마음으로 영적인 것을 나누는 것은 의미 깊은 상호의존적인 우정의 관계를 형성시킨다. 영적 친밀함과 성적 친밀함은 동성이나 이성의 관계에서 상호 혼동될 수 있다. 우리 자신이나 상대방이 적절한 경계선을 그을 수 있는 신뢰할 만한 사람인지의 여부, 적절한 경계가 지켜지는 책임성 있는 우정의 관계를 맺을 수 있다는 판단이 정확한지의 여부를 우리는 알 수 없다. 우리는 아무것도 느껴지지 않는 때보다 즉각적으로 매력이 느껴지는 때에 보다 조심하는 경향이 있다. 그러나 어느 때든지 오직 하나님만을 의지하며, 기도로 깨어 있는 것이 현명하다.

피정 상황에서 진행된 어느 영성지도의 대화에 귀를 기울여 보자. 그 사람은 하루 동안 피정하면서, 앞으로 영성지도를 받는 문제에 관해 생각하고자 했다. 그가 피정 센터에 도착했을 때 센터 담당자는 그에게 영성지도자와 대화하기를 원하는지 물었다. 그는 여기서 영성지도자와 한 번 만나 보는 것이 자신의 결정에 도움이 되리라 생각했다. 그는 지금 수녀인 영성지도자와 만나고 있다.

**피지도자:** 이것은 나에게 새로운 경험입니다. 저는 개신교인입니다. 영성지도는 이번이 처음입니다.

**지도자:** 그렇군요. 잠시 함께 침묵기도를 드림으로 시작할까요? 탁자 위에 있는 초에 불을 켜겠습니다. 이 촛불은 우리에게 그리스도의 빛과 성령의 임재를 상기시키며, 이 시간 우리 자신을 하나님께 드리도록 초청하고 있습니다. 잠시 침묵기도를 드린 후, 말씀하고 싶은 것을 이야기하십시오.

그녀는 촛불을 켜고, 그들은 조용히 기도한다. 피지도자는 안정된 마음으로 하나님께 도움을 구한다. 그는 몇 차례 천천히 심호흡을 하고 난 후 눈을 떴다.

**피지도자:** 어디서부터 시작할까요? 영성지도자를 선택하는 것에 관해 이야기하고 싶습니다. 나는 지금 영성지도자를 찾고 있습니다. 이것이 바로 오늘 피정 센터에 온 이유이기도 합니다. 성령께서 이렇게 하도록 초청하고 계시다는 것을 느꼈습니다. 나는 성경을 읽고, 영성일지를 기록하고, 친구들과 함께 영적인 대화를 나누어오고 있습니다. 나는 지금 내가 원하는 것을 하고 있다는 만족감을 가지고 있으며, 하나님께서 앞으로 더 나아가도록 요구하

고 계시다는 것을 느끼는 지점에 서 있습니다.

**지도자:** 영성지도를 받는 것이 새롭고 흥미롭게 보이기 때문에 원하는 것이 아니라 그것이 하나님의 뜻이라고 생각하게끔 만드는 어떤 경험이 있었습니까?

**피지도자:** 나 스스로에게도 그 질문을 해보았습니다. 나는 새로운 영적 조류에 편승하기를 좋아합니다. 그래서 많은 것을 시도해보았습니다. 사실 내가 속한 그룹에서, 피정 센터에 와서 조용히 하나님과 함께 시간을 보낸 사람은 제가 처음입니다.

**지도자:** 피정을 해보니 어떻습니까?

**피지도자:** 상당히 놀랍습니다. 내 아내가 5년 동안이나 제게 피정을 하도록 권했습니다. 아마 아내에겐 무척 좋은 경험이었나 봅니다. 그러나 나는 재미없고, 시간 낭비라고 느껴졌습니다. 그러나 실제 해보니 정반대군요. 지난 6개월 동안 저는 이곳에 세 번 왔었습니다. 오늘은 하루 피정을 왔습니다. 정문을 통과할 때, 내가 하고 있는 모든 일들이 떠올랐습니다. 처음 두 시간 정도는 마음이 분주했습니다. 처음에는 이곳에 옴으로 인해 내가 마치지 못할 일들에 대한 염려가 떠올랐습니다. 보다 유용한 일을 해야 한다고 느껴졌습니다. 그러나 이러저러한 생각들이 흘러가도록 기다렸습니다. 그러자 안정된 마음을 갖게 되었습니다. 나는 밖으로 나가 산책을 했습니다. 성경책과 영성일지를 가지고 나갔습니다. 나는 온종일 하나님과 함께 대화를 나누었고, 때때로 하나님의 말씀을 경청하려고 노력했습니다. 하루가 끝나갈 무렵 나의 시각이 바뀌게 된 것에 놀랐습니다. 마치 많은 염려를 흘려보낸 것 같은 느낌이었습니다. 나는 새로운 마음으로 분주한 일생생활로 되돌아갑니다. 내가 왜 그리고 무엇을 하고 있는지, 어떻게 하나님께서 이 모든 것 가운데 계시는지에 관해 보다 분명한 인식을 지니고 되돌아갑니다. 지금 기도하

는 한 가지는 하나님께서 영성지도자로 남성과 여성 중 누구를 선택하기를 원하시는지에 관한 것입니다. 나는 양자를 선택했을 때의 장단점을 기록해 보았습니다. 그러나 아직 결정을 내리지 못했습니다.

**지도자**: 하나님께서는 이 일에 어떻게 관여하고 계신 것 같습니까?

**피지도자**: 그걸 잘 모르겠습니다. 그러나 지금 그것이 가장 중요한 일은 아닌 것 같습니다. 사실 내가 영성지도를 시작할 때, 그것은 하나님께 아무런 문제도 되지 않을 거라고 생각됩니다.

**지도자**: 왜 그렇게 생각하십니까?

**피지도자**: 잘 모르겠습니다. 그러나 영성지도에서 내가 원하는 것 중 가장 중요한 것은 나의 기도를 도울 수 있는 사람을 만나는 것이라고 하나님께 말씀드렸기 때문인지도 모르겠습니다. 내 기도는 변화하고 있고, 어디로 가고 있는지 잘 모르겠습니다. 예전에는 긴 기도 목록을 지니고 기도했고, 기도에 대해 잘 훈련되어 있었습니다. 그러나 이런 방식의 기도들이 점점 힘을 잃어 가는 것 같습니다. 나는 지금 어떻게 기도해야 하는지에 관해 질문하고 있습니다.

**지도자**: 그래서 당신은 실제로 하나님께 남자이든 여자이든 상관없이 당신의 기도를 도울 수 있는 사람이 분명하다면 그 누구도 만족한다고 말씀드렸군요.

**피지도자**: 그렇습니다.

**지도자**: 내게는 당신이 자유를 경험하고 있는 것처럼 들리는군요. 성령의 음성을 듣고 따르는 자유 말이에요. 비록 양자의 장단점을 따져 보았지만, 하나님께서 이끄시는 방식이면 무엇이든지 기꺼이 따르겠다는 마음을 가지고 계시는군요. 당신은 남성이나 여성의 영성지도자를 선택하는 것에 관한 다양한 의견들을 알고 있지만, 그럼에도 하나님의 인도하심에 따르겠다는

열린 마음을 지니고 있는 것 같군요. 당신은 하나님께서 어떻게 인도하시는 지를 경청하기 위해 지금 기다리고 있는 것처럼 들립니다. 그것은 은총으로 여겨집니다. 당신이 그 가능성을 아무리 많이 숙고한다 할지라도 당신 스스로 창출할 수 없는 어떤 것, 그것은 은총이지요.

영성지도를 받으려는 우리의 동기와 영성지도로 초대하시는 하나님의 의도라는 관점에서 특정한 영성지도자를 선택하려는 이유들을 검토할 필요가 있다. 때때로 하나님과의 관계, 타인과의 관계, 그리고 우리의 기도생활에 지대한 영향을 미칠 수 있는 동성이나 이성과의 문제가 있을 수 있다.

어떤 성별의 영성지도자를 선택할 것인가를 놓고 기도하는 것은 좋은 일이다. 우리가 외로움을 느끼거나 혹은 성적으로 친밀한 관계를 추구하고 있다면, 그것에 관해 하나님과 정직한 대화를 할 필요가 있다. 그리고 영성지도를 받으려 하는 우리의 동기를 기도하는 마음으로 성찰할 때, 어떤 생각이 떠오르는지를 주목할 필요가 있다. 참으로 중요한 것은 보이지 않을 수 있다. 그래서 하나님의 보호하심과 인도하심을 간구하는 것이 지혜로운 일이다. 하나님의 음성을 청종하려는 우리의 의도가 성적인 욕구에 의해 변질될 위험이 없는 영성지도자를 선택하기 위해 기도할 필요가 있다.

동성의 영성지도자에게 영성지도를 받는 것이 더 좋을 때가 있고, 하나님께서 이성의 영성지도자에게로 이끄실 때가 있으며, 양성의 영성지도자 모두가 적절한 때가 있다. 우리가 하나님의 음성을 청종할 때, 이성의 영성지도자는 우리가 본 것과는 다른 면을 봄으로써 도전을 줄 수 있다. 그들은 또한 우리를 다른 방식으로 권면할 수 있다. 그러나 동성의 영성지도자는 같은 성의 시각으로 하나님, 자아, 세계를 바라볼 것이다.

동성이든 이성이든, 영성지도자를 선택할 때는 기도하면서 결정해야 한다. 그리스도의 몸이 모든 지체들에게 주어진 성령의 은사들로부터 유익함을 얻어야만 하는 것처럼 여성과 남성, 남성과 남성, 여성과 여성은 모두 상호간에 자유롭게 대화하고 경청할 필요가 있으며, 함께 기도하며 주님께 귀 기울일 필요가 있다. 이 책 제15장 "공통적인 어려움의 영역들"은 성과 영성지도에게 관해 보다 깊은 논의를 다루고 있다.

## 영성지도자란 누구인가?

어떤 면에서는 모든 신앙인들이 영성지도자이다. 우리들은 서로가 은총을 발견할 수 있도록, 그리고 각자의 하나님 경험에 따라 행동할 수 있도록 서로를 위해 기도하며 권면한다. 그러나 보다 빈번하게 타인의 기도 부탁과 대화의 요청을 받는 사람들이 있다. 그들은 이미도 점진적으로 하나님께서 타인을 위한 영적 동반자로 자신을 부르고 계심을 감지할 것이다. 그들은 다양한 방식, 즉 교사로, 중보기도자로, 위원회 활동으로, 연설이나 저술활동으로, 자원봉사자를 조직하는 활동으로 신앙공동체를 섬기고 있는 사람들일 것이다.

참된 영성지도의 은사는 하나님께서 영성지도를 요청하는 사람들을 보내주심으로 드러나게 된다. 영성지도의 은사를 지닌 사람일지라도 타인들이 찾아와서 기도와 대화를 요청하기 전까지는 자신의 은사를 발견하지 못할지도 모른다. 그들은 쉽게 영성지도자가 되고자 결심하지 않으며, 자신들이 영성지도자라는 사실도 쉽게 수용하지 않는다. 영성지도자란 자천하여 되는 것이 아니다. 그들은 특정한 사람을 위한 지도자로 자신을 내세우지는 않을 것이다. 그러나 그들이 영적 여정의 동반자가 될 목적으로 자신을 하나님과 타인에게 드리는 것은 적절하다.

　아마도 실제적으로 영성지도자로 활동하고 있는 사람은 많을 것이다. 그러나 그들 중에는 자신을 소개할 때 영성지도자라는 용어를 사용하지 않는 사람도 많다. C. S. 루이스가 바로 그런 사람이다. 그의 가르침, 저서들, 서신들에는 일반적인 충고가 아닌 성령께 주의를 집중하는 것과 관련된 것들로 가득하다. 그가 열 살 먹은 아들을 둔 어머니에게 보낸 편지는 아동에게 적절한 영성지도의 예이다.


　케이 부인께:
　로렌스에게 나의 사랑을 전해 주십시오.
　1) 그가 비록 예수보다 아슬란(Aslan)을 더욱 사랑했을지라도 (그가 실제로는 그럴 수 없는 이유를 잠시 후에 설명하겠습니다), 그는 우상 숭배자가 아니었습니다. 만일 그가 우상 숭배자였다면, 그는 고의적으로 아슬란을 더욱 사랑했을 것입니다. 반면에 그는 아슬란을 더욱 사랑하지 않으려고 노력하지만, 어쩔 수 없이 그럴 수밖에 없기 때문에 아슬란을 더욱 사랑하고 있습니다. 그러나 하나님께서는 우리가 다른 인간이나 사물보다 하나님을 더욱 사랑하는 것이 얼마나 어려운 것인가를 잘 아십니다. 그러므로 우리가 노력하고 있는 한, 하나님은 우리에게 화를 내지 않으십니다. 그리고 우리를 도우실 것입니다.

　2) 그러나 실제로는 로렌스가 예수보다 아슬란을 더욱 사랑할 수 없습니다. 비록 그가 그렇게 하고 있다고 느낀다 할지라도 말이죠. 그가 아슬란을 사랑하는 이유는 아슬란의 행동과 말입니다. 그런데 사실 그 아슬란의 행동과 말은 예수께서 행하셨고 말씀하셨던 것입니다. 고로 로렌스가 아슬란을

사랑하고 있다고 생각할 때, 사실 그는 예수를 사랑하고 있는 것입니다. 아마도 그 어느 때보다도 예수를 더 사랑하고 있는 것입니다. 물론, 아슬란은 예수가 지니지 않았던 한 가지를 지니고 있습니다. 그것은 사자의 몸이지요(그러나 만일 다른 세상이 있다면 그 다른 세상의 존재들도 구원받을 필요가 있다는 것을 기억하십시오. 예수님은 그들의 구원을 위해 그들의 다양한 형태의 몸도 실제로 취하실 것입니다). 만일 로렌스가 사자의 몸이 인간의 몸보다 더 나아 보인다는 이유 때문에 근심한다면, 그는 전혀 근심할 필요가 없다고 생각합니다. 하나님은 어린 소년의 상상력이 어떻게 작용하는지를 잘 알고 계십니다(하나님께서 그 상상력을 만드셨죠). 그리고 하나님께서는 동물들과 친하게 이야기하는 것을 매력적으로 느끼는 연령대가 있다는 것을 잘 알고 계십니다. 그래서 로렌스가 사자 몸을 좋아한다고 해서 하나님께서 그를 싫어하리라 생각하지 않습니다. 어쨌든, 로렌스는 자라면서 사자 몸을 더 좋아하는 느낌이 저절로 사라지게 된다는 것을 알게 될 것입니다. 그리고 그렇게 사라지는 것이 조금도 아쉽지 않다는 것을 말입니다. 따라서 로렌스는 조금도 염려할 것이 없습니다.

3) 내가 로렌스라면, 저는 이렇게 기도했을 것 같습니다. "하나님, 만일 내가 이 책들을 읽고 생각하고 느꼈던 것이 당신께서 좋아하시지 않는 것이고, 내게도 좋지 않는 것이라면 하나님께서 이러한 감정과 생각을 제거해 주십시오. 그러나 만일 그것들이 나쁘지 않다면, 그것들에 관해 염려하는 것을 그치게 해 주십시오. 그리고 감정이나 상상력을 넘어서 당신을 매일 더욱 사랑할 수 있도록 도와주십시오. 하나님께서 원하시는 것을 행하고, 당신을 더욱 닮아가기 원합니다." 이것이 바로 로렌스가 스스로 말해야 하는 기도의 내용입니다. 그리고 만일 로렌스가 다음의 기도를 첨가해 준다며, 그것은 참

으로 친절하고 기독교인다운 일일 것입니다. "하나님, 루이스 씨가 자신의 책으로 인해 다른 아이들도 같은 어려움을 겪지 않을까 염려하거나 다른 아이들에게 해를 끼쳤다면, 루이스 씨를 용서해 주시고 그가 다시는 그러지 않도록 도와주세요."

제 조언이 도움이 되었으면 좋겠습니다. 이러한 어려움을 끼쳐 드려 정말 죄송합니다. 이 편지로 인해 로렌스에게 어떤 변화가 생겼는지, 답장을 써주시면 참으로 감사하겠습니다. 물론 그를 위해 매일 기도하겠습니다. 로렌스는 대단한 아이임에 틀림없습니다. 그 아이가 성인이 될 가능성이 있다는 것을 염두에 두시길 바랍니다. 감히 말하건대, 성인의 어머니들은 어떤 면에서 힘든 시간을 보낼 수 있습니다.

C. S. 루이스 드림[2]

보통 영성지도자와 피지도자는 서로를 잘 알고, 얼굴을 대면하여 만난다. 그러나 루이스가 1950년부터 1963년까지 한 미국인 여성에게 보낸 편지들은 서로 만나지 못한 두 사람 사이에 행해진 영성지도의 편지들이다. 이 편지들은 『한 미국인 부인에게 보낸 편지들』(Letters to an American Lady)이란 제목으로 출판되었다. 루이스 사후에 출판된 기도에 관한 책인, 『맬콤에게 보낸 편지들』(Letters to Malcom)은 영성지도의 내용으로 가득하다. 이 책들을 읽은 사람들 중에는, 그 편지들이 자신에게 쓴 것이 아님에도 불구하고 영적

---

2) Lyle Dorsett and Marjorie Lamp Mead, *C. S. Lewis' Letters to Children* (New York: Touchstone, 1985), 52-53.

안내에 도움을 받은 이들이 아주 많다. 그것은 영적 조언을 담은 편지라기보다는 독자로 하여금 하나님의 인도하심을 인지하여 응답하도록 도와주는 영적 문서들이다.[3] 나를 포함하여 수많은 사람들이 자신을 먼 거리에서 C. S. 루이스에게 영성지도를 받는 피지도자로 간주할 것이다.

내가 일대일 영성지도를 받고자 생각했을 때, 어떤 자질을 갖춘 영성지도자가 내게 적합한 지도자일까를 숙고했다. 영성지도를 받고자 하는 대부분의 사람들이 동일한 숙고를 할 것이다. 아래 제시된 설명들은 내게 적합한 영성지도자의 자질을 검토하는 데 유용한 출발점이 될 수 있다. 그러나 반드시 기억해야 할 것은, 영성지도자들 역시 하나님께서 특정한 사역을 위해 사용하시는 보통 인간이라는 사실이다. 우리가 아래에 언급한 자질들을 모두 갖춘 사람을 만나길 기대한다면, 그것은 비현실적이다. 아래에 언급된 자질들을 읽을 때, 어떤 자질들이 더욱 중요한 것으로 느껴지는지를 확인해 보라.

하나님에 관하여 기독교 영성지도자들은:

1) 삼위일체 하나님을 믿고 구하며, 삼위일체 하나님과의 사랑/믿음의 관계를 끊임없이 심화하고자 노력한다.

2) 신앙을 위해 하나님께서 주신 성경을 사랑하며, 성경의 원리들에 따라 살아가고자 노력한다.

3) 하나님이 지식, 진리, 사랑의 최고의 근원이라는 사실과 영성지도자는

---

3) Edward C. Sellner, Mentoring: *The Ministry of Spiritual Kinship* (Notre Dame, Ind.: Ave Maria Press, 1990), 2장 "C. S. Lewis as Spiritual Mentor."

그러한 속성의 전달자가 될 수 있다는 사실을 안다.

4) 성령의 임재를 인식하길 원하며, 성령의 임재에 열려 있기를 원한다. 하나님께 귀 기울이는 자신만의 독특한 관상적 방식을 개발하고자 힘쓰며, 현실을 절대로 영적인 것과 비영적인 것으로 이분화하지 않는다.

5) 피지도자 안에서, 자신 안에서, 영성지도의 과정 안에서, 외적인 경험과 행동들 안에서 활동하시는 성령을 신뢰하기 원한다.

6) 하나님께서는 인간을 하나님과의 사랑의 관계 안으로 초대하고 계시다는 사실과 하나님과 관계를 맺기 원하는 사람들을 인도하신다는 사실을 확신한다.

7) 성령께서 사람들로 하여금 하나님의 주도적 초대를 소망하도록, 그리고 그 초대에 응답하도록 은총을 주신다는 사실을 믿는다.

8) 영성지도를 통해 하나님의 도구로 쓰임 받음을 기뻐하며, 영성지도의 좋은 열매들을 하나님의 공으로 돌려 드린다.

인간으로서 영성지도자들은:

1) 기도의 사람들이다. 기도를 통해 하나님과의 관계를 더욱 발전시키고자 애쓴다. 그들은 개인기도, 성경공부, 봉사, 신앙공동체 활동, 영성지도에 참여한다. 영성지도자들 또한 계속해서 영성지도를 받는다. 그들은 지속적으로 하나님을 청종함으로 그리스도처럼 되기를 소망한다.

2) 영성지도의 시간 외에도 하나님과의 관계에 충분한 주의를 기울인다. 이는 피지도자를 위해 영성지도 시간에 하나님과 피지도자에게 더욱 예민하게 주의를 집중하기 위한 것이다.

3) 영성지도의 시간에 자신의 것을 내려놓을 수 있는 능력을 가지고 있다. 하나님과 피지도자에게 온전히 주의를 집중하기 위하여 자신의 경험에 대해 이야기하고자 하는 욕구를 흘려보낼 줄 안다. 그들은 자신의 문제

가 피지도자의 문제와 섞이지 않도록 주의한다.

4) 하나님의 말씀을 경청하여 따르길 원하는 사람들과 동행하도록 성령의 부르심과 은사를 받은 사람들이다. 이 성령의 부르심은 타인들이 영성생활, 기도, 분별에 관해 대화를 하기 위해 자신을 찾아오는 것으로 확인될 수 있다.

5) 자신의 은사뿐 아니라, 자신이 불완전한 인간으로서 하나님의 은총을 필요로 하는 존재라는 것을 알고 있다. 그들은 기꺼이 자신의 연약성을 드러내며, 하나님의 계속적인 도움을 요청한다.

6) 영성지도자로서의 책임성을 구현할 수 있는 적절한 수단들을 구비하려고 노력하며, 감독을 받는다.

7) 일상적인 인생살이의 혼란, 슬픔, 기쁨을 통하여 하나님의 은총을 경험할 정도로 적절한 연령을 지닌 사람들이다. 어떤 사람은 자신보다 연령이 높은 영성지도자를 선호한다. 그러나 또 다른 사람은 영성지도자의 기도생활, 경험들, 특정한 영역에서의 성숙도를 더 중요하게 생각하여 연령을 비중 있게 고려하지 않는다.

8) 유머 감각을 가지고 있다. 사람들이 자신의 영성생활에 대해 지나치게 심각해 있거나 진지해 있을 때, 그들은 하나님을 향해 열려 있기보다 자신들 안에 갇혀 있기 쉽다. 이럴 때, 유머 감각이 도움이 된다. 때때로 삶이 지나치게 당혹스럽거나 말도 되지 않는다고 느낄 때, 웃음이란 참신한 마음을 갖도록 도와준다. 영성지도자가 웃음으로 초대하는 하나님을 향해 열린 신뢰를 갖는 것은 대단히 중요하다.

**영성지도의 진행에 관하여, 기독교 영성지도자들은:**

1) 각 개인이 자신에게 적합한 방식으로, 그리고 성경에 부합된 방식으로

성장하는 것에 대해 열성적이다. 그들은 모든 사람이 반드시 따라야 하는 고정된 패턴을 신봉하지 않는다. 그들은 하나님의 피조물인 각 개인의 독특함과 고유함을 존중한다. 그들은 피지도자들 안에서 역사하시는 성령과 협력하기를 소망한다.

2) 하나님의 의도를 분별함으로써 결정을 내리도록 피지도자를 격려하고 돕는다.

3) 영성지도의 관계를 맺는 데 있어, 성령의 인도하심을 의지한다. 그들은 자신과 피지도자에 의해 설정된 진행일정에 따라 인도되기보다는 하나님께 귀 기울이기를 원한다.

4) 사람들을 포용하며, 돌보며, 지지할 줄 안다. 영성지도자들은 복음을 이야기할 줄 알며, 모든 사람들에게 주어진 그리스도의 용서와 회복의 삶을 선포할 줄 안다.

5) 피지도자가 기도, 연구, 훈련, 봉사의 영역에서 주어지는 특정한 기회들을 사용할 준비가 되어 있는지를 분별한다.

6) 하나님께 충분한 토대를 두고 있음으로 말미암아, 사랑의 마음으로 자유롭게 진리를 말할 수 있다. 영성지도자들은 주제의 내용에 의해 위협을 느끼지 않는 채 어떤 주제든지 경청할 수 있으며, 피지도자와 함께 기도하면서 그 주제에 응답할 수 있다.

7) 피지도자가 매우 강한 부정적 혹은 긍정적 경험이나 영성지도자 자신에게 익숙하지 않은 경험을 이야기할 때, 자신들 또한 때때로 성령께 경청하는 것으로부터 벗어날 수 있다는 것을 알고 있다.

8) 비밀 보장을 철저하게 존중하며, 하나님과의 개인적 관계를 솔직하게 말하는 피지도자의 용기와 열린 마음을 존경하며 소중하게 여긴다.

9) 그리스도의 사랑으로 피지도자를 사랑하고자 원한다. 이러한 사랑의 마음으로 피지도자를 향해 책임감을 느끼며, 영성지도에 대하여 피지도

자와 함께 책임감을 느낀다. 영성지도자는 피지도자의 웰빙과 성숙에 관하여 하나님 앞에서 책임감을 지니기 때문에 때때로 상담이나 의료적 진단을 받도록 피지도자를 이첩할 수 있으며, 다른 영성지도자를 만나 도록 도와줄 수 있다.

이 모든 자질들을 같은 분량으로 소유하고 있는 영성지도자는 아무도 없다. 피지도자는 기도하면서 어떤 자질들이 자신에게 중요한 것인가를 생각해 보아야 한다. 어떤 사람은 자신의 영성지도자가 갖추었으면 하고 바라는 자질들을 영성일지에 기록하기도 한다. 일지에 기록하는 것이 자신의 생각을 하나님과 자신 앞에 분명하게 드러내는 방법이기 때문이다. 그리고 기록한 자질들을 놓고 며칠 혹은 몇 주간 동안 기도하면서, 자연스럽게 특정한 자질들을 향한 바람이 커지거나 작아지게 되는 것을 살펴본다.

관계에 대하여 우리들이 갖는 바람들 중에서 어떤 것은 건강하며 적절한 것이다. 그러나 어떤 것은 하나님께서 우리를 부르시는 방식을 통제하려는, 또는 하나님께서 부르신 길로 너무 깊이 들어가지 않도록 자신을 보호하려는 우리의 의도를 시사한다. 성찰해보면, 우리는 완벽한 사람, 우리의 문제를 간단하게 처리해 주는 사람을 찾고 있다는 것을 알 수 있다. 그러나 영성지도의 목적은 하나님께서 직접 우리를 지도하시고, 인도하시고, 가르치시도록 허락할 정도로 자유롭게 되는 것이다. 누군가에게 영성지도자가 되어 달라고 부탁해야겠다는 생각이 든다면, 바로 그 때가 그 사람과 논의를 시작해야 할 시점이다. 때때로 우리에게 첫 번째 떠오른 그 사람이 자신에게 딱 맞는 영성지도자로 판명되는 수도 있고, 그렇지 않은 경우도 있다.

# 영성지도자가 되기 위한 준비

제1장, "영성지도란 무엇인가?"에서 언급한 것처럼, 하나님의 부르심과 은사를 받아 영성지도의 사역을 담당하는 영성지도자의 가장 중요한 스승은 성령님이다. 영성지도자 중에는 영성지도에 관한 정식 교육을 받은 사람도 있지만 모든 영성지도자들이 그런 것은 아니다. 미국에는 영성지도자를 양성하는 교육 프로그램이 많이 있다. 단기 혹은 장기 교육 프로그램에 따라 공부함으로써, 자격증이나 석사학위를 받을 수 있다. 신뢰할 만한 프로그램들은 학문적인 영역과 경험적인 영역을 모두 포함하고 있다.

바람직하게도, 이러한 교육 프로그램에 입학허가를 받은 사람은 영성지도를 받고 있는 피지도자들이거나 일정 기간 영성지도를 한 경험을 지닌 영성지도자들이다. 이미 오랜 기간 영성지도를 한 후에야 정식 교육을 받으라는 하나님의 부르심을 감지한 사람도 있다. 그러나 어떠한 정식 교육 프로그램도 그 과정을 마친 사람이 영성지도자가 되었다고 확증해 주는 것은 아니다. 사람을 부르셔서 영성지도의 사역에 적합한 자라고 확증하시는 분은 성령이시다. 그러나 정식 교육은 영성지도 사역을 보다 분명하고 깊이 있게 이해하도록 도와줄 수 있다. 교육의 과정을 거치면서, 어떤 사람은 기도와 더 많은 정보를 통해서 영성지도의 사역이 자신에게 적합하지 않으며, 하나님께서는 자신을 위해 다른 계획을 가지고 계신다는 사실을 발견하기도 한다. "국제영성지도자협회"(Spiritual Directors International)는 영성지도자 양성 프로그램을 제공하는 기관들의 목록을 가지고 있다. 그 협회에 서신을 띄우거

나 그들의 웹 사이트를 통해 정보를 얻을 수 있다.[4]

훌륭한 영성지도자들 중에 영성지도에 관한 정식 교육을 조금밖에 혹은 전혀 받지 않은 분들도 많이 있다. 영성지도란 기도와 하나님께 귀 기울이는 삶에서 흘러나오는 하나의 은사이다. 실제로 좋은 지도를 제공하고 계신 분들 가운데 영성지도란 용어 자체에도 익숙하지 않는 분들이 있다. 그들이 이미 하나님께서 자신에게 보내 주신 사람들과 함께 기도하며 하나님께 귀 기울이고 있음에도 말이다.

만일 우리가 특정한 사람을 염두에 두고 있다면, 그 사람이 영성지도에 관한 어떤 교육과 경험을 지니고 있는지를 알아보는 것은 도움이 된다. 그러나 동시에 우리는 공식적인 교육의 유무를 영성지도자 자격 여부를 결정하기 위한, 그리고 자신의 영성지도자를 선택하기 위한 결정적인 잣대로 삼아서는 안 된다. 그들이 어떻게 해서 영성지도자가 되었는지를 질문해 봄으로써 영성지도에 대한 그들의 소명의식을 들어봄으로써, 영성지도 사역을 위해 어떤 준비 과정을 거쳤는지를 들어봄으로써, 우리는 더욱 많은 것을 알 수 있다. 우리는 아마도 그들이 어떻게 자신의 책임성을 고양하기 위해 준비하는지, 감독을 받기 위해 어떻게 준비하는지, 자신의 영성생활을 풍요롭게 하기 위해 어떻게 하는지 등을 질문하고 싶어 할 것이다. 그러나 가장 중요한 질문은, "성령께서 영성지도를 위해 나를 이 사람에게로 인도하고 계시는가?"이다.

---

4) 협회 주소와 웹 사이트는 다음과 같다. Spiritual Directors International, PO Box 3584, Bellevue, WA 98009-3584; http://www.sdiworld.org.

# 영성지도자를 어떻게 찾을 것인가?

영성지도자들은 모든 교파에 걸쳐 있으며, 우리들 가운데 있다. 이들 중 더러는 이미 자신의 은사를 사용하여 영성지도를 하고 있고, 어떤 이들은 잠재적 피지도자로부터 요청 받기를 기다리고 있다. "영성지도자를 어떻게 찾을 것인가?"라는 질문에 대한 헨리 나우웬의 대답은 많은 사람들이 영성지도라는 사역을 알고 있고 영적 동반자 관계를 추구하고 있는 현 시점에 적절한 응답이라 생각된다. 헨리 나우웬은 다음과 같이 기록했다:

영적 안내라는 아이디어에 대한 최우선적인, 그리고 거의 즉각적인 반응은 "영적 안내자를 찾기가 어렵다"는 것이다. 아마도 이것은 사실일 것이다. 그러나 적어도 영적 안내자가 부족한 부분적인 이유는 우리가 동료에게 영성지도자가 되어 달라고 요청하지 않기 때문이다. 좋은 교사를 끈질기게 찾는 학생들이 없다면, 좋은 교사란 존재할 수 없을 것이다. 이 점은 영적 안내자의 경우에도 똑같이 적용될 수 있다. 위대한 영적 감수성을 지닌 수많은 남성과 여성들 중에는 우리가 아직 영적 안내자가 되어 달라고 요청하지 않음으로 인해 그들의 은사가 발휘되지 못한 채 잠자고 있는 사람들이 많다. 만일 우리가 기도의 여정을 도와 달라고 요청하기만 하면, 우리를 위해 지혜롭고 거룩하게 될 사람들이 많이 있다. 사실 영성지도자가 우리보다 더 지적이고 경험이 많을 필요는 없다. 중요한 것은, 영성지도자가 우리와 함께 하나님께서 우리 모두에게 말씀하시는 공간인 성경과 침묵 안으로 들어갈 수 있느냐는 점이다. 우리가 참으로 기도의 삶을 살고자 할 때 우리가 진지하게 마음의 기도란 무엇인가라고 자문할 때, 우리 모두는 우리가 필요로 하는 안내의 형태를 명확하게 말할 수 있으며, 우리의 요청을 기다리고 있는 사람을 발견할 수 있을 것이다. 우리는 종종 우리가 도움을 요청한 사람들이 우리를 도울 수 있는 은사를 받게 되고, 우리와 함께 깊은 기도의 삶으로 성장해 가는 것을 발견하게 된다.

　피지도자의 열린 마음과 정직한 추구는 영성지도의 관계를 맺는 지도자와 피지도자 모두에게 대단히 중요하다. 영성지도자의 능력과 은사를 불러 일으키는 것 또한 피지도자의 열린 마음과 정직한 추구인 것이다.[5]

　최근 수년 동안 앞에서 인용한 내용이 참되다는 사실을 지켜보는 것은 흥미로운 일이었다. 영성지도를 찾는 사람들, 보다 의도적인 기도생활을 통해서 하나님을 따르고자 원하는 개인들, 영성지도를 요청 받은 사람들, 영성지도자 양성을 위한 정식 교육 프로그램에 참여한 사람들의 수가 많이 증가하고 있다.

　우리는 어떻게 영성지도자를 찾는가? 실제적인 측면에서는:

　영성지도에 참여하고 있는 친구나 지인들에게 이야기한다.
　목회자나 교단 본부에 도움을 요청한다.
　인근에 있는 피정 센터, 수도원, 신학교에서 가능성을 모색해 본다.
　인터넷을 검색한다(참고문헌에 제시된 제안들을 참조하라).

　아마도 영성지도에 관한 나의 경험을 이야기해 보면 여러분에게 도움이 될 것이다. 나는 수많은 단기 그리고 장기 영성지도의 관계에 관여해 왔다. 내가 영성지도자로서의 정체성을 지니고 영성지도를 처음 시작한 것은 1970년대 후반이다. 친구와 함께 기도와 영성지도에 관해 배우고 있을 때,

---

5) Henri Nouwen, *Reaching Out* (New York: Doubleday, 1966), 98.

우리가 기도사역이라고 칭하는 것이 타인들이 말하는 영성지도라는 것을 알게 되었다. 친구와 나는 바로 그 때가 친구 관계 밖에서 영성지도를 위한 동반자 관계를 찾아야 할 시점이라는 것을 알게 되었다.

독서와 타인들과의 대화를 통해서 더 많은 정보를 수집했다. 내가 필요로 하는 것과 바라는 것을 토대로 해서 내게 중요하다고 여겨지는 영성지도자의 자질들을 영성일지에 기록하고, 그에 관해 기도했다. 나는 또한 하나님께서 나를 위해 예비한 사람이 어떤 유형의 사람일까도 고려했다. 그러고 난 후, 영성지도를 제공하는 곳들을 찾아보기 시작했다. 그리고 그 기관과 그곳의 영성지도자들에 관한 소개들을 살펴보았다.

때가 되어 나는 예수회 회원인 가톨릭 남성에게 만남의 약속을 요청하기로 결정했다. 그에 관한 정보를 읽었고, 그가 영성지도자로 부르심을 받은 자라는 느낌을 받았다. 그리고 그가 수년 동안 영성지도를 제공해 오고 있다는 것을 알았다. 그의 가르침의 사역과 피정을 인도하는 사역에 대해서도 알게 되었다. 그의 관심사와 나의 관심사가 서로 조화된다고 느껴졌다. 그리고 나는 그가 나의 영성지도자가 될 가능성에 대해 기도했다.

비록 기도를 통해서 그리고 그의 관심사, 하나님과의 관계, 사역에 관한 소개를 읽고서 결정을 내렸지만, 내게는 여전히 미지의 세계로 뛰어드는 것 같은 느낌이 들었다. 개신교인인 나와 신학적 차이가 존재하리라는 예상 때문에, 그가 남자라는 사실 때문에, 무엇을 기대해야 할지 잘 모르겠다는 점 때문에 나는 그와의 만남 약속이 부담스러웠다. 우리의 첫 번째 대화는 도전적이었고 흥미로웠으며, 신축성 있게 진행되었다. 내가 긴장했음에도 불구하고, 우리는 함께 성령과 하나님의 의도를 향해 열린 마음을 지닐 수 있었다.

갑자기 모든 것이 분명해졌다. 우리의 배경은 그다지 중요하지 않게 되었다. 중요한 것은 하나님을 신뢰하는 것이었고, 우리와 함께하시는 성령의 역사를 기대하는 것이었다. 나는 또한 하나님의 잔잔한 확증을 감지했으며, 그것은 하나님의 축복처럼 여겨졌다. 나는 2년 동안 그 영성지도자와 함께 기도하며 영성지도를 경험했다. 그가 다른 지역으로 이동해 감에 따라 우리는 헤어지게 되었다.

거의 일 년이 지난 후에, 나의 두 번째 영성지도의 관계가 시작되었다. 때때로 나는 고정적인 영성지도자가 없는 것에 대해 기도하면서 하나님께 "만일 있다면 누구인가요? 언제 만날 수 있나요?"라고 물었다. 나는 기도사역을 하고 있는 한 성숙한 침례교 여성에게 다가가, 나의 영성지도자로 삼을 가능성을 탐색해 보았다. 그녀는 영성지도라는 용어와 개념에 대해서는 모르고 있었다. 나는 그녀에게 영성지도에 관한 자료들을 읽어보도록 요청했다. 독서를 통해 내가 원하는 것을 정확하게 이해한 후에, 그녀는 나의 영성지도자가 되는 가능성에 대해 구체적으로 기도할 수 있었다. 우리가 함께 만나 기도하고 대화하며, 하나님의 뜻이 무엇일까를 숙고하였을 때, 아직은 서로가 영성지도의 관계를 맺는 것이 적절하지 않다는 것이 분명해졌다. 그녀는 성령께서 먼저 그녀 자신을 위한 영성지도자를 찾기를 원하시는 것이 아닌가 라는 생각이 든다고 말했다. 비록 나의 영성지도자가 되어 줄 가능성에 관한 질문에는 부정적인 대답을 얻었지만, 그 가능성을 탐색한 공동의 경험은 우리 모두에게 도움이 되는 긍정적인 것이었다.

영성지도자가 없이 보내던 그 즈음에 나는 하나님께서 한 달에 하루를 피정 센터에서 기도하며, 성경을 읽으며, 영성일지를 기록하면서 보내기를 원하신다는 것을 느꼈다. 평소에 해왔던 것보다는 더욱 깊은 홀로 있음(solitude)과 침묵 안으로 나를 부르고 계시다는 것을 느꼈다. 나는 또한 하나님께서 하나님의 말씀과 가르침을 더욱 잘 듣는 사람이 되기를 원하신다고 느꼈다. 피정을 하던 어느 날, 나는 베네딕트회 수녀를 만나는 기회를 갖게 되었다. 그녀와의 예비 만남이 자연스럽게 새로운 영성지도의 관계로 발전해 가는 것을 보고 나는 놀랐다. 나는 계속해서 한 달에 한 번씩 오후 한 시간 동안 영성지도를 위해 그녀와 만났다. 그녀와의 영성지도 관계는 그녀가 다른 지역으로 옮겨가기 전까지 몇 해 동안 지속되었다.

이 두 번의 영성지도를 경험한 후, 나는 나와 비슷한 삶을 지닌 사람을 찾기 원했다. 즉 결혼한 개신교인 여성을 원했다. 이를 위해 나는 다시 기도했다. 몇 개월 후, 나는 한 여성에게 영성지도자가 되어 달라고 요청했고, 9개월 동안 수고해 달라고 부탁했다. 그 정도 기간이면 기도, 분별, 후원에 관한 목표를 달성하기에 충분한 시간이라고 생각했다. 내가 이냐시오 영신수련에 깊이 매혹되어 성경을 가지고 기도하는 영신수련을 인도해 줄 훈련된 사람을 찾기 전까지, 우리는 수년 동안 영성지도의 관계를 유지하였다.

하나님께서는 피지도자로서 영성지도를 받은 많은 세월을 통해서 나를 인도하셨고, 격려하셨고, 내게 복을 주셨다. 나는 남성과 여성, 가톨릭과 개신교인, 훈련받은 지도자와 훈련받지 않은 지도자들과의 만남을 가졌다.

결론적으로, 다양한 사람들이 영성지도자로 사역할 수 있다. 다만 그들이 하나님의 부르심을 받고, 타인과 함께 하나님의 음성에 귀를 기울이고자 하는 진지한 의도를 가지고 있다는 전제가 필요하다. 영성지도자를 선택하는 데 있어 우리가 가장 중요하게 해야 할 일은 아마도 하나님께 묻는 일일 것이다.

# 적절한 영성지도자를 알아내기

이미 수차례 언급했지만 다시 한 번 이야기해도 지나치지 않을 것은 영성지도의 목적이 처음부터 끝까지 하나님의 임재와 인도하심을 분별하는 것이라는 사실이다. 그러므로 우리는 분별을 도울 수 있는 영성지도의 관계를 원한다.

영성지도자를 찾는 전 과정은 기도의 과정이다. 때로는 말로 드리는 기도로, 또는 말없이 우리 자신을 하나님께 드리는 기도로 채워지는 과정이다. 관심의 중심에는 우리 자신이나 우리의 질문이 아니라 하나님이 자리 잡아야 한다. 성령께서 우리의 구체적인 기도에 응답하심으로, 우리를 적절한 영성지도자에게로 인도해 가실 것이다. 마치 내가 피정을 하고 있던 중 영성지도자를 만나서 기대하지 않았던 영성지도가 시작된 것처럼, 우리에게 적합한 영성지도자와의 만남은 예기치 않게 발생할 수 있다. 이러한 정황을 살펴볼 때 비록 그 이유를 설명할 수는 없지만, 각자에게 적합한 영성지도의 관계가 있다는 것을 알 수 있다. 우리에게 적합한 영성지도의 관계는 종종 하나님의 사랑에 대한 감지와 평화로움이란 특징을 지닌다.

우리가 이러한 지식을 가지고 영성지도자와 만남을 시작하면, 우리의 실제적 경험은 지식에 도전을 주거나 혹은 그 지식을 확증해 준다. 하나님께로부터 온 지식은 외부적 환경, 결과, 그리고 성경과의 일치성에 의해 확증된다. 때때로 환경은 우리가 적절하다고 생각한 것을 재검토하도록 요구하기도 한다. 따라서 많은 사람들에게 긴 숙고와 기도의 과정이 중요하다. 왜냐하면 그러한 과정은 추가적인 정보를 제공하기 때문이다. 영성일지를 기록하는 것이 도움이 되는 사람들이 있다. 또 어떤 이들은 제삼자와 대화하는 것을 선택하기도 한다.

영성지도자를 찾는 기간이 길었든지 짧았든지, 예상했든지 예상하지 못했든지, 영성지도를 위한 만남의 틀 안이었든지 밖이었든지 관계없이 우리에게 적합한 영성지도자에 대한 분별이 완결되었을 때, 우리는 하나님의 섭리와 신실하심과 돌보심에 감사의 마음을 느끼게 된다. 이러한 하나님의 복을 받았다는 감사의 마음이 하나님을 향한 신뢰를 강화시켜 우리가 영성지도를 지속하도록 도와준다.

## 첫 번째 만남

첫 번째 만남을 하기 전, 논의하고 싶은 것을 기도하면서 미리 생각해보는 것이 좋다. 그동안 검토해 왔던 것들 중에서 어떤 질문이나 생각들이 중요하게 떠오르는가? 우리는 아마도 만날 사람에 대해 많은 것을 알고 있을 것이며, 심지어 왜 그 사람을 나의 영성지도자로 선택하고자 하는 지의 이유도 어느 정도는 알고 있다. 우리는 이러한 우리의 생각을 영성지도자와 논의해야 한다. 그래서 왜 우리가 특별히 그/그녀를 찾아왔는지, 그리고 우리가 추구하고 싶은 바가 무엇인지를 영성지도자가 더 잘 이해할 수 있도록 해야 한다.

영성지도자들 중에는 지도를 요청해 온 잠재적 피지도자에게 질문을 하기도 하며, 미리 지원 서류를 작성하도록 요청하는 사람도 있다. 또 어떤 영성지도자들은 피지도자에게 짤막한 영적 자서전을 기록하여 첫 번째 만남 이전에 보내 주기를 요청하기도 한다. 이 요청은 피지도자로 하여금 자신의 영적 여정을 되돌아 볼 수 있도록 도와준다. 성령께서 자신을 어떻게 인도하셨는지, 그리고 영성지도에 대한 자신의 소망이 무엇인지를 살펴보도록 도와준다. 이렇게 피지도자에 대한 정보를 미리 갖게 됨으로써, 영성지도자는 보다 깊은 이해심으로 피지도자를 경청할 수 있게 된다. 그러나 또 다른 영성지도자들은 오히려 아무런 사전 정보가 없이 피지도자와의 첫 번째 만남을 갖기를 선호한다. 왜냐하면 그들은 첫 번째 만남에서 하나님께서 그들에게 주의를 집중하도록 요청하시는 것이 무엇인지를 알게 되길 원하기 때문이다.

첫 번째 만남은 보통 영성지도자와 피지도자 모두가 만남을 지속해야 하는지의 여부를 알려주시도록 하나님께 요청하는 시간이다. 이때의 대화는 기도와 생활의 가장 깊숙한 부분에 관한 것이 아니다. 중요한 주제들 중에서 중간 정도 위치에 해당하는 것을 가지고 대화하는 것이 좋다. 양자 모두 그들 자신과 그들의 신앙에 대해 충분한 대화를 나눌 필요가 있다. 그래야만 그들은 지속적인 영성지도의 관계를 맺을 것인가에 대해 명확한 판단을 할 수 있게 된다. 그러나 종종 하나님께서는 우리를 깜짝 놀라게 하신다. 심지어 첫 번째 만남에서도 양자가 모두 만나자마자 즉각적으로 적합한 영성지도의 관계로 느껴져서, 마음에 떠오르는 이야기는 무엇이나 자유롭게 말하게 되는 경우가 있다. 그러나 이러한 경우에조차도 우리는 곧바로 결론을 내리지 말고 기도할 필요가 있다.

시간이 지남에 따라 대화는 더욱 깊어질 것이다. 심지어 탐색을 위한 예비 모임에서도, 우리는 하나님께서 우리의 만남을 이끌어 가시길 원하며 성령께 귀 기울이기를 소망한다. 편안한 열린 대화의 분위기는 성령께 귀 기울이는 데 적합한 환경이다. 우리는 성령께서 논의해야 할 주제와 논의 방식을 이끌어 가시길 원한다. 이것은 마치 자전거를 배우는 것과 유사하다. 멈춤과 재출발, 흥분된 순간과 겁나는 순간들이 영성지도의 만남에 내포되어 있다.

어떤 사람은 첫 번째 만남에서 너무 긴장하여 편안해 하질 못한다. 그러나 염려할 필요가 없다. 하나님께서는 우리의 소망, 두려움, 연약함, 바람들을 아신다. 아마도 우리는 자신과 하나님, 영성지도자에게 좋은 모습으로 비치길 원한다. 이것은 우리의 대화에 영향을 미칠 수 있다. 그럼에도 불구하고 하나님께서는 여전히 모든 것을 신실하게 주관하시며, 필요한 것이면 무엇이든지 발생시키실 수 있다.

첫 번째 만남은 보통 편안함과 불편함이 혼재한다. 우리는 상처받기 쉬운 상태가 되기 싫다. 첫 번째 만남에 대해서 생각만 하는 것도 우리를 불편하게 할 수 있다. 첫 번째 대화의 내용은 예상치 못한 방향으로 전개될 수 있다. 아마도 우리는 첫 번째 만남의 진행 과정이나 영성지도자에 대해 불편함을 느낄 수 있다. 지루함을 느낄 수도 있다. 우리가 안정됨 혹은 불편함을 느끼는 것에 관계없이, 우리가 이 사람과 영성지도의 관계를 맺는 것이 하나님의 뜻인지를 계속해서 물어야만 한다.

때때로 평안이 없는 강한 내적 불안감은 그 사람과 영성지도의 관계를 맺는 것이 적절하지 않다는 표식일 수 있다. 우리는 자문해야 한다. "하나님을 향해 열린 마음을 유지할 수 있을 정도로 충분히 이 사람에 대해 편안해 하는가? 나 자신에게 솔직할 수 있는가? 이 사람에게 솔직할 수 있는가?" 불편함은 부분적으로 어떤 일이 발생할지 예측할 수 없다는 사실, 혹은 성령께서 영성지도자를 통해서 무슨 말씀을 하실지 예측할 수 없다는 사실로부터 기인하기도 한다. 이러한 불편함은 우리를 향한 하나님의 사랑을 확신한 채 우리 또한 하나님을 사랑하고 있을 때에도 발생할 수 있다. 우리는 다음의 질문을 할 필요가 있다. "이것은 하나님께서 의도하신 불편함인가? 이런 불편함을 통해 나는 하나님께 더 가까이 나아가는가, 아니면 하나님께 마음을 여는 것이 더 어려워지는가?" 하나님께서 주신 불편함은 심지어 표면적으로는 긴장을 하고 있는 동안에도 내적으로는 깊은 평안을 누리는 것으로 확증된다. 그것은 일종의 안정된 불안정함이다. 거룩한 평안은 폭넓은 인간의 경험들, 생각들, 감정들의 한복판에 현존한다.

첫 번째 만남을 하는 동안 영성지도자와의 관계가 우리를 도울 수 있으리라, 특별히 하나님과 더 깊은 관계를 발전시키는 데 도움을 줄 수 있으리라는 확신이 들게 된다. 그러면 우리는 다음 만남들을 약속하고, 몇 개월 내에 그간의 만남들을 평가하기 위한 기준을 설정한다. 반면에, 여러 가지 이유로 인해 성령께서 이 사람과 영성지도의 관계를 맺는 것을 원치 않으신다는 확신이 들 수도 있다. 지금 필요로 한 관계와는 차이가 있다고 여겨질 수 있다. 하나님께서는 이러한 만남들을 사용하셔서 영성지도자와 피지도자 모두를 가르치고 인도하신다. 원하는 사람이 아니라는 결정은 원하는 사람이라는 결정만큼이나 하나님께서 주신 것이다. "예스"이든 "노"이든, 모든 결정에는 은총이 깃들어 있다. 그러나 하나님께서 원하시는 것이 무엇인지를 충분히 알기 위해서는 종종 한 번 이상의 만남이 요구된다.

## 이것은 올바른 관계인가?

무엇이 올바른 영성지도의 관계인가를 설명하기란 어렵다. 왜냐하면 우리는 내적 실재를 다루고 있기 때문이다. 내적 실재란 하나님의 초대에 대한 우리의 감지, 성령께 귀 기울이고자 하는 우리의 자발성, 갈망, 자유, 그리고 저항 등에 관한 것이다. 우리는 질문해야 한다. "이 사람이 하나님 안에서 나의 벗인가, 내가 하나님과 함께 거하는 곳으로 들어오도록 허락해 줄 수 있는 벗인가?"

예수님, 영성지도자, 피지도자인 우리 사이의 삼중적인 대화를 묵상해 보

라. 이 삼중적인 대화가 좋은 선물로 여겨지는가, 아니면 불편하게 느껴지는가? 만일 불편하다면, 그 불편함의 원천은 무엇인가? 우리가 하나님과 영성지도자의 개인적인 대화에 끼어들어 방해하는 것은 아닌가라고 느끼는가? 아니면 그들의 우정, 가르침, 경험을 공유하도록 초대받았다고 느끼는가? 우리는 아마도 이 남자/여자가 지금 이 시간 우리와 함께 있도록 부름 받은 예수님의 벗이 아니라고 느낄 수도 있다. 예수님이 우리의 대화의 중심 주제에서 벗어나 있다고 느껴지면, 우리는 조심스럽게 살펴보고 움직여야 한다. 하나님을 향한 우리의 사랑, 하나님과의 관계, 영성지도와는 아무런 상관이 없는 이유들 때문에 우리가 이 사람에게 이끌릴 수도 있다.

그리스도께는 많은 신실한 제자들이 있다. 그들은 모두 독특한 방식으로 하나님과 관계를 맺고 있을 뿐 아니라 그 관계를 독특하게 표현한다. 이 사람이 하나님께서 우리에게 손짓해서 함께 걷도록 요청하신 벗인가? 다른 사람들 안에 존재하는 그리스도의 형상들에는 매력적인 것도 있고 위협적인 것도 있다. 대부분의 인간관계는 이 양자의 혼합을 내포하고 있다. 어떤 사람이 하나님 안에서 친구가 될 수 있는지의 여부를 인지하기 위해서는 모든 필요한 요소들을 검토해야 한다.

## 성찰을 위한 질문

1. 영성지도를 받고자 생각할 때, 유사점과 차이점이 당신에게 의미하는 바는 무엇입니까? 적절한 유사점과 차이점들은 무엇이라고 생각합니까? 그것들이 영성지도자와 함께 하나님을 신뢰하고자 하는 당신의 자발성에 어떤 영향을 미칩니까?

2. 적합한 영성지도자를 만나기 위해 당신은 어떻게 그리고 무엇을 기도합니까?

3. 당신은 영성지도와 관련하여 어떻게 하나님의 뜻을 기다립니까? 전화하고 질문함으로써 적극적으로 영성지도자를 찾도록 성령께서 당신에게 요청하고 계시다고 느끼십니까? 아니면 하나님께서 당신을 어떤 사람에게 인도할 때까지, 혹은 적합한 사람을 당신에게 데려오실 때까지 기다려야 한다고 느끼십니까?

4. 바람직한 영성지도자의 자질들을 기록한 당신의 목록에는 무엇이 들어 있습니까?

5. 영성지도자를 찾기 위해 기도할 때, 하나님께서 당신의 마음에 떠오르게 하신 사람은 누구입니까? 그 이름들을 기록해 보십시오. 이 사람들이 앞서 기록한 당신의 목록과 어떤 점에서 일치하고, 어떤 점에서 차이가 납니까?

6. 당신의 목록을 보십시오. 어떤 항목들이 놀랍게 혹은 새롭게 느껴집니까? 어떤 항목들이 이삼 년 전에는 포함되지 않았을 것들입니까? 이것은 당신의 신앙여정에 대해 무엇을 말해줍니까? 이것들이 당신의 신앙여정의 다음 발걸음이 무엇이 될 것인지를 지적하고 있지 않습니까?

7. 그 목록들 중 당신이 소유하고 있는 자질들은 무엇이며, 지니고 있지 않다고 느끼는 것은 무엇입니까? 당신이 소유하거나 하지 않았다고 느낀 자질들은 하나님께서 당신에게 보낼 영성지도자에 대해 무엇을 말해줍니까? 앞의 질문에 대한 답은 지금까지 생각해 온 바를 확증합니까, 아니면 지금까지 생각해 온 사람과는 다른 사람을 고려하도록 요청합니까?

# 제7장

# 영성지도의 관계 형성

나의 경험과 다른 사람들의 경험을 통해서, 만일 하나님께서 내게 영성지도를 향한 갈망을 주셨다면, 하나님께서 내게 필요한 영성지도자를 만나게 도우실 것이라고 생각해도 무방하다는 확신을 나는 갖게 되었다. 또한 하나님께서 내게 필요한 영성지도자를 내게로 인도하실 것이라고 생각해도 무방하다.

로즈 메리 도우어티[1]

천하에 범사가 기한이 있고 모든 목적이 이룰 때가 있나니

전도서 3:1

영성지도 관계는 다양한 요인들에 의해 형성된다. 그 요인들은 헌신의 기간, 영성지도 만남의 빈도와 길이, 영성지도 만남의 준비, 영성지도의 비용 지불, 결혼, 우정 혹은 다른 종류의 관계들, 영성지도자와 피지도자의 책임의식, 영성지도의 종결 방식 등이다. 이 요소들은 영성지도를 시작하기 전에

---

1) Rose Mary Dougherty, *School Sisters of Notre Dame, Group Spiritual Direction: Community for Discernment*(New York: Paulist Press, 1995), 17.

하나씩 검토해 볼 가치가 있다.

## 헌신의 기간

영성지도를 시작하기 전 하나님께서 예비하신 영성지도의 관계인가를 알아보기 위해 한두 차례의 만남을 갖는 것이 일반적이다. 영성지도자와 피지도자 모두 기도해야 하며, 이 영성지도의 관계 안에서 하나님의 임재와 은혜를 감지하게 되는지를 살펴보아야 한다. 만일 양자가 서로 적합하다고 느끼면, 그들은 9개월에서 12개월간 영성지도의 관계를 갖기로 결정한다. 양자가 영성지도의 관계를 갖기로 동의하고 영성지도의 목적과 기간에 공감하면, 양자는 자유롭게 하나님께 주의를 집중하는 것과 하나님께 소망하는 것들에 관한 질문을 넘나들며 대화할 수 있다.

캐롤(Carole)과 그녀의 영성지도자는 9월부터 다음해 6월까지 매달 한 차례씩 만남을 갖기로 동의했다. 게리(Gary)는 1월초에 영성지도를 시작했고, 7월까지 그의 영성지도자를 월 1회씩 만나기를 희망한다. 줄리(Julie)는 다가올 여름이 전환이 필요한 시기임을 알고 있다. 그래서 그녀는 여름까지만 도와줄 수 있는 영성지도자를 만나고 있다. 그녀의 영성지도자는 여름이 지나면 한 달간 휴식을 갖기로 결정했다.

많은 영성지도자들은 매년 한두 달의 휴식을 갖는다. 이 휴식 기간 동안 영성지도자와 피지도자 모두는 영성지도의 관계를 지속할 것인지에 대해 기도하며 숙고한다.

비록 양자가 협의한 기간이 있다 할지라도, 양자는 자유롭게 어느 때든지 관계를 끝낼 수 있다. 그러나 급하게 어느 한 사람이 그만 둔다거나 상호간의 충분한 논의와 기도 없이 종결하는 것은 피해야 한다. 영성지도의 관계에서도 일상적인 인간관계에서 발생하는 것과 같은 어려움이 자연스럽게 발생한다. 그러나 양자는 영성지도에 온전히 참여하는 각자의 헌신을 존중하도록 노력해야 하며, 일정 기간 동안 그 관계를 유지하도록 노력해야 한다. 영적 동반자 관계는 기도와 돌봄의 마음으로 시작된다. 마찬가지로 종결할 때도 같은 정성이 요구된다. 영성지도에 헌신한다는 것은 기꺼이 상대방을 경청하겠다는 마음, 그리고 관계가 어렵고 혼란스러워질 때에도 상대방과 함께 머물겠다는 마음을 포함한다.

영성지도자와의 관계가 복잡해질 때, 그 복잡스러움은 사실 하나님과의 관계에서 우리가 겪고 있는 어려움의 반영일 수 있다. 따라서 영성지도를 가장 하고 싶지 않을 때가 바로 기도하고 인내하며 씨름하면서 계속해서 영성지도에 참여해야 하는 때이다. 그렇게 할 때, 우리는 자신을 하나님의 손에 계속해서 내맡길 수 있게 되는 것이다. 영성지도를 끝내고 싶다고 느끼게 될 때, 무엇을 해야 할 것인지를 미리 생각해 두어야 한다.

때때로 피지도자나 영성지도자가 관계를 종결해야겠다고 급하게 결정하는 경우도 있다. 이 결정도 기도와 정직한 논의의 대상이 되어야 한다. 양자는 종결해야 하는 이유를 기도하는 마음으로 점검할 필요가 있다. 성령의 인도하심에 응답하는 그들의 자발성과 의도성의 구체적인 특징들도 점검할 필요가 있다. 이 장의 마지막 부분인 "영성지도의 관계를 종결하기"와 15장 "공통적인 어려움의 영역들"은 영성지도 관계 안에 존재할 수 있는 문제를 더 깊게 다루고 있다.

# 영성지도 만남의 빈도와 길이

일대일의 영성지도나 집단 영성지도 모두 영성지도 만남의 빈도를 함께 결정한다. 영성지도의 시작 단계에서는 보다 빈번한 만남을 갖는 사람도 있다. 또 다른 사람은 처음부터 끝까지 일정한 간격을 따라 만남을 갖기를 선호한다. 한 달에 한 차례씩 만남을 갖는 것이 가장 일반적이지만, 모든 사람에게 적합한 것은 아니다. 어떤 사람은 훨씬 덜 빈번하게 만나거나, 필요할 때에 약속을 해서 만나기도 한다. 개인의 상황에 따라 각각 다르다.

탐(Tom)은 두세 달에 한 번씩 지도자를 만나며, 필요하다고 여겨질 때 약속을 한다. 카렌(Karen)은 피정을 하면서 일 년에 두세 차례 영성지도자를 만난다. 만남의 빈도는 기도에 중요한 영향을 미친다. 성령께서 이 시점에서 무엇을 요청하고 계신가, 무엇이 옳은 것인가에 대한 판단은 기도와 숙고 그리고 하나님의 인도하심에 대한 이해로부터 자연스럽게 흘러나와야 한다.

각자의 형편에 따라 다양한 빈도를 선택할 수 있다는 자유를 옹호한다. 그럼에도 월 1회씩 만남을 하는 것이 몇 가지 장점을 지닌다는 사실은 명백하다. 고정적인 형태의 약속을 설정함으로써, 우리는 영성지도를 우리의 여정의 한 부분이 되게 할 수 있다. 영성지도자를 월 1회 만나는 헌신은 하나님께 경청하고자 하는 우리의 의도를 증명하는 중요한 표식이다.

영성지도의 만남은 보통 50분에서 60분간 지속된다. 더 긴 시간을 갖는 것은 시간을 낭비하게 되기 쉽다. 시간의 제한은 양자에게 참으로 중요한 것을 논의하도록 도와준다. 비록 영성지도에 참여하기로 결정했음에도 불구하고, 우리는 때때로 하나님과의 관계에서 주목해야 할 것에 관해 논의하거나 기도하는 것을 회피하고자 한다. 참으로 혼란스러운 것들, 고통, 저항, 심지어 예기치 않았던 은혜들에 관해 이야기하기보다 다른 것들에 관해 이야기하기를 선호한다. 시간의 제한은 만남을 하기로 한 이유, 즉 성령께 귀를 기울이고 주의를 집중하는 것에 보다 신속하게 접근하도록 우리를 돕는다.

## 영성지도 만남의 준비

만남의 물리적 환경을 보다 중요하게 여기는 사람들이 있다. 그러나 영성지도 만남의 공간을 꾸미는 것의 중요도와 상관없이 환영받는다는 느낌은 대단히 중요하다. 영성지도를 위한 방을 선정하여 편안하고 개인적인 느낌을 줄 수 있도록 꾸민다. 다른 사람들에 의해 방해 받지 않고, 다른 사람들에게 대화가 들리지 않을 수 있는 곳이어야, 편안하게 마음껏 대화할 수 있다. 전화를 끄거나, 전화가 없는 방을 선정한다. 우리가 개인적 기도를 위한 시간과 장소를 보호하듯이, 영성지도를 위한 시간과 장소를 보호해야 한다.

자신의 기도실을 꾸미는 것과 같은 방식으로 영성지도의 방을 꾸미는 지도자들이 있다. 그들은 하나님의 임재와 사랑을 기억나게 하는 물건들, 즉 성경 구절이 기록된 액자, 십자가, 그리스도의 성화나 그림, 화분, 혹은 촛불들을 사용하여 방을 꾸민다. 잔가지로 만들어진 섬세한 물고기 모빌(mobile)이 내 사무실 둥근 천창에 수년 동안 매달려 있었다. 영성지도의 대화를 하다가 나는 종종 산들바람에 그것들이 움직이는 것을 감지한다. 그것은 내가 보이지 않는 하나님의 영의 움직임에 의존하고 있다는 사실을 기억나게 한다. 이를 통해 나는 영성지도 중에 중요한 일이 하나도 발생하지 않으면 어떻게 하나라는 두려움에 덜 영향을 받게 된다. 이러한 종류의 준비들은 영성지도자와 피지도자 모두에게 도움을 준다.

영성지도 만남의 처음 몇 분간, 우리는 그동안 집중해 왔던 것으로부터 하나님께로 우리의 주의 집중을 의도적으로 변경할 필요가 있다. 일단 영성지도를 위한 공간을 결정했고 양자가 그 공간에 만족했다면, 그 공간에 들어간다는 것은 우리 자신을 하나님께 귀 기울이도록 의도적으로 재조정하겠다는 것을 의미한다.

토니(Tony)는 교회 사무실에서 피지도자를 만난다. 케이트(Kate)는 함께 일하는 여섯 명의 영성지도자의 사무실이 있는 영성 센터에서 피지도자를 만난다. 존(John)과 딕(Dick)은 피정 센터에서 영성지도를 한다. 수(Sue)와 캐롤(Carole)은 그들이 칭한 바 "커피숍 지도"라는 것을 한다. 그들은 오후에 한적한 커피숍에서 피지도자를 만난다. 주변에 다른 사람들이 있다 할지라도, 하나님께서 그 장소를 사용하시는 것을 보는 것은 놀라운 일이라고 그들은 말한다. 짐(Jim)은 피지도자들 중에 산책하면서 영성지도 대화를 하기 원하는 사람들이 있다는 것을 감지한다. 그는 함께 산책하는 것이 기도와 대화가 더욱 자연스럽게 흘러나오도록 한다는 것을 발견한다.

다른 사람들이 함께 있는 장소에서 혹은 다른 사람들이 문밖에 있는 장소에서 영성지도를 할 때, 보호받는 느낌을 갖는 지도자와 피지도자들이 있다. 또 어떤 사람은 홀로 있는 장소를 선호한다. 왜냐하면 솔직하게 말할 수 있는 자유를 그곳에서 더욱 느끼기 때문이다. 그러나 장소가 어느 곳이든 상관없이, 영성지도의 환경은 일종의 거룩하며 안전한 공간이어야 한다.


## 영성지도의 비용 지불

영성지도는 하나님께로부터 주어진 선물이다. 그러므로 영성지도의 비용에 관한 토론은 반드시 선물임을 아는 두 사람 사이에서 이루어질 필요가 있다.

영성지도 비용은 영성지도자들 사이에 많은 논의가 진행되고 있는 주제이다. 비용에 관한 그들의 생각은 하나님께서 어떻게 그들을 인도하셨고 준비시키셨는가, 그리고 그들은 어떻게 하나님의 부르심에 응답했는가와 관련되어 있다. 그들은 스스로 기도를 통해서 적절한 방식으로 비용에 관한 결정을 내린다. 여기 영성지도자들이 어떻게 비용을 결정하는지에 관한 예들이 있다.

지도자 1: 영성지도는 나의 사역의 핵심이다. 수년 동안 영성지도를 위해 공부했고 영성지도를 받아왔다. 영성지도를 제공하는 것은 나의 풀타임 일이다. 나는 매주 수 명의 피지도자를 만나며, 영성지도 사역에 온전히 헌신할 수 있는 경제적 뒷받침을 위해 비용을 받는다.

지도자 2: 시종일관 영성지도에 대한 나의 소명은 성령에 의해 인도되었다. 영성지도를 제공하는 것은 내가 하나님을 섬기는 방식이다. 나는 나 자신이 하나님을 위해 그리고 타인들 안에 있는 하나님의 삶을 위해 거룩하게 사용되도록 주어진 선물이라고 생각한다. 나의 생활비는 다른 수단을 통해 마련하며, 한 달에 몇 명의 피지도자를 만난다.

지도자 3: 우리 영성 센터는 영성지도를 제공한다. 우리는 개인이나 집단 영성지도를 제공한다. 받은 비용은 센터의 사역을 돕는 데 사용되지만, 센터에서 필요한 비용에는 미치지 못한다.

지도자 4: 영성지도는 우리 교회의 상황에서 새로운 것이다. 비용을 받는 것이 중요하다고 생각한다. 비용을 지불할 때 피지도자들은 영성지도를 더욱 중요하게 생각하고, 영성지도 이외의 시간에도 하나님과의 관계를 더욱 깊게 하려는 노력을 하는 것 같다.

지도자 5: 가끔씩 영성지도를 요청하는 사람들이 있다. 간혹 우리는 전화로, 심지어 이메일로도 대화한다. 물론 때때로 직접 만나 대화하기도 한다. 언제 어떤 방식으로 하느냐는 하나님의 아이디어처럼 느껴진다. 비용은 받지 않는다.

지도자 6: 우리는 인도자가 있는 집단 영성지도에 참여하고 있다. 우리는 모임의 과정을 인도하는 사람이 있다는 것을 고맙게 생각한다. 우리는 모두 그 인도자가 투여한 시간을 생각하여 비용을 지불하기로 동의했다.

지도자 7: 우리 교회에서 월 1회 화요일 저녁에 몇 개의 영성지도 그룹들이 모임을 갖는다. 모든 사람들이 성경을 읽고 기도하며, 영성지도를 준비하기 위해 20분간 침묵기도의 시간을 갖는다. 그리고 세 명 혹은 네 명으로 구성된 그룹으로 옮겨가 남은 시간을 보낸다. 각 소그룹에는 인도자가 있다. 그 모임에 필요한 비용을 충당하기 위해 일정하게 정해진 참가비가 있다.

지도자 8: 우리는 영성지도를 위한 소그룹의 일원이다. 우리들 중 한 사람이 장소를 제공하며, 다른 사람은 간단한 음식을 가져온다. 우리는 함께 침묵 가운데 식사를 한 후에 각자가 30분간의 영성지도를 한다. 비용이라? 시간을 내어 하나님을 경청하고, 하나님께 말하며, 하나님을 기다리고자 하는 자원하는 마음만 있으면 된다.

영성지도자와 피지도자가 씨름해야 할 가장 중심 주제는 영성지도를 실제로 제공하는 분이 성령이신가에 관한 것이다. 하나님께서는 영성지도자들에게 분별의 은사를 주신다. 우리는 하나님께서 값없이 행하시고 값없이 주신 것에 비용을 매기는 것이 옳은 것인가를 질문한다. 이 어려운 질문에 대한 일반적인 응답은 영성지도의 비용은 상담을 위해 지불하는 것과 같은 방식으로 영성지도를 위해 지불하는 것이 아니라는 것이다. 사람들이 영성지도를 받고 기부를 하거나 비용을 지불할 때 그들은 매번 갖는 만남을 위해, 조언이나 권고를 위해 지불하는 것이 아니다. 그들은 영성지도라는 특별한 사역을 후원하기 위해 기부하는 것이다. 많은 사람들이 시간을 따로 떼어 영성지도를 제공하기 위해서는 비용을 받을 필요가 있다. 비용을 받지 않는다면, 그들은 돈을 받는 다른 종류의 직업을 구해야 한다. 비용의 지불은 봉사료를 지불하는 것이라기보다 영성지도 사역의 지속성을 후원하기 위한 하나의 방식이다.

비용을 지불하도록 설정된 영성지도에서는, 대부분의 영성지도자가 피지도자의 경제적 능력에 맞는 다양한 등급의 비용을 설정하거나 장학금을 준비한다. 이렇게 함으로써 그 누구도 경제적 이유 때문에 영성지도에서 배제되는 일이 없도록 하는 것이다. 영성지도가 어떤 다른 재원에 의해 제공되는 것일 때는 종종 무료로 제공된다. 그리고 목회자는 자신이 목회하는 성도에게 영성지도의 비용을 기대하거나 받지 않는 것이 일반적이다.

비록 영성지도가 무료일 때에도, 그 영성지도는 또 다른 방식으로 양자에게 비용이 많이 드는 사역이다. 감정적 에너지, 시간, 돌봄, 의도성과 자발성, 지속적인 기도와 하나님께 굴복함의 영역들에서 값비싼 헌신들이 요구된다. 자신에게 주어진 영적 분별의 은사를 타인을 위해 사용한다는 것은 영성지도자에게 도전이 되는 일이다. 영성지도자와 피지도자 모두 서로 주고받는다. 영성지도를 제공하는 것은 일종의 성스러운 위임이라는 느낌을 받게 된다고 영성지도자들은 종종 말한다. 영성지도자들은 영성지도를 제공하도록 성령께서 자신들을 부르셨다는 소명의식을 지닌다. 그리고 이 부르심과 더불어 피지도자와 함께하는 경험은 하나님을 찾는 모든 사람들에게

까지 확장되는 하나님의 사랑에 대한 그들의 존경과 감사를 더욱 깊게 만들어 준다.

영성지도에는 참으로 값비싼 헌신들이 요구된다는 생각 때문에 영성지도에 참여하기를 주저하는 사람들이 더러 있다. 그들은 소중한 시간, 돈, 에너지, 돌봄을 자기 자신을 위해 그리고 자신과 하나님과의 관계를 위해 사용해도 좋은지에 관해 의문을 갖는다. 그들은 심지어 하나님과 함께 있기 위해 하루에 30분을 따로 떼어 놓아도 좋은지에 관해 질문을 하기도 한다. 사람은 자원이 한정되어 있다는 압박감을 느끼며, 영성생활을 후원하는 것보다 더욱 중요한 일이 많다고 내외부에서 아우성치는 소리에 관해 언급한다. 그러나 어떠한 기독교 훈련이든지 그것을 추구하는 것은 반문화적인 측면을 지닌다. 우리가 하나님을 구하고 하나님의 음성을 보다 분명하게 경청할 때, 우리의 가치는 종종 시대의 주도적 문화 가치로부터 돌아서게 된다. 이것은 우리의 모든 관계에 영향을 미친다. 그림으로 결국에는, 영성지도란 우리 자신만을 위한 것이 아니다. 영성지도란 이 세상에서 하나님의 백성이 되라는 우리의 소명의 일부분이다. 시간, 돈, 에너지, 그리고 돌봄의 영역에서 치러야 할 비용이 얼마이든지 간에, 그 비용들은 하나님께 경청하는 것으로부터 흘러나오는 유익함과 비교해 보면 아무것도 아니다.

## 영성지도와 다른 관계 사이의 차이점

영성지도를 고려하고 있는 많은 사람은 자신들이 이미 영성지도에서 다루는 영역을 어느 정도 담당하는 관계들에 참여하고 있음을 깨닫는다. 이러한 관계들은 다음과 같다:

| | |
|---|---|
| 결혼 | 스터디 그룹 |
| 상담 | 기도 그룹 |
| 목회적 돌봄 | 후원 그룹 |
| 제자훈련 | 일대일 우정 |

이러한 종류의 관계들은 일정 정도 영적 안내의 측면을 포함하고 있다. 하나님께서는 모든 관계들과 상황들을 통해서 우리에게 말씀하신다. 그래서 우리가 이미 다른 사람과 협력하여 분별을 하고 하나님께 주의를 집중한다는 것은 정상적인 일이다. 우리는 영성지도의 동반자 관계가 이러한 관계들과 어떻게 다른지를 질문하게 된다. 혹은 영성지도에 참여하는 것이 이러한 관계에 어떤 영향을 비칠 수 있는 것인지를 질문하게 된다. 우리가 다양한 사람들과 현재 맺고 있는 관계에 대해 숙고해보고, 그들과 어떻게 시간을 보내고 있는지를 알아보면 차이점이 더욱 분명해진다.

- 당신이 맺고 있는 각 관계의 목적은 무엇인가(사회적 친목, 공부, 일, 기도, 분별, 후원, 격려)?

- 개인이나 친구 관계에 있어서, 당신은 분명한 혹은 암묵적인 목적을 설정하면서 행동하는가? 당신은 목적이나 가능성들이 관계 안에 내재되어 있다고 생각하는가, 아니면 목적에 대해 생각함이 없이 그냥 관계가 발전하도록 내버려두는가?

- 어떤 목적들이 관계를 맺는 당신과 타인에게 분명한 것들이며, 어떤 것들이 덜 분명한 것들인가?

- 관계를 맺고 있는 사람들과 온전히 공유된 당신의 목적들은 무엇이며, 공유되지 않은 것은 무엇인가?

가족이나 친구들과 함께 하나님에 대해 이야기하는 것과 영성지도에서 하나님의 음성을 경청하기로 의도적으로 선택한 것 사이에는 차이점이 존재한다. 영성지도의 관계에 참여한 사람은 처음부터 목적이 분명하다. 그것은 하나님과 서로에게 귀를 기울이기 위해 자신을 내주는 것이다. 이것이 영성지도 관계의 핵심적 목적이다. 많은 다른 관계들은 어떤 관계를 보다 더 발전시키겠다는 우리의 결정에서 발생하기보다 삶의 정황에서 자연스럽게 발생한다. 주요한 차이점은 분별에 초점을 맞춘다는 사실과 그 분별하는 의도성의 수준이 다르다는 사실에 기인한다.

비록 우리가 정해진 시간에 따라 영성지도자를 만나기로 결정했다 해도 우리는 계속 기도해야 하며, 신뢰할 만한 다른 사람들에 대한 정보를 얻는 것도 계속해야 한다. 이것은 자연스러운 일이다. 우리는 아마도 영성지도라는 네트워크의 한 부분이라고 말할 수 있겠다. 우리는 정기적으로 영성지도자를 만나고 있음에도 불구하고, 컨퍼런스나 피정에서 만나는 영성지도자와 대화를 나누고 싶어 한다. 중요한 것은 하나님께서 허락하신 주된 영성지도자를 갖는 것이며, 동시에 성령께서 많은 자원들과 사람들을 통해서 계속해서 우리를 초청하신다는 것을 또한 인식하는 것이다. 한 사람에게 우리와 함께 하나님께 귀를 기울여 달라고 요청하는 것은 우리와 하나님의 상호작용뿐 아니라 타인과 하나님의 상호작용을 인식할 수 있는 우리의 의식과 능력을 확장하는 것이다.

반면에, 우리의 영성지도자가 아닌 다른 사람에게 영성지도를 요청하는 것은 적절하지 않다. 그 이유는 지나친 각성, 모호함, 방어적 자세가 발생하기 때문이다. 우리가 영성지도를 통해서 구하는 것은 하나님이지 현명한 인간의 조언이 아니라는 사실을 기억할 필요가 있다. 성령의 음성을 경청하기 위해서 우리가 많은 사람들을 찾아다니고 있다는 사실을 인식했다면, 그것은 우리가 다른 사람에게 나아가는 대신에 기도와 성경 읽기와 고독을 통해서 하나님에게 나아가야 함을 지적해 준다. 때때로 우리가 참으로 구하는 것이 무엇인지, 그리고 회피하려 하는 것이 무엇인지를 자문해야 한다.

## 배우자와 영성지도에 관해 논의하기

결혼한 사람으로서 영성지도를 받는 것을 고려하고 있다면, 자신의 배우자와 함께 논의하는 것이 좋다. 하나님의 초대에 대한 자신의 느낌을 배우자에게 설명하고, 도움이 되는 것이면 무엇이든지 배우자와 함께 논의할 수 있다. 영성지도에 대해 적절하게 설명할 자신이 없다면, 배우자에게 이 책의 1장이나 참고문헌 안에 수록된 책이나 웹 사이트를 읽어보도록 제안할 수 있다.

우리는 보통 자신과 똑같지 않는 사람을 배우자로 선택한다. 배우자들은 많은 면에서 서로 다르다. 자신의 신앙 경험을 배우자와 나누는 사람도 있고, 그렇지 않은 사람도 있다. 비록 같은 신앙과 가치와 전통을 공유하고 있을 때조차도, 우리는 신앙의 성숙을 위한 서로 다른 방식을 필요로 할 수 있다. 우리가 선택한 방식들 중에는 배우자의 공감을 얻는 것도 있지만 배우자가 위협감을 느끼는 선택도 있을 수 있다. 배우자의 반응이 어떠하든지 관계없이 우리는 비밀스러울 필요가 없다. 왜냐하면 비밀스러운 방식은 배우자에게 불안감을 야기하지 않을 수 없기 때문이다. 영성지도가 어떤 것인가에 관해 배우자와 공개적으로 대화를 나누는 것이 중요하다.

우리가 논의할 필요가 있는 것은 영성지도자가 동성인지 이성인지의 여부이다. 우리의 개인적인 과거, 동성이나 이성의 사람에게 성적으로 자연스럽게 매혹되는지의 여부, 현재 결혼생활의 상태, 그리고 영성지도를 받으려하는 이유들, 이 모든 것들이 기도해야할 뿐 아니라 배우자와 논의해야 할 것들이다.

배우자가 서로를 위한 영성지도자가 되어야 하는가에 대해 질문하는 사람들이 있다. 함께 살아가는 삶의 정황에서, 때때로 서로를 위한 영적 안내자의 역할을 하는 것은 자연스러운 일이다. 특별히 서로가 같은 영적 소망들을 지니고 있다면 더더욱 그렇다. 우리는 배우자와의 관계에 대해 하나님께 말씀드리고, 배우자와 함께 기도하며, 함께 봉사할 수 있다. 그러나 하나님의 초청을 감지한 사람들 대부분은 배우자 외의 사람들 중에서 영성지도자를 구하기 원한다.

부부는 필연적으로 서로의 삶에 깊이 개입되어 있다. 따라서 배우자와 함께 하나님의 음성을 경청할 때, 온전히 객관적인 자세를 유지하는 것은 불가능하다. 성령께서 배우자에게 말씀하신 것에 우리가 너무 깊이 개입되어 있을 뿐 아니라, 우리는 또한 배우자에게 갖는 기대에 의해 영향을 받는다. 영성지도의 가장 핵심적 목적—아무런 방해 요인들이 없이 가능한 한 최대로 명확하게 하나님의 음성을 듣는 것—이 쉽게 손상될 수 있다.

많은 부부들이 공동으로 결정할 사항에 대해 함께 기도하면서 분별에 참여한다. 그들은 개인적으로뿐 아니라 공동으로 자신들의 하나님 사랑을 키워 나간다. 부부간의 이러한 상호작용은 그들 부부에게 영향을 미치는 관계의 네트워크 중에서 특별한 것이 된다. 영적 안내의 네트워크는 그들로 하여금 하나님을 인지하여 응답하게끔 해 주는 모든 사물과 사람을 포함한다.

우리의 네트워크는 고유하다. 수잔(Susan)의 네트워크에는 남편 샘(Sam), 영성지도자인 진(Jean), 직장과 교회에서 신뢰하는 친구들, 직접 만나거나 전화나 이메일 그리고 서신을 통해 접촉을 유지하는 원근 각처에 흩어져 있는 마음의 친구들, 그녀의 목회자, 핵가족과 대가족 구성원들, 피정, 세미나, 단기교육 상황에서의 일회적인 지도의 기회들, 그녀의 삶의 정황에서 발생하는 것들이 포함된다.

칼(Carl)의 네트워크는 더 작지만 그에게는 마찬가지로 중요하다. 그의 네트워크는 고등학교 시절부터 계속된 한 친구, 그의 아내 카렌(Karen), 그들의 가족과 교회, 두 명의 남성과 두 명의 여성으로 구성된 영성지도 그룹들을 포함한다.

## 친구를 영성지도자로 고려하는 것

친구를 영성지도자로 삼았을 경우에는 배우자를 영성지도자로 삼았을 경우와 동일한 어려움이 어느 정도 발생한다. 끈끈한 우정과 서로에 대한 관심이 하나님의 음성을 명확하게 듣는 능력을 저해할 수 있다. 그러나 친구 사이의 영성지도가 타당한 경우가 있다. 하나님께서 친구 관계를 영성지도의 관계로 인도하실 때에는, 영성지도를 위한 시간을 별도로 잡아서 서로 번갈아 가며 지도자와 피지도자의 역할을 감당해야 한다. 서로가 영성지도에 대해 충분히 알기 전에, 나는 친구와 함께 영성지도에 관한 논의를 시작한 적이 있다. 우리는 그것을 기도 사역이라고 칭했다. 우리는 치유기도 사역에 참여했으며, 많은 사람들의 여정에 동행하면서 기도에 대해 배웠다. 하나님께서는 우리의 인식을 새로운 방식으로 열어 주셨다. 우리는 수많은 질문에 관해 토론하기 시작했으며 치유와 성경, 예수와 성령, 다양한 기도, 우리의 바람과 하나님의 바람에 대해 묵상했다. 우리는 하나님을 더욱 사랑하며 섬기고 싶었다. 성령께서 새로운 방식으로 우리를 하나님의 사랑 안으로 초청하고 계시다는 것이 분명해졌다. 하나님과의 사랑의 관계는 더욱 우리 삶의 중심이 되어 갔다. 처음에는 친구가 나를 인도했다. 우리의 우정이 깊어져 감에 따라, 우리의 영성지도의 대화는 보다 상호적이 되어 갔다.

친구간 상호 동의를 통해 연속적인 만남을 할 수 있다. 그러나 연속적인 만남의 경우에도 각 만남 사이에 몇 시간이나 몇 날의 간격을 두는 것이 바람직하다. 피지도자는 오직 피지도자의 역할에만 주의를 집중해야 한다. 이전이나 이후의 만남에서 자신이 지도자로서 상대방을 영성지도 한 것이나 할 것에 대해 생각함이 없이, 오직 피지도자로서의 현재의 역할에만 충실해야 한다. 또한 영성지도의 만남 이전과 이후에 갖는 고독과 침묵의 시간은 내면의 소리와 하나님의 음성에 더 깊은 주의를 기울일 수 있게 해준다.

어떤 친구들은 서로 만났을 때 수많은 사회생활의 경험을 이야기하게 됨으로써, 객관적 자세를 지닌 채 영성지도를 하기가 점점 더 어렵게 되는 것을 발견하기도 한다. 이런 경우 그들은 하나님께서 특정한 시간에 그들 사이에 어떤 관계를 갖기를 원하시는지를 기도하면서 분별해야 한다. 교제를 나누는 친구인가, 아니면 영성지도를 위한 동반자인가? 그러나 또 다른 사람은 만남의 시간과 목적을 구별하여, 각각 그 목적에 맞게 만남을 유지한다. 그들이 영성지도를 위해 특정한 시간을 설정했을 때, 그들은 하나님의 음성을 경청하여 응답할 수 있는 충분한 자유를 경험하고, 참된 영성지도의 관계가 성립되는 것을 경험한다.

영성지도를 통해 하나님의 인도하심을 구하는 것과 친구에게 조언을 구하는 것 사이에는 많은 차이점들이 존재한다. 양자 모두 소중한 것이다. 영성지도의 참여자들은 기도하면서, 그들의 관계 안에 영성지도를 강화시키는 요소들이 존재하는지의 여부를 끊임없이 분별한다.

만일 하나님께서 친구 관계 안에서 영성지도를 갖기를 원하신다면 그것들이 잘 작용할 수 있도록 도우실 것이다. 그러나 일반적으로 영성지도의 관계가 친구 관계 외에서 이루어지는 것이 건강한 경계를 설정하고, 혼잡을 피하며, 자유롭게 이야기하는 것을 더욱 가능하게 해준다.

## 피지도자와 지도자의 책임

영성지도의 파트너들은 영성지도 시간 내외에서 하나님과의 관계에 주의를 집중해야 한다. 피지도자는 항상 자신의 하나님과의 관계에 대한 책임성을 지닌다. 어떤 상황에서도 그 책임은 지도자에게 양도될 수 없다. 피지도자들은 스스로 어떤 영적 훈련을 할 것인지를 기도하면서 결정하고 그 훈련 참여에 대한 책임을 감당해 감에 따라 분별력의 성장을 경험하게 된다. 성령의 인도하심에 응답하기 위해서, 피지도자들은 어떻게, 이디에서, 언제 기도하며 말씀을 묵상할 것인지를 결정한다. 그들은 교회 공동체의 예배, 기도, 연구, 봉사에 어떤 방식으로 참여하는 것이 하나님의 뜻인지를 결정한다. 피지도자는 기도하면서 하나님의 요청이 무엇인지, 자신들이 어떻게 응답할 것인지를 분별한다.

영성지도는 감시 감독의 체제가 아니다. 피지도자는 하나님, 자기 자신, 그리고 영성지도자에게 진실할 책임이 있다. 그리고 성령께서 자신의 마음에 떠오르게 하시는 것이면 무엇이든지 기꺼이 이야기할 책임이 있다. 영성지도자와 함께 자신에 관해 그리고 자신이 행한 일들에 관해 대화를 나눌 때, 피지도자들은 자신의 동기와 감추어진 부분들을 보다 잘 볼 수 있게 되며 수정해야 할 것도 더 잘 알게 된다. 때때로 피지도자들은 불가능하거나 적합하지 않은 목표를 설정하기도 한다. 비록 그들이 이 모든 것을 지도자에

게 이야기하지만, 그들의 마음은 항상 자신과 하나님 사이에 머물러 있어야
한다.

영성지도자는 피지도자와 함께 기도하며, 경청하며, 정직하게 반응한다.
지도자들은 끊임없이 자신과 하나님의 관계를 풍요롭게 하는 작업을 한다.
영성지도자는 자신이 행한 영성지도에 대한 감독을 받을 의무가 있다. 그들
은 피지도자가 누구인지를 밝히지 않은 채 감독을 받는 것에 관해서 피지도
자의 허락을 받아야 한다.

지도자는 영성지도의 시간 안팎으로 피지도자를 위해서 기도한다. 지속
적인 기도는 영성지도의 토대이다. 기도가 사라지면, 참된 영성지도도 사라
진다. 지도자는 피지도자를 위해서, 피지도자는 지도자를 위해서 기도한다.
영성지도의 관계 그 자체는 하나님께서 원하시는 방식 안에서 서로를 위해
기도하는 관계가 된다.

성경의 기준에 합당한 윤리적이고 도덕적인 행동이 영성지도에서 이루어
지는 행동들의 기준이 되어야 한다. 지도자와 피지도자는 하나님뿐 아니라
서로에게도 합당한 행동을 하도록 최선을 다해야 한다. 양자는 개방성을 촉
진하고 신뢰를 구축하는 상호적 비밀 보장의 관계에 들어간다. 하나님과의
관계에서 발생하는 세부적이고 개인적인 것을 이야기할 때, 우리는 상처받
기 쉬운 상태가 된다. 우리의 대화 내용이 다른 사람과의 대화의 주제가 되
지 않도록 보호되고 있다는 것을 알 필요가 있다. 양자는 도덕적 혹은 윤리
적 질문들이 발생했을 때 논의할 책임이 있다는 것을 인정한다.[2]

---

2) 많은 훈련 센터들과 국제영성지도자협회는 영성지도자를 위한 윤리강령을 작성했
　다. 지도자들은 적절한 윤리지침을 숙고해야 한다. 그러나 영성지도가 전문적 직종

지도자와 피지도자는 서로를 더욱 존중하고 상대방 안에 있는 하나님을 더욱 존중하게 되지만 영성지도 동반자 관계는 근본적으로 영성지도 만남 밖에서 일어나는 활동을 함께하는 친교 관계가 아니다. 양자는 하나님께 열려 있기 위해 상호간에 건강하며 사랑에 찬 거리 둠을 유지해야 한다.

## 영성지도의 관계를 종결하기

　영성지도의 관계가 영원히 지속되지는 않는다. 각 지도의 관계는 각자의 지속 기간이 있다. 각각의 영성지도는 시작해서, 자라서, 발전해서, 마침내 그 목적을 이룬다. 어떤 영성지도는 일회적 만남일 수 있다. 또 어떤 것은 수년간 지속된다. 영성지도를 시작했을 때, 우리는 보통 9개월에서 1년 동안 영성지도를 한 후에 지속 여부를 평가할 시간을 갖기로 정한다. 때로는 계획을 완결하거나 목표를 달성하기까지 보다 긴 기간의 만남을 정하기도 한다. 전환의 시기에는 더욱 긴 기간의 만남을 요구할 수 있다. 그러나 설령 그렇다 하더라도, 일 년에 한 번 정도는 이 영성지도가 여전히 하나님의 뜻에 합당한 것인지를 대략적으로라도 재평가하는 것이 도움이 된다.

　성령께 귀를 기울이는 것은 영성지도의 종결 시점을 주의 깊게 살펴보는 것을 포함한다. 개인기도, 묵상, 영성지도의 대화 등을 통해 우리는 하나님께서 새로운 어떤 것으로 부르고 계시다는 사실을 감지할 수 있다. 아마도 성령께서 우리를 새로운 영성지도자에게로 초청하시거나, 아니면 일정 기

---

이 되기보다 성령의 은사로부터 흘러나오는 사역으로 유지되는 것이 중요하다.

간 동안 영성지도를 쉬도록 요청하실 수 있다.

우리가 현재 갖고 있는 영성지도의 관계는 중요한데, 왜냐하면 우리는 이 관계를 통해서 하나님의 음성을 경청하기 때문이다. 그러나 하나님의 음성을 듣는 데 있어 하나님께서 우리를 위해 무언가 또 다른 어떤 것을 원하신다고 느낄 수도 있다. 영성지도의 관계가 특별해졌을 때, 우리는 그것을 종결하기가 어렵다는 것을 발견한다. 우리는 적절하거나 편안하게 느껴지는 것을 계속해서 붙잡고 싶어 한다. 하나님의 임재와 복을 느껴 온 관계를 종결하는 것은 마음이 불편하다. 우리는 상실감이나 슬픔에 대해 기도해야 하며, 하나님의 새로운 인도하심을 위해 기도하고 준비하며 그것을 받아들이는 과정을 충분한 시간을 두고 밟아 가야 한다. 이와 같은 과정을 통해 우리가 준비되었을 때, 그 변화는 다음 단계를 향한 올바른 발걸음처럼 느껴질 것이다.

때때로 우리는 여러 가지 이유 때문에 영성지도의 관계가 더 이상 적절하지 않다고 느끼고 다른 영성지도자에게로 옮겨가고 싶어 한다. 현재의 영성지도에 불만족해 할 때, 종결하고 싶어 하는 우리의 동기들을 검토하고, 기도와 기다림 속에서 그 동기가 적절한지를 살펴보는 것이 좋다. 영성지도의 원래 목적이 흐려졌을 수도 있다. 관계가 상담이나 친구관계의 사귐으로 전환되었을 가능성도 있다. 다른 사람이 보다 도움이 될 수 있는 상태로 우리가 성장했을 수도 있다. 또는 다른 방식의 기도나 영성훈련에 참여하고 싶어졌을 수도 있다.

어느 한 사람이나 양자가 관계에 너무 깊이 몰입되면, 성령께서 말씀하신 것을 객관적으로 듣기가 점점 어려워지게 된다. 혹은 영성지도자가 피지도자를 너무 잘 알면, 하나님께서 보여주시는 새로운 것을 볼 수 있는 능력이 제한될 수 있다. 때때로 피지도자가 하나님을 더욱 의존하기보다 영성지도자에게 의존적이 될 수도 있다.

영성지도의 관계를 종결하고 싶어 하는 이유가 무엇이든지 간에, 우리는 성령께서 말씀하시는 것을 분별해야 한다. 하나님의 음성을 듣는 것이 항상 편안한 것은 아니다. 때때로 우리는 듣지 않으려고 한다. 그러나 영성지도의 관계를 종결하려고 할 때는 언제나 기도와 분별이 요구된다. 분별 과정이 단기간이거나 장기간이 될 수도 있다. 지도자와 피지도자는 홀로 그리고 함께 기도하면서, 관계를 지속하려 하거나 끝내려고 하는 자신들의 동기들을 면밀하게 살펴보아야 한다. 그리고 성령의 인도하심을 구해야 한다. 우리는 지속하거나 끝내는 것에 관한 이유와 바람과 두려움 등을 가능한 한 명확하게 상술할 수 있기를 원한다. 우리는 즉각적으로 표피적인 이유들을 인지할 것이다. 그러나 기도와 숙고를 통해서 보다 깊은 차원의 것을 발견할 필요가 있다. 우리는 드러나는 것을 하나님, 우리 자신, 그리고 서로에게 솔직하게 말하기를 원한다. 그럼으로써 성령께서 인도하시는 방향을 감지하기 원한다.

어떤 영성지도의 관계에서든, 양자 혹은 그 중 한 사람이 관계를 종결하기를 원하는 순간들이 있다. 관계 종결의 바람은 우리 자신, 영성지도 관계를 맺고 있는 상대방이나 관계 밖에 있는 타인들, 혹은 영적인 영향들로부터 기인할 수 있다. 이러한 것들 중에는 하나님께로부터 온 것도 있고 그렇지 않은 것도 있다. 영성지도의 대화가 하나님과의 관계에서 우리가 지닌 실질적인 문제들에 접근해 갈 때, 우리는 때로 영성지도를 떠나고 싶어 한다. 그러므로 우리는 분별을 해야 하며, 조급한 결정을 피해야 한다. 의식적으로든 무의식적으로든, 우리는 하나님을 신뢰할 것인가 아니면 우리의 본능을 신뢰할 것인가에 관해 점점 확신이 없어진다. 우리의 한 부분은 성령께서 우리에게 제기하신 것을 직면하기보다 그로부터 도망치려고 한다. 우리는 종결을 원하는 동기가 무엇인지를 하나님께서 밝히 드러내 보여주시도록 충분한 시간을 하나님께 드려야 한다. 기도와 분별을 통해서 우리는 하나님의 임재와 돌보심을 경험하는 평안의 공간을 확보하게 되고, 그 공간에서 우리의 다음 행보가 무엇이어야 하는지를 분명하게 알게 된다.

헤어짐이 요청될 때, 지도자와 피지도자는 필요한 것을 마무리할 수 있을 정도로 충분한 시간을 가져야 한다. 이때 우리는 기쁨, 슬픔, 혹은 두려움을 경험할 수도 있다. 영성지도가 의미 있는 경험이었을 때, 우리는 하나님께서 제공하실 이후의 기회들을 간절히 기대한다. 왜냐하면 하나님을 좋으신 분이라고 확신하기 때문이다. 혹은 그와 같은 하나님과의 친밀한 사랑과 자유, 그리고 그리스도 안에서의 성장을 또 다른 사람과의 영성지도에서도 경험할 수 있을까라는 생각을 할 수도 있다. 만일 영성지도의 관계가 의견의 불일치나 배신감과 같은 느낌의 상태에서 끝나게 된다면, 우리는 또 다른 영성지도의 관계에서 우리 자신을 상처받기 쉬운 상태로 내놓는 것을 두려워하게 될 수도 있다.

그러나 모든 가능한 상황 속에서도 은혜는 역사한다. 어떠한 중요한 관계를 종결하게 될 때, 우리는 타인과 함께함으로써 경험하게 된 선물들에 대한 기쁨에서 진한 슬픔이나 고통에 이르기까지 복합적인 생각과 감정을 경험하게 되기 싶다. 여기서 다시 한 번 우리는 하나님을 바라볼 필요가 있다. 우리는 성령의 인도하심과 위로하심을 구해야 한다. 주님께서 우리의 다음 행보를 이끌어 가시도록 도움을 구해야 한다. 우리가 하나님의 사랑의 임재에 응답하기만 한다면, 은혜는 언제나 주어진다.

# 성찰을 위한 질문

1. 당신은 어떤 빈도로 영성지도의 만남을 갖기 원하십니까?

2. 장소의 어떤 면들이 당신에게는 중요하게 느껴집니까?

3. 돈에 대한 당신의 태도가 영성지도자에게 비용을 지불하는 문제에 대해 어떤 영향을 미칩니까? 비용을 지불한다면, 당신은 영성지도를 보다 신중하게 받을 것 같습니까? 지불하지 않는다면, 어떤 이유 때문입니까? 비용 지불의 문제에 관해 기도한다면, 당신은 어떤 결론에 도달할 것 같습니까?

4. 영성지도를 위해 지도자를 만나는 것이 당신에게 얼마나 중요한 일입니까? 이 일에 관해 당신의 배우자나 당신의 삶에서 중요한 사람들과 어떻게 논의할 것입니까?

5. 영성지도자나 피지도자의 책임에 대해 읽는 동안, 당신의 관심을 끈 것은 무엇이며, 당신을 주저하게 만든 것은 무엇입니까?

6. 영성지도의 관계를 시작할 때 어떤 계약을 맺는 것이 종결이 필요하다고 느껴질 때 만족스러운 끝맺음을 촉진시킬 수 있겠습니까? 지속적인 평가를 위해 어떤 규정을 갖는 것이 도움이 될 수 있겠습니까?

7. 관계를 종결함으로 인해 겪었던 당신의 경험과 역사가 영성지도를 종결할 때의 당신의 인식, 사고, 느낌, 희망, 두려움, 그리고 기도에 어떤 영향을 미치겠습니까?

8. 영성지도의 관계에 참여하고 있다면, 그 관계를 어떻게 설명하겠습니까? 하나님께서는 당신의 삶 속에서 그 관계를 어떻게 사용하십니까? 어떤 순간에 당신은

   ● 은혜를 경험합니까?

- 당신의 무지함을 인지합니까?

- 보다 깊은 그리스도를 향한 사랑과 봉사로 초대됩니까?

- 심각하게 씨름합니까?

- 하나님에 의해 감동되고 변화됩니까?

9. 영성지도의 관계를 종결하는 가장 중요한 이유는 무엇입니까?

10. 영성지도의 관계를 종결함으로 고통을 겪어 본 적이 있거나 혹은 지금 고통을 겪고 있습니까? 상실감은 마치 무엇과 같습니까?

11. 하나님께서 당신의 발걸음을 새롭게 어디로 부르고 계시다고 느끼십니까?

## 제8장

# 영성지도에서의 대화

영성지도자들이 다음의 질문을 자문해 보는 것은 매우 유익한 일이다. 영성지도에서 참으로 우리의 영적 관심을 구성하는 요소들은 무엇인가?…피지도자의 삶 가운데서 활동하시는 성령의 역사를 발견하고자 하는 우리의 단순하고 겸비한 의도를 방해하는 것은 무엇인가?…영성지도는 반드시 그 속성이 가장 명확하고 구체적인 관점에서 영적인 것으로 간주되는 것들, 즉 하나님의 임재나 인도하심을 드러내는 것들 또는 피지도자의 삶에서 가장 직접적으로 작용하는 은혜의 증거들을 우선적으로 다루어야만 한다. 따라서 영성지도는 개인의 기도생활과 금식이나 검소한 삶과 같은 다른 금욕적 훈련에 대한 피지도자의 성향, 하나님의 임재와 부재 또는 부르심을 감지하는 것, 하나님을 향한 개인적 갈망, 하나님 안에서의 충만한 삶을 살기 위한 자유를 고취하거나 저해하는 다양한 요소들에 우선적인 관심을 기울여야 한다.…영성지도에서 모든 삶의 경험을 다룰 수 있지만, 그것은 영적 관심이라는 빛 아래서 검토되어야 한다. 영성지도에서 삶의 경험을 다룰 경우, 그 어떠한 경우에도 그것이 영적 관심의 빛을 상실하게끔 해서는 안 된다.

제럴드 매이[1]

---

1) Gerald G. May, *Care of Mind, Care of Spirit* (San Francisco: Harper & Row, 1983), 14.

두세 사람이 내 이름으로 모인 곳에는 나도 그들 중에 있느니라.

마태복음 18:20

우리의 태도, 논의의 주제들, 영성지도자와 피지도자의 역할 설정, 영성지도 시 대화의 흐름은 하나님의 음성에 귀 기울이거나 저항하는 그리고 하나님을 따르거나 멀리하는 우리의 방식을 드러낸다. 영성지도는 우리에게 의미 있는 모든 것, 즉 우리가 슬픈지 아니면 행복한지, 긴장되는지 아니면 편안한지, 건강한 관계인지 아니면 문제가 있는 관계인지, 생산적이며 만족한 느낌을 갖는지 아니면 그렇지 않는지에 의해 영향을 받는다. 우리의 태도는 영성지도 중 어떤 대화가 이루어질 것인가를 실질적으로 결정한다.

우리가 발전시키기 원하는 말하고 경청하는 방식은 편안한 마음으로 하나님께 수용적인 자세를 유지할 수 있는 차분하고 비공식적인 환경에서 가장 활짝 피어난다. 그러나 항상 이런 환경이 가능한 것은 아니다. 때때로 우리는 심란하거나 흥분된 마음으로, 혹은 당일에 있었던 일에 온 신경이 집중된 채로 영성지도의 장소에 도달하기도 한다. 처음에는 강하고 적극적인 생각과 느낌으로 가득한 우리들의 모습을 발견할 수 있다. 떠오르는 많은 생각을 잘라버리려는 노력은 단지 우리를 더욱 혼란스럽게만 할 뿐이다. 우리의 상태를 인정하고, 단순하게 많은 생각으로 들끓는 자아를 하나님의 돌보심 안에 내려놓는 것이 도움이 된다. 가치 있는 것들이 발생하기 위해서는 하나님을 의지할 수밖에 없다는 것을 정확하게 인식하였을 때, 가장 유익한 영성지도의 대화들이 이루어진다. 우리는 성령께 우리가 되고자 하는 존재로서의 우리가 아니라, 있는 그대로의 우리와 함께 계시도록 요청한다.

비록 우리는 가까운 과거나 미래를 위한 시사점을 이야기하기도 하지만,

현재에 초점을 두는 것이 가장 중요하다. 우리를 하나님께 온전히 내맡기기 원하며, 영성지도자와 피지도자가 서로를 향해서도 온전히 주의를 집중하기를 원한다. 그 밖의 모든 것들이 비록 흥미로운 것이라 할지라도 관심의 대상에서 사라지도록 기꺼이 허용하는 자발성은 우리가 듣고 볼 수 있는 것들에 영향을 미친다(우리가 어떤 사람이나 사물에 온전한 주의를 집중하는 경우가 드물다는 사실은 우리를 당혹스럽게 한다). 하나님께 온전한 주의를 집중한 채 영성지도자와 피지도자가 서로를 향해 온전한 주의를 기울이는 것이 영성지도 대화의 토대이다. 모든 주제들은 이러한 정황 안에서, 즉 하나님의 음성을 경청하고자 온전히 주의를 집중한 상태에서 발생한다.

영성지도는 독특한 관점을 제공한다. 우리는 이러한 관점을 지니고 친밀한 동반자이신 예수와 혹은 성령과 함께 걷는다. 우리는 사랑스런 그러나 적당한 거리를 둔 관점으로 자신을 성찰할 수 있기를 간청한다. 우리는 주의 집중을 필요로 하는 것이 무엇인지를 알기 원하며, 하나님께서 우리에게 말씀하신 것을 듣기 원한다. 우리가 너무 성급하여 성령의 음성을 듣지 못하거나 심지어 우리 자신의 최선의 조언을 듣지 못하지는 않는지를 알기 원한다. 영성지도 시간에 하나님을 향해 열려 있는 것이 일상생활에서 하나님의 음성에 더욱 귀를 기울이도록 우리를 도와줄 수 있기를 소망한다.

영성지도의 태도 또는 분위기는 내용만큼이나 중요하다. 당신은 영성지도 시간이 끝나기를 바라면서 서두르는가, 아니면 끝나는 것을 아쉬워하며 그것을 소중한 선물처럼 여기는가? 영성지도에서의 우리의 태도는 어떤 면에서 우리의 삶의 방식을 드러내주고 있는가? 우리 일상생활의 특징은 무엇인가? 어느 정도로 분주함과 차분함이 혼합되어 있는가? 하나님과 서로에게 주의를 집중하고 있는 상태는 한 시간 동안의 만남에서 어떤 변동을 보이는가? 우리의 정신이 다른 곳에 가 있거나 대화가 곁가지로 흐를 수도 있다.

때때로 우리는 곁길로 빠진다.

아래의 대화는 영성지도에서 나누는 대화의 한 예이다. 데이브(Dave)는 자신의 하나님 경험을 설명했다. 그의 느낌과 반응은 자신과 영성지도자를 하나님의 신비로 이끌리게 하였다. 그런 후, 그들은 경외와 감사에서 분석으로 이동하여 데이브의 경험을 다양한 각도에서 바라보았다. 오래지 않아 그들은 심리학의 올가미에 갇히게 되었고, 데이브가 지녔던 하나님 체험의 기쁨을 상실하였다. 그들은 여전히 하나님에 대해서, 그리고 하나님과 관련된 것에 대해 이야기하였다. 그러나 그들은 지나치게 조사하는 대화의 분위기로 이동해 갔으며, 기도하는 마음으로 나누는 대화의 질을 상실했다.

**지도자:** 당신에게 사과할 것이 있습니다. 당신의 이야기가 너무 흥미로워서, 기도하는 마음으로 성령께 주의를 집중하는 것을 상실했습니다. 이해의 차원을 넘어서는 것을 분석하려는 오류에 빠져들었습니다. 마치 엉뚱한 길로 여행한 것 같은 느낌이 드는군요. 당신은 어떻게 생각하십니까?

**피지도자:** 저도 그렇다고 생각합니다. 그러나 저에게는 많은 질문이 있었습니다. 그래서 처음에 시작한 분석은 도움이 되었습니다. 그러나 우리의 분석이 완전히 다른 방향에 초점을 맞추었을 때, 생동감이 사라지는 것 같았습니다. 나는 그 경험의 성스러움에 대한 감각과 우리와 함께하신 하나님의 임재에 대한 감각을 상실했습니다. 사실 우리가 대화를 시작했을 때, 나는 그것을 분명하게 느끼고 있었거든요. 이것이 나를 좀 슬프게 만듭니다.

**지도자:** 당신의 하나님 체험을 존중하고, 그것의 즐거움을 계속해서 유지하기 위한 적절한 방법이 있습니까?

**피지도자:** 영성일지를 기록하는 것과 개인 기도를 하는 것이 그 체험에 관해 지금 이야기하는 것보다 더 좋으리라 생각됩니다.

**지도자**: 그게 좋을 것 같군요.

**피지도자**: 곁길로 샌 것을 끝마치게 해 주어서 감사합니다. 해부하는 것 같은 분위기에서 해방되어서 정말로 마음이 놓입니다. 그것은 마치 어떤 사람이나 사물이 나를 혼란케 만들거나, 혹은 하나님 체험에 대한 나의 친밀함과 확신을 약화시키는 것 같았습니다. 하나님의 친밀한 동행에 감사드립니다. 나는 그 느낌을 절대로 잊어버리지 않을 것입니다.

**지도자**: 여기서 잠시 침묵의 시간을 가진 후, 기도로 되돌아가서 하나님의 생각이 무엇인지를 살펴보는 것이 좋겠습니다. 준비가 되었을 때, 대화를 다시 시작해 주십시오.

## 논의의 주제들

논의의 주제는 일반적으로 피지도자들이 선택한다. 논의할 주제를 선택한다는 것은 피지도자들 자신에게 의미 있고 중요한 주제가 무엇이며, 그리고 그들이 어떤 주제에 관해 논의할 준비가 되어 있음을 드러내는 의사소통의 한 방법이다. 하나님의 벗이 되어 있는 곳으로부터, 즉 마음속 깊은 곳으로부터 우러나와서 말한다고 하는 것은 용기, 자발성, 그리고 적절한 시점을 필요로 한다.

피지도자는 신과 인간의 관계의 수많은 측면들에 관해 이야기한다. 자신들의 하나님 경험, 하나님에 대한 자신들의 생각, 하나님께서 자신들을 사랑한다고 느낄 때가 언제인지, 하나님께서 자신들을 잊었거나 싫어한다고 느낄 때가 언제인지에 관해 그들은 이야기한다. 어떤 때 하나님의 은혜를 느끼는지, 곤경에 처했거나 혼란을 겪고 있다고 느끼는지, 화가 나거나 슬프거나 실망감을 느끼는지를 그들은 설명한다. 피지도자들은 기도와 자신들이 하나님을 추구하는 다양한 방식들에 관해 이야기한다. 그리고 사랑, 자발성, 하나님의 음성을 경청하여 준수하고자 하는 열망을 고취하기 위해 행하는 것에 관해 이야기한다.

피지도자는 영성지도에서 기도에 관해 상당히 많은 시간 동안 이야기한다. 왜냐하면 그들의 최우선 순위는 기도하는 것이기 때문이다. 기도는 그들이 의도적으로 마음을 열어 하나님의 음성을 듣고 그에 응답하기 위해 자신을 드리는 방식이다. 피지도자는 또한 자신들에게 의미 있는 것은 무엇이나 이야기한다. 또한 하나님께서 자신의 삶의 모든 부분에 함께 계신다는 것을 인지하는 데 도움을 주는 것을 이야기한다. 그들은 다음의 것들에 관해 이야기한다:

- 하나님과 주님의 사람, 자녀, 딸, 아들, 추종자, 종, 사랑의 친구, 제자로서의 자기 자신들

- 그들의 기도와 하나님과의 관계가 지닌 특징들

- 하나님의 사랑에 대한 그들의 인식과 늘 더 큰 사랑으로 하나님의 사랑에 응답하고 싶어 하는 그들의 열망

- 하나님과의 관계에서 발생하는 감정의 부재나 부정적인 감정들

- 하나님과 성경과 그들 자신—그들에게 직접적으로 말씀한 것으로 느껴지는 성경 구절들, 그들의 응답 방식, 그들의 성경읽기와 연구의 형태, 성경해석의 방식

하나님과 타인과의 관계—가족, 친구, 동료, 사이좋게 지내는 사람들이나 친하게 지내지 않는 사람들을 통해서 성령께서 그들에게 가르치거나 요청

하시는 것. 성욕, 성별, 성과 관련된 문제들 역시 영성지도의 대화 내용이 된다(제5장, "영성지도를 준비하기"). 제15장 "공통적인 어려움의 영역들"은 성욕이 영성지도에서 마음을 혼란케 하는 요소로 작용하게 되는 경우를 다루고 있다.

- 하나님과 기관들—교회, 학교, 직장, 사교 모임
- 하나님과 일—하나님의 일, 그들의 일, 타인들의 일
- 하나님과 세계

피지도자들이 성령의 초대에 귀 기울일 때, 그들은 종종 하나님과의 친밀한 사랑의 관계 안에 머물러 있기 위해 무엇이 필요한지를 감지한다. 그리고 영성지도에서 무엇에 관해 이야기해야 하는지를 안다. 피지도자로 하여금 하나님께 귀를 기울이게 하고 하나님을 생각하게 만드는 것은 무엇이나 영성지도 대화의 주제가 될 수 있다.

## 영성지도 대화의 흐름

지도자는 피지도자가 도착하기 전에 기도한다. 성령의 임재에 민감하게 깨어있을 수 있도록, 또한 자신의 개인적 관심사들은 한 쪽에 밀쳐놓을 수 있도록 간구한다. 지도자는 자신의 환경에 적합한 방식으로 기도한다. 그들의 기도는 오늘의 영성지도에서 자신들이 기대하는 것을 떠올려보고, 그것을 하나님께 맡기는 것을 포함한다. 지도자는 기도를 통해 자신을 온전히 성령께 내맡긴다.

대부분의 영성지도의 시간은 성령께 귀를 기울이고자 하는 양자의 소망

을 나눔으로써 시작한다. 매 회기의 영성지도는 기도로 시작할 수 있다. 즉 침묵기도나 양자 혹은 한 사람에 의한 음성기도, 또는 차분한 어조로 성경을 읽음으로 시작할 수 있다.

그리고 난 후 피지도자는 대화를 시작한다. 피지도자가 자신의 이야기를 마친 후, 지도자가 반응을 하기 전에 몇 분 동안 침묵의 시간을 갖는 경우도 있다. 필요하다고 여겨질 때에는 양자 중 누구나 침묵이나 음성기도를 도중에 요청할 수 있다. 주신 통찰로 인해 하나님께 감사한 마음이 솟구치는 경우에는 감사의 기도를 드릴 수 있다. 상대방이 불안함, 혼란스러움, 혹은 꽉 막혀버린 느낌을 가질 때에는 대화를 멈추고 기도의 시간을 갖는 것이 좋다. 자신들의 이러한 느낌이 지적하는 바가 무엇인지를 하나님께서 보여주시도록 간구하는 기도, 혹은 그들 자신을 하나님께 다시 내맡기는 기도를 드린다.

때때로 우리는 성령께 저항하는 방어막을 설치하기도 하며, 우리 자신에 적대하기도 한다. 왜냐하면 우리는 하나님께서 보여주신 것을 알고 싶어 하면서도 동시에 알고 싶지 않은 이중적인 마음을 지니고 있기 때문이다. 중요한 주제들에 관해 이야기할 때조차도, 그 주제들이 최우선적으로 논의해야 할 주제가 아닐 수도 있다. 그리고 우리 또한 그 사실을 알고 있다. 우리는 최선을 다한 후에 은혜의 하나님을 신뢰한다. 우리가 나누는 대화가 하나님과의 관계에서 중심적인 것이든 혹은 주변적인 것이든지 관계없이 우리가 해야 할 것은 지도자와 함께 그 관계에 관해 기꺼이 이야기하겠다는 자발성을 보이는 것이며, 하나님의 임재와 하나님의 시각을 기쁘게 수용하는 것이다.

적어도 우리들 중 일부는 자유롭게 우리의 제한된 바람, 선입견, 저항을 인식할 뿐 아니라 그것을 넘어서서 하나님을 인식하여 따르기를 원한다. 그곳이 어디이든지 간에 우리가 진실할 수 있는 곳에서부터 대화를 시작하는 것은 우리의 마음을 열어 주며, 성령의 음성을 들을 수 있는 가능성을 증대시켜 준다.

영성지도에서 대화하는 동안 양자는 성령과 상대방에게 주의를 집중하여 경청하기도 하고, 주의 집중을 상실하여 헤매기도 한다. 우리는 자신이 헤매고 있다는 것을 감지한다. 이처럼 주의 집중을 상실하는 것은 어느 대화에서나 발생하는 통상적인 일일 수 있다. 그러나 우리가 헤매는 것이 논의할 필요가 있는 주제를 회피하려는, 그리고 하나님의 음성을 경청하여 따르고자 하는 우리의 가장 깊은 바람을 저해하려는 행위일 수 있다. 우리는 그 순간의 기호(嗜好)와 귀와 눈과 생각을 사로잡아 다른 것에 빠지게 만드는 잡념들에 의해 영향을 받는다. 주의 집중이 흩어지거나 하나님과 상대방에게 함께 하고 있지 못하는 자신을 발견할 때, 우리는 의도적으로 마음과 주의 집중을 하나님께 드려 다시 대화에 몰입할 수 있는 은총을 구해야 한다.

처음부터 마지막까지, 참된 영성지도는 무엇보다도 우리를 위한 하나님의 사랑과 우리에게 참된 길을 보여주고자 하시는 하나님의 소망에 우선적으로 달려 있다.


## 피지도자의 역할

영성지도의 만남을 기다리고 있는 피지도자들은 재미있는 딜레마에 빠진다. 그들은 하나님과의 관계에서 발생한 일들 중에서 특별히 자신에게 흥미로운 것에 관해 생각한다. 그러나 동시에 그들은 영성지도의 최우선 목적이 성령께서 그들에게 떠오르게 하시는 것을 말하는 것임을 알고 있다. 그들은 자신에게 흥미로운 질문을 하기 원하면서도 동시에 성령의 인도하심에 열린 마음을 유지하기 원한다.

우리에게 상당히 흥미로운 것이 하나님께서 우리가 인식하여 논의하기를 원하시는 것일 수도 있고 아닐 수도 있다. 하나님의 음성을 경청하고 솔직하게 이야기하려는 자발성은 우리의 몫이다. 그 나머지 모두는 하나님의 몫이다.

때때로 이야기를 떠올려서 그 중 일부를 영성지도자에게 말하는 것은 우리의 하나님과의 관계를 상당 부분 드러내 준다. 전혀 계획하지 않았던 주제에 관해 이야기했음에도 불구하고, 영성지도의 대화를 통해서 치유, 도움, 혹은 안내를 받았던 것을 우리는 기억한다. 또 어떤 때에는 논의하고 싶지 않아서 다루기를 포기했던 주제들을 성령께서 전혀 예기치 않은 방식으로 대화의 주제가 되게 하시는 수가 있다. 미리 설정하지 않았다는 것은 다루기를 포기했다는 뜻이다. 다룰 주제를 설정하는 것은 논의 여부를 결정하는 것에 관한 것이 아니다. 오히려 그것은 영성지도에서 하나님께서 우리에게 공급하신 것을 신뢰할 것인가의 여부에 관한 것이다. 성령께서 어떤 주제에 관한 논의의 때를 결정하시도록 맡기는 것이 쉬울 때도 있지만, 어려울 때도 있다.

영성지도 시간에 피지도자가 지도자보다 말을 많이 하는 것이 일반적이다. 기도 후에 피지도자는 말하기를 시작한다. 지난번 만남 이후로 하나님과의 관계가 어떠했는지에 관해 이야기한다. 때때로 피지도자들은 외로움을 호소하기도 하며, 자신들이 성령과 온전히 협동하고 있는지에 관해 자신 없어 하기도 한다. 왜냐하면 그들은 하나님의 임재, 은혜, 또는 평화를 전혀 혹은 거의 느끼지 못하기 때문이다. 또 어떤 때에는 피지도자들이 주님과 깊은 동반자 의식을 느낀다. 그들은 하나님의 사랑, 임재, 그리고 섭리의 구체적 증거들을 발견하거나 재발견한다.

피지도자가 말하는 것은 무엇이나 하나님께서 말씀하신 것을 알 수 있는 창문이 된다. 따라서 그것으로부터 영성지도의 대화를 시작해야 한다. 하나님의 영은 그들의 기도와 대화를 하나님의 인도, 가르침, 회복, 위로, 혹은 안내가 필요한 곳으로 이끌어 가신다. 성령께서는 피지도자의 작은 자발성과 순복의 마음마저도 사용하셔서 피지도자를 그들이 있어야 할 곳으로 이끌어 가실 수 있다. 피지도자들은 때때로 자신들이 하고 있는 말에 놀라기도 한다. 다음의 영성지도의 대화는 피지도자가 특별한 경험에 관해 이야기한 하나의 예이다.

**피지도자**: 참으로 놀라운 휴가였습니다. 마치 우리가 세상의 창조 한복판에 있는 것 같은 느낌이었습니다. 그것은 기대 이상이었으며, 나의 기도에 대한 직접적 응답같이 느껴졌습니다. 아마 당신은 기억하실 것입니다. 나의 어머니께서 죽어가고 계실 때, 나는 최선을 다해 어머니를 도우면서 어머님과 동행했습니다. 나는 육체적으로나 정서적으로 탈진되었습니다. 그때 하나님께 물었죠. 이 일이 끝났을 때, 우리는 참된 휴가를 갈 수 있는지를. 그런데 뜻밖에 기회가 찾아왔습니다. 나는 잡지에서 내 일생에 단 한 번 볼 수 있는 혜성에 관한 기사를 읽었습니다. 그것은 오직 하와이, 호주, 그리고 또 다른 몇몇 장소에서만 관찰될 수 있어서, 나는 그곳을 방문할 기회가 없으리라 생각했습니다. 나는 하나님께 내가 얼마나 그 혜성을 보고 싶어 하는지를 아뢰었습니다. 그러나 실제로 그렇게 되리라곤 상상도 하지 못한 채 말입니다. 그러나 하나님께서는 더 잘 알고 계셨습니다. 참으로 놀라운 일입니다. 내 남편이 하와이 여행권이 부상으로 주어진 상을 받은 것입니다. 그래서 우리는 그곳에 갔습니다. 새벽 3시에 마우이 섬의 할리칼라(Haleakala) 분화구 정상에 서서 놀라운 별들의 쇼를 보고, 그 혜성도 직접 맨눈으로 보았습니다.

우리는 망원경으로 하늘을 가로지르는 그 혜성의 꼬리도 볼 수 있었습니다. 우리는 셀 수 없이 많이 별들을 보았습니다. 그 광대한 아름다움을 설명할 수가 없습니다. 그리고 일출이 있었으며, 그 일출은 분화구의 광경을 완전히 새롭게 만들었습니다. 놀라웠습니다. 마치 그것으로 충분하지 않은 양, 우리는 다음날 스노클링에 가서 우리와 함께 수영을 하는 수많은 돌고래를 보았습니다.

지도자: 그때 어떤 느낌이 들었습니까?

피지도자: 너무도 과분하게 하나님께 사랑을 받는 것 같았습니다. 깜짝 놀랐습니다. 왜 하나님께서는 그렇게 아낌이 없는 분이십니까? 나는 자연 자원을 아끼려고 노력해 왔습니다. 그런데 갑자기 하나님께서는 최선의 노력을 기울여 낭비하시려는 것 같습니다.

지도자: 왜 그렇게 하시는 것 같습니까?

피지도자: 잘 모르겠습니다. 아마 하나님께서는 보존하는 것이 항상 옳은 것만은 아니라는 것을 내게 보여주시는 것 같습니다. 우리는 어떤 것들에 대해서는 낭비적이 되어야 합니다. 가령 사랑과 같은 것 말입니다. 그리고 우리를 축복하는 것이 하나님의 기쁨이라는 것을 알려주시는 것 같습니다. 나는 하나님의 특별한 주목을 받을 만한 일을 행하지 않았다는 것을 압니다. 그러나 그것을 즐겼습니다. 나는 기분이 가라앉을 때, 그날을 생각합니다. 하나님께서 가까이 계시고, 우리는 전 창조세계를 경축하는 것 같은 느낌을 받았던 그날을 말입니다. 그것은 하나님께서 나를 사랑하신다는 것을 기억하여 내 마음과 생각을 하나님을 향해 열도록 도와줍니다.

말로 표현할 수 없는 것을 표현하려고 노력하는 것은 하나님과의 관계에서 지금까지 인지하기 못했던 측면들을 깨닫도록 도와준다. 뿐만 아니라 개인기도, 성경연구, 혹은 예배에서 떠오른 것과는 다른 통찰들을 유발시킨다.

## 지도자의 역할

지도자들은 기도하는 경청자이다. 그들은 오랜 시간 동안 말하지 않은 채 피지도자의 이야기를 경청하거나 또는 주고받는 대화의 형태로 반응하기도 한다. 이 양자의 방식에는 모두 각각의 장단점이 있다. 피지도자가 지도자의 개입으로 중단되는 일이 없이 자신의 이야기를 하게 되는 경우, 부분적으로 이야기했을 시에는 전혀 파악될 수 없었을 주제들이 분명하게 드러나게 된다. 중간에 방해받지 않은 채 충분히 길게 이야기하는 것은 새로운 통찰과 가능성들을 이끌어낼 수 있다. 그러나 때때로 피지도자가 지나치게 길고 자세한 설명을 할 경우에, 지도자는 그 많은 양의 정보로 인해 혼란을 겪을 수 있다. 피지도자의 이야기가 길고 복잡한 경우에는 주고받는 대화가 더 나을 수 있다. 민감한 지도자들은 하나님께서 매 순간 자신과 피지도자 사이의 상호작용을 이끌어 가시도록 기도한다. 따라서 그들의 상호작용의 형태는 회기마다 다를 수 있다. 각 회기의 대화는 피지도자의 특정한 때에 적합한 것이기 때문에 대화의 형태는 회기마다 달라진다.

리처드 포스터는 지도자의 역할을 다음과 같이 분명하게 기술한다. "그의 영성지도는 단순하고 분명하게 우리를 참된 지도자에게로 인도해 가는 것이다. 그는 성령의 내적 가르침에 이르는 길을 열어 주기 위한 하나님의 도구이다."[2] 지도자들은 경청하며, 기도하며, 피지도자들이 말로 혹은 무언으로 표현한 것을 숙고한다. 그들은 또한 대화의 주제로 떠오르지 않은 것도 기다린다. 지도자들은 피지도자가 이야기하고 있을 때조차도 기도한다. 때로는 구체적인 것에 관해서, 그러나 보다 일반적으로는 자신과 영성지도의 대화를 의도적으로 하나님께 내맡기기 위해서 기도한다.

영성지도자들 중에는 메모를 하는 사람들이 있다. 그들은 피지도자가 말하는 것이나 자신들이 기도하거나 경청할 때 떠오른 생각을 적는다. 그들은 이후에 질문할 내용을 적기도 한다. 이렇게 함으로써, 그들은 피지도자를 중단시키지 않음과 동시에 자신들이 질문할 것을 잊어버릴 염려도 없이 피지도자에게 계속해서 경청할 수 있게 된다. 그리고 적어 놓은 질문들과 정보들은 이후 그들의 기도 내용의 일부가 된다.

지도자들은 피지도자가 말하는 것을 듣고 단순히 자신의 의견을 말해 주는 것을 원치 않기 때문에, 응답하기 전에 먼저 기도하거나 하나님께서 대화를 어디로 인도해 가시는가를 알기 위해 짤막한 침묵의 시간을 갖기도 한다. 대화의 주제가 피지도자가 언급하지 않은 영역으로 이동하고 있는 것을 인지하였을 때, 영성지도자들은 어떻게 해야 하는가에 관해 기도한다. 그들은 단지 기도만 해야 하는가? 피지도자를 새로운 주제로 이끌어 갈 질문을 제기해야 하는가, 아니면 피지도자들이 스스로 이야기하기 전까지 기다려야 하는가?

영성지도자들은 자신들이 들은 것을 정확하게 이해했는지의 여부를 확인

---

2) Richard J. Foster, *Celebration of Discipline: The Path to Spiritual Growth* (San Francisco: Harper & Row, 1978), 159-60.

하기 위해 피지도자에게 되물을 수 있다. "내가 들은 바로는, 당신께서 이렇게 이야기한 것 같습니다. 맞습니까? 더 첨가해 말씀하고 싶은 것이 있습니까?" 지도자는 피지도자가 성령의 음성을 경청하도록 돕기 위해 다양한 의사소통의 기법을 사용한다. 지도자의 반응은 우리가 이미 언급한 것을 포함한다: 기도, 가르침, 질문, 위로, 분별, 성경을 통해 그리고 성경에로 인도함. 지도자들은 피지도자들로 하여금 그들의 기도와 삶의 경험이 어떻게 연결되었는지를 깨닫도록, 그리고 하나님께서 어떻게 그것들 가운데 참여하고 계신지를 볼 수 있도록 도와준다.

간혹 지도자들은 특정한 영역에 대해서는 언급하지 말라는 하나님의 요청을 강하게 느낀다. 이것은 아마도 아직 때가 되지 않았거나, 주님께서 다른 방식을 사용하여 피지도자를 새로운 통찰의 영역으로 이끌어 가고 계시기 때문이다. 지도자들은 자신들이 왜 주저함을 느끼는지 그 이유를 모를 수 있다. 그러나 조심스런 마음으로 기도하며 하나님의 때를 기다린다. 하나님이 원하시는 때가 중요하다. 하나님의 영을 기다리는 것이 항상 편안한 것은 아니다. 우리는 어떤 것을 인지하자마자 그것에 주의를 집중하려고 한다. 그러나 자발적 기다림은 영성지도의 핵심이다. 지도자가 어떤 영역을 너무 일찍 건드리는 것은 피지도자가 점점 더 하나님을 의존해가는 것을 방해하는 결과를 초래할 수 있다. 지도자들은 자신들의 반응이 하나님의 뜻과 활동을 강화하는 것이 되기를 기도하며, 그것을 저해할 수 있는 그 어떤 것도 언급되거나 행해지지 않기를 기도한다.

영성지도는 비지시적일 때 가장 효과적이다. 프랑스 테제 공동체의 수사인 막스 써리안(Max Thurian)은 다음과 같이 말한다.

영성지도는 오늘날 심리학에서 의미하는 바로서 비지시적일 경우에 피지도자에게 더욱 유익을 준다. 이 비지시적인 기술은 권위적이고 거두절미한 태도로 피지도자의 이야기에 직접적으로 개입하는 것을 거부하면서 경청하는 것이다. 이로써 피지도자는 스스로 기도나 하나님의 말씀의 조명을 통해서 성령의 뜻을 더욱 쉽게 발견할 수 있게 된다. 기독교 영성지도는 개인에게 지도를 부과하거나 더 많은 지도를 받게 하도록 만드는 것이 아니다.[3]

영성지도는 신앙의 여정을 후원하고 격려하는 하나의 방식이다. 피지도자가 이야기하는 문제들, 질문들, 혼란, 또는 하나님의 은혜에 대한 감지 등은 삶의 모든 정황 속에서 나온 것이다. 대화의 주제가 무엇이 되든지 간에, 지도자는 하나님께서 이 가운데 어떻게 관여하고 계시는지에 초점을 두기를 소망한다. "이것에 관해 기도해 보셨습니까? 하나님께서는 무어라고 말씀하신 것 같습니까? 당신은 어떻게 은혜를 경험합니까? 이 일에 관해 혹은 당신에 관해 하나님께서 관심을 보이시지 않는다고 혹은 하나님께서 부재하신다고 느끼게끔 만드는 것은 무엇입니까?" 이와 같은 질문을 하는 것이 영성지도에서 지도자가 해야 할 핵심적인 역할이다.

## 영성지도의 대화를 마무리하기

영성지도의 시간과 지도의 결과에 영향을 미치는 것은 양자의 성격, 그들의 기도의 지속성과 특징들, 그들이 일하는 방식들, 대화하는 내용의 성질

---

3) Max Thurian, in *Writings on Spiritual Direction by Great Christian Masters*, ed. Jorome M. Neufelder and Mary C. Coelho(New York: Seabury Press, 1982), 96.

등이다.

끝마칠 무렵에, 지도자는 성경 구절이나 기도의 방식을 제안할 수도 있다. 또는 피지도자가 일상생활에서 하나님의 임재를 발견하도록 격려할 수도 있다. 지도자와 피지도자는 함께한 시간 동안 전면에 부각되는 것이면 무엇이나 논의한다.

영성지도는 종종 기도로 끝맺는다. 끝맺음의 기도는 다양한 형태로 이루어진다. 개인기도나 공동기도, 침묵이나 음성기도 그 어느 것도 가능하다. 이 기도들은 성령께서 참된 지도자라는 것을 인정하며, 피지도자와 영성지도의 여정을 하나님의 돌보심에 내맡기는 기도이다. 영성지도의 대화가 끝난 후, 양자는 하나님의 뜻에 따라 각자의 길을 간다.

## 성찰을 위한 질문

1. 잠시 몇 분간 자신을 고요하게 하면서, 이 시간을 하나님께 드리십시오. 그 후 앞에 언급된 영성지도 대화의 주제 목록을 살펴보십시오. 기도의 제목으로 삼고 싶거나 영성지도에서 논의하고 싶은 주제들, 특정한 영역들, 상황들, 관계들을 당신의 일지에 기록해보십시오. 적어 놓은 것들 중에서 당신의 관심과 흥미가 끌리는 것들이 있습니까? 성령께서 좀 더 자세히 살펴보도록 요청하시는 것처럼 느껴지는 것이 있습니까? 그것은 당신에게 무엇을 말하고 있습니까?

2. 하나님에 관하여 그리고/또는 위에 기록한 영역들에 관하여 수용과 저항이 느껴지는 것은 무엇입니까? 이것은 가치 중립적인 정보라는 사실을 기억하십시오. 기도하면서, 하나님께 이것에 관해 물어보십시오.

3. 다음의 것들에 관해 매력적인 점들 혹은 매력적이지 않은 점들을 말해 보십

시오.

- 당신의 이야기를 전부 중단 없이 하는 것

- 주고받는 대화를 하는 것

4. 영성지도와 관련하여 하고 싶은 질문은 무엇입니까?

제9장

# 집단 영성지도

집단 영성지도가 가능하기 위해서는 세 가지 핵심적인 조건이 충족되어야 한다. 구성원들은 반드시 1) 하나님과의 정직한 관계 맺기, 2) 기도가 동반되는 경청과 응답을 통해 집단의 활동에 온 마음으로 참여하기, 3) 자신의 영적 여정을 타인에게 개방하는 데 헌신할 것을 동의해야 한다.

로즈 메리 도우어티1)[1]

철이 철을 날카롭게 하는 것같이 사람이 그 친구의 얼굴을 빛나게 하느니라.

잠언 27:17

집단 영성지도 모임들에는 처음부터 집단 영성지도의 의도를 가지고 시작한 모임이 있는가 하면, 우연히 집단 영성지도를 하게 된 모임들도 있다. 우리는 특별히 우리에게 필요한 하나님의 말씀을 듣기를 소망하면서 다른 크리스천들과 함께 예배를 드린다. 우리는 예배의 모든 부분들, 즉 음악, 성

---

1) Rose Mary Dougherty, *Group Spiritual Direction: Community for Discernment* (New York: Paulist Press, 1995), 36.

경봉독, 기도, 설교, 그리고 침묵 등을 통해서 하나님의 말씀에 주의 깊게 귀를 기울인다. 우리는 하나님께서 일반적으로 크리스천들에게 원하시는 바와 특별히 우리 자신들에게 원하는 바를 알기 위해 연구 모임과 강의에 참여한다.

많은 교회들은 연구, 기도, 교제, 그리고 고통 중에 있는 사람들이나 중독에 빠져 있는 사람들이나 삶의 어려움에 처해 있는 사람들을 후원하기 위한 다양한 그룹 모임의 기회를 제공한다. 그룹에 참여함으로 사람은 격려를 받으며, 의미 있는 관계를 형성할 기회를 갖는다. 그룹 모임에 참여하는 것은 또한 영성지도의 측면을 포함하기도 한다.

우리는 타인들이 일상생활 가운데 어떻게 하나님과의 관계를 더욱 풍요롭게 발전시켜 나가는지를 관찰함으로써 간접적으로 그리고 비공식적으로 영성지도를 받는다. 그리고 우리 자신의 삶의 모습, 행동, 경건훈련이 다른 신앙인들에게서 관찰된 것들과 어떻게 유사하며, 어떻게 다른지를 두루 생각한다.

우리의 가족들도 부정적이든 긍정적이든 실제적인 예로서 우리들에게 영성지도를 제공한다. 둘러싸고 있는 다음의 환경들에 의해 우리는 영향을 받고 형성된다: 단일가족에서 성장했는가 아니면 복합가족에서 성장했는가? 단독주택에서 살았는가 아니면 아파트나 다른 공동생활 주택에서 살았는가? 가족 구성원, 친구들, 우리와 늘 만나는 지인들 또한 우리에게 영향을 미친다.

그러나 다음과 같은 질문, 즉, "어떻게 하나님께서 혹은 하나님의 은총이 이것들 가운데 계시는 것 같습니까?" "하나님께서 우리가 하고 있는 것에 관해 어떻게 생각하실 것 같습니까?" "그에 관해 기도하였을 때 어떠했습니까?" 등에 주의를 집중했을 때 영성지도는 더욱 집단생활의 한 부분이 되는 경향이 있다. 영성지도는 성령의 음성을 경청하는 데 보다 의도적인 초점이 놓여 있다.

의도적인 영성지도는 가족들이 서로의 필요, 희망, 두려움을 돌보아주는 방식에 또 하나의 차원을 부가한다. 교회의 위원회와 기관들이 성령께 귀 기울일 유용한 방식을 구축했을 때, 그것은 영성지도나 집단 분별의 경향을 띠게 된다. 교회의 위원회나 기관들이 이렇게 될 수 있는 한 가지 길은 모임에서 지속적으로 기도할 수 있는 계획을 수립하는 것이다. 위원회의 한 회원이 10분에서 15분간 침묵으로 기도한다. 그리고 다음 사람이 이어서 기도한다. 자신의 차례가 와서 기도하는 사람은 논의에 참여하지 않고 논의를 위해 기도한다.[2]

핵심적인 영역에서는 집단 영성지도와 일대일 영성지도가 서로 다르지 않다. 일대일 영성지도의 핵심직 특징들인 열린 마음과 기도하는 마음으로 주의를 집중하는 것, 자발성, 서로 함께 하나님께 귀 기울이고자 하는 열망들은 동일하게 집단 영성지도의 특징이기도 하다.

## 누가 집단 영성지도에 오는가?

개인 지도와 같이 집단 영성지도는 '보다 더'를 소망하고, 그에 준비가 되어 있는 사람들을 위한 것이다. 그들은 하나님을 보다 더 갈망한다. 그들은 하나님의 임재를 감지하기 원하며, 순간순간 생동감 있는 하나님과의 관계

---

2) 집단 분별을 위한 자료들을 위해서는 참고 문헌을 보라.

를 누리기 원한다. 그들은 하나님의 은혜가 계속해서 그들을 향해 부어지고 있다고 생각한다. 그러나 그들은 그 은혜를 보다 잘 인식하여, 보다 더 직접적으로 응답하기를 소망한다. 그들은 하나님과 함께하는 삶과 그들의 영적 여정, 그리고 헌신이 의도적이 되길 원한다.

우리가 제3장 "누가 영성지도를 받으러 오는가?"에서 언급한 사람들 중 일부가 집단 영성지도에도 참여한다. 분주함이나 도전에 직면해 있다고 느끼는 사람, 전환기에 있는 사람, 영적 여정의 동반자를 찾고 있는 사람, 이전에 알아왔던 것과는 다른 영적인 경험을 한 사람, 분별에 관한 질문을 지닌 사람, 상실의 문제와 씨름하고 있는 사람, 영성지도에 관한 정보를 듣고 응답하고자 하는 사람들이 참여한다.

그러나 집단 영성지도가 영성지도에 관심을 갖는 모든 개인들에게 적합한 것은 아니다. 왜냐하면 집단 영성지도에서 각 개인에게 배당되는 시간은 제한되어 있기 때문이다. 어려운 삶의 시기를 지나고 있는 사람들에게는 일대일 영성지도, 상담 혹은 양자 모두가 적합할 것이다. 영성지도는 심리적 치료가 아니다. 영성지도 그룹은 치료하는 그룹이 되고자 의도하지 않는다.

집단의 구성원이 될 사람들이 한정된 시간에 그들에게 적합한 것이 무엇일지에 관해 생각하고 기도하는 것이 중요하다. 때때로 각 장의 마지막에 있는 성찰을 위한 질문에 답을 해보는 것도 분별을 위한 하나의 유용한 작업이 될 수 있다. 집단 영성지도에서는 각 구성원들에게 정해진 시간 동안, 집단의 기도와 경청의 초점은 그 구성원에게 맞추어져야 하며, 그리고 난 후에 기도하면서 하나님과 타인에게 귀를 기울여야 한다. 심각한 위기 가운데 있는 사람은 지나치게 자신에게 초점을 맞추어 다른 사람의 차례임에도 불구하고 대화를 자기 자신에게로 되돌리는 경향이 있다. 집단의 구성원이 될 사람들이 솔직하게 집단 영성지도가 자신들에게 적합한 것인가를 검토하여 결정하는 것이 중요하다.

## 집단 영성지도의 역동

집단 영성지도에서는 무슨 일이 진행되는가? 일대일 영성지도에 관해서 우리가 언급했던 것과 똑같은 일들이 발생된다. 하나님의 영이 어떻게 임재하며 활동하시는지를 기도하면서 분별하고, 우리의 개념들과 경험의 해석들을 밝히 드러내고, 불분명한 것을 분명하게 하고, 질문을 하며, 우리가 보고 들은 것을 서로에게 다시 알려준다. 이러한 대화를 통해서 하나님께서는 위로, 회복, 재생, 치유, 그리고 활기를 주신다. 성령은 온전히 하나님을 향해 열려 있는 삶을 살고자 하는 우리의 갈망을 지지해 주시며, 하나님의 자비로움을 경험하고, 표현하며, 감사하도록 우리를 도와주신다.

일대 일과 소그룹 영성지도 모두에서, 우리는 때때로 기도하는 마음으로 성령의 임재와 반응에 우리 자신을 개방하는 대신에 상대방의 질문에 답을 주려 하거나 문제를 해결하려고 함으로써 엇나가기도 한다. 보다 큰 그룹에 참여하는 것에는 장점과 단점 모두가 존재한다. 큰 그룹에는 곁길로 새는 사람이 더 많이 있다. 그러나 동시에 곁길로 샌 것을 인지하여 우리의 주의를 다시 하나님께로 부드럽게 되돌릴 수 있는 사람도 더 많이 있다.

집단 영성지도에서 본질적으로 요구되는 것 중 하나는 우리 자신, 하나님, 그리고 상대방에 대하여 보다 관조적인 태도를 취하려고 하는 자발성이다. 서로에게 우리의 최선의 조언과 경험을 제공하기보다, 우리는 성령께서 의도하시는 것을 경청하기 원한다. 영성지도 그룹은 통상적으로 조언을 하려는 태도를 지닌 사람들에게 일종의 거룩한 장소를 제공하여 그들 자신을 스스로 통제하려는 욕구를 흘려보내도록 서로를 격려함으로써, 그들이 하나님의 음성을 경청하는 마음의 자세를 지니도록 해야 한다.

영적 형성을 위한 그룹을 영성지도 그룹과 혼동하는 사람들이 간혹 있다. 영적 형성을 위한 그룹은 우리들에게 가르침, 다양한 기도의 도입과 실습, 성찰 등과 같은 다양한 영성훈련 방식을 제공함으로써 우리의 영적 여정을 후원하기 위한 모임이다. 영적 형성의 모임은 양육과 학습을 제공하며, 구성원에 대해 일정 정도의 책임을 진다. 그러나 그 모임은 각 개인의 삶 가운데서 성령의 임재와 초청에 귀를 기울이는 관조적 행위는 제공하지 않는다. 이것은 집단 영성지도의 목적이다. 우리가 어떤 형태의 그룹에 참여하든지, 거기에는 각각의 장단점들이 존재한다.

영성지도 그룹은 의도적으로 영적 삶을 살기로 선택한 사람들이 서로를 만날 수 있는 공간을 제공한다. 많은 사람들이 고립감을 느낀 채 하나님을 추구하고 있다. 유사한 갈망을 추구하는 사람들과 함께 계속해서 기도하며 대화할 수 있는 기회가 주어진다는 것은 참으로 감사한 일이다. 집단 영성지도는 타인들과 함께 성령께 귀를 기울이는 실험을 환영하는 곳이다. 하나님과의 관계를 발전시키고자 노력하는 사람들과 함께 있음으로 인해, 우리는 자신이 혼자가 아니며 또는 이상한 사람이 아니라는 위로를 얻을 수 있다. 하나님과 함께하는 타인의 삶의 이야기를 듣고 또 우리의 경험을 이야기해 보면, 종종 우리들의 경험에 상당한 공통점이 있다는 것을 발견하게 된다.

하나님 그리고 타인과의 참된 관계로의 부르심은 우리에게 이끌림과 저항을 동시에 불러일으킨다. 우리가 참된 생각과 감정을 드러낼 때, 그리스도 안에 있는 보다 큰 자유를 향해 전진한다기보다 나의 자유를 일정 부분 포기하는 것처럼 느껴질 수 있다. 그러나 나 자신의 경험과 피지도자들의 경험을 통해서 하나님은 우리가 서 있는 그곳, 즉 우리의 마음과 생각이 온전히 관여하고 있는 곳, 그리고 우리의 의미 있는 질문과 감정이 머물러 있는 곳에서 우리를 만나시는 경향이 강하다. 우리의 어려움을 숨기는 것, 심지어 하나님에게조차 숨기는 것은 많은 기쁨들을 앗아간다. 우리의 참된 자아를 숨기는 것은 일상생활을 풍요롭게 할 수 있는 에너지를 빼앗아가 현재에 투여하지 못하게 한다.

## 개인 영성지도와 집단 영성지도의 차이점

개인 영성지도와 집단 영성지도 사이에는 유익, 한계, 혹은 단순히 서로 다른 점으로 간주될 수 있는 차이점들이 존재한다. 일대일 영성지도의 만남은 양자가 아니라 오직 한 사람을 위한 시간이다. 비록 양자가 성령께 귀를 기울이지만, 그 경청은 그 중 한 사람의 유익을 위한 것이다. 영성지도자들은 자신들이 하나님과의 관계에서 갖는 흥미, 관심, 질문들이 무엇이든지 간에 자발적으로 그것을 한 쪽으로 내려놓고, 오직 하나님과 피지도자에게만 주의를 집중해야 한다.

영성지도 그룹 중 촉진자에 의해 인도되는 그룹들이 있다. 이 경우 촉진자는 그 그룹에서 영성지도를 받지 않으며 그룹 모임을 함께 조직하고, 모임을 위한 지침이 잘 준수되어 모임의 원래적 목적이 유지되고 강화될 수 있도록 돕는다. 촉진자는 또한 솔직하게 기도하는 분위기가 유지되도록 하며 구성원들에게 조언을 하는 대신에 기도하는 마음으로 하나님께 주의를 집중할 수 있도록 돕는다.[3] 촉진자는 스스로 기도하는 마음으로 하나님과 그룹 구성원들에게 귀를 기울여야 한다. 그러나 그가 그룹의 영성지도자는 아니다. 그룹 자체가 영성지도자이다. 그룹의 구성원들은 모임을 구조화는 책임으로부터 자유롭게 된 대신에, 기도하는 마음으로 경청하는 사람이 되어야 한다.

이와는 달리, 촉진자가 없는 그룹에서는 구성원들이 돌아가면서 그룹을 감독하는 역할을 감당한다. 모든 구성원들은 돌아가면서 피지도자로서의 역할을 한 번씩 감당하고, 나머지 전체는 영성지도자의 역할을 감당한다. 따라서 그룹의 모든 구성원들은 이 세 가지 역할에 참여하게 된다.

집단 영성지도는 하나님 안에서 깊은 상호성을 구현한다. 우리 모두는 영성지도를 주고받으며, 이 두 가지를 모두 하고 싶은 열망을 지니고 있다. 우리에게 가장 중요한 것에 함께 주의를 집중할 수 있는 공간을 갖는 것은 기분 좋은 일이다. 우리는 서로의 조언을 필요로 하기보다, 서로의 기도와 기도하는 마음이 담긴 이해와 인정(affirmation)을 필요로 한다. 하나님의 사랑과 선택을 받았다는 것을 느낄 수 있는 곳에 안정되게 거할 수 있을 때, 우리는 종종 하나님의 영이 우리에게 말씀하시는 것을 알아차릴 수 있다. 그룹 구성원들의 기도의 후원은 우리들로 하여금 스스로를 덜 통제하며, 자발적으로 하나님을 더욱 의지하도록 격려해 준다.

---

3) Rose Mary Dougherty, *Group Spiritual Direction: Community for Discernment* 는 집단 영성지도에 참여하거나 집단 영성지도 모임을 조직하려는 사람에게 꼭 필요한 자료이다. 집단 영성지도의 모습을 실제로 담고 있는 동일한 제목의 비디오를 Paulist 출판사로부터 구입할 수 있다. 또한 Tilden Edward, *Spiritual Friend*(New York: Paulist Press, 1997)를 참조하라. 특별히 집단 영성지도에 관해 다룬 탁월한 장을 참조하라.

집단 영성지도가 개인 영성지도와 다른 점은 보다 많은 사람들이 관여함으로 인해 자연스럽게 개성의 다양성이 더욱 확보된다는 점이다. 영성지도 그룹에서 자신을 온전히 드러낼 수 있는 자유는 그룹의 구성원들이 누구인가라는 점뿐 아니라 그룹 구성원의 수에 의해서도 영향을 받는다. 그룹의 크기가 커지면 좋은 점과 나쁜 점이 모두 발생한다. 그룹의 구성원이 더 많아지면 우리들은 더 많은 사람들의 관심과 필요, 의사소통의 기술, 구성원간의 역동, 그룹 활동에서 고려해야 할 사항들에 직면하게 된다. 이 문제는 굉장히 큰 주제로서 이 장에서 심층적으로 다루기는 어렵다. 이 책의 참고문헌은 소그룹을 위한 자료들을 포함하고 있다.

집단 영성지도는 구성원이 서너 명일 때가 가장 좋다. 세 명은 다양성이 확보될 수 있을 정도로 충분히 큰 크기이며, 네 명은 모든 사람이 20~30분간 피지도자로서 참여할 수 있을 정도로 충분히 작은 크기의 집단이다. 자신에게 오직 20분간 이야기할 수 있는 시간이 주어진다면, 서둘러서 이야기해야 한다고 느끼는 사람들이 있다. 만약 구성원들에게 오직 20분씩만 주어진다거나, 혹은 매 모임마다 피지도자가 될 수 있는 시간이 주어지는 것이 아니라 한 번씩 걸러서 주어진다면 집단 영성지도를 위한 그룹의 구성원은 여섯 명까지도 가능하다. 이러한 그룹은 한 달에 두 번의 만남을 가져서, 모든 구성원이 적어도 한 달에 한 번씩 피지도자로서의 기회를 갖게 할 수 있다.

집단 영성지도는 구성원들에 의해 제기되는 주제의 다양성 때문에 뒤죽박죽이 되기 쉽다고 생각할 수도 있다. 그러나 실제로 해보면 그렇지 않다. 구성원들은 기도와 성찰을 통해 독립적으로 무슨 이야기를 할 것인가를 결정한다. 그런데 그들은 종종 대화 가운데 계속해서 등장하는 하나의 주제가 있다는 것을 발견하고 놀라곤 한다. 물론 항상 그런 것은 아니지만, 반복해서 등장하는 주제는 그들 대화 전체를 하나로 통합하는 것일 수 있다. 아마도 이러한 현상은 모든 사람이 하나님의 임재를 요청하고, 성령께 자신을 열고자 의도하고 있다는 것을 반영한다. 하나님의 영과 서로에게 귀를 기울이는 것은 종종 우리가 모두 같은 인간이라는 인식을 일깨운다.

그룹에는 여러 사람이 있기 때문에 모든 피지도자에게 똑 같은 강도로 주의 집중을 하지 못할 수 있다. 어떤 사람에게는 더 강한, 어떤 사람에게는 더 약한 주의를 기울이게 되는 경우가 있다. 그룹으로서의 우리는 피지도자에게 온전한 주의를 집중한다. 그러나 개인으로서의 우리는 모임 전체에 걸쳐서 모든 피지도자에게 동일한 종류와 강도 혹은 동질의 주의 집중을 유지하지 못할 수 있다.

영성지도 시간에 타인에게 주어진 하나님의 은총은 나 자신의 순례 여정에 동행하신 하나님의 신실하신 임재를 감지할 수 있는 통로가 된다. 때때로 영성지도자의 역할을 하고 있을 때 우리는 영성지도를 받을 수 있다. 다시 말하면, 다른 사람의 이야기를 경청하고 있을 때도 자기 자신의 특정한 관심사에 관하여 하나님께 더욱 열려 있을 수 있게 된다. 자신을 방어할 필요가 없거나 하나님과 관계를 맺는 자신의 방식이나 경험을 정당화할 필요가 없을 때, 우리는 다른 차원에서 경청을 할 수 있게 된다. 타인의 이야기를 경청함으로써 우리는 자신의 이야기에 담긴 의미 있는 측면들을 기억해 내거나 감지하기 시작한다. 보다 덜 자기 방어적이 되고 보다 더 수용적이 되면, 우리는 하나님의 영이 우리에게 말씀하고 계시다는 사실을 혹은 단순히 우리 자신을 각각 고유하게 사랑하고 있다는 사실을 발견할 수도 있다. 집단 영성지도에서 이러한 일이 발생하면, 우리는 하나님께 감사를 드리고 난 후 곧바로 영성지도자로서의 우리의 역할로 되돌아가야만 한다. 즉 우리 자신을 성령께 드림으로 타인의 이야기를 주의 깊게 경청하는 것으로 되돌아가야만 한다. 이처럼 타인 안에서 활동하신 성령의 역사를 통해서 하나님께서 우리에게 말씀하시는 바를 감지하는 것은 영성지도에서 덤으로 얻을 수 있는 은총이다.

## 집단 영성지도에 관해 선택하기

집단 영성지도인가, 개인 영성지도인가? 무엇을 선택해야 하는가? 아니면 일정한 기간 동안 우리는 이 둘 모두에 참여하도록 부르심을 받고 있단 말인가? 영성지도를 받고자 하는 사람은 이와 같은 사안들을 기도하면서 검토해야 한다. 그들은 또한 다른 형태의 집단 모임, 즉 제자훈련, 영적 형성, 멘토링, 연구, 중보기도, 관상기도 혹은 특별한 형태의 후원 등으로 특징지어지는 집단 모임에 참여하도록 부르심을 받고 있는지도 검토해야 한다.

집단 영성지도는 단기간 혹은 장기간 모두 가능하다. 우리는 집단 영성지도에 일회적으로 참여할 수도 있고, 9개월에서 12개월간의 장기간 헌신하는 형태로 참여할 수도 있다. 때때로 집단 영성지도를 한번 경험해 볼 수 있는 적절한 방식도 있다. 그것은 피정 센터 같은 곳에서 제공하는 집단 영성지도에 참여해 보는 것이다. 이러한 기회를 가져보면, 우리는 집단 영성지도에 대한 보다 깊은 이해를 통하여 하나님께서 우리를 집단 영성지도에 참여하도록 부르고 계신지를 분별하는 데 도움을 얻을 수 있다.

집단 영성지도를 선택한 사람들이 집단 영성지도가 무엇이며, 그것이 제자훈련, 멘토링, 목회상담과 같은 기독교 사역과 어떻게 다른지를 아는 것은 중요한 일이다. 이 문제에 관심이 있는 사람은 본서 1장 "영성지도란 무엇인가?"를 읽어보면 도움이 된다. 혹은 한 사람이 읽어서, 그룹의 다른 사람들에게 영성지도에 관해 가르쳐 줄 수도 있다. 집단 영성지도의 구성원이 되는 데 관심이 있는 사람은 그들이 배운 것에 관해 기도할 필요가 있다. 그 후 영성지도가 하나님께서 자신들을 이끌어 가고 계시는 곳인가를 명확하게 하는 분별의 과정을 시작해야 한다. 그들은 자신들의 희망사항들, 바람들, 동기들을 살펴보아야 한다. 집단 영성지도에 참여하겠다는 결정은 충분한 정보가 제공된 상태에서 기도하는 가운데 내려진 결정이어야 한다.[4]

## 그룹을 조직하기

집단 영성지도를 제공하는 방식은 한 가지만이 아니다. 그러나 어떤 방식을 선택하든 우리는 다음의 요인들을 고려해야 한다. 그룹의 시작 단계에서, 구성원이 되고자 하는 사람은 다음의 것을 할 필요가 있다.

일정 기간 동안 특정한 장소에서 특정한 간격으로 세 명에서 여섯 명으로 구성된 영성지도 그룹에 참여할 것을 동의한다(예를 들면, 월 1회 화요일 저녁 7:00-9:30에 교회에서 8개월간 모임을 갖기로 동의함).

영성지도가 무엇인지에 관해 논의하고, 자신들의 기대, 의도, 소망을 함께 나눈다.

그룹에서 나눈 것들의 비밀을 보장할 것을 동의한다.

서로를 위한 기도나 영성훈련에 관해 자원하여 순서를 맡을 사람들을 결정한다.

---

4) 집단 영성지도는 일대일 영성지도만큼 흔하지는 않다. 집단 영성지도에 관해 자세히 설명한 자료들 또한 드물다. 그러나 집단 영성지도에 관해 설명하고, 집단 영성지도의 시행을 안내하기에는 충분한 자료가 있다.

- 지도력의 책임 범위를 정하고, 그룹의 회기를 다음의 사항들에 관해 어떻게 운영할 것인가를 결정한다.
- 구조를 선택하기: 고정된 촉진자가 섬기는 그룹으로 할 것인가? 여러 영성지도 그룹들을 섬기는 촉진자가 각 그룹뿐 아니라 그룹들의 전체 모임에서도 촉진자로 섬기는 그룹으로 할 것인가? 구성원들이 번갈아가며 촉진자의 역할을 감당하는 독립적인 그룹으로 할 것인가?
- 기도하고 싶어지는 환경과 환영하는 분위기를 제공하기.
- 기도하는 마음으로 주의를 기울이고 있는 구성원들에게 하나님과의 관계에 대해 이야기하도록 각 개인에게 배당되는 시간을 결정하기.
- 어떤 종류의 반응을, 언제 하는 것이 적절한지를 확인하기.
- 어떻게 하나님의 임재를 감지하는지, 어떻게 하나님의 임재를 요청해서 구성원들이 성령과 서로에게 열린 마음을 유지하도록 도울 수 있는지를 논의하기.
- 집단 영성지도가 효과적으로 진행되도록 도울 수 있는 다른 안들이 있는지를 검토하기.

그룹 영성지도의 운영을 위해서 여러 가지 다른 방식들이 사용될 수 있다. 다음은 세 가지 서로 다른 운영 방식에 관한 예들이다.

존, 수잔, 샌디, 캐롤은 대화와 기도의 시간을 가진 후 영성지도 그룹을 시작하기로 결정했다. 그들은 그룹 구성원 중 한 사람에게서 집단 영성지도에 관해 배웠다. 그들은 가정에서 모이는 그룹을 구성하기로 결정했다. 그들은 함께 모였을 때, 인사를 한 후에 침묵하면서 식사를 한다. 식사 중에 배경 음악을 사용하기도 한다. 이 침묵의 시간은 하루 활동의 번잡함에서 하나님의 음성을 경청하는 고요함으로 전환하는 가교의 역할을 해준다. 그들은 영성지도의 시간을 갖기 전에 일반적으로 식사 시간을 포함하여 한 시간 정도의 침묵 시간을 갖는다. 그들의 영성지도의 시간은 다음과 같이 진행된다.

- 그들은 감사와 간구의 기도를 드린다. 하나님께서 대화를 이끌어 가시고, 그들이 보기를 원하는 것을 드러내 보여주시도록 간구한다.

- 각자는 30분간 피지도자가 된다. 이 시간은 피지도자의 이야기 나눔, 침묵 성찰, 반응 경청으로 구성된다. 시계가 피지도자의 역할을 감당하는 사람 앞에 놓인다. 피지도자는 스스로 시계를 보면서 시간을 조절한다. 피지도자가 보통 10분에서 20분간 자신의 이야기를 하고 난 후, 그룹은 수 분간 침묵의 시간을 갖는다. 그리고 그룹은 피지도자에게 반응한다.

- 구성원 중 한 사람이 촉진자가 되어 구성원들에게 침묵하면서 무슨 말과 기도를 할 것인지를 생각하도록 요청한다. 몇 분 후에 촉진자는 그들이 들었던 피지도자의 이야기에 반응하도록 구성원들을 초대한다.

- 적절한 시점이라고 여겨질 때, 그룹은 피지도자의 역할이 다른 사람으로 넘어가는 사이를 선택하여 짤막한 휴식을 취한다. 특별히 구성원들이 집중해서 경청하느라 피곤함을 느낄 때 휴식의 시간을 갖는다. 서로 둘러서서 커피를 마시거나 스트레칭을 하고, 새롭게 드러난 사실을 하나님께 올려 드리고, 다음 사람의 이야기를 경청할 준비를 한다.

- 모든 사람이 자신의 차례를 마쳤을 때, 그룹은 기도로 마무리한다. 어떤 때는 모든 사람이 기도하지만 그렇지 않을 때도 있다. 때때로 그룹은 개인들이 나눈 이야기들을 통해 등장한 주제에 관해 구체적으로 기도하기도 한다. 혹은 구성원 중 한 사람의 주위에 둘러서서 그녀를 위해 전체가 기도하기도 한다.

- 헤어지기 전에 다음 모임 일자를 결정한다. 모든 사람이 참석할 수 있는 날만을 결정한다. 비상 상황이 발생하여 한 사람이라도 참석할 수 없는

경우가 생기면 모임 일자를 재조정한다.

탐, 조, 메릴린, 카렌은 집단 영성지도를 함께하고 있다. 이 그룹은 피정을 함께한 영성지도 그룹에서 생겨났다. 성령께서 그들을 얼마나 축복하시는 지를 보았을 때, 그들은 계속해서 9개월 동안 월 1회씩 모이기를 결정했다. 침묵과 이야기에 대한 경청과 반응이 혼합된 그들의 모임 방식은 위의 첫 번째 그룹과 유사하다.

모임 시작 전 간단한 인사는 하지만 사교적 대화는 영성지도가 끝난 후로 미룬다. 그 이유는 이 모임이 하나님의 음성을 경청하여 따르고자 하는 구성원들의 소망을 후원하고 격려하는 데 사용되어야 한다는 그들 공통의 의도를 드러내기 위한 것이다. 그들은 자신들이 곁길로 새는 대화에 빠져들 수 있다는 것을 잘 안다. 왜냐하면 그들의 삶은 흥미롭고 도전적인 것으로 가득하기 때문이다. 그래서 그들은 모임의 목적에 맞는 것으로 시작하고, 다른 내용의 대화들은 마지막으로 미루는 것이다.

그들은 식사 시간을 갖지 않는다. 서로 돌아가면서 촉진자의 역할을 맡는다. 촉진자가 기도로 모임을 시작하면서, 구성원들이 성령께 마음을 열도록 초청한다. 촉진자는 시간의 흐름을 간수하여 구성원 각자에게 이야기할 기회가 주어지도록 한다. 모든 사람의 순서가 다 돌아간 후에는 구성원들이 함께 기도한다. 그리고 몇 분간의 시간을 들여 모임의 질과 내용, 성령께서 그들에게 말씀하신 것처럼 느껴지는 것들, 그들이 하나님과 서로에게 온전히 주의를 기울였던 순간과 그렇지 못했던 순간이 언제였는지에 관해 이야기한다.

던, 칼, 마이크, 그리고 샘은 영성지도 그룹의 일부 구성원들이다. 그 영성지도 그룹은 교회에서 사역의 일환으로 제공하는 모임인데, 여러 영성지도 그룹들이 같은 장소에서 동시에 만난다. 올해에는 12개 그룹들이 9월에서 5월까지 모이고 있다. 그들은 모두 하루 피정에 참여하여 한 해 동안의 모임을 준비한다. 각 그룹은 촉진자에 의해 인도된다.

　모임은 저녁에 이루어지며, 전체가 모여서 광고를 함으로써 시작한다. 20분에서 30분간 이루어지는 전체 모임은 그날 있을 영성지도를 위한 출발점으로 사용된다. 전체 모임은 성경 읽기, 음성기도 그리고/혹은 침묵기도, 인도자의 안내를 따른 명상으로 구성된다. 명상의 내용은 그날 모임의 토대가 되는 것으로 인도자가 정한다. 전체 모임 후, 구성원들은 조용히 각자의 그룹이 모이는 곳으로 이동한다. 이동할 때, 그들이 시작할 때 지녔던 기도의 분위기를 그대로 유지하기를 소망한다. 각 그룹은 보통 4명으로 구성되며, 각 사람에게 30분간의 시간이 주어진다. 각 그룹의 모임 형식은 앞서 언급한 그룹들과 대동소이하다. 하나의 전형적인 집단 영성지도의 방식은 다음과 같다.

- 5-20분: 하나님과 서로에게 경청하는 것을 준비하기 위한 방식으로서 성경 읽기, 기도, 침묵의 시간.
- 30분: 피지도자에게 주어진 시간으로 아래와 같이 이루어짐.
- 15분간 자신의 이야기를 함.
- 2-4분 동안 그룹 구성원들이 반응하기 전에 침묵, 기도, 성찰함.
- 10분간 그룹 구성원들이 반응(feedback)하며 대화함.
- 2-4분 동안 침묵, 일지 작성, 기도를 함.
- 침묵, 자신의 이야기를 함, 침묵, 반응 그리고 침묵의 순서는 모든 피지

도자들에게 똑같이 적용되는 순서이다.[5]

일대일 영성지도나 집단 영성지도에 참여하는 사람은 똑같은 의도와 태도, 목적을 지닌다. 영성지도의 두 가지 형태는 모두 하나님의 임재와 활동에 보다 세밀한 주의를 집중하도록 우리를 도와준다. 개인과 집단 영성지도는 어느 것이 더 낫고 더 부족한 것이 아니다. 그들은 동일한 사역의 서로 다른 형태일 뿐이다. 성령께서 어떤 때에는 전자에게로, 또 다른 경우에는 후자에게로 우리를 인도한다. 때때로 양자 모두에 참여하도록 인도하시는 경우도 있다.[6]

집단 영성지도는 신앙공동체 내부에서 영성지도를 제공하는 것을 가능하게 해준다. 특별히 영성지도를 원하는 사람은 다수이고 영성지도자로 하나님의 부르심을 받은 사람은 소수인 경우에, 집단 영성지도는 좋은 대안이 된다. 집단 영성지도는 또한 많은 사람들에게 덜 부담스런 방식으로 영성지도를 소개할 수 있는 길이 된다. 집단 영성지도는 영성지도에 대해 더 배울 수 있는 정황을 제공할 뿐 아니라, 하나님께서 우리들을 피지도자, 지도자 혹은

---

5) Dougherty, *Group Spiritual Direction*, 48-55. 각 그룹에서 모임의 시간들이 구체적으로 어떻게 나뉘어져 사용되고 있는지를 다루고 있다.

6) 우리가 설명했던 것과는 다른 두 가지 형태의 집단 영성지도 방식이 있다. 그 중 하나는 지정된 한 사람이 전체 구성원들을 위한 영성지도자의 역할을 하는 것이다. 이 모델은 "한 사람이 모두를 위한"(one for all) 모델이다. 또 다른 하나는 모임 전 시간 동안 한 사람이 피지도자가 되고 나머지 구성원들은 모두 영성지도자의 역할을 하는 것이다. 이 모델은 "모두가 한 사람을 위한"(all for one) 모델이다. 우리가 설명했던 모델은 촉진자가 그룹의 구성원이든 혹은 아니든 상관없이, "매번 모든 사람이 한 사람을 위한 것을 누구나 경험하는"(everyone for one at a time) 모델에 보다 더 가깝다.

양자 모두로 이 영성지도 사역에 계속해서 참여하도록 초대하고 계신지를 분별할 수 있는 정황을 제공한다.

# 성찰을 위한 질문

1. 어떤 점에서 당신은 집단 영성지도에 이끌림을 느낍니까?

2. 당신에게 중요한 것에 관해 이야기할 수 있는 곳은 어디입니까? 당신은 어떻게 당신의 영적 자양분을 공급합니까? 당신은 이 그룹에 얼마만큼의 에너지와 헌신을 자발적으로 투여하겠습니까? 그것은 너무 적은 양입니까, 아니면 너무 많습니까? 혹은 적절한 양입니까?

3. 현재 당신의 삶 가운데서 상당히 많은 시간과 에너지를 투여하게 만드는 일들이 있습니까? 그것은 무엇입니까? 그룹을 독점하지 않은 채 그룹에서 자신의 이야기를 나눌 수 있는 당신의 능력에 그것은 어떤 영향을 미칩니까?

4. 예전에 그룹 안에서 자신이 지닌 하나님과의 관계에 대해 이야기해 본 적이 있습니까? 그때의 경험은 어떠했습니까? 기도 모임, 생활 나눔 모임, 공부 모임과 같은 그룹 활동에 대한 당신의 경험은 어떠했습니까?

5. 제안된 시간 계획에 따라 영성지도 그룹 모임에 참여할 수 있을 것 같습니까?

6. 영성지도 그룹에 참여하는 것을 주저하게 만드는 것은 무엇입니까?

7. 하나님의 영이 당신을 집단 영성지도로 초대하고 계십니까? 어떻게 그런 결론에 도달하게 되었습니까?

# 제2부

# 영성지도에서 빈번하게 고려되는 주제

## 사랑(III)

사랑은 나를 환영한다: 그러나 내 영혼은 뒤로 주춤거린다,
허물과 죄로 인한 죄책감으로.
그러나 눈치 빠른 사랑은 꾸물대고 있는 나를 보고
입구에서부터,
내게로 가까이 다가와, 부드럽게 물어본다,
내게 부족한 것이 무엇인지를.

이곳에 적합한 손님이 없다고 나는 대답한다.
사랑이 말하네, 당신이 바로 그 사람이라고.
나라고, 불친절하며 감사치도 않은 나인데? 아, 나의 사랑이여,
나는 당신을 바라볼 수가 없습니다.
사랑은 내 손을 잡고, 미소 지으며 대답한다,
나 외에 누가 그 눈을 만들었니?

진리이신 주여, 나는 나의 눈을 훼손했습니다: 허락하소서 나의 수치가
마땅히 있어야 할 곳으로 가도록.
너는 알지 못하니, 사랑이 말한다, 누가 그 비난을 짊어졌는지?
나의 사랑이여, 그렇다면 당신을 섬기겠습니다.
너는 이곳에 앉아라, 사랑이 말한다, 나의 양식을 먹어라:
나도 앉아서 함께 먹겠다.

조지 허버트[7]

7) George Herbert, *The Country Parson, The Temple*, ed. John N. Wall Jr. (New York: Paulist Press, 1981), 316.

제10장

# 하나님 체험

예전에도 이미 이것을 언급했고, 앞으로도 수없이 이야기할 것입니다. 왜
냐하면 두려움은, 믿음으로는 알고 있지만 개인적 경험을 통해서는 하나님
의 좋으심을 온전히 이해하지 못하고 있는 사람들을 심각하게 속박하기 때
문입니다. 경험을 통해서 주께서 영적 여정을 가고 있는 사람들에게 보여
주신 우정과 상냥함을 아는 것, 그리고 주께서 어떻게 그 여정의 전 비용을
감당하시는지를 보는 것은 참으로 즐거운 일입니다…이 여정에서 놀랄 만
한 일은 우리가 구하거나 소망했던 것보다 더 많이 받게 된다는 사실입니
다. 이것은 틀림이 없습니다. 나는 이것이 참되다는 것을 압니다. 만약 이
것이 사실이 아니라고 생각한다면, 내가 당신께 말한 그 모든 것을 믿지 않
아도 괜찮습니다.

아빌라의 테레사[1]

사람이 그 친구와 이야기함같이 여호와께서는 모세와 대면하여 말씀하시
며.

출애굽기 33:11

---

1) Teresa of Avila, *Way of Perfection*, ed. E. Allison Peers (New York: Image
Books, 1964).

영성지도자와 피지도자는 각자의 하나님 체험에 대해 기도하며, 그것을 이해하고자 노력한다. 하나님 체험의 이해가 가능한 것인지 우리는 의문을 품을 수 있다. 성경을 해석하는 것이 경험을 해석하는 것보다 훨씬 더 안전하게 느껴질 수 있다. 사람은 말한다. "나는 하나님을 체험하기로 되어 있습니까? 즉 하나님과의 직접적 만남이 이루어지도록 되어 있습니까? 하나님 체험은 내가 자발적으로 탐구해야 하는 것입니까? 나는 하나님을 어떤 분처럼 여기고 있습니까? 어린 시절에 지녔던 하나님에 대한 이미지와 현재 지니고 있는 이미지는 무엇입니까? 나의 삶의 배경에 비추어 볼 때, 하나님의 여러 이름 중 어떤 것이 친숙하게 느껴집니까?"

가족관계 등 중요한 인간관계는 다른 관계, 타인, 우리 자신에 대한 생각에 영향을 미친다. 관계나 타인과의 경험에 대한 우리 각자의 생각이 동일하지는 않다. 이것은 하나님과의 관계에서도 마찬가지다. 우리는 하나님에 대해 생각할 수 있고, 세상 안에서 하나님의 현존을 발견할 수 있으며, 타인들의 신앙의 삶을 관찰할 수 있고, 의도적으로 하나님과 의사소통이나 상호작용하는 것을 선택할 수 있다.

우리는 마음(mind)으로 하나님과의 관계를 해석한다. 우리의 생각은 마음을 하나님께로 되돌리는 회심에 의해 영향을 받는다. 회심은 하나님의 용서와 새롭게 하심을 구하는 것이다. 하나님께 굴복함으로써 새롭게 된 결과로 우리에게 주어진 것 중 하나는 보다 더 그리스도처럼 생각할 수 있는 자유이다. 물론 우리는 여전히 자기중심적으로 생각하고, 이해와 해석에 오류를 범할 수 있다. 그러나 예수와 관계를 맺고 있는 사람은 하나님의 바람을 인지하고 그것에 협력할 수 있는 새로운 능력을 지닌다. 우리는 갑자기 혹은 점진적으로 많은 영역에서 새로운 흥미와 개념과 견해를 갖게 되는 것을 보게 된다. 우리의 마음은 은혜로 말미암아 새롭게 된 것을 체험한다.

많은 사람들이 하나님에 대한 그들의 생각과 타인의 신앙생활에서 그들이 관찰한 것에는 관심을 기울인다. 그러나 정작 하나님을 직접적으로 경험한 그들의 체험에는 관심을 거의 기울이지 않는다. 이러한 사람들이 하나님과 맺고 있는 관계는 얼굴과 얼굴을 맞대고 만나는 관계라기보다는 편지를 주고받는 관계에 가깝다. 피지도자들은 독서한 것이나 타인으로부터 들은 것에 관심을 기울이기보다 자신의 하나님 체험에 주의를 기울이도록 도전을 받는다.

지적 분석은 중요하다. 그러나 다른 측면들 또한 중요하다. 우리는 모든 정신 기능들을 포함한 전인(全人)으로 하나님을 경험하고 하나님과 관계를 맺는다. 즉 지성, 의지, 상상력, 감정, 기억, 그리고 몸의 반응을 포함한다. 본서 14장, "기독교 훈련"에 이 정신 기능들이 보다 자세히 다루어져 있다.

## 우리의 하나님 해석

우리는 기억, 아이디어, 그리고 경험이 다채롭게 아우러진 결집체를 지닌 존재이다. 지성을 사용해 그려본 하나님 이미지, 우리의 하나님 이미지에 대한 해석, 그리고 우리를 향한 하나님의 느낌에 대한 해석을 가지고 있다. 앤 울라노프(Ann Ulanov)는 다음과 같이 말한다.

하나님을 그려보는 것이 하나님에 대해 말하는 것보다 선행한다. 왜냐하면 우리의 그림이 우리의 모든 말들을 동반하며, 그 그림은 하나님 앞에 엎드려 침묵한 이후에도 계속해서 우리에게 남아있기 때문이다. 이미지는—심리의 언어(the language of the psyche)—삶의 토대이다; 이미지는 우리의 생각들뿐 아니라 감정과도 접촉된다; 이미지는 우리들의 아이디어들뿐 아니라 우리의 몸에까지도 도달된다. 수많은 세월 동안 이미지들을 정교하게 다듬는 우리의 노력이 있은 연후에야 그것은 자유롭게 되며, 놀랄 만한 것이 된다.

우리는 우리의 하나님 이미지를 타인에게 알리지 않는다. 심지어 우리 자신에게도 비밀로 하기도 한다. 우리가 하나님을 먹이감과 같은 우리를 냄새 맡으면서 계속해서 쫓아오는 동물이나, 숨결을 우리의 얼굴에 뿜어대거나 발을 우리의 목에 올려놓는 이방인으로 묘사한다면, 다른 사람들이 어떻게 생각하겠는가? 너무 근접해 있어서 오직 추상적인 상징으로만 표현할 수 있는 하나님으로 묘사한다면?…시편 기자가 말한 것처럼, 커다란 날개 아래로 우리를 숨기시는 하나님으로 표현한다면? 혹은 우리가 기어오를 수 있는 커다란 무릎, 우리가 젖을 빨 수 있는 가슴으로 하나님의 은총을 묘사한다면? 혹은 우리를 전장으로 부르는 전사로서 하나님을 표현한다면? 혹은 당신 교회의 뒷자리에 앉아 있는 예수로서 하나님을 묘사한다면?[2]

데이빗 씨맨즈(David Seamands) 박사는 사람들이 어린 시절에 지녔던 하나님에 대한 개념이 하나님을 향한 그들의 현재적 응답에 어떤 영향을 미치는지에 관해 광범위한 저술을 했다. 어린 시절에 지녔던 개념이 즐겁게 수용할 수 있는 것인지 아니면 위협적인 것인지의 여부는 성인이 되어서도 중요한 요소로 작용한다. 하나님에 대한 의심, 관념, 감추어 둔 느낌을 드러내어 이야기하는 것은 반드시 필요한 일이다. 어떤 사람들에게는, 하나님은 불가능한 것을 요구하는 견습경찰이나 분노에 찬 법관으로 이해된다. 또 다른 사람

---

2) Ann Ulanov, "Picturing God," in *A Guide to Prayer for All God's People*, ed. Rueben Job and Norman Sawchuck(Nashville: The Upper Room, 1990), 171.

은 "나"에게 강조점을 두어, 하나님을 나의 하나님으로 이해한다. 즉 내가 이해하는 하나님, 나의 성공의 하나님, 나의 안위의 하나님, 내 국가의 하나님으로 이해하는 것이다.

우리는 일련의 왜곡된 이미지에 따라 하나님을 재구성하려는 경향이 있다. 이 점은 성육신이 그토록 중요한 이유들 중 하나에 해당한다. 오직 말씀이 육신이 되었을 때에만, 우리들은 "은혜와 진리가 충만한"(요 1:14) 하나님을 분명하게 볼 수 있다. 씨맨즈는 기술하기를, "하나님에 대한 잘못된 개념/감정은 수많은 영적 문제를 야기한다. 그 중에서 가장 흔한 것은 용서받았다는 감정을 느낄 수 없음, 하나님을 신뢰할 수 없음, 하나님께 굴복할 수 없음, 만성적 의심과 신경과민적 완벽주의의 문제이다."[1] 하나님에 대한 복된 소식은 우리의 건강하지 못한 대인관계로 인해 왜곡된다. 특별히 발달이 이루어지는 시기인, 아동기와 청소년기에 발생한 건강하지 못한 대인관계에 의해 왜곡된다.

칼(Carl)의 성장기에, 그의 가족은 교회나 기독교와 아무런 상관이 없었다. 가족들 가운데 하나님에 대해 이야기한 사람이 없었다. 칼은 무언가 비밀이 감추어져 있다고 느꼈으나, 그에 관해 질문하지 말아야 한다는 것 또한 알고 있었다. 그는 학교에서 다른 아이들이 하나님에 대해 이야기하는 것을 들었다. 왜 그들은 하나님이 마치 자신들의 친구인 양 이야기하는지, 그리고 왜 맹세할 때 하나님이란 용어를 사용하는지 그는 궁금했다.

---

1) David A. Seamands, "Healing Our Feelings about God: Why People Feel Bad about a God Who Is Good," *Good News* (March/April 1986): 88-93. 이 논문은 David A. Seamands, *Healing of Memories* (Wheaton: Victor, 1985)에서 발췌함.

지금은 성인이 된 폴리(Polly)는 11세 때 총 7권의 『나니아 연대기』(The Chronicles of Narnia)를 모두 읽고, 그 이야기에 매료되었다. 그때 누군가가 그녀에게 그 책의 집필 목적이 무엇이라고 생각하는지를 물었다. 그녀는 대답했다. "아마도 사람들에게 하나님에 대해 가르치려고요. 그러나 그것이 목적이 아니길 바랍니다. 왜냐하면 내 가족은 하나님을 믿지 않거든요." 올해 그녀는 8세 된 그녀의 아이에게 그 책을 읽어 주었다. 그러자 어렸을 때처럼, 많은 질문들이 그녀 안에서 다시 솟아나기 시작했다.

토니(Tony)는 지금 30대이다. 어렸을 때, 어머니는 항상 그에게 이렇게 말했다. "하나님이 너를 지켜보고 있단다. 나는 너를 볼 수 없을지라도, 하나님은 너를 볼 수 있단다. 그러니 바르게 행동하는 것이 좋을 게다." 어머니의 이말을 생각하면서, 토니는 이제 미소 짓습니다. 왜냐하면 어머니가 자신을 통제하려고 했다는 것을 알기 때문입니다. 그러나 그는 여전히 의문이 듭니다. "하나님이 존재하시는가? 하나님은 나를 쳐다보고 계시는가? 그렇다면, 하나님은 나에 대해 어떻게 생각하실까? 하나님은 나를 좋아하시는가?" 토니는 자기 자신이 대단히 마음에 들지 않을 때도 있지만, 대체적으로 괜찮은 남자라고 생각한다.

다른 한편, 어린 시절에 하나님의 임재를 경험했던 기억을 가지고 있는 사람도 많이 있다. 그들은 하나님에 대해서 배우고, 하나님이 그들을 사랑하며 일생 동안 그들과 동행하실 것을 알았다.

카렌(Karen)은 어린 시절의 신앙 경험을 감사와 기쁜 마음으로 회상한다. 그녀의 가족에겐 별도의 재원이 한 번도 없었다고 말한다. 그러나 그녀는 "하나님께서 공급해 주실 것이다"라고 수없이 말씀하셨던 아버지의 말씀을 기억한다. 하나님께서는 실제로 그렇게 하셨다. 오늘날까지 그녀는 공급하시는 하나님을 의지하며, 하나님의 관대한 사랑에 대한 자신의 경험담을 이야기하는 것을 좋아한다.

랄프(Ralph)는 가족에 대해서, 그리고 그들이 얼마나 즐거운 교회생활을 하였는가에 대해서 이야기한다. 가족이 출석한 교회는 모든 이웃 사람들을 환영했으며, 교회에 출석하지 않거나 다른 교회에 출석하는 사람들까지 참여할 수 있는 멋진 일들을 계획했다. 그는 이런 말을 들었던 것을 기억한다. "하나님은 바로 이런 분이야. 모든 사람을 초대하고 환영하시는 분 말이야. 예수님이 바로 이런 분이야. 우리를 초대해서 자신을 알려주시는 분 말이야. 그러니 우리는 두려워할 필요가 없단다." 랄프가 10대가 되었을 때, 질문 때문에 하나님께로부터 멀어지는 것이 아니라, 그 질문을 가지고 하나님께로 달려가는 것이 그에게는 보다 더 자연스러운 일이 되었다. 왜냐하면 그는 하나님께서 그를 만나기를 기뻐하신다고 확신했기 때문이다.

바바라(Barbara)는 여름밤에 엄마, 아빠와 함께 해변에 누워 별들을 보면서, 별들과 하늘과 하나님에 관해 대화를 나누곤 했다. 그녀의 어머니는 "하나님께서 만드신 모든 것을 바라보렴. 죽어서 하나님과 함께 있게 되는 것이 어떤 것일까를 상상해 보지 않을 수 없구나. 내 생각엔, 우리는 지금 볼 수 없는 은하계를 여행하게 될 것 같구나. 성경이 말씀하지 않았니. '하나님이 자기를 사랑하는 자들을 위하여 예비하신 모든 것은 눈으로 보지 못하고 귀로도 듣지 못하고 사람의 마음으로도 생각지 못하였다'[고전 2:9]라고. 죽음 후에 하나님과 함께 있는 것이 어떤 것과 같을지 무척 궁금하구나." 이러한 대화가 자신의 태도와 기대들을 형성했다고 바바라는 말한다.

존(John)은 이렇게 말한다. "어릴 적에, 나는 하나님이 아주 가까이 계시다고 알고 있었던 것 같습니다. 그분이 하나님이라는 확신을 어떻게 하게 되었는지는 회상할 수 없지만, 하나님과 나는 오랜 시간 대화를 나누곤 했습니다. 나는 하나님이 나의 가장 친한 친구인 양 행동했습니다. 그 때의 나의 행동이 어떤 뉘앙스를 띠었는지 지금 기억하기는 힘들지만, 가장 친한 친구가 늘 나와 함께 있는 것처럼 느껴졌던 것은 사실입니다."

우리들 대부분이 어린 시절에 경험했던 하나님에 대한 기억에는 좋은 것도 있고, 혼란스러운 것도 있고, 부정적인 것도 있다. 오늘날 어린 시절에 들었던 것을 보다 면밀하게 관찰하고, 청년기와 성년기에 도달해서 지녔던 자신들의 믿음을 탐구하기 시작한 사람들이 많이 있다. 더 이상 단순한 설명으로는 만족할 수가 없기 때문이다.

인생에 있어 우리가 선택하지 않은 많은 요소들, 즉 성격의 여러 측면이나 어린 시절과 같은 요소들은 우리가 하나님에 관한 특정한 사고들에 경도되는 경향을 갖게 한다. 물론 우리가 지닌 하나님에 대한 왜곡된 견해는 스스로가 선택한 것들에 의해서도 형성된다. 우리는 때때로 하나님과 이웃에게 우리 스스로의 이익을 위한 반응을 보인다. 우리는 괴로움과 용서하지 않는 마음을 꽉 붙잡고 있기도 한다. 또는 우리가 믿는 바, 하나님이 원하시는 것을 의도적으로 무시하거나 그것에 반하여 행동하기도 한다. 삶의 상황들은 우리가 하나님이 어떤 분이신지, 하나님이 어떻게 인간의 삶에 개입하시는지에 관해 계속해서 다시 생각하도록 요구한다. 특별히 악이 선보다 강한 것처럼 보일 때는 더욱 그러하다.

론다(Rhonda)의 말이다. "어떻게 당신은 내가 하나님이 좋은 분이라고 생각하기를 기대하십니까? 우리 가족은 항상 교회에 갑니다. 그런데 지금 저의 18세 된 딸은 실종되었습니다. 왜 하나님께서는 이런 일이 일어나게끔 허락하셨을까요? 하나님이 그렇게 하신 것입니까? 저는 잘 모르겠습니다. 그러나 내가 아는 것은, 이 일에 대해 내가 하나님을 용서할 수 있을지 확신이 없다는 사실입니다."

불신에 차서 스티븐(Steven)은 머리를 흔든다. "작년 어느 날 직장에서 일하고 있는데 상사가 찾아와서 말했습니다. '미안합니다. 당신의 일자리는 내년 예산에 반영되어 있지 않습니다.' 나는 그들을 위해 20년간 일했습니다. 나는 가족과 같이 그들의 영원한 일원이라고 생각했습니다. 그런데 그들은 말했습니다. '한 주 후에 그만둬 주십시오.' 나는 길거리로 내쫓기고 말았습니다. 어떻게 그들이 그럴 수가 있습니까? 일 년이 지난 지금에도 정신이 멍할 뿐입니다. 무엇을 해야 하나 생각하면, 화가 나고 괴롭습니다. 같은 방법으로 그들에게 복수하고 싶은 생각이 듭니다. 나는 스스로 크리스천이라고 생각해 왔는데, 내가 정말로 크리스천인지 이제는 잘 모르겠습니다."

빌(Bill)은 말한다. "오랜 세월 동안, 하나님께서는 내가 다른 직업을 찾아보기를 원하신다고 생각해 왔습니다. 그러나 나는 그럴 수가 없었습니다. 나는 카지노에서 일합니다. 보수는 좋습니다. 가족을 돌보아야 할 책임이 제게 있습니다. 한 가시 괴로운 일은 날마다 자신의 재물을 낭비해 버리는 사람들을 지켜보아야 한다는 것입니다. 나는 그들의 선택에 대해 깊이 생각해 보도록 그들에게 영향을 줄 만한 그 어떤 일도 행하지 않고 있습니다. 아마도 하나님께서는 다른 방식을 고려하시는 것 같습니다. 하나님은 제가 감당치 못할 시험 당함을 허락지 않으시는 분입니다."

우리의 하나님 이해들은 삶의 경험과 환경에 의해 도전을 받는다. 그러나 우리가 영성지도를 받고자 한다면, 우리가 생각하는 하나님은 어떤 분이신가를 아는 것이 중요하다. 하나님은 참으로 선하시며 은혜가 무궁하신 분이며, 우리와 관계를 갖기 원하시는 분이라는 것을 깨달은 이후에야, 비로소 우리는 영원한 영적 순례를 경험할 수 있다. 어거스틴(Augustine)은 하나님께 나아가는 데 있어 어찌할 바 모르는 곤경에 빠졌다. 그는 『고백록』(The Confession)에서 이렇게 진술한다.

당신께 도움을 요청해야 합니까? 아니면 당신을 찬양해야 합니까? 내가 당신을 찾기 이전에 당신께서 먼저 나를 찾으셨다는 것을 아는 것은 중요한 일입니까? 당신이 누구인지를 알지 못한다면, 내가 어떻게 당신을 찾을 수 있겠습니까? 무지 가운데서, 당신이 아닌 다른 예배 대상을 찾고 있는지도 모르겠습니다. 그렇다면, 나는 당신을 알기 위해서 당신을 찾는 것입니까?…아, 이제 알겠습니다. 주님, 나의 삶에서 당신의 도움을 요청함으로써 당신을 찾게 하옵소서.[2]

## 성경에 묘사된 하나님 체험

성경은 인간의 경험과 하나님 체험에 대해 무어라고 말하고 있는가? 하나님은 아담과 이브를 창조하셨고, 에덴동산에서 그들과 함께 계셨다(창 3:8). 하나님은 인간을 창조하셔서 동반자가 되게 하셨다. 즉 자유로운 상태에서 창조주에게 순종할 것인가, 그리고 창조주와 함께 협력할 것인가를 선택할 수 있는 창조주의 아들, 딸, 친구들이 되게 하셨다. 인간과 관계를 갖고 싶어 하시는 하나님의 바람은 인간이 선악과를 따 먹은 후에도 변하지 않았다. 하나님은 계속해서 인간들과 대화를 나누셨다.

하나님은 나사렛의 예수라는 인간으로 탄생하심으로써, 보다 온전히 인간과 동일시되기를 선택하셨다. 우리가 온전히 하나님과 결합될 수 있는 가능성은 예수 그리스도와 관계를 가짐으로써 발생하게 된다. 우리와 관계 맺기를 원하시는 하나님의 바람을 인지할 수 있는 우리의 능력과 하나님께 응

---

2) Sherwood Wirt, ed., *The Confessions of Augustine in Modern English* (Grand Rapids: Zondervan, 1986).

답하는 것을 가능하게 해 주는 은혜의 선물은 성령께로부터 나온 것이다. 예수님은 자신이 아버지께로 가는 것이 중요하다고 말씀하셨다. 그래야 아버지께서 성령을 보내셔서 우리와 늘 함께 계시도록 할 것이기 때문이었다. 신자들은 성령께서 거하시는 성령의 전이다(고전 6:19).

많은 성경 구절들은 하나님께서 인간들과 관계를 맺기를 원하시고 기뻐하신다는 사실을 증언한다. 스바냐 3:17은 "너의 하나님 여호와가 너의 가운데 계시니 그는 구원을 베풀 전능자시라. 그가 너로 인하여 기쁨을 이기지 못하여 하시며 너를 잠잠히 사랑하시며 너로 인하여 즐거이 부르며 기뻐하시리라"고 말씀한다. 하나님이 우리를 사랑하시고 우리가 하나님을 바란다면, 도중 어디에선가 하나님과 우리는 서로 만나게 될 것이다.

예수님께서 지상에 계시는 동안 예수님을 만났던 사람들의 경험을 성찰해 보면, 인격적으로 하나님을 체험하는 것이 무엇과 같은 것인지를 생각해 보는 데 도움을 얻을 수 있다. 사람은 그리스도를 여러 방식으로 경험했다. 선생님으로, 지도자로, 이야기꾼으로, 친구로, 대결자로, 통찰력 있는 질문자로, 기존 종교 제도를 변혁하는 자로, 긍휼의 경청자로, 돕는 이로, 제공자로, 치유자로, 새로운 개념과 삶의 가능성을 열어주는 자로, 신비로, 메시아와 구원자로 경험했다.

사람들이 예수님과 상호작용을 가졌을 때, 그들 안에 야기된 생각, 감정, 행동들은 너무도 다양했다. 예수님과의 만남은 그들에게 하나님과의 관계를 위해 중요한 것이 무엇인가를 알게 해 주었고, 새로운 기회도 열어주었다. 예수님은 하나님을 따르도록 사람들을 초대하셨다. 그 초대에 응한 사람도 있었고, 거부한 사람도 있었다. 예수님과의 만남을 통해 삶이 변화된 체험을 한 대부분의 사람은 비록 하나님께서 관여하셨지만 그 변화는 두 사람 사이에서 발생한 것으로 간주하였다. 우리는 나 자신과 예수님 사이의 상호작용이 성경에 등장한 인물들의 상호작용과 어떤 유사점과 차이점이 있는지를 살펴볼 수 있다. 본서 11장, "성경"은 베드로와 예수님 사이에 있었던 수많은 만남들, 마치 그들의 관계를 스냅 사진으로 찍어 놓은 것 같은 장면들을 다루고 있다. 예수께서 베드로를 처음 만나셨을 때 베드로에게 엄청난 양의 물고기를 잡는 경험을 제공하신다. 그리고 자신을 따를 것을, 그리고 "사람 낚는 어부"가 될 것을 베드로에게 요청하신다(눅 5:1-11). 예수님은 베드로에게 깊은 데로 가 그물을 던지라고 말씀하셨다. 이 성경 구절을 읽는 사람은 성령께서 그들 또한 깊은 데로 나아가기를, 익숙해진 방식을 떠나기를, 그리고 예수님을 따라 새로운 방향으로 나아가기를 초대하고 계시다는 것을 감지할 수도 있다.

성경을 읽을 때, 우리는 성경에 묘사된 것과 유사한 방식들로 우리 역시 예수님과 상호작용을 하고 있다는 것을 인식하게 된다. 그리고 하나님께서 원하시는 것이 무엇인지를 숙고하며 기도하게 된다. 우리는 자신이 지닌 질문과 삶의 정황으로 인해 고유한 방식으로 성경 본문과 우리를 일치시킬 수도 있다. 우리 자신이 하나님을 찾는 사람과 하나님께로부터 멀어지는 사람 중에서 누구와 더욱 유사한지를 알게 된다. 성경에서 관찰한 것을 비판하는 대신 그것을 가지고 기도하면 우리에겐 보다 깊은 이해의 가능성이 열리게 된다.

이와 같은 예수님과의 직접적 만남이 하나님의 사랑과 접촉할 수 있는 유일한 길이라고 말하면 사람은 덜 혼란스러울 것이다. 그러나 성경에 기술된 하나님 체험들 중 더러는 이와 같은 예수님과의 인격 대(對) 인격으로서의 만남과는 상당히 다르다. 하나님은 예수님의 성육신 이전, 예수님의 지상 생활 동안, 그리고 예수님의 승천 이후에도 인간들과 상호작용을 하셨다. 아브라함, 모세, 그리고 다른 사람들이 하나님의 영적 임재의 방문, 즉 몸, 인간적인 것 혹은 천사와 같은 그 어떤 것도 포함하고 있지 않는 하나님의 영의 방문을 받았다. 하나님은 그들에게 말씀하셨다(창 12:1-4, 13:14-17, 출 6:1-8). 하나님은 때때로 떨기나무 불꽃, 이스라엘 백성을 광야에서 인도했던 밤의 불기둥과 낮의 구름기둥, 성전에 가득한 하나님의 영광, 세례식에서 비둘기 같은 모양으로 예수님 위에 임하신 성령과 같이 눈으로 볼 수 있는 물질적 현상을 통해 하나님의 임재를 알 수 있게 해 주셨다(출 3:2-4; 13:21; 40:34-35; 대하 7:1-2; 요 1:32-34).

이러한 상황에서 하나님의 방문을 받은 사람은 그 누구도 의심을 품지 않았다. 그들은 하나님께서 그들에게 말씀하시고자 하는 바를 해석하는 데 전혀 어려움을 느끼지 못했다. 비록 그들이 이러한 하나님 체험에 곧바로 혹은 장기간에 걸쳐 다양한 방식으로 응답했지만, 그들은 하나님의 의도를 이해했다. 하나님께서는 하나님의 음성을 경청하길 원하는 사람들이 하나님의 메시지를 인지하여 응답할 수 있을 정도로 충분히 쉽게 의사소통을 하신다는 것을 성경은 보여준다. 그러나 그럼에도 여전히 많은 신비들이 존재한다.

예수님의 하나님 아버지 경험은 직접적인 신적 개입과는 약간 다른 예이다. 엄밀하게 말하면, 예수님의 그러한 경험은 하나님이 하나님을 만나는 경험과 하나님이 인간을 만나는 경험이 동시에 일어나는 것으로 이해해야 한다. 하나님의 임재는 예수님이 세례를 받으실 때, 변화산에서 예수님이 변화하셨을 때, 사람들을 영적으로 또한 육체적으로 치유하신 예수님의 사역을 통해, 그리고 예수님의 십자가를 통해 영적으로 그리고 실질적으로 드러났다(마 17:1-5; 요 1:32).

그러나 부활을 통해서 신성이 온전히 드러난 이후에 일어난 그리스도의 나타나심은 또 다른 형태의 하나님 만남이다. 예수님은 제자들에게 적어도 세 차례 이상 나타나셨다. 그는 그들과 대화를 나누셨고, 그가 죽은 후에 부활했다는 것을 그들에게 보여주셨다(막 16:12; 눅 24:36-39; 요 20:21). 그리스도의 승천 후, 제자들과 그리스도의 또 다른 추종자들과 그리스도를 따르지 않았던 사람들에게 성령은 출현하였다. 그들은 성령의 출현을 하나님의 출현으로 인식하였다(출 9:3-6).

지금까지 언급한 예들은 하나님을 직접적으로 경험한 것이거나 하나님과 함께한 경험, 즉 하나님을 영(Spirit)이나 음성으로 경험한 경우나 하나님을 눈에 보이는 현상으로 경험한 경우로 설명된 것들이다. 그러나 하나님은 때때로 인간이나 천사를 메신저로 사용하여 파송하신다. 성경은 하나님의 메신저들의 방문을 받은 예들을 포함하고 있다. 아브라함, 롯, 마리아, 사가랴, 그리고 다른 사람들이 바로 메신저의 방문을 받은 사람들이다 (창 18:1-5; 19:1; 눅 1:11-13, 26-28).

이러한 만남들에 대해 생각하는 것은 우리에게 불안과 격려를 동시에 가져다준다. 왜냐하면 그러한 만남의 발생이 우리의 이성적 이해와 반하는 경우도 있기 때문이다. 그러나 그것은 동시에 우리가 소망하는 것이 참되다는 것을 확언해 준다. 다시 말하면 하나님은 인간을 사랑하시고, 우리와 관계를 맺기를 바라시며, 우리와 의사소통을 하기 위해 그리고 우리와의 관계를 유지하기 위해 필요한 것이라면 무엇이든 하신다는 사실을 확언해 준다. 예수님은 하나님께서 인격적이신 성령님으로 늘 우리와 함께 계셔서 우리를 사랑하시고 인도하실 것이라고 약속하셨다(요 14:25-26).

# 하나님의 임재

영성지도는 우리를 하나님과의 교제로 초대하시는 성령의 계속적인 임재가 있기에 가능하다. 성령은 하나님을 묵상하는 것만이 아니라 하나님을 체험하도록 우리를 인도하신다. 성령은 다른 사람들과 세상 안에 거하시는 하나님을 감지할 수 있도록 우리의 영적 눈을 열어주신다. 이미 언급한 바와 같이, 하나님과의 관계를 심화시키기 위해선 성령의 음성을 다른 음성들과 구별해 내는 법을 배워야 한다. 성령의 사역에 관한 그리스도의 가르침을 받아들인다면, 우리는 성령께 주의를 집중하는 법을 탐구하고자 할 것이다. 우리 안에 거하시는 하나님, 우리와 함께 하시는 성령을 어떻게 감지할 수 있는가? 하나님께 주의를 기울이기 위해서는 어떻게 성령과 상호작용을 해야 하는가?

어떤 면에서 우리의 사고나 말이 행동과 일치하지 않는지를 탐구하는 것은 흥미로운 일이다. 예를 들어 보자. 우리 중에는 하나님의 임재를 요청하는 사람들이 있다. 초대 교인들도 종종 "주 예수님, 오시옵소서!"라고 기도했다. 그러나 성경의 가르침이나 우리의 믿음의 고백은, 하나님께서는 늘 우리와 함께 계신다는 것이다. 영성지도에서 우리는 하나님의 임재를 납득시키거나 조작하지 않는다. 다만 하나님께서 결코 우리를 떠나지 않으신다는 예수님의 말씀에 따라 성령의 임재를 인정하는 것이다. 종종 우리는 하나님의 임재를 감지할 수 있도록 기도한다. 그러나 하나님의 임재에 대한 느낌의 여부와 관계없이 하나님이 임재하고 계심을 기억하는 것이 중요하다. 영성지도에서, 우리는 하나님의 임재와 인도에 대한 우리의 믿음을 확인하고, 경축하며, 그 믿음에 따라 행동한다 (마 28:19-20; 요 14:15-16).

하나님의 위격과 본성에 대한 우리의 인식과 해석은 영성지도의 핵심적인 요소이다. 우리는 예수님, 성경, 성령의 계속적 임재를 통한 하나님의 자기 계시에 의존한다. 우리의 하나님 이해 안에 거하시면서도 그 안에 제한되지 않으시는 하나님께 민감하기를 우리는 원한다. 우리는 하나님을 찾는다. 그러나 하나님께서 우리를 찾으시지 않는 한, 우리의 추구가 결코 하나님을 발견할 수 있을 정도로 충분하지는 못하다. 인간들은 하나님을 조종할 수 없다. 우리의 통제 안에 놓이는 영적 존재나 힘은 결코 하나님일 수 없다. 성경은 끈기 있게 기도할 것을 명한다. 하나님은 우리의 기도를 들으시며, 우리의 기도에 의해 영향을 받으신다(눅 11:5-13). 그러나 우리가 하나님의 응답의 방식을 규정하지는 못한다.

## 신앙생활

모든 사람의 하나님 체험은 고유하다. 신앙생활의 이야기는 수많은 변수에 의해 다양한 방식으로 전개된다. 신앙의 여정이 어떻게 시작되었는지에 관계없이, 크리스천들은 여정의 어느 지점에서 한 분이신 삼위일체 하나님(성부 하나님, 성자 예수 그리스도, 성령)과의 교제로 초대되며, 삼위일체 하나님에 대한 온전한 이해와 감사의 마음을 지니도록 요청된다.

### 예수님과 함께 시작하기

회개와 예수 그리스도를 구원자로 고백하는 것을 통해서, 자기 중심의 생활에서 하나님 중심의 삶으로 전환한 사람들이 있다. 그 후 그들은 기도와 성경공부와 예수님과의 교제에 합당한 삶을 선택함으로써 성부 하나님과 성령 하나님께도 더 많은 주의를 기울이게 된다. 그들의 하나님과의 의도적 관계는 예수 안에서 성육신하신 하나님, 인간의 유익을 위해 인간의 삶을 자원하여 선택하신 하나님을 인식함으로 시작한다. 많은 사람들이 예수의 성육신을 인간의 죄악에 대한 심판으로 간주하려는 반면에, 그것을 하나님의 형상으로 창조된 인간성에 대한 긍정으로 간주하려는 사람도 있다. 이러한 이해는 우리의 은사를 인정하고, 그것들의 잠재성이 온전히 발현되는 생활을 하도록 격려해준다.

이러한 예수님과의 관계는 다양한 삶의 여정의 단계에서 다양한 방식으로 시작될 수 있다. 8세 된 수(Sue)는 예수님을 따르는 삶을 선택하는 것에 관한 주일학교 선생님의 언급을 들은 후에, 그녀와 하나님이 서로 친구인지의 여부에 관심을 갖기 시작했다. 교회에서 집으로 돌아오는 길에, 수는 이 문제에 관해 부모님과 대화를 나누었다. 그리고 예수님께 자신의 친구와 구원자가 되어 달라고 요청하기로 결심했다. 점심식사 때, 부모님은 수에게 자신의 결심을 하나님께 아뢰기 원하는지를 물어보았다. 그래서 수와 부모님은 함께 기도했다.

탐(Tom)은 고등학교 2학년에서 3학년으로 올라가기 전 여름방학에 있었던 캠프에 참석하여 그리스도께 헌신하기로 결심했다. 그는 성경을 읽고 기도하기 시작했다. 그리고 지금껏 한 번도 그리스도께 헌신하기로 결심했던 기억이 없기 때문에, 자신이 참된 크리스천인지의 여부에 관해서도 이야기하기 시작했다. 실외에서 시간을 보내면서 자신의 삶을 되돌아보았을 때, 그는 하나님을 향한 자신의 사랑과 감사의 마음을 하나님께서 알아 주셨으면 좋겠다는 바람이 자신에게 있다는 사실을 깨달았다. 또한 자신이 얼마나 하나님을 필요로 하고 하나님을 의지하는지도 아셨으면 좋겠다는 바람도 지니고 있었다. 캠프가 진행되던 어느 날 오후 산책을 하면서, 탐은 그리스도께 자신의 삶의 주인이 되어 달라고 요청했다. 그리고 그날 저녁 캠프의 참석자들이 호숫가에 모여 앉아 있을 때, 인도자는 각자의 삶을 온전히 하나님의 돌보심 안에 내맡기는 문제에 관해 이야기한 후 참석자들에게 하나님과의 관계에 대해 생각해 보기를 요청했다. 그리고 하나님께서 자신을 이러한 헌신으로 부르고 계시다고 느끼는 사람은 자신을 상징하는 돌을 하나씩 선택하도록 요청했다. 그리고 저녁 모임이 끝나갈 무렵, 원하는 사람은 자신을 하나님께 내맡긴다는 표시로 온 힘을 다해 그 돌을 호수 안으로 던져 넣도록 요청받았다. 탐과 많은 참석자들은 별빛 아래 호숫가에 서서 자신의 돌을 호수 안으로 던져 넣었다. 탐은 자신을 하나님께 드릴 때, 주님을 향한 자신의 사랑과 자신을 향한 하나님의 사랑을 강력하게 느꼈다고 고백했다.

44세인 로저(Roger)는 자신이 거듭나게 된 것을 감사하게 생각한다. 사실 그는 그 전환점을 명확하게 기억한다. 개인적인 큰 고통 가운데 빠져 있을 때, 그에게 전환의 기회는 그 어떠한 곳으로부터도 주어지지 않을 것처럼 여겨졌다. 하나님께서는 이러한 고통의 삶, 즉 그의 행동으로부터 파생된 수많은 파괴적인 결과들을 끌어안고 사는 삶이 그가 원하는 삶인지를 로저에게 물으셨다. 하나님께서는 자신을 기꺼이 용서해 주실 뿐 아니라 자신의 새로운 출발을 도와주실 준비가 되어 있다는 것을 그는 깨달았다. 로저는 예수님의 말씀을 기억한다. 예수님은 결코 그를 떠나거나 버리지 아니하시며, 이전과는 다른 삶 그리고 보다 나은 선택들이 가능하도록 만들어 주겠다고 말씀하셨다. 로저는 예수님께서 그와 함께 계셔서 자신에게 결여된 성품들을 보완하도록 도우실 것이라는 사실을 믿었다.

80대 초반인 메이(May)는 마더 테레사에 관한 텔레비전 방영을 시청한 후, 자신의 인생을 어떻게 보냈는지에 대해 성찰하기 시작했다. 자신이 했던 생각들과 행동들을 자세히 살펴본 연후에 그녀는 우울해졌다. 그리스도께 굴복하는 것이 이전과는 다른 삶을 만들어 낼 것이라는 희망도 들지 않았다. 그러나 그녀는 하나님의 용서와 도우심이 없이는 낭비적인 삶의 형태를 선택했던 그녀 자신을 결코 용서할 수 없을 뿐 아니라, 오랫동안 행해온 자기 중심적인 태도로부터 벗어날 수도 없다는 것을 알았다. 그래서 그녀는 하나님께 한 번의 기회를 드리기로 결심했다. 그리고 용기를 내어 하나님께 "이 늙은이를 좀 변화시켜 주세요"라고 간청했다. 그녀의 변화는 즉각적으로 이루어지지는 않았으나 그녀가 새로운 삶의 방향으로 움직이고 있다는 것은 곧 분명해졌다. 그녀는 홀로 혹은 다른 사람들과 함께 기도하면서 새롭게 되고자 하는 자신의 소망을 아뢰었다. 그녀는 성경에 흥미를 느끼게 되었고, 이전에는 전혀 흥미를 끌지 못했던 영적인 것들에 관심을 갖게 되었다. 그녀의 수많은 노인병들조차도 영향을 받는 것 같았다. 그녀는 몇몇 영역에서 육체적인 개선도 경험했다. 그녀 자신, 하나님, 그리고 타인에 대한 그녀의 변화된 태도는 그녀를 둘러싼 주변의 환경에 영향을 미쳤다. 사람은 진심으로 그녀와 함께 있는 것을 기뻐했다. 예전에는 어림도 없던 일이었다. 메이의 가족들은 잘못된 행위를 했던 그녀를 용서해야 하는 중대한 도전에 직면하게 되었다. 그러나 그 가족들 내부에서도 변화는 이미 발생하기 시작했다.

조디(Jodi)는 신약성경을 처음으로 읽었을 때, 기독교에 매혹되었다. 그녀는 예수가 누구이며, 어떤 분인가를 배우기 시작했다. 그리고 예수님과 대화를 하기 시작했다. 그분의 가르침과 가치관은 그녀 주변의 것들과 너무도 달랐다. 예수님은 자신의 삶의 토대를 하나님께 두셨다. 그는 하나님께서 원하시는 모습의 인물이 기꺼이 되고자 했으며, 하나님께서 요청하시는 일을 기꺼이 행하고자 하였다. 조디는 그녀 자신의 삶이 희망적으로 느껴지기 시작했다. 그녀는 예수님께 자신의 구원자와 삶의 동반자가 되어 주시기를 요청했다.

자신의 신앙 여정이 예수님과 함께 시작되었다고 말하는 사람들이 많이 있다. 예수님과의 관계는 인간의 이해를 초월하시는, 무로부터 창조하시는,

그리고 성령을 통하여 오늘날에도 각 사람에게 고유한 방식으로 임재하시는 하나님을 인정하게 하는 지름길이 된다.

### 창조주 하나님과 함께 시작하기

신앙인들 가운데는 창조주 하나님과 함께 신앙의 여정을 시작한 이들이 있다. 그들은 자연 세계를 즐긴다. 나무와 호수들, 산들과 피조물들, 하늘과 변하는 날씨를 바라보는 것을 즐거워한다. 세상의 아름다움, 변화, 생명은 그들에게 경외감을 안겨준다. 공공연히 자연에 대해 감사를 표함으로써, 그러한 질서와 아름다움의 기원에 관해 질문을 하기 시작하는 사람들이 있다. 그들은 진화에 관해 배웠던 것들이 자신들이 직접 세상에서 보는 것들과 조응(調應)하지 않는다는 것을 깨닫는다. 그리고 또한 진화론이 자신들에게 만족할 만한 설명이 되지 못한다는 것을 알게 된다. 자연이 단순히 우연의 결과라기에는 너무도 아름답다. 심지어 극도로 미세한 세계조차도 너무도 멋지다는 것이다(시 19:1-4; 행 17:24-28; 롬 1:20).

그들은 창조의 기원이 되는 창조주의 마음과 정신에게로 이끌린다. 하나님의 이러한 선물들에 대한 감사의 마음은 그들을 하나님께로 인도한다. 그들은 하나님을 탐구하기 시작한다. 종교적 전통이나 구조에 속해 있느냐의 유무에 관계없이 하나님께로 발걸음을 내딛는다. 성령의 감동을 따라 오던 중 어느 순간에, 그들은 기도나 연구에 참여하기 시작한다. 그들의 말을 기꺼이 경청해 주는 사람들을 만나서, 그들과 함께 성경공부와 기도와 강연과 예배에 참여하게 될 수도 있다.

짐(Jim)의 신앙 여정의 시작은 이러한 유형에 해당한다. 그는 어렸을 때 몹시도 자연을 사랑했다. 그러나 20대 초반이 되기 전까지는 한 번도 하나님의 창조사역에 관해 진지하게 생각해 본 적이 없다. 대학 졸업 후, 결국에는 그리스도께로 인도되는 영적 순례를 시작했다.

메리 앤(Mary Ann)은 자연재해를 신의 분노라고 생각했다. 그녀는 오랜 세월 동안 하나님께서 자연세계를 돌보고 계시는지의 여부와 하나님께서 인간을 사랑하시는지, 특별히 그녀 자신을 사랑하시는지 그 여부를 탐구했다. 그녀는 생태계에 대한 관심을 통해서 창조에 대한 새로운 관점을 지니게 되었다. 모든 생명체의 상호연관성과 복잡성과 아름다움을 음미하며 인정하기 시작함에 따라, 그녀는 "이 모든 것을 창조하신 분"과 대화하고 싶어졌다. 자신이 제기한 질문을 다른 사람들과 함께 토론할 때, 그녀는 그들 또한 유사한 질문을 지니고 있다는 것을 발견했다. 그래서 그들과 소그룹을 형성해서 만나기 시작했다. 그들은 대화하고, 기도하며, 성경을 읽었다. 그리고 판단하거나 모욕하지 않은 채 자신들과 상호작용을 할 수 있는 다른 사람들을 찾았다. 그들은 생각나는 것이면 무엇이든지 질문하여 탐구할 수 있는 자유를 필요로 했고, 다행히 확고한 신앙을 지니고 있으면서도 기꺼이 그들의 질문에 함께 씨름해 줄 크리스천들을 만났다. 그들은 탐구의 모임이 자연스럽게 흘러가기를 원했으며, 헌신을 강요하지 않았다. 그리고 하나님의 때를 존중하면서, 자신들의 질문 사항에 대해 기도했다.

짐이나 메리 앤, 그리고 그들과 같은 많은 사람들이 종종 성령의 인도하심에 의해 창조주 하나님이 예수 안에서 성육신하기로 결정하셨다는 사실을 인정하게 된다. 그들의 하나님 이해는 성육신이 지닌 시사점들에 의해 형성되기 시작하며, 그로 인해 하나님께서 그들을 예수님과의 교제로 초청하고 계심을 인식하기 시작한다. 이러한 종류의 사람은 보통 예수님에 대해 많은 질문을 가지고 있다. 이 질문들은 조심스럽게 기도하는 마음으로 다루어져야 할 것들이다.

## 성령과 함께 시작하기

무어라고 이름을 붙여 표현할 수는 없지만, 고요하고 세미한 음성을 처음으로 인식한 사람들이 있다. 그들은 자신들이 기도하고 있다는 사실을 깨닫지도 못한 채, 이 음성과 대화할 수도 있다. 그들은 이 거룩한 임재로부터 배우기를 원한다. 그들이 성령의 인도하심을 따른다면, 그들은 하나님이 계획하신 여러 초대들을 통해서 예수님과 창조주 하나님께로 이끌리게 된다.

팀(Tim)은 하나님과의 관계가 성령과 함께 시작되었다고 말한다. 그는 기도했으며, 종종 자신을 사랑하는 그 누군가와 지속적인 대화를 하고 있다는 느낌을 가질 수 있었다. 의도적으로 그분이 누구인가를 탐구하고자 성경을 읽기 시작하기 전에, 그는 이미 자신이 돌봄과 도움을 받고 있다는 것을 수없이 느꼈다.

캐롤(Carole)은 성령과의 사랑의 만남을 가져왔다. 그녀를 그렇게 분명하게 인도해 주었던 분이 예수님이었다는 것을 알기 훨씬 전부터, 그녀는 수차례 예정된 삶의 방향을 바꾸도록 이끄시는 성령의 인도하심을 경험했다(요 3:8).

수잔(Susan)은 한 친구로부터 치유기도를 드리는 예배에 참석해 달라는 초대를 받았다. 수잔은 자신을 크리스천으로 생각하지는 않았지만, 치유에 대해 관심이 있었다. 그녀에겐 의료적 치료가 별 효과가 없는 육체적 질병이 있었다. 그녀는 참석하기로 결정했다. 그 모임에서 그녀는 사람들이 온전하기를 바라시는 성령에 대해 배웠다. 그리고 그녀 자신이 다른 사람들에게서 관찰한 것뿐 아니라 스스로에게 발생한 것에 의해 놀랐으며, 감동을 받았다. 그 모임이 끝나갈 무렵, 기도받기를 원하는 사람은 앞으로 나오라는 요청이 있었다. 바로 그 순간 수잔은 과거 수년 동안의 그 어느 순간보다 더욱더 하나님의 존재 가능성에 대해 희망적인 느낌을 갖게 되었다. 누군가에게 자신을 위해 기도해 달라고 요청하는 수잔의 모습은 그녀 자신과 친구를 놀라게 했다. 기도 중에 어떤 일이 일어났는지 분명히 알 수는 없었다고 그녀는 말한다. 그러나 그녀는 하나님에 의해 받아들여지고 사랑받고 있음을 느꼈다. 마치 그녀 안에 있는 어떤 것이 부드러워진 것 같았다. 이제 그녀는 적극적으로 하나님을 구하며, 성경을 읽으며, 질문을 한다.

사람들이 다양한 방식에 의해 신앙을 갖게 되듯이, 사람은 각각의 경험, 즉 하나님의 사랑, 부르심, 바람에 대한 개인의 다양하고 고유한 경험을 통해서 영성지도로 인도된다. 본서 2장 "영성지도의 핵심"에서, 우리는 성령께서 어느 순간이든지 영적 동반자를 찾도록 우리를 초대하신다는 것을 인정했다. 영성지도에 들어오기로 결정한 사람은 신앙의 가능성들 혹은 하나님과의 관계의 성장을 탐구할지도 모른다. 하나님과 함께한 우리의 여정은 하나님께서 우리를 향해 손을 내밀고 계심을 인식하기 전에 이미 시작된다. 영적 여정은 우리가 하나님을 향해 깨어 있을 때 지속되며, 그 여정의 형태는 하나님께 대한 우리의 응답에 의해 형성된다.

## 하나님의 사랑, 우리의 응답

어느 시대이든, 하나님과의 직접적인 만남의 경험을 기술한 크리스천들이 존재한다. 그 만남을 통해 하나님의 사랑 안으로 인도되며, 영적 통찰이 주어진다. 퀘이커 교도인 조지 폭스(George Fox)는 다음과 같이 기술했다.

어느 날 홀로 산책을 하고 집으로 되돌아왔을 때, 나는 하나님의 사랑에 휩싸이게 되었다. 그래서 하나님의 사랑의 위대함을 찬미하지 않을 수 없었다. 그러한 상태에 있는 동안, 영원한 빛과 능력에 의해 하나님의 사랑이 내게 개방되었다. 그 사랑 안에서, 나는 모든 것이 그리스도 안에서 그리스도에 의해 완결되었다는 것을, 어떻게 그리스도께서 악마와 악마의 사역을 정복하고 파괴하며 그것을 능가하시는지를, 이러한 모든 곤경들이 나를 위한 것이며 유혹들이 그리스도께서 내게 주신 믿음의 시련을 위한 것이라는 사실을 분명히 알게 되었다. 주께서 나의 눈을 열어주셔서 이 모든 곤경과 유혹들을 통해서 깨닫게 되었다. 나의 살아있는 믿음은 고양되었다. 그래서 나는 모든 것들이 생명이신 그리스도에 의해 성취되었다는 것을 알았으며, 나의 믿음이 그리스도 안에 존재한다는 것을 알았다.[3]

하나님과 인간의 관계의 핵심은 사랑, 하나님의 사랑이다. 하나님께 뿌리를 두고 있는 이 사랑의 실재는 우리의 생각과 인간적 사랑의 경험을 초월하며, 그 사랑을 예상치 못한 놀라운 방식들로 표현한다. 비록 신적 사랑과 인간적 사랑에 대한 우리의 이해에 한계가 있다 할지라도, 우리는 성령의 도움을 따라 참된 사랑과 거짓된 사랑을 구별할 수 있다.

우리는 창조되었고, 성령에 의해 생기가 주어지며, 하나님의 사랑을 "본향"으로 인지한다. 그러므로 이 사랑을 경험할 때, 우리는 더욱더 그것을 갈망한다. 예수를 따랐던 사람은 그 분이 메시아라는 것을 아직 깨닫지 못하고 있을 때조차도, 그분이 보이신 하나님의 사랑의 온전한 구현에 매료되었다. 하나님이셨던 그리스도께서 그러한 사랑의 담지자요 구현자가 되신 것에는 많은 희생이 동반되었다. 하나님의 사랑에 우리가 동참하는 많은 희생이 요

---

3) George Fox, in *Quaker Spirituality*, ed. Douglas V. Steere (New York: Paulist Press, 1984).

구된다. 우리와 하나님의 사랑과의 연결은 그리스도의 죽음과 부활 그리고 하나님께 기꺼이 되돌아가는 우리의 응답을 통해서 완성된다. 우리가 하나님께 우리의 모든 것 가운데 모든 것이 되어 달라고 요청할 때, 즉 하나님께 우리 자신의 모든 부분을 드릴 때, 마치 우리는 모든 위험을 감수하는 것처럼 느껴진다. 우리는 자유로운 가운데 우리 자신을 하나님의 사랑과 돌봄에 내맡길 것인지의 여부를 결정한다.

우리는 아마도 우리를 위한 하나님의 사랑을 신뢰한다고 말할 때조차도, 하나님의 사랑을 온전히 깨닫지 못하거나 받아들이지 못할 수 있다. 단지 지적인 개념의 수준에 머무를 수도 있다. 우리는 하나님이 사랑의 하나님이라고 믿을 수 있다. 그러나 그러한 믿음에 걸맞은 어떠한 직접적 경험도 지니지 못할 수 있다.

오늘날 크리스천들은 하나님의 사랑의 급진적 본질을 종종 놓치는 경향이 있다. C. S. 루이스(C. S. Lewis)는 이 점을 잘 설명했다.

기독교가 하나님께서 인간을 사랑하신다고 말할 때, 그 말이 의미하는 바는 하나님은 모든 것에 초연하시기 때문에 우리의 안녕에 별 관심이 없으시다는 것이 아니라, 오히려 우리가 하나님의 사랑의 대상이라는 것입니다. 참으로 놀랍고 경이로운 사실입니다. 여러분은 사랑의 하나님을 찾았습니다. 지금 그분이 당신과 함께 계십니다. 당신이 그렇게 도움을 기원한 대상이셨던 위대한 영, 즉 우리의 삶의 고통스런 영역도 주관하시는 분, 그분이 당신과 함께 계십니다. 당신의 방식대로 당신이 행복하기를 활기 없는 모습으로 기원하는 노쇠한 이의 자비심으로써가 아니라, 양심적인 판사의 차가운 자애심으로써가 아니라, 손님의 안락에 책임감을 느끼는 주인장의 염려로서가 아니라, 스스로 소멸하는 불로써, 세상을 창조하신 사랑으

로써 당신과 함께 계십니다.[4]

편협한 이기주의에 따라 행동하고 있는 우리의 모습을 바라볼 때, 우리가 지닌 하나님 개념의 분명한 모습은 드러나게 된다. 우리는 하나님께서 우리를 재차 용서하시거나 사랑하실 것이라는 사실을 상상하지 못한다. 우리의 참된 생각과 필요를 하나님께 솔직하게 드러내기를 주저한다는 것은 아직도 우리가 하나님의 사랑의 지속성과 신실함을 이해하지 못하고 있음을 의미한다. 아마도 우리는 하나님을 우리가 바른 행동을 했을 때만 우리를 사랑하시는 거룩한 분으로 간주하는지도 모른다. 심지어 우리 자신의 기대에도 미치지 못하는 행동을 할 때, 우리는 사랑받지 못하고 있다고 느낄 수도 있다. 아마도 우리의 하나님 인식은 여러 가지 면에서 우리의 성숙과 보조를 맞추지 못하고 있다. 왜냐하면 우리의 하나님 인식은 여전히 우리가 어린 시절 맺었던 부모나 권위자와의 관계에 대한 기억에 의해 강력하게 형성되고 있기 때문이다.

때때로 우리는 오래 전에 버렸다고 생각한 왜곡된 하나님 이미지에 머물러 있는 자신을 발견하고 놀라곤 한다. 이러한 발견은 우리에게 기도 제목을 제공해 주며, 우리의 용기를 북돋워 그릇된 하나님 인식으로부터 자유하게 해달라고 하나님께 요청하게끔 인도해 준다. 또한 우리가 인식해 왔던 영역을 넘어서서 하나님을 인지하는 것을 가능하게 해준다.

타인이 우리를 있는 모습 그대로 받아들이고 있다는 것을 우리가 깨달을 때, 영성지도는 하나님의 사랑에 대한 메시지를 보다 명확하게 들을 수 있도

---

4) C. S. Lewis, *The Problem of Pain* (New York: Macmillan, 1966), 34-35.

록 돕는다. 우리는 도망가기 보다는, 우리 자신과 하나님에 대해 솔직하게 이야기한다. 영성지도자는 우리를 향한 하나님의 뜻을 발견하기 위해 우리와 함께 기도한다. 또 어떤 경우에는, 하나님의 은총을 입지 못할 특별한 이유가 없는데도 불구하고 우리를 위한 하나님의 사랑을 상기하기가 어려울 때도 있다. 우리의 삶이 다른 것들로 분주할 때, 하나님의 사랑에 대한 실재감을 잊어버리기가 쉽다.

비록 타인으로부터 사랑을 받고 있다고 느끼는 이유, 그들을 사랑하는 이유, 혹은 사랑이 어떻게 발생하게 되었는지에 관한 분석을 우리가 시도한다 할지라도, 우리는 그것을 결코 완벽하게 파악할 수는 없을 것이다. 사랑은 신비이며, 대답할 수 없는 질문들로 가득하다. 우리는 우리의 설명이 우리의 경험을 표현하거나 전달하는 데 부적절하다는 것을 발견한다. 사랑은 거룩한 선물이라는 특질을 지닌다. 때때로 상처받기 쉬운 불안한 마음과 기쁜 마음을 동시에 지닌 채, 우리가 하나님과의 깊은 교제에 참여할 수 있을 것이라고 확신하지 못할 때가 있다. 왜냐하면 우리는 스스로 그러한 행복을 누릴 만한 자격이 없다고 생각하기 때문이다. 우리가 하나님의 사랑을 경험할 때, 우리의 부적절함에 대한 인식이 더욱 증대될 수도 있다. 그러나 우리의 부적절함에 대한 인식이 미치는 영향은 줄어든다. 왜냐하면 우리는 자신에게 초점을 맞추는 행위를 그치기 때문이다. 하나님은 우리를 사랑하신다.

때때로 우리는 하나님의 사랑을 강력하고 분명하게, 그리고 깊이 있게 경험한다. 참으로 하나님께서 우리를 사랑하신다는 것을 안다. 그러나 하나님의 사랑에 대한 강도 깊은 경험들은 빠르게 지나간다. 실제로 발생한 것을 우리가 깨닫기도 전에, 그러한 경험들이 끝나 버릴 수도 있다. 우리는 참으로 자기의식이 없는 사람들이다. 우리가 사랑하고 사랑받는 것에 온전히 몰두해 있을 때, 우리는 경험에 대해 생각하거나 그 경험을 분석하지 않는다.

그러나 하나님의 임재에 대한 우리의 모든 경험들이 그렇게 짧은 것만은 아니다. 우리가 성령 안에 거해서 하나님께 감사와 응답을 드리고 있을 때에는, 우리는 하나님의 사랑을 여러 시간, 여러 날, 혹은 심지어 수주나 수 개월 동안 인식할 수도 있다. 하나님과 생동감 있고, 깊이 있으며, 친밀한 관계를 갖고 있다는 느낌은 그 어떠한 외적 이유도 없이 발생할 수도 있고, 혹은 우리의 자발성과 하나님께 대한 순종이 증대된 후에 발생할 수도 있다. 아마도 하나님께 굴복하는 데 따른 위험이 높게 여겨질 때, 우리는 자아에 대한 통제권을 하나님께 조금만 양도했거나, 의식적으로 하나님께서 우리의 모든 것 가운데 모든 것이 되어 달라고 요청했을 수 있다. 우리가 부족한 방식으로나마 성령의 초대를 받아들일 때, 성령께서는 하나님의 사랑에 대한 우리의 인식을 고양시키시며, 우리 안에 기쁨을 소생시키신다. 역설적으로, 하나님께서 통제권의 포기를 언급하시지 않은 것처럼 여겨질 때, 우리는 왜 사랑과 기쁨 같은 것을 느끼지 못하는지에 대해 의문을 가질 수 있다. 우리가 그리스도 안에서 성장하는 데 있어 중요한 것이 무엇인지를 판단하는 우리의 능력은 제한되어 있다. 하나님께서 행하시는 것들 중 상당 부분은 항상 감추어진 채로 남게 될 것이다.

성령께서는 우리 안에서, 우리 주위에서, 그리고 다른 사람들 안에서 무한한 사랑을 일견하게 하심으로써 우리를 놀라게 하실 지도 모른다. 우리는 하나님의 임재를 섬세할 정도로 부드러운 방식으로나 거의 사나울 정도의 방식으로 알아차릴 수도 있다. 하나님께서 천상의 사랑에 이르는 길을 열어주실 때, 우리는 하나님의 사랑이면 모든 것, 즉 모든 의문들, 모든 반역들, 모든 죄악들, 모든 사람들에게 충분하다는 확신을 재차 갖게 된다. 우리가 감정이나 생각을 스스로 만들어 내고 있지 않다는 것은 너무도 분명하다. 하나님의 사랑이 참으로 분명하게 느껴진다. 우리는 하나님께서 우리를 위해, 우리 안에, 혹은 우리를 통해 행하시는 것을 단순히 좋아하는 차원을 넘어서서, 하나님을 사랑할 수 있는 은총을 부여받았다는 것을 발견한다. 하나님이 사랑하는 것을 더욱 사랑하는 것이 그리스도의 마음이 우리 안에 형성되고 있다는 증거가 아닌가라고 질문하는 우리의 모습을 또한 발견할 수 있다.

나는 치유를 위한 예배에 참석했던 기억이 있다. 그 예배에서는, 하나님께서 참석한 모든 사람들에게 사랑을 쏟아 부어 주시는 것 같았다. 성령께서 임재하셨다는 것을 사람들의 경험과 증언을 통해 분명하게 알 수 있었다. 부드러움, 안도감, 눈물, 웃음, 온전한 느낌, 그리고 하나님의 전적인 사랑을 받고 있다는 느낌들이 그 증거였다. 아무도 떠나기를 원치 않았다. 비록 많은 사람들이 관계의 회복, 몸의 치유, 내적 치유와 건강한 감정의 회복을 경험했지만, 이러한 것은 부수적인 것들이었다. 왜냐하면 그것은 하나님의 임재의 실재와 비교해 보면, 그 빛을 잃게 되기 때문이다. 사람은 엄청난 감사의 마음을 느꼈다. 그러나 그들의 감사는 무엇보다 먼저 사랑으로 스스로를 드러내신 하나님께 돌려졌으며, 그 다음으로는 그 사랑의 열매들에게 돌려졌다.

우리는 예수님, 성령님, 그리고 하나님과의 사랑의 관계에 관해 당혹감을 느낄 수도 있다. 우리는 깊은 사랑의 관계에 대해 수줍어하는 감정을 갖는 경향이 있다. 그리고 깊은 사랑의 관계 안에서 상처받기 쉬운 상태에 있다는 느낌을 갖게 된다. 왜냐하면 우리는 그러한 감정들을 야기할 수도 없으며, 우리가 사랑에 대해 어떤 응답을 할 것인지도 예측할 수 없다는 것을 알기 때문이다. 우리는 또한 이 사랑 때문에 다르게 행동한다는 것을, 때때로 스스로 놀랄 정도로 다른 행동을 한다는 것을 안다. 우리는 강한 감정들에 의해 지배되고 있다는 느낌을 갖는다. 그 느낌이 전적으로 유쾌하지만은 않다. 우리가 이성적 존재라는 환상이 도전을 받는다. 우리가 사랑에 빠져 있는 것을 좋아하는 만큼이나, 우리는 또한 그 사랑으로부터 꽁무니를 뺀다. 이런 현상은 심지어 하나님과의 사랑에서도 마찬가지로 발생한다.

종종 우리는 주님과의 관계가 다른 사람과 사랑에 빠져 있는 상태와 유사하다고 느낀다. 하나님의 사랑과 우리의 사랑의 응답은 넘쳐흘러서 우리를 너무도 행복하게 해준다. 우리의 문화에서는, 하나님보다는 다른 이성과의 관계에서 이런 사랑을 경험하는 것이 보다 자연스럽게 받아들여진다. 하나님과의 사랑에서 우리가 그런 사랑을 경험한다면, 우리는 어떻게 해야 하는가? 성령께서 우리에게 보여주시는 것은 무엇인가? 우리에게 무엇을 요구하시는가? 우리는 단지 즐기기만 해도 되는 것인가? 도대체, 무슨 일이 진행되고 있는 것인가? 하나님께서는 이것에 대해 어떻게 생각하실까? 단지 하나님과 함께 있도록, 즉 당분간 하나님을 애모하며 하나님 곁에 머물러 있기를 요청받고 있는 것일까? 마치 베다니의 마리아가 그랬던 것처럼, 사랑의 마음으로 예수님 발아래 앉아 있도록 부름을 받고 있는 것일까(눅 10:38-42)? 함께 기도하며 하나님을 향한 우리의 사랑을 함께 나눌 사람이 있을 때, 우리는 자유롭게 그러한 사랑의 감정을 경험할 수 있으며, 성령께서 사랑 안에서 우리를 형성하시도록 허락할 수 있게 된다. 또한 영성지도자와 함께 우리의 질문을 탐구하는 것도 도움이 된다.

모든 사랑의 경험은 불안하며, 때때로 두렵기조차 한 측면을 내포할 수 있다. 비록 인간의 사랑이 하나님의 사랑에 뿌리를 두고 있어서 그 둘 사이에 본질적으로 유사한 특질들이 존재하지만, 하나님과 인간 사이의 사랑의 만남은 다른 차원에서 이루어진다. 그것은 우리가 사랑이라고 묘사하는 다른 경험들보다 훨씬 더 완전하다는 느낌을 갖게 해준다.

예수님은 변화산상에서 자신과 가까운 세 제자들과 함께 계셨다. 그들은 그리스도의 변화를 직면했을 때, 그리스도를 향한 하나님의 사랑에 압도당해 두려움을 느꼈다(눅 9:28-36). 우리 역시 종종 하나님께서 영원한 사랑을 드러내실 때 두려움을 경험한다. 우리는 하나님과 우리 사이에 아무런 방어벽도 존재하지 않는 것처럼 느낄지 모른다. 비록 우리 자신의 그 어떤 것도 하나님께 감출 수 없다고 생각해 왔지만, 우리는 이제 그것을 새로운 차원에서 깨닫는다. 우리는 하나님의 임재를 감지한다. 그러나 여전히 우리의 유한성은 너무도 분명하다. 때때로 우리는 우리를 감추는 작은 덮개나 보호막이 있었으면 좋겠다는 생각을 한다. 그러나 우리는 하나님과의 사랑의 경험을 놓치고 싶어 하지 않으며 온 마음으로 하나님을 사랑하길 소망한다. 우리는 하나님께서 우리를 사랑하신다는 사실을 안다. 또한 성령께서 더 많은 하나님의 사랑을 받아들이도록, 하나님과 하나님이 사랑하시는 것을 더욱 사랑하도록, 더욱 그리스도를 닮아가도록 우리를 초대하신다는 사실을 안다.

우리는 크리스천이 됨으로써 그리스도를 통해서 하나님과 사랑의 관계 안에 있게 되었다는 것과 하나님의 사랑을 끊임없이 받게 되었다는 것을 적어도 지적인 차원에서는 안다. 또한 신자들에게 발생되리라 예상되어지는 많은 것을 인식하고 있다. 하나님은 우리의 있는 그대로의 모습과 상황들을 온전한 사랑의 빛 아래서 계시하신다. 우리에게 하나님의 사랑을 느끼게 해 주는 진리의 계시는 불안감을 줄 수 있다. 그러므로 우리가 하나님의 사랑을 소망하는 그만큼 또한 하나님의 사랑을 두려워한다. 따라서 하나님께 드린 우리의 응답이 항상 전심이 실린 것만은 아닐 수 있다. 우리는 의식적으로든 무의식적으로든 우리 자신에 대한 통제권을 놓지 않으려고 노력한다. 그러나 하나님은 끈기 있게 우리의 전심과 거룩함을 바라신다. 우리가 계속해서 하나님의 음성을 듣고 우리를 하나님께 드리면, 하나님은 계속해서 우리를 변화시키신다.

## 우리의 하나님 경험이 항상 동일한 것은 아니다

우리의 하나님 경험은 변한다. 또한 하나님 경험에 대한 우리의 인식들도 변한다. 삶의 환경들은 정규적으로 배움의 장을 제공한다. 성령님은 함께 계셔서 우리를 사랑하고 인도하신다. 우리가 과거에 하나님에 대해 알았고 경험했던 것은 오늘날의 상황에 공식처럼 적용될 수 없다. 그러나 그 지식과 경험은 하나의 토대로서 도움이 된다. 하나님과 함께 걸어온 우리 개인의 역사는 현재 우리의 인식과 이해를 비교해볼 수 있는 경험과 정보를 포함하고 있다.

하나님께서는 다른 방식으로 우리를 만나심으로써 우리를 양육하신다. 하나님께서 우리 안에서 양육하시는 특별한 은총들, 즉 신뢰나 지혜나 온유와 같은 것은 성령에 의해 도출되며, 종종 우리가 숙고하고 기도해야 할 것이 무엇인지를 지적한다. 인간의 발달과 성령의 각성은 계속 진행되는 것이기 때문에, 우리의 신앙 여정의 단계마다 하나님이 다르게 느껴질 수 있다. 예를 들면 하나님이 가깝게 느껴질 때도 있고 멀게 느껴질 때도 있으며, 하나님이 온유하게 느껴질 때도 있고, 강력하고 요구하시는 분으로 느껴질 때도 있다. 우리는 때로 하나님께서 삼위일체 중 어느 한 위격에 더 많은 관심을 기울이도록 요청하고 계심을 인지하기도 한다. 또 어떤 때에는 한 분이신 하나님께 더욱 이끌리는 우리의 모습을 발견하기도 한다. 어떤 때에는 우리가 십자가를 함께 짊어지기도 하고, 부활을 경축하는 것처럼 여겨지기도 한다. 바울은 다양한 정황들 안에서 그리스도의 신실한 제자가 된다고 하는 것이 무엇과 같은 것인가를 묘사했다(빌 4:11-13). 또한 우리에게도 폭넓은 경험을 통해서 하나님과 하나님의 임재를 더욱 인지하고, 하나님을 향한 사랑과 신뢰가 성장해가는 기회가 제공된다.

그러나 우리가 항상 하나님의 임재를 사랑으로 경험하는 것은 아니다. 비록 하나님이 사랑하지 않으실 수 없다는 사실에도 불구하고 말이다. 우리의 행동, 생각, 자기 중심성은 영원한 사랑을 알아차리는 데 장애가 될 수 있다. 하나님께서 화가 나셨다는 우리의 판단이 정확할 때가 있다. 그러나 그 판단이 그릇된 경우도 있다. 우리가 자신이나 타인에게 상처를 줄 때, 그리고 하나님의 의도가 우리의 악한 선택에 의해 잘못된 방향으로 흘러갈 때 하나님은 힘들어하신다. 우리가 만든 물건이나 귀하게 여기는 사람이 상처를 입고 파괴될 때 화를 내는 것처럼, 하나님께서도 정당하게 화를 내신다. 하나님의 화는 이기적인 것이 아니라, 우리의 잠재력을 충분히 아시는 하나님의 사랑의 한 측면이다. 하나님은 우리가 거룩하기를 원하신다.

우리는 하나님에 대한 분노를 해결하기 위해 수개월 혹은 수년 동안 씨름하기도 한다. 삶의 정황과, 그리고 하나님께서 정당하게 혹은 정당하지 못하게 우리에게 화를 내신다는 느낌과 씨름하느라 그 정도의 시간을 보내기도 한다. 비록 이런 상황에서도 우리는 하나님을 경험한다. 그러나 또한 곤경에 처해 있다고 느낀다. 우리는 하나님과의 계속된 논쟁처럼 느껴지는 것을 좋아할 수도 혹은 싫어할 수도 있다. 비록 그러한 경험이 부정적으로 들릴지라도 우리의 영성 생활에 필요한 부분이다. 우리는 이해와 오해들, 경험들, 명료한 해석과 흐릿한 해석들, 하나님과의 씨름 등과 관련된 우리의 인식들을 분류한다. 우리는 지금 갖고 있는 하나님과의 관계와는 다른 차원의 관계를 선호할지 모른다. 우리는 옛날 자료를 사용하여 현재 우리에게 가능한 것을 할 수 있도록 자신을 준비시킨다. 그리고 성령께 기도하며 귀를 기울인다. 분노의 안개는 기도하며 하나님에 대해 쌓아 놓은 우리 자신의 장애물이 무엇인가를 인식하는 과정 중에 일순간에 깨끗하게 사라질 수 있다. 혹은 하나님의 임재, 관점, 권면을 인식하려고 노력하는 가운데 보다 점차적으로 사라질 수도 있다.

때때로 우리가 하나님께 화가 나 있다는 것을 깨닫지 못한다. 그 사실을 우리에게 깨닫게 해줄 다른 사람, 즉 친구나 목회자나 영성지도자가 필요하다. 나의 신앙의 여정 가운데 가족을 잃은 후 우울증에 빠져 고통하고 있던 때에, 나는 내 안에서 감지되는 어둠으로부터 스스로 벗어날 수 없으리라 생각했다. 나는 우울증으로 고통했던 한 사역자 아내의 자서전을 읽고 있었다. 그녀는 고해와 기도를 위해 목회자를 찾아갔다. 내가 처음으로 생명을 살리는 방식으로 실천되는 "고해"라는 기독교의 영적 훈련 전통을 의미 깊게 접하게 된 것은 바로 그 책을 통해서였다. 고해라는 것을 한 번도 고려해 본 적이 없는 개신교 복음주의자인 내가 그것으로부터 유익을 얻을 수 있을까 궁금했다. 나는 더 이상 잃을 것이 없는 힘든 상태에 처해 있었다. 그래서 목회자에게 찾아가서 고해와 기도에 대해 어떻게 생각하고 있는지를 물었다. 예수님께서는 죄를 고백하도록 우리를 초청하시며, 죄를 고백할 때 따라야 할 과정의 개요도 알려 주셨다고 그는 말했다. 그 목회자는 내게 매일 20분간 시간을 내어 고백해야 할 죄가 있다면 성령님께서 보여주시길 간구하도록 요청했다. 특별히 지난 5년간의 삶에 집중해서 기도하도록 요청했다. 그는 크든지 작든지, 사소하거나 엄청난 결과를 야기했든지 상관없이, 그것을 평가하지 않은 채 생각나는 것이면 무엇이든지 기록하도록 요청했다. 그리고 일주일 후에 그를 다시 만나기로 약속했다.

나는 기록한 목록을 가지고 그를 다시 만났다. 그것들 중에는 나를 당황스럽게 만들 정도로 사소한 것들도 있었고, 보다 심각하게 생각되어지는 것들도 있었다. 나는 목회자에게 내가 무엇을 해야 하는지를 물었다. 그는 "성전으로 들어가서 무릎을 꿇으십시오. 그리고 기록한 목록을 하나님께 소리 내어 읽으십시오"라고 말했다. 그것은 불편한 제안이었다. 그러나 나는 실행했다. 내가 모두 마쳤을 때, 그는 내가 하나님께 얼마나 화가 나 있었는지에 대해 감을 잡을 수 있었는지를 물었다. 나는 모든 일들이 좋지 않게, 심지어 재앙이 되어 버렸는데 어떻게 화를 내지 않을 수 있겠냐고 무심결에 말해 버렸다. 목회자는 "내게" 하나님의 가족의 일원으로서 하나님께 "하나님, 무슨 일이 일어나고 있는지 이해가 안 됩니다. 나는 도움이 필요합니다. 나는 완전히 탈진되었습니다. 혼란스럽습니다. 두렵습니다. 망연자실할 뿐입니다"라고 말하도록 조언했다. 그러나 나의 행동은 마치 하나님의 왕국 밖에 서서 하나님께 주먹을 휘두르고 있는 것과 같았다. 마치 신성모독처럼 여겨지는 것이었다. 도대체 내가 무엇을 했단 말인가? 나는 하나님께 기도하며 용서를 구했다. 그러자 목회자는 내 머리에 손을 얹고 기도했다. 내가 알지 못했던 어떤 것이 내게서 떠나갔다. 마치 커다란 구름이 걷힌 것 같았다. 삶의 모든 정황들이 곧바로 정상적으로 되거나 혹은 이해할 만하게 된 것은 아니었다. 그러나 내 마음의 상태는 깨끗하게 씻겼으며, 자유롭게 되었다.

## 개인의 고유함의 영향들

하나님께서는 사랑의 관계를 맺기를 바라시며 모든 사람들에게 다가오신다. 그러나 우리는 모두 하나님을 동일한 방식으로 경험하는 것이 아니다. 전통적 심리학, 마이어스-브릭스 유형 지시자(MBTI: Myers-Briggs Type Indicator), 그리고 인간의 성격을 바라보는 수많은 개념적 틀들은 사람들이 서로 상당히 다르다는 것을 증언한다. 하나님은 우리를 고유하게 창조하셨다. 우리의 재능과 한계가 하나님을 포함한 모든 것을 바라보는 관점과 그 모든 것들에 대한 우리의 응답의 형태를 결정한다.

하나님과의 사랑의 관계를 홀로 추구하는 것을 선호하는 사람들이 있다. 또 다른 사람은 집단 가운데서 추구하는 것을 선호한다. 숲을 보는 데 더 흥미를 느끼는 사람들이 있는가 하면, 나무에 더 관심을 기울이는 사람들이 있다. 어떤 사람은 분석적이며 신학적인 사고에 매료되는 경향이 있으며, 또 다른 사람은 감정과 반응들에 초점을 맞추는 경향이 있다. 결론을 급하게 내리는 사람들이 있는가 하면, 일들이 진행되는 것을 기다리는 데 편안함을 느끼는 사람도 있다. 모든 사람들이 이러한 접근 방식들 전부를 사용할 줄 알아야 한다. 왜냐하면 각 시기마다 초점의 대상이 바뀔 필요가 있기 때문이다. 그러나 우리는 여전히 무엇을 우선적으로 선택할 것인지에 관한 선호도를 지니고 있다. 그리고 그러한 선호도는 하나님과 일상생활을 인식하는 방식과 그것들에 반응하는 방식에 영향을 미친다.

성령께서 우리에게 익숙한 방식으로 말씀하실 때가 있는가 하면, 전혀 낯선 방식으로 말씀하실 때도 있다. 만일 우리가 지적인 추구를 우선적으로 선호한다면, 우리는 하나님께서 우리를 감동시키실 때 발생한 깊은 감정적 반응들에 의해 놀라게 될 수도 있다. 그러한 경험들로 인해 우리는 하나님께 감사드리며, 우리의 사고는 확장된다. 만일 우리가 감정에 보다 민감하다면, 우리는 아마도 지적인 통찰을 통해서 하나님의 임재를 감지하게 될지도 모른다. 하나님께서는 종종 우리의 "그림자"(shadow) 영역, 즉 우리의 시야로부터 감추어졌거나 덜 발달된 영역 안에서 우리와 강력하게 만나신다. 하나님께서는 새로운 사고나 감정을 자극하심으로써, 그리고 새로운 지평을 여심으로써 우리에게 다가오신다.

# 기독교 영성 안에 존재하는 역사적 긴장들

신앙과 하나님 경험에 대한 우리의 관점들 또한 역사의 한 부분인 특정한 전통들에 의해 영향을 받는다. 아래 제시된 목록을 읽음으로써, 당신의 신앙 전통에서 강조되어 온 것들이 무엇인지를 확인할 수 있을 것이다. 이 주제들은 기독교 내부에서 계속해서 논의되고 있으며, 우리의 대답들은 우리의 하나님 인식과 가치관에 영향을 미친다.

자아를 부정하는 것과 삶의 모든 것을 하나님의 선물로 간주하는 것 중 어느 것이 더 중요한가?

지적인 이해와 하나님과의 경험적 관계 중, 어느 것이 더 중요한가?

하나님의 일과 인간의 일 사이의 관계는 무엇인가? 하나님의 주도성, 하나님께 대한 인간의 응답, 그리고 악은 인간의 하나님과의 관계에 어떤 영향을 끼치는가?

다른 신앙 전통들은 각각 기독교 영성의 다른 측면들을 더욱 소중하게 생각하여 자신의 전통 안에 통합해낸다. 다음 중 어떤 것이 가장 중요한가?

관조적(contemplative)-하나님과의 직접적인 사랑의 대면을 강조함.

거룩(holiness)-개인의 정결함(purity)과 구별(separation)을 강조함.

은사적(charismatic)—성령을 강조함.

사회참여(social action)-소외된 사람들을 돌보는 것을 강조함.

복음적(evangelical)-성경과 설교를 강조함.

성육신적(Incarnational)-성례로서의 삶과 일상생활 가운데서 하나님을 발

견하기를 강조함[5]

우리는 모두 동일한 수준에 있는 그리스도의 제자들인가? 아니면 어떤
 사람은 더 진보되고 거룩하고 특권이 주어진 제자들인가?

설교, 세례, 그리고 성찬의 역할은 무엇이며, 어느 정도의 중요성을 지니
 는가?

성경의 위치는 무엇이며, 적절한 성경해석은 무엇인가?

내적 생활과 외적 생활에 각각 어느 정도의 강조점이 주어져야 하는가?

신자 개인의 삶과 신앙공동체의 삶은 어떻게 연결되어 있는가? 어느 하
 나가 다른 것보다 더 강조되어야만 하는가?


크리스천이 된다는 것의 의미가 무엇인지에 대한 우리의 이해는 대단히
많은 요인들에 의해 형성된다. 다른 크리스천들이 생각하는 바를 배우는 것
은 은총의 다양성과 풍부함을 더욱 감사할 수 있게 해준다. 그것은 또한 우
리의 자발성을 일깨워, 새로운 방식으로 다가오는 하나님의 초대들을 열린
마음으로 탐구할 수 있도록 해준다.

---

5) Richard Foster, *Streams of Living Water: Celebrating the Great Tradition of
 Christian Faith* (San Francisco: Harper & Row, 1998).

# 하나님 체험을 추구하기

우리가 하나님의 사랑의 임재를 체험하고자 간절히 원하며 하나님을 찾고 있다고 믿을 때, 참으로 하나님을 찾고 있는지 아니면 영적 경험을 추구하고 있는지를 자문해보는 것은 중요한 일이다. 우리는 외로움과 분리됨과 혼란스러움을 느낄 수 있다. 그러나 때때로 우리의 추구는 하나님을 향한 것이라기보다는 지루함을 달래기 위한 영적인 모험일 수 있다. 우리는 자신을 영적으로 중요한 인물로 간주하기를 원하며, 특정한 종류의 영적 체험을 타인이 우리를 중요한 인물로 간주하는 데 필요한 하나의 기준으로 생각한다. 아마도 우리의 기도를 통해 하나님께서 누군가를 치유하시길, 혹은 즉각적으로 우리 삶에 중요한 변화를 발생시키시길, 혹은 하나님의 긍휼이 드러나는 것보다는 우리의 영적 탁월함을 입증해 주는 증거로서 우리가 기도해 주는 사람의 삶에 중요한 변화를 즉각적으로 이룩하시길 원하고 있을지 모른다.

우리가 기도하지 않은 채 이러한 생각들과 감정들을 비판하거나 제거하려고 노력한다면, 그것은 결코 해결되지 않은 채 우리 내면의 깊은 곳에 감추어진 상태로 남아있게 된다. 그것을 기도 가운데 아뢰며 하나님의 도움을 요청하는 것이 그것들로부터 자유롭게 되는 길이다. 왜냐하면 우리의 끊임없는 자기 중심적인 본성 때문에, 우리는 너무도 많은 것을 즐기려는 유혹에 빠지게 되기 때문이다.

# 이분이 하나님이신가?

하나님 체험은 지적 분석을 통해 온전히 설명될 수 없으며, 우리의 통제

아래 있지도 않다는 것을 이미 언급했다. 그러나 설명할 수 없는 모든 영적 경험들이 하나님 체험이라고 추정하는 것은 현명하지 못하다. 영적 세계는 보다 열등한 수많은 존재들을 포함한다. 하나님의 분부를 행하는 존재들도 있으며, 그 정반대의 것을 행하는 존재들도 있다. 영적 경험 그 자체가 경험의 진정성과 거룩성을 보장해 주는 충분한 증거가 되지는 못한다. 참된 하나님 경험은 성경에 계시된 하나님의 본성과 조화를 이룬다. 영적 체험 그 자체는 사랑과 평안을 느끼게 한다 할지라도, 발생한 것이 성경과 양립할 수 없는 것이라면 우리는 그 경험의 기원과 목적을 기도하는 가운데 주의 깊게 살펴보아야만 한다. 크리스천들은 분별을 할 필요가 있으며, 단지 자신의 감정과 견해에만 의존해서는 안 된다. 공동의 분별은 영성지도의 대화를 통해 수행할 핵심적 과제들 중 하나이다. 제13장 "분별"에서 이 문제는 보다 자세히 다루어질 것이다.

많은 사람들이 지속적인(on-going) 하나님과의 만남을 인식하고 있지만 하나님 체험을 한 번이라도 인식했는지에 대해 확신을 하지 못하는 사람도 있다. 비록 드물기는 하지만 하나님의 참된 임재를 인식했던 중요한 순간들 혹은 일정한 기간들을 명시하는 사람들이 있다. 즉 삶의 방향을 바꾸었던 회심의 순간들, 위기의 순간들, 탄생과 죽음, 새로운 길의 시작, 원시적이면서 장엄한 자연이나 혹은 정반대로 황폐화된 자연과의 만남들, 고독이나 질병의 기간이 바로 그러한 것이다.

우리의 하나님 체험은 그 어느 것이든 성령의 주도와 돌봄에 의해 이루어진다. 하나님 체험을 우리가 발생시킬 수 없다는 점에서, 그것은 우리의 통제 아래 있지 않다. 그러나 우리는 성령의 불을 소멸시킬 수 있으며, 하나님 체험이 우리에게 찾아올 때 그로부터 도망칠 수 있고, 성령께 마음을 열고 싶어 하지 않을 수도 있다. 하나님 체험의 방식을 오직 하나님만이 결정하신다는 사실에 대해 우리는 안도감과 긴장감을 모두 느끼게 된다. 어떤 종류의 체험이 자기 과장의 행위가 아니라 보다 그리스도처럼 되는 방향으로 우리를 인도할 것인지를 정확히 판단할 수 없다는 점에서 안도감을 느낀다. 반면에 하나님과 일대일의 만남은 우리의 연약성을 인식한다는 점에서 긴장감을 느끼게 한다. 하나님께서는 인간의 정신 능력이 감당할 수 있는 정도를 넘어서는 강도로 우리에게 임재하심으로 우리를 파괴시키실 수도 있음을 우리는 안다. 우리는 또한 우리의 하나님 인식들이 우리의 인간성에 의해 영향을 받으며, 하나님이 아닌 다른 영적 존재들에 의해 도전받을 수도 있다는 것을 안다. 하나님을 추구할 때, 우리는 보다 정확히 우리의 유한성과 연약성을 인식하게 된다.

우리 삶의 대부분은 하나님으로부터 도망친 상태와 하나님의 뜻과 온전히 일치한 상태 사이에서, 그리고 하나님을 예민하게 인식하는 상태와 하나님이 안중에도 없는 상태 사이에서 이루어진다. 하나님의 음성을 경청하도록 요청하는 초대는 순간순간 우리에게 주어진다. 성령의 인도하심에 대한 우리의 응답을 보면, 전혀 하나님의 사랑받는 자의 응답이라고 볼 수 없는 경우가 있다. 우리는 도망가고, 숨고, 후퇴하며, 논쟁하고, 협상하며, 혹은 다른 길을 추구한다. 특정한 방식으로 행동하도록 요청되어질 때, 우리는 속는 것 같은 느낌을 갖게 된다. 따라서 우리의 반응은 자기 중심적이 된다. 즉 우리는 자신을 즐겁게 해 주는 것을 행하는 데 더 흥미를 보인다. 그러나 또 다른 때에 우리는 하나님을 향해 열려있고, 하나님을 갈망하며, 하나님을 즐거워한다. 그리고 하나님께 기쁨으로 응답한다. 하나님께서 우리 가운데 거하셔서 우리를 통해 사시도록 자원하여 하나님께 드리게 됨에 따라, 우리는 날마다 도전들에 직면하게 된다. 하나님과의 사랑의 관계를 발전시키는 데 있어 우리의 연약성과 비지속성을 발견할 때, 불편함을 느낀다. 그러나 성령께서는 하나님의 사랑과 우리의 사랑 안에서 역사하셔서 우리를 변화시키신다.

우리는 어떤 종류의 하나님 체험을 기대하는가? 하나님 체험의 많은 예들을 서술했으나 그것은 단지 대표적인 것일 뿐이지 모든 것을 포괄하는 것은 아니다. 하나님께서는 끊임없이 성경, 다른 사람들과의 관계, 자연과 삶, 때때로 직접적인 하나님 체험을 통해서 우리를 놀라게 하시며, 가르치시고, 초대하신다는 것을 깨닫는다. 우리의 하나님 체험을 고찰할 때, 우리는 스스로를 과장하게 만드는 체험들은 인지하여 거부하고, 그리스도와 같은 태도와 행동을 고무시키는 체험들은 인지하여 받아들임으로 그것과 협력할 수 있기를 원한다.


## 성찰을 위한 질문

1. 현재 당신의 삶에서 작동하고 있는 하나님의 모습은 어떤 모습입니까? 어떤 하나님의 모습과 하나님에 대한 생각이 당신의 행동, 감정, 선택들에 실제적인 영향을 미치고 있습니까?

2. 하나님은 멀리 계십니까, 아니면 가까이 계십니까? 하나님은 어떤 분과 같은지에 대한 당신의 생각들은 당신의 영적 성장과 성숙, 인격적 발달, 건강한 자의식을 촉진시킵니까, 아니면 저해합니까?

3. 당신은 어떻게 하나님 체험을 했습니까? 자세하게 묘사해보십시오. 무엇이 그것을 하나님 체험이라고 생각하게끔 만들었습니까?

4. 어떤 종류의 하나님 체험을 갈망하고 있습니까? 그 이유는 무엇입니까? 이에 관해 어떻게 기도합니까?

5. 삼위일체 하나님의 삼위께서 각각 어떻게 당신의 하나님 체험에 관여하십니까? 이 점에 관해, 당신의 경험들은 무엇을 말해 줍니까? 당신의 기도는 어떻게 당신과 하나님의 관계를 반영하고 있습니까?

6. 하나님과의 관계에 관해 당신이 감사의 마음을 갖게 하는 것은 무엇입니까?

7. 부모님, 선생님들, 권위자들, 친구들에 의해 제시된 하나님은 어떤 분이었습니까?

8. 기독교 영성 안에 있는 역사적 긴장들의 목록을 읽었을 때, 당신의 배경에 대해 무엇을 배웠습니까?

9. 당신의 개인적 경험을 통해서 하나님에 대해 발견한 것은 무엇입니까?

10. 위의 질문들(1-4)에 대한 당신의 응답을 통해 어떤 통찰이나 느낌을 발견한 것이 있습니까?

제11장

# 성경

우리는 들어야만 한다. 우리 중 예외 없이 모두다. 이것이 바로 성경 전체가 외치는 것이다, "이스라엘아, 들으라!"

그러나 무엇을 들어야 하는가? 성경에는 과거로부터 뛰쳐나와 마치 시장 호객꾼의 소리처럼, 비행기 공습경보처럼 우리의 주의집중을 요구하는 소리들로 가득하다. 그 중에는 모세의 소리처럼 외치는 소리가 있다. 그래서 온 이스라엘과 온 세상이 들을 수 있다. 그러나 아주 부드럽고 말하기를 망설이는 소리로서 당신이 듣기 쉽지 않은 소리도 있다. 재를 머리에 뒤집어 쓰고 가슴을 찢으면서 말하는 욥의 소리와 "주여, 이제는 종을 평안히 놓아 주시는군요"라고 [아기 예수를 안고] 속삭이는 늙은 시므온의 소리가 바로 그것이다…그리고 그 많은 소리들 가운데서 다른 하나의 특별한 목소리가 소리친다. 왜냐하면 그 목소리는 우리 영혼의 가장 비밀한 곳에, 가장 깊은 갈망에, 가장 지친 부분에 직접적으로 말씀하셔서 우리 자신과 우리의 비밀스런 이름을 부르시는 그분 사이에 존재했던 수많은 세기의 시간들이 안개처럼 사라져 더 이상 둘 사이에 그 어떤 시간의 보호처도 존재하지 않게 되기 때문이다. 그 목소리는 말한다. 오라, 내게로. 너희 모두는. 한 사람도 남김없이.

프레드릭 뷰크너[1]

---

1) Frederick Buechner, "A Room Called Remember," in *Discipline for the Inner Life*, ed. Bob W. Benson and Michael W. Benson (Waco: Word, 1985), 95.

하나님의 말씀은 살았고 운동력이 있어 좌우에 날선 어떤 검보다도 예리하여 혼과 영과 및 관절과 골수를 찔러 쪼개기까지 하며 또 마음의 생각과 뜻을 감찰하나니.

히브리서 4:12

성경은 정보와 이해와 영성지도의 중요한 원천이다. 딤후 3:16-17은 "모든 성경은 하나님의 감동으로 된 것으로 교훈과 책망과 바르게 함과 의로 교육하기에 유익하니 이는 하나님의 사람으로 온전케 하며 모든 선한 일을 행하기에 온전케 하려 함이니라"고 한다. 영성지도자와 피지도자는 예배와 기도, 하나님의 말씀을 경청하기 위하여 성경을 읽고 연구한다. 사용한다. 성경 내용에는 묵상과 기도를 위한 자료가 무궁무진하다. 성경은 거룩한 삶의 기준들을 제시해 준다. 또한 우리가 삶에 있어 가장 중요한 관계, 즉 하나님과의 관계에 질 높은 주의를 집중하도록 초대한다. 크리스천이 된다고 하는 것, 즉 그리스도의 제자가 된다는 것이 구체적으로 무엇을 의미하는 것인지도 성경에 그 근거를 두고 있다.

영성지도자는 성경을 소중하게 여긴다. 그들은 또한 피지도자가 하나님을 예배하는 대신에 성경을 예배하지 않도록 주의 깊게 돕는다. 요 5:39-40에서, 예수님은 이러한 가능성에 대해 언급하신다. "너희가 성경에서 영생을 얻는 줄 생각하고 성경을 상고하거니와 이 성경이 곧 내게 대하여 증거하는 것이로다. 그러나 너희가 영생을 얻기 위하여 내게 오기를 원하지 아니하는도다." 피지도자는 하나님께 나아가며, 하나님에 대해 배우기 위한 도구로 성경을 사용하기 원한다. 그러나 성경이 하나님은 아니라는 것을 깨닫는다.

성경을 읽는 모든 사람은 그것을 이해하고 해석하도록 도전받는다. 사람들이 그렇게 하는 방식은 그들 자신의 성경관에 근거한다. 기독교 전통 안에 있는 사람은 다음의 세 가지 주된 성경관을 가지고 있다.

1. 의미는 저자를 통해서 주어지며, 그 저자는 하나님의 감동을 받는다. 그러므로 저자가 전하고자 하는 의도와 그 구절이 저자에게 의미했던 바가 무엇인지를 아는 것이 가장 중요하다. 또한 성경 내용이 기록된 당시의 사람들에게 의미했던 바를 아는 것이 중요하다. 저자의 의미를 이해한 후에, 우리는 그 말씀이 오늘날 우리에게 어떤 중요성을 지니는지를 묵상할 수 있다.

2. 성경 본문 그 자체가 주도한다. 의미는 그 본문 안에 있다. 저자는 자신이 기록한 모든 것을 이해할 필요는 없다. 사실, 저자는 그 모든 것을 알지는 못했을 것이다. 하나님께서 저자를 감동시키셔서 어떤 내용을 기록하게 하셨으며, 그 본문은 본문 그 자체로서 생명을 지닌다. 결과물, 즉 본문 그 자체가 저자가 전하고자 의도했던 것보다 더 중요하다.

3. 의미는 독자에게 존재한다. 의미는 하나님께서 특정한 시기에 어떤 사람과 의사소통을 하길 원하시는지에 따라 변하며, 따라서 그 의미는 개인적이다. 본문이 저자에게 의미한 바나 본문이 기록된 당시의 사람들에게 의미한 바는 성경의 독자가 성령의 조명을 요청한 후에 성령의 도움을 받아 깨닫게 된 의미보다는 덜 중요하다.

많은 사람은 이 세 가지 관점 모두 나름의 타당성을 지닌다고 믿는다. 물론 이 중 하나의 방법만을 배타적으로 사용하여 성경을 해석하는 집단이나 개인들이 있다. 그러나 이 셋을 모두 적절하게 조합하여 사용하는 사람도 있다.

때때로 피지도자들은 자신들에게 생동감 있게 다가온 성경 구절들에 관해 이야기한다. 성령께서 그 구절들을 통해 감동을 주셨다는 것이다. 다음에 나온 영성지도의 대화록은 성경의 사용에 관한 한 예이다.

지도자: 요즘 기도는 어땠습니까?

피지도자: 글쎄요, 이것을 기도라고 해야 할지 잘 모르겠습니다. 산책을 하면서 감사의 마음을 느꼈습니다. 그날 아침에 성경을 읽을 때 내게 무언가가 발생했거든요.

지도자: 그것에 관해 이야기하고 싶으십니까?

피지도자: 네, 그러고 싶군요. 처음에는 당신이나 다른 사람에게 말해야 할지 확신이 없었습니다. 왜냐하면 그것은 하나님과 나 사이의 개인적인 일처럼 느껴졌기 때문입니다. 또 그것을 망쳐놓고 싶지 않았기 때문입니다.

지도자: 충분히 이해합니다.

피지도자: 다른 사람과 그것을 이야기한다면, 저는 불쾌함을 느낄 것입니다. 그래서 저는 우리의 대화를 고맙게 생각합니다. 내가 말하는 것은 무엇이나 당신의 기도 제목이 되고, 당신은 비밀을 철저히 준수한다는 것을 압니다.저는 읽어야 할 성경 구절이 제시되어 있는 기도 안내서를 사용해오고 있습니다. 이번 주에 매일 시편 24편의 해당 구절을 읽어야 했습니다. 아주 좋았습니다. 성경을 읽은 후 기도하고, 때때로 영성일지를 기록합니다. 오늘 아침 기도 안내서에 따라 기도하고 있는 것이 곧 끝나게 된다고 생각하자 서운한 느낌이 들었습니다. 왜냐하면 최근에 하나님께서 너무도 가깝게 느껴졌기 때문입니다. 마치 성령께서 혹은 예수께서 바로 곁에 계신 것 같았습니다. 그 두 분 중 누구인지는 잘 모르겠습니다. 어쨌든 하나님의 임재와 하나님과 동행한다는 느낌은 참으로 좋았습니다. 저는 이것을 하나님께 말하면서 감사했습니다. 그런데 약간은 슬픈 느낌도 있었습니다. 기도 안내서를 따

라 기도하는 것이 곧 끝나게 된다는 것이 싫었습니다. 왜냐하면 하나님께서 가까이 계시다는 느낌을 잃어버리고 싶지 않기 때문입니다. 그래서 저는 시편 23편을 힐끗 보았습니다. 그런데 6절부터의 말씀이 내게 소리치는 것 같았습니다. "나의 평생에 선하심과 인자하심이 정녕 나를 따르리니 내가 여호와의 집에 영원히 거하리로다." 저는 큰 소리로 웃었습니다. 물론입니다. 하나님은 이런 분이십니다. 제가 어떻게 잊어버릴 수가 있었겠습니까? 어째든, 현재 저는 기도시간의 맛을 느끼고 있습니다. 또한 기도 안내서를 따라 기도하는 것이 끝나고 난 후엔 어떤 일이 생길 것인지에 대해서도 행복한 마음으로 기대하고 있습니다.

오늘날 크리스천들의 삶에 성경이 어떤 역할을 하는지에 대해서도 다양한 견해가 있다. 성경이 모든 일에 있어서 가장 완전한 최종의 권위를 지닌다고 믿는 사람들이 많다. 또 어떤 사람은 성경이 교회를 위한 최우선의 권위를 지니지만, 여전히 성경에 대한 비판적 연구가 필요하다고 믿는다. 세번째 관점은 성경이 믿음의 살아 있는 핵을 담고 있으며, 성경의 의미는 이성, 인간의 경험, 그리고 교회의 전통에 견주어 이해되어야 한다는 것이다. 마지막으로 성경을 과거 교회 생활과 믿음에 대한 역사적 문건으로 간주하기를 선호하는 사람들이 더러 있다.

다양한 성경 읽기와 해석의 방식들은 영성지도에서 분명하게 그 모습을 드러낸다. 피지도자들이 성경에 대한 그들의 경험을 이야기할 때, 그들은 이미 언급한 여러 관점들 중 하나를 선택하여 다양한 방식으로 본문을 해석하고 있다. 그러나 그들 모두 하나님께서 성경 구절을 통해서 그들에게 말씀하고자 하시는 것을 분별하려고 노력한다. 그럼에도 불구하고 지도자와 피지도자가 어느 정도의 권위를 성경에 두고 있는지를, 그리고 성경의 이야기를 다른 이야기보다 더 비중 있게 여기는지의 여부를 고려하는 것은 중요하다.

때때로 성령은 지도자로 하여금 피지도자가 성경을 어떻게 읽고 해석하는지를 검토해 보도록 격려할 것을 요청하신다. 그러나 지도자의 일차적 역할은 피지도자의 성경 해석 방식을 비판하거나 교정하는 것이 아니다. 지도자의 역할은 피지도자와 함께 하나님의 영에 귀를 기울이는 것이다. 지도자가 기도하는 마음으로 피지도자의 이야기를 경청함에 따라, 그들은 성경 해석의 방법을 논의하는 것이 하나님께서 현 시점에 가장 흥미를 느끼고 계시는 것이 아님을 감지할 수도 있다. 그러한 논의가 하나님의 뜻이 아닐 때, 성령은 주제를 바꾸도록 그들을 인도하신다. 피지도자가 성경 구절과 함께 기도하는 방식이나, 성경 본문에 기초해서 삶을 선택하는 방식이 특정한 시기에 가장 중요한 것일 수도 있다. 지도자와 피지도자는 성경의 해석과 적용하는 방식에 관해 하나님께서 그들을 어디로 초대하고 계신지를 경청하도록 노력해야 한다.[2]

## 언어

우리가 읽고 있는 성경이 원어 성경이든 번역본이든 관계없이, 그것은 우리가 듣는 바를 형성한다. 번역에는 본문의 표현을 결정하는 번역자의 색깔이 묻어난다. 번역자의 성격, 흥미, 기도, 그리고 그들의 삶의 시기와 문화 등

---

2) *The Spiritual Formation Bible: Growing in Intimacy with God through Scripture* (Grand Rapids: Zondervan, 1999)은 하나님께서 다른 방식으로 성경을 읽고, 성경과 함께 기도하도록 초대하고 계시다고 느끼는 사람들에게 유용할 것이다.

이 그들의 번역 작업에 영향을 미친다. 심지어 그들이 원전에 표현된 것을 객관적으로 전달하려고 노력할 때조차도, 그 영향을 벗어날 수 없다. 성경의 원래적 의도와 의미로 여겨진 것을 표현하고자 역자가 선택한 구체적인 단어 또한 그 당시 문화의 일반적인 언어 사용법의 영향을 받는다. 문화가 변함에 따라 언어도 변한다. 오늘날에는, 남성과 여성에 대한 성차별적 언어에 보다 주의를 기울이는 번역자들이 더러 있다.[3]

하나님을 묘사하는 언어는 하나님에 대한 200개 이상의 이름을 함유하고 있다. 그 이름은 하나님의 절대적 타자성과 복잡성, 그리고 하나님을 온전히 이해할 수 없는 우리의 무능력을 표현한다. 하나님을 묘사하는 모든 성경적 이름은 정보와 의미를 담고 있다. 그것들 중 어느 것도 단독으로나 다른 것과의 결합으로도 하나님의 전부를 포괄할 수 없다. 우리의 기도는 각 시기에 적절한 하나님의 이름을 사용할 수 있도록 성령의 도우심을 구하는 것을 포함한다. 일상의 삶이 평안한 시기에 하나님을 지칭하기 위해 우리가 사용한 이름들은 종종 곤경에 빠져서 하나님께 울부짖을 때 사용하는 이름들과 다르다. 우리 대부분은 상황에 따라 각각 다른 시기에 다른 이름으로 하나님을 부른다.

성경에서 사용된 하나님의 이름은 야웨(Yahweh), 거룩한 분(the Holy One), 상담자(Counselor), 안내자(Guide), 사랑받은 자(Beloved), 구속자

---

3) 1990에 번역된 The New Revised Standard 성경은 히브리 원어나 헬라어 원어의 원래적 의미에 합당하다고 여겨지는 곳에서는 성을 차별하지 않는 포괄적인 언어를 사용한다. *The New International Version Inclusive Language Edition*(London: Hodder & Stoughton, 1996)은 히브리 원어나 헬라어 원어의 원래적 의미에 합당하다고 여겨지는 곳에서는 포괄적인 언어를 사용한다.

(Redeemer), 스승(Teacher), 주 예수, 창조자, 아버지, 어머니, 아바, 시작과 끝, 어린 양, 약자들의 보호자, 치유자, 위로자, 나는~이다(I Am), 등등이다. 기도하면서, 우리는 성경에 나온 하나님의 이름이나 우리가 개인적으로 지칭하는 하나님 이름을 사용한다. 우리는 하나님께서 우리를 지칭하시는 이름 또한 다양하다는 것을 안다. 가령, 나의 자녀, 딸, 아들, 종, 수행자, 제자, 아이, 혹은 사랑하는 친구 등이다.

영성지도에서 하나님과 우리들을 지칭하기 위해 사용되는 언어는 성경과 기독교 전통, 그리고 성령께서 우리의 관심을 집중시키는 것에 의해서 형성된다. 크리스천들이 삼위일체 하나님과 갖는 관계를 표현하는 방식은 참으로 다양하다. 영성지도의 대화는 하나님과 대화를 하는 개인과 교단의 고유한 방식을 반영한다. 말은 의미를 운반하며, 그 의미는 해석과 뉘앙스 안으로 흘러 들어간다. 지도자와 피지도자는 종종 그들이 사용한 특정한 단어나 구절의 의미와 중요성에 관해 서로 질문한다. 언어의 불완전성과 우리의 배경의 다양성 때문에, 모든 사람들이 똑같은 단어를 반드시 똑 같은 의미로 사용하리라 기대할 수 없다. 따라서 주의 깊게 경청하고, 분명하게 의사소통을 하는 것이 중요하다. 우리의 언어와 믿음에 관한 표현 방식은 신앙이 깊어짐에 따라 변하게 된다. 또한 그것은 하나님에 대한 우리의 반응을 반영한다. 성경의 본문들은 묵상하고 기도할 내용을 풍부하게 담고 있다.

## 해석

크리스천들은 성경에 많은 비중을 두기 때문에 특정한 집단이 지닌 성경 이해와 해석 방식에 심하게 편중되기가 쉽다. 성경은 크리스천의 사고, 경힘, 그리고 삶에 대단히 중심적인 위치를 차지하고 있어서, 성경의 의미와 중요성에 대한 논의들은 크리스천들을 수많은 집단으로 분열시켰다. 어떤 크리스천 집단들은 참된 크리스천이면 누구나 자신들과 같은 방식으로 성경을 해석할 것이라고 믿는다. 그들은 자신들과 다른 견해를 가진 사람은 성경을 모르거나 존중하지 않는 사람들보다도 더욱 하나님께로부터 벗어난 사람들이라고 가르치기도 한다.

성경을 읽는 것, 성령께서 특정한 상황에서 하나님의 백성이 된다는 것이 무엇을 의미하는지에 관해 성경 구절을 통해서 말씀하는 것에 귀를 기울이는 것, 성령께서 성경을 통해서 지금 우리에게 말씀하는 것을 묵상하는 것 등은 영성지도의 주요한 측면들이다. 우리는 개인기도와 명상과 연구를 통해서, 그리고 교회의 예배, 음악, 설교, 토론을 통해서 일주일에도 수없이 성경의 말씀을 읽고, 경청하고, 묵상한다. 그러나 일주일 혹은 한 달 동안 읽고 경청한 모든 성경 구절에 동일한 주의를 기울일 수는 없다. 우리는 그것들 중 어느 것이 성령께서 우리가 읽고 경청하고 기도하기를 원하시는 것인지를 분별할 필요가 있다. 하나님께서 성경을 통해 우리에게 무엇을 말씀하시는가? 피지도자들은 하나님께서 자신들에게 주의를 기울이도록 원하신다고 생각하는 특정한 성경 구절에 관해 이야기한다.

하나님께서는 성경의 가르침과 일치하지 않는 방식을 사용하여 우리를 인도하시지는 않는다. 그러나 성경은 우리의 구체적인 질문에 관한 직접적 언급을 담고 있지 않을 수도 있다. 이럴 때 우리는 성경적 일반적인 원리들과 크리스천 삶의 목적, 즉 그리스도처럼 되는 것을 묵상한다. 그리고 이 묵상의 내용과 선택 가능한 사항들을 비교하며 살펴본다. 끝으로, 하나님의 의도를 알 수 있기를 간구한다.

# 성경에 나타난 영성지도

성경은 영성지도를 위한 중요한 자원이다. 그러나 우리가 성경을 영성지도의 원천으로 간주할 때조차도 영성지도 자체가 성경 안에 어떻게 묘사되어 있는지를 살펴보지 않을 수도 있다. 영성지도의 성경적 근거를 밝히는 것은 영성지도의 신뢰성과 유용성을 증대시킨다.

사무엘상 3:3-10은 한밤중에 자신을 부르는 소리를 듣고, 그것이 엘리의 소리라고 생각하여 엘리를 찾아간 젊은 사무엘에 관한 이야기를 들려준다.

> 하나님의 등불은 아직 꺼지지 아니하였으며 사무엘은 하나님의 궤 있는 여호와의 전 안에 누웠더니 여호와께서 사무엘을 부르시는지라. 그가 대답하되 "내가 여기 있나이다" 하고 엘리에게로 달려가서 가로되 "당신이 나를 부르셨기로 내가 여기 있나이다." 가로되 "나는 부르지 아니하였으니 다시 누우라." 그가 가서 누웠더니 여호와께서 다시 사무엘을 부르시는지라. 사무엘이 일어나서 엘리에게로 가서 가로되 "당신이 나를 부르셨기로 내가 여기 있나이다." 대답하되 "내 아들아 내가 부르지 아니하였으니 다시 누우라" 하니라. 사무엘이 아직 여호와를 알지 못하고 여호와의 말씀도 아직 그에게 나타나지 아니한 때라. 여호와께서 세 번째 사무엘을 부르시는지라. 그가 일어나서 엘리에게로 가서 가로되 "당신이 나를 부르셨기로 내가 여기 있나이다." 엘리가 여호와께서 이 아이를 부르신 줄을 깨닫고 이에 사무엘에게 이르되 "가서 누웠다가 그가 너를 부르시거든 네가 말하기를 여호와여 말씀하옵소서 주의 종이 듣겠나이다" 하라. 이에 사무엘이 가서 자기 처소에 누우니라. 여호와께서 임하여 서서 전과 같이 "사무엘아 사무엘아" 부르시는지라. 사무엘이 가로되 "말씀하옵소서 주의 종이 듣겠나이다."

사무엘에게 준 엘리의 지침은 영성지도자의 안내와 유사한 것이었다. 그는 사무엘을 격려하여 하나님의 종이라는 정체성을 갖게 하고, 하나님께서 말씀하시기를 요청하게 하며, 하나님의 말씀을 경청하게 한다.

예수님은 궁극적인 영성지도자이시다. 왜냐하면 그는 아바 하나님과 친밀하기 때문이다. 예수님은 아버지께 경청하면서, 유대의 계약 공동체에 참여하면서, 성경과 유대 법에 정통하면서 다른 사람들에게 귀를 기울이며 그들에게 응답하셨다. 그러나 무엇보다도 아버지의 사랑과 임재, 성령의 기름부음은 예수님의 삶에 가장 강력한 영향을 끼쳤으며, 타인을 위한 영성지도의 원천이었다. 이사야 예언자는 이를 이렇게 예언했다.

> "여호와의 신 곧 지혜와 총명의 신이요 모략과 재능의 신이요 지식과 여호와를 경외하는 신이 그 위에 강림하시리니 그가 여호와를 경외함으로 즐거움을 삼을 것이며 그 눈에 보이는 대로 심판치 아니하며 귀에 들리는 대로 판단치 아니하며 공의로 빈핍한 자를 심판하며 정직으로 세상의 겸손한 자를 판단할 것이며…"(사 11:2-4)

예수님은 부활하시기 이전과 이후에 제자들과 다른 사람들을 가르치셨으며, 그들에게 영성지도를 제공하셨다. 각각의 경우에, 그는 하나님의 신실하심의 틀 안에서 그들 개인의 상황에 맞게 말씀하셨다. 그리고 예수님은 하나님의 사랑의 임재와 그들을 인도하고 복 주시기 위한 하나님의 동행을 알아차리도록 그들을 초대하셨다. 이러한 이야기들은 성경에 자세히 기술되어 있다. 야곱의 우물에서 예수님은 여인의 말을 경청하면서, 그녀가 지닌 하나님과의 관계와 인간 관계에 관해 그녀와 대화하셨다. 예수님은 그녀가 직접적으로 하나님을 향하도록 도우셨다.

> "아버지께 참으로 예배하는 자들은 신령과 진정으로 예배할 때가 오나니

곧 이때라. 아버지께서는 이렇게 자기에게 예배하는 자들을 찾으시느니라. 하나님은 영이시니 예배하는 자가 신령과 진정으로 예배할지니라."(요 4:23-24)

누가복음 8:40-48은 예수님과 혈루증 앓는 여인의 이야기를 들려준다. 이것은 육체의 치유에 관한 이야기지만, 영성지도의 요소들을 포함하고 있다. 그 여인은 아무도 그녀를 도울 수 없었기 때문에 고통을 겪었다. 히브리 사회에서 그녀는 부정한 여인이었다. 월경 기간의 여인은 칠 일간 부정한 것으로 간주되었고. 팔 일째 되는 날, 그녀는 산비둘기 둘이나 집비둘기 새끼 둘을 제사장에게 가져와 속죄제와 번제의 제물로 바쳐야만 했다. 그러나 계속해서 피를 흘리는 자는 누구나 계속해서 부정한 상태로 남게 된다. 그 사람이 사용했던 모든 침대, 의자, 신발, 말의 안장, 그릇들 역시 부정하며, 그 사람을 만지는 사람은 누구나 해질 무렵까지 부정했다.[4]

예수님을 만진 그 여인은 그 누구도 만질 수 없는 여인이었다. 그녀가 가족을 부정하게 만들면 안 되기 때문에 가족조차도 만질 수 없었다. 그녀는 아마도 절망 가운데 예수의 겉옷자락을 익명으로 만졌을 것이다. 그녀는 예수께서 자신을 치유하실 수 있다고 믿었다. 그리고 자신의 상태로는 예수님께 직접적으로 나설 수 없다는 것도 알았다. 예수님은 능력이 자신에게서 그녀에게로 나가는 것을 느끼시고 누가 자신을 만졌냐고 물으셨다. 예수님은 누군가가 치유되었다는 것을 아셨기 때문에 그냥 모른 척하고 지나가실 수도 있었을 것이다. 그러나 그녀를 스스로 드러내게 한 것은 온전한 회복을

---

4) *The International Standard Bible Encyclopedia*, vol. 1 (Grand Rapids: Eerdmans, 1979), 719.

위해 중요한 것이었다. 예수님께서는 공개적으로 그녀가 온전해졌음을 선언했다. 그녀는 더 이상 피해야 할 대상이 아닌 것이다. 모든 사람들이 있는 한복판에서, 예수님은 그녀를 인정하며 축복하셨다. "딸아, 네 믿음이 너를 구원했다. 평안히 가라."

예수님은 어떻게 영성지도자로서 행동하셨는가? 그는 성령님과 그녀에게 귀를 기울이셨다. 그녀 스스로를 드러내게 함으로써, 그녀가 말하지 않았을 것을 공개하게 하셨다. 영성지도자는 종종 피지도자들이 그들의 참된 상태를 드러내도록, 그리고 그들의 어려움을 구체적으로 언급하면서 하나님의 도우심을 구하도록 도전한다. 공동체 앞에서 예수님은 그 여인이 자신의 상태로 인해 주변에서 맴돌았지만 여전히 가치로운 한 인간임을 확언하셨다. 예수님과의 접촉을 통해, 그녀는 정서적인 면에서, 육체적인 면에서, 그리고 관계적인 면에서도 치유되었다. 영성지도사들은 그들에게 온전함을 제공하실 수 있는 하나님을 구하도록 피지도자들을 격려한다.

예수님과 베드로의 많은 만남들은 영성지도의 측면을 포함하며 그것은 오늘날 영성지도자들에게 유용한 정보를 제공한다. 풍랑이 이는 호수에서, 예수님은 베드로에게 물위를 걷도록 초대하셨다. 베드로는 그 초대를 수용하여, 물위로 몇 발자국을 걸었다. 그러나 그가 걷고 있다는 것을 깨닫자마자, 그는 가라앉기 시작했다. 예수님은, "네 눈을 내게 고정해라"고 말씀하셨다. 오늘날 영성지도자들도 종종 똑같은 말을 한다. "당신의 눈을 예수님께 고정하십시오."

다음에 열거된 예수님과 베드로의 만남들도 영성지도를 포함하고 있다. 그리고 그것은 작금의 영성지도자들이 피지도자들에게 응답하는 방식의 좋은 모델이 되어준다.

● 베드로를 부르심 (마 16:17-19)

예수님은 베드로에게 그 자신이나 주변 사람들에게 쉽게 드러나지 않은 자신 안에 있는 어떤 것을 바라보도록 요청하셨다. 성령과 피지도자에게 귀를 기울이면서, 영성지도자는 피지도자가 자신의 감추어진 부분들을 바라볼 수 있도록 도와준다.

● 베드로의 신앙고백 (마 16:13-16)

예수님은 베드로에게 "너는 나를 누구라 하느냐?"고 물으셨다. 베드로가 대답했을 때, 예수님은 "너에게 이것을 알게 한 이는 사람이 아니다"라고 말씀하셨다. 영성지도자는 "예수님은 누구인가?"라는 질문을 한다. 그리고 피지도자의 삶 속에서 활동하시는 성령님의 임재를 확인한다.

● 베드로는 주님께 고난당하지 말아야 한다고 말했다 (마 16:21-26)

예수님은 "내 뒤로 물러나라"고 대답하셨다. 피지도자가 기도하지 않은 채 혹은 스스로 생각하지 않은 채 즉흥적인 이야기를 할 때, 영성지도자는 때때로 신속하면서도 도전적인 응답을 한다.

● 용서에 관한 대화 (마 18:21-35)

예수님은 베드로에게 용서를 가르치셨다. 영적 성숙이란 자신과 타인을 용서하는 법을 배우는 것을 포함한다. 이러한 성숙은 영성지도에서 발생할 수 있다.

● 부인할 것을 예언하심 (마 26:33-35)

예수님은 베드로가 예수님을 부인할 것을 말씀하셨다. 그리고 믿음을 잃지 않도록 기도하라고 용기를 북돋우셨다. 영성지도자는 피지도자를 인식시킬 필요가 있는 잠재적인 문제의 영역을 때때로 알아차린다. 영성지도자는 이러한 가능성들 앞에서 정직한 증인과 동반자가 될 필요가 있다.

- 겟세마네 동산에서의 고뇌 (마 26:36-46)

  예수님은 제자들에게 자신과 함께 깨어있기를 요청하셨다. 비록 위대한 성취나 성공이 따라오지 않는다 할지라도, 영성지도자는 피지도자가 계속해서 예수님과 함께 깨어있도록 요청할 수 있다.

- 그리스도를 부인한 베드로 (마 26:69-75)

  베드로는 그 현장으로부터 도망치고 있다. 그는 두려워한다. 예수님은 연약해 보인다. 사람은 비록 자신이 두려워할 때조차도 하나님을 향해 열려 있을 수 있도록, 또한 그들의 정황 한복판에서 주님의 임재와 활동을 바라볼 수 있도록 그들을 도와줄 영성지도자를 필요로 한다.

- 부활 후 예수님의 현현 (요 21:1-25)

  예수님은 세 번 베드로에게 물으셨다. "네가 날 사랑하느냐?" 이 중요한 순간에, 베드로는 요한에 관해 물었다. 예수님은 베드로가 초점을 재조정할 수 있도록 도우신다. "그것은 네게 중요하지 않다. 너의 역할은 나를 따르는 것이다." 영성지도자는 피지도자가 하나님께 주의를 집중할 수 있도록, 중요한 것에 주의를 집중할 수 있도록 돕는다.[5]

군중들에게 종종 비유를 말씀하심으로써 예수님은 하나님께 경청과 응답을 하도록 사람들을 초대하셨다. 비유를 사용함으로 사람들의 관심을 사로잡을 뿐 아니라, 하나님 나라의 본질을 명료하게 설명하셨다. 그의 청중은 선한 사마리아인(눅 10:25-37), 의롭다 칭함을 받은 세리(눅 18:9-14), 혹은

---

5) Father George Niederauer, "The Spiritual Direction Relationship." 영성지도자에게 주어진 담화를 기록함. Fuller Theological Seminary, 14 March 1980.

탕자를 영접하러 뛰어나가는 아버지(눅 15:20) 등의 이야기에 놀람을 금치 못했을 것이다. 이 이야기들은 "보라, 하나님은 이러한 분이시다"라고 증언한다. 예수님은 이러한 이야기들을 사용하여 사람들이 자신의 믿고 있는 바와 그 이유를, 그들 자신의 하나님 경험과 그 경험을 해석하는 방식을 보다 면밀하게 살펴보도록 도전함으로써 영성지도를 제공하셨다. 사람들이 하나님의 음성을 경청하고 하나님을 따르도록 격려하는 것이 영성지도의 진수이다.

성경에서 우리는 예수께서 항상 아바의 음성을 경청하셨음을 본다. 그분은 제자들, 다른 개인들, 작은 무리들, 큰 군중들과의 관계에서도 늘 아바의 음성을 경청하셨다. 오늘의 영성지도자들도 똑같은 방식으로 행하고자 노력한다. 영성지도자들은 먼저 기도하는 마음으로 하나님의 음성을 경청하는 가운데 피지도자들에게 반응하기를 원한다.

십자가와 부활 이후에도 예수님은 계속해서 제자들을 가르치시고 지도하셨다. 엠마오로 가던 두 제자와의 만남은 영성지도의 모델이다.

"그날에 저희 중 둘이 예루살렘에서 이십오리 되는 엠마오라 하는 촌으로 가면서 이 모든 된 일을 서로 이야기하더라. 저희가 서로 이야기하며 문의할 때에 예수께서 가까이 이르러 저희와 동행하시나 저희의 눈이 가리워져서 그인 줄 알아보지 못하거늘."(눅 24:13-16)

글로바와 그의 친구는 예수님을 알아보지 못한 채 그 남자와 함께 걸었다. 그리고 그에게 예수의 사역과 십자가에서의 죽음에 대해 이야기했다. 그들은 빈 무덤에 대한 여인들의 증언으로 인해 혼란스럽다고 말했다. 그런데 그 나그네(예수님)는 그리스도의 오심에 관한 예언자들의 가르침을 그들에게 상기시켜 주었다. 누가복음의 본문은 그들이 얼마나 오랫동안 함께 걸으며 이야기했는지에 관해서는 언급하지 않고 있지만 아마도 여러 시간은 되었을 것이다. 그들이 묵기 위해 멈추었을 때, 그 나그네는 더 가겠다고 말했다. 그러나 그들은 그에게 함께 머물러 주기를 간청했다.

> "저희와 함께 음식 잡수실 때에 떡을 가지사 축사하시고 떼어 저희에게 주시매 저희 눈이 밝아져 그인 줄 알아보더니 예수는 저희에게 보이지 아니하시는지라. 저희가 서로 말하되 길에서 우리에게 말씀하시고 우리에게 성경을 풀어 주실 때에 우리 속에서 마음이 뜨겁지 아니하더냐 하고."(눅 24:30-32)

예수님은 그 때나 지금이나 스스로 선택하신 시점에 자신을 드러내신다. 예수님께서 부활하셔서 자신을 감추신 채 영성지도자로서 행동하셨다는 사실은 약간 혼란스러운 느낌을 준다. 그러나 예수님은 그들의 이야기를 듣고 성경을 사용하여 응답하실 때, 마치 영성지도자처럼 행동하신다. 그들이 성경에 집중하도록, 그래서 성경을 읽고 경청하고 묵상하도록 도우셨다. 그들이 그분이 누구인가를 알아본 것은 토론을 통해서가 아니라 동반자로서 동행하며 그들과 함께 앉아 있는 것을 통해서였다. 이것은 종종 피지도자에게도 똑같이 발생한다. 그들은 분석과 사고와 숙고에 몰입하기도 한다. 그러나 그들과 예수님과의 연결은 동반자 관계를 통해 보다 빈번하게 발생한다. 비판적 사고보다는 예수님과 함께 있기 위해 시간을 내는 것이 예수님과의 연결을 더 자주 가능하게 한다. 사람은 오랜 시간 함께 걸었고 대화를 했음에도 예수님이 그들 곁에 계시다는 것을 알아차리지 못할 수 있다. 영성지도자는 피지도자가 속도를 늦춰서 "이 가운데 하나님은 어디에 계시는가? 예수님은 어디 계시는가? 부활하신 그리스도는 어디 계시는가?"를 묻도록 초대한다.

영성지도는 성경 안에 암시적인 형태뿐 아니라 분명한 형태로 존재한다.

그리고 영성지도는 초대교회의 삶의 한 부분이었다. 성경과 초대교회 안에 존재한 영성지도에 관해 더 알기 원한다면, 각주에 언급된 책들을 살펴보면 좋을 것이다.[6]

## 영성지도에서의 성경

성경에 몰두함으로써 하나님께서 그들의 삶 가운데서 어떻게 성경을 사용하고 계시는지를 아는 영성지도자는 이 지식을 피지도자의 유익을 위해 제공할 수 있다. 그러나 다른 모든 문제와 마찬가지로 여기에서도, 지도자가 소유한 지식이 무엇이든지 간에 그것은 배경에 머물러야만 한다. 그렇지 않으면 하나님께 자문을 구하지 않은 채 성경으로부터 답을 찾아 제공해 주려는 유혹을 받을 수 있다. 피지도자에게 말하기 이전에, 영성지도자는 그 문제를 기도로 가져가서 하나님의 인도하심을 요청하기를 잊지 말아야 한다. 그러나 성경에 담긴 이야기들, 사건들, 경험들은 인간이 누구인가에 관한 모든 이야기들을 들려준다. 그것은 또한 항상 계시고 활동하시는 하나님에 관해서도 이야기한다. 피지도자가 자신의 개인적 삶의 이야기와 하나님의 이야기가 결합되는 부분이 어디인지를 인지하는 것은 중요하다. 성경의 이야기들은 우리들이 어디에 있으며 어디로 가고 있는지를 인지하게 하는 도구가 된다. 그것은 피지도자로 하여금 하나님, 그들 자신, 그리고 그들의 삶을

---

6) Tilden Edwards, *Spiritual Friend: Reclaiming the Gift of Spiritual Direction* (New York: Paulist Press, 1997), 3 장, "Living Waters of the Past"; Kenneth Leech, *Soul Friend: The Practice of Christian Spirituality* (San Francisco: Harper & Row, 1977), 2장, "Spiritual Direction in the Christian Tradition."

보다 명확하게 알 수 있도록 만들어 주는 유용한 틀이 된다.

영성지도자들은 종종 성경 안에 있는 어떤 주제들을 독서와 명상과 기도의 대상으로 제안한다. 예를 들면 출애굽의 이야기는 "해방의 길"에 관한 것이다. 이것은 노예로부터 풀려나는 것으로 시작하여, 광야에서의 방황으로 전개되며, 약속의 땅으로 들어가는 것으로 발전한다. 우리가 억눌림으로부터 해방된 후에, 광야에서 방황의 시기를 경험하게 되는 것이 정상적이라는 사실을 아는 것은 도움이 된다. 최근에 힘든 작업장을 떠난 사람이 있다고 하자. 그가 그 환경을 벗어난 후에, 아마도 그는 "나는 왜 다른 사람들이 작업장에서 나를 좋지 않게 다루는 것을 허용했는가? 하나님께서는 이 사건을 통해서 내게 무엇을 보여주시고자 하는가? 하나님께서는 내가 이러한 반복되는 상황으로부터 벗어나기를 원하시는가?"라는 질문을 할 것이다.

출애굽의 이야기는 우리의 환경을 아시는 하나님이 우리에게 세시다는 것을 보여준다. 하나님은 우리 여정의 매 순간 우리와 함께 계신다. 하나님은 우리가 노예로부터 해방될 때나 약속의 땅에 도착했을 때만큼이나 광야에 있었을 때도 우리와 함께하셨다. 우리의 환경은 새로운 가능성과 온전함이 돋아나는 장소이다. 이집트를 떠나라는 하나님의 명령은 우리가 여러 종류의 얽매임으로부터 벗어나서 광야처럼 느껴지는 새로운 영역으로 들어설 때마다 우리에게 도움을 줄 수 있는 성경적 장면이다. 이와 같은 성경 본문을 읽고 묵상하는 것과 성령께서 우리에게 말씀하시도록 간구하는 것은 우리가 인지하지 못했던 상황의 다른 측면들을 볼 수 있도록 우리를 자유하게 해준다. 하나님께서 인간의 신음소리를 들으신다는 것, 단지 이스라엘의 신음소리만이 아니라 우리의 신음소리와 우리 근심의 원인들을 주목하신다는 것을 아는 것은 우리의 신앙 여정에 큰 도움이 된다. 성경의 많은 이야기들은 우리들의 삶과 연결된다. 영성지도의 만남에서 빈번하게 등장하는 주제들은 다음의 것을 포함한다.

불임으로부터 출산—모든 것이 불가능하게 보일 때도 생명의 출산이 있을 수 있다 (사무엘상 1장의 한나; 누가복음 1장의 엘리사벳).

신뢰의 문제, 개인의 존귀함과 무가치성—"참새 두 마리가 한 앗사리온에 팔리는 것이 아니냐 그러나 너희 아버지께서 허락지 아니하시면 그 하나라도 땅에 떨어지지 아니하리라 너희에게는 머리털까지 다 세신 바 되었나니 두려워하지 말라 너희는 많은 참새보다 귀하니라"(마 10:29-31).

선한 목자의 이야기(요 10:11-13)는 하나님의 돌보심을 신뢰하도록 독자를 고무시킨다.

잃은 양, 잃은 동전, 잃은 아들—하나님은 우리를 귀하게 여기며, 우리를 찾는 것에 높은 우선순위를 두신다. 하나님은 우리의 응답을 기다리시며, 우리가 발견되었을 때 잔치를 베푸신다(눅 15장).

건강의 상실을 다룸—영성지도에서 사람은 자신들의 건강에 관한 이야기를 자유롭게 언급한다. 즉 건강과 관련된 육체적, 관계적, 정서적, 그리고 영적인 문제를 그들은 언급한다. 그리고 건강의 문제를 하나님께 의뢰하며, 하나님께 새로운 방식에 의한 도움을 간구한다.

호수 건너기와 전환들—"호수 반대편으로 가자"(마 14:22-36). 때때로 우리는 견고한 토대 위에 있다고 느낀다. 그리고 때때로 균형감각을 상실한, 곤경에 처해 있는, 두려움을 느끼는 시기를 통과하라는 부르심을 받는다.

요단강에서 세례를 받으신 예수님—하나님 아버지께서는 예수에게 "너는 내 사랑하는 아들이라 내가 너를 기뻐하노라"고 말씀하신다(막 1:11). 피지도자들이 하나님께서 그들을 전심으로 사랑하신다는 사실을 알았

을 때, 그 지식은 삶 그 자체와 특정한 삶의 환경에 대한 그들의 인식에 거대한 변화를 초래한다.[7]

영성지도자는 특정한 성경 구절들을 일정 기간 읽고 기도하도록 피지도 자를 격려할 수 있다. 때때로 피지도자들은 마치 그들이 성경의 장면 안에 있었던 것처럼, 성경을 내부로부터 관찰하면서 기도한다. 그들은 성령께서 사건의 세부 사항들을 보여줌으로써 자신들을 가르쳐주시도록 간구한다. 성경의 사건이 발생한 날은 어떤 날인가? 누가 그 사건에 등장하는가? 상황 은 어떠한가? 그 사건에서 하나님을 찾는 사람들, 구경꾼들, 남자들, 여자들, 아이들, 사건의 중심에 있는 사람들 혹은 주변에 있는 사람들 중에 누구와 가장 동일시되는가? 이 이야기에서 하나님은 어떤 모습으로 드러나시는가? 성경 본문에 응답하고자 할 때, 어떤 기도가 떠오르는가? 피지도자는 그들 이 성경의 이야기가 펼쳐지는 특정한 시간과 장소에 있었던 것처럼 성경을 읽고 성령의 가르침을 간구한다. 다음의 예는 특정한 성경 구절이 어떻게 영 성지도에서 사용되는지를 보여준다.

**피지도자**: 오늘 저는 제가 해야 할 일에 대해 생각하고 있습니다. 사실 수 일 안에 해야 할 일이죠. 사실 나는 그것을 읽고 있습니다.
**지도자**: 오, 그렇군요.

---

7) Wilkie Au and Noreen Cannon, *Urgings of the Heart: A Spirituality of Integration* (New York: Paulist Press, 1995), 54-63. 이 책은 성경과 함께 기도하 는 몇 가지 방식을 제안하는 훈련을 포함하고 있다. 그 방식들은 독자로 하여금 관 상기도나 치유영역에 관해 하나님께 마음을 열도록 도와준다.

**피지도자**: 저는 직장에서 곤란한 소식을 전달해야 합니다. 직장에는 수년 동안 함께 일해 온 사람들이 있습니다. 사실, 그들은 저를 신뢰하며, 우리는 따뜻한 공동체를 만들어 갔습니다. 거의 대가족 공동체와 같게 되었습니다. 그런데 예산 감축으로 인해, 저는 이전에 이들과 함께 보냈던 시간만큼 함께 있을 수 없을 것이라는 사실을 통보받았습니다. 변화는 제가 선택한 것이 아닙니다. 왜냐하면 그들은 나의 도움을 받아 놀라운 성장을 하였기 때문입니다. 그러나 그렇게 될 수밖에 없다는 것과 그 소식을 전해야 하는 사람은 바로 나라는 것을 통보받았습니다. 나는 그들이 배신감과 분노를 느낄 것이며, 상처를 받을 것이라고 생각합니다. 그들에게 이러한 감정들을 불러일으키는 사람이 되기가 싫습니다. 그들이 나를 비난할까봐 두렵습니다. 당신도 알다시피, 전달자는 살해당하기 쉽습니다. 참으로 어렵게 느껴집니다.

**지도자**: 그 소식이 다른 사람들에게 환영받지 못할 것이라는 말이군요. 당신은 그 소식을 어떻게 생각합니까?

**피지도자**: 복합적입니다. 이러한 결정을 할 수밖에 없는 요인들을 이해합니다. 그러나 이러한 결정을 내린 가치 판단에 동의하지 않습니다. 나는 내가 내리지 않은 결정의 대변자가 되도록 요청받은 것 같은 느낌이 듭니다. 줄어든 예산으로는 제가 그들과 함께 있을 수 없으며, 탈진하지 않은 채 이전과 같이 일할 수는 없습니다. 우리는 전임 일자리 한둘은 줄여야 합니다. 그러나 이전과 똑같은 책임량을 수행해야 합니다. 이점에 관해서는 그들도 동의할 것입니다. 그러나 그들은 이전과 똑같은 정도의 주의를 기울이지는 않을 것이라는 점이 중요합니다.

**지도자**: 당신은 지금 슬픔과 염려를 느끼고 있음에 틀림없군요.

**피지도자**: 그렇습니다.

**지도자**: 당신께서 이야기하고 있는 동안 내 마음에 떠오른 성경의 장면은

예루살렘을 향해 나아가고 있는 예수님의 모습입니다. 예수님은 자신에게 요청된 것을 알았습니다. 그러나 그것은 예수님 자신이 선택한 것이 아닙니다. 물론 예수님은 그것이 하나님의 뜻이라는 것을 알았습니다.

피지도자: 어느 정도 일맥상통한 것 같군요. 제가 뛰어들어서 이 일을 해야 하는 것처럼 느껴지는군요. 저는 하고 싶지도 않고, 생각하기도 싫습니다. 그러나 이러한 상황에서 하나님은 어디에 계시는지에 관해 기도할 필요가 느껴집니다. 이 일을 하는 것은 하나님의 뜻에 합한 것일까요? 한편으로는 그러한 결정이 내려진 이유를 이해하기 때문에, 그리고 내가 다른 사람들에게 알리기에 가장 적합한 사람이라는 것을 알기 때문에 하나님의 뜻에 합한 것처럼 느껴집니다. 그러나 나는 여전히 이러한 변화를 불가피하게 만든 핵심 가치들과 갈등하고 있습니다. 예수님은 적어도 아버지께서 의도하신 바를 아셨습니다.

지도자: 당신의 고려 사항들이 바로 기도를 시작할 좋은 지점처럼 들리는군요.

피지도자: 동의합니다. 만약 내가 느끼고 있는 강력한 감정들의 일부분이라도 완화할 수 있다면, 아마도 나는 그 계획과 나의 역할에 대해 하나님께서 말씀하시는 바를 보다 분명히 들을 수 있을 것입니다. 나는 성령께서 원하신다는 확신을 가지고 나의 역할을 감당할 수 있기를 원합니다. 그러면 비록 힘든 일이라 할지라도, 하나님께서는 그것으로부터 선을 창출하실 것을 압니다. 그것이 내가 해야 할 일이 아니라면, 하나님께서는 내가 적임자라고 말하는 사람들에게 무슨 말을 해야 할지를 깨닫도록 저를 도우실 것이라 생각합니다. 우리의 대화가 구체적으로 기도할 방식을 제게 알려주었군요.

지도자: 그 성경 구절을 가지고 기도해 보십시오. 그리고 그곳에 당신에게 도움이 되는 것이 있는가를 살펴보십시오.

성령은 종종 성경을 사용해서 하나님의 마음과 뜻, 그리고 우리의 마음과 뜻을 드러내신다. 성경은 인간 삶의 주요한 주제들을 언급한다. 우리가 언급한 바와 같이, 성경은 무한한 것의 공급처같이 느껴진다. 예수님은 하나님을 따르는 자들 안에서 생수의 강처럼 솟아날 영원한 생명에 관해 말씀하셨다 (요 7:38-39). 성경도 마찬가지다. 왜냐하면 성경은 성령의 조명에 개방되어 있기 때문이다. 성령은 새로운 하나님 체험을 가능케 하는 하나의 원천이다. 적절한 성경 본문이 우리의 주목의 대상이 되도록 성령의 인도하심을 구하는 것이 우리의 계속된 기도의 중요한 부분이다.

## 성찰을 위한 질문

1. 성경에 대한 당신의 경험의 역사는 무엇입니까?

2. 당신은 요즘 어떻게 성경을 사용합니까?

3. 종종 계속해서 되돌아가 읽게 되는 성경 구절이 있습니다. 어떤 것입니다. 그 구절이 당신과 하나님과의 관계가 지닌 특징들에 관해 말해 주는 것이 있다고 생각하십니까?

4. 어떤 성경 본문들이 지금 당신께 중요합니까?

5. 성경에 관해 영성지도자와 어떤 논의를 하고 싶습니까?

제12장

# 기도

기도는 자연스럽지 않은 행위이다.

빌 하이블스(Bill Hybels)[1]

이제,
주님,
저를 안정시켜 고요함에 거하게 하옵소서.
나의 길망과 열정
나의 상처와 방황을
치유하고 경청하여,
보다 거룩하고
인간다운 모습으로
빚으소서.

테드 로더(Ted Loder)[2]

---

1) Bill Hybels, *Too Busy Not to Pray: Slowing Down to Be with God* (Downers Grove, Ill.: InterVarsity Press, 1988), 7.

2) Ted Loder, "Calm Me into a Quietness," *Guerrillas of Grace: Prayers for the Battle* (Philadelphia: Innisfree Press, 1984), 21.

믿음으로 말미암아 그리스도께서 너희 마음에 계시게 하옵시고 너희가 사랑 가운데서 뿌리가 박히고 터가 굳어져서 능히 모든 성도와 함께 지식에 넘치는 그리스도의 사랑을 알아 그 넓이와 길이와 높이와 깊이가 어떠함을 깨달아 하나님의 모든 충만하신 것으로 너희에게 충만하게 하시기를 구하노라.

에베소서 3:17-19

때때로 우리가 기도에 관해 생각하는 것이나 기도하는 것은 힘든 일이다. 왜냐하면 부적절하다고 느끼는 감정이나 우리의 방어기제가 기도를 힘들게 만들기 때문이다. 우리는 기도하는 법을 파악하기 위해 노력했다. 그러나 수없이 실패하여, 희망을 갖고 계속해서 기도하기가 어렵다고 느낀다. 그러나 이렇게 느낄 때조차도, 우리는 하나님과 좋은 교제를 하고 있는 것이다. 왜냐하면 우리의 선한 의도들, 하나님께 대한 우리의 응답들, 크리스천으로서의 성숙에 관한 질문들은 신앙의 여정의 한 부분이기 때문이다. C. S. 루이스조차도 자신의 영적 삶과 이의 전개과정에 대한 염려를 표현했다. 그는 친구인 아서 그리브스(Arthur Greeves)에게 다음의 내용을 써서 보냈다. "최근에 성취했다고 생각했던 변화의 많은 부분들이 단지 환상이라는 것을 알고 소스라치게 놀랐습니다. 실제적인 작업은 지금도 진행 중인 것 같습니다. 영적인 삶을 좋게 여기는 것을 영적인 삶을 사는 것으로 혼동하기가 너무도 쉽습니다. 깨어나서 씻고 옷을 입는 꿈을 꾸지만 몸은 여전히 침대 위에 있다는 것입니다."[3] 우리는 종종 기도에 있어서도 마찬가지 느낌을 갖게 된다.

---

3) C. S. Lewis, *They Stand Together: The Letters of C. S. Lewis to Arthur*

당신이 하나님의 사랑받는 친구라는 사실을 기억하면서, 즉 하나님의 사랑이 당신을 감싸고 있다는 것을 상기하면서, 기도에 관해 서술한 아래의 글들을 읽도록 권하고 싶다. 우리는 때때로 다른 사람들을 통해서 이러한 무한한 사랑을 일견할 수 있는 기회를 얻기도 한다. 비록 잠깐 동안이라 할지라도, 당신의 생애 가운데 이처럼 당신을 아낌없이 사랑해 준 사람이 있는가? 당신이 그렇게 사랑했던 사람은 있는가? 그들을 위해 필요한 것이라면 무엇이든 그들을 대신해서 기쁘고 자비로운 마음으로 실행하게 되는 그런 사람들이 있는가? 그들의 허물을 알고 있음에도 불구하고 그것들이 오히려 당신의 후원과 돌봄을 필요로 하는 이유로 간주되어, 그들이 성장하여 만개하도록 도움을 제공한 경우도 있을 것이다. 이것이 기도에 관해 이야기할 수 있는 나의 최선의 방법이다. 왜냐하면 기도는 우리를 향한 하나님의 사랑에 관한 것이다. 기도는 하나님의 사랑에 의해 가르침을 받아 변화되는 것에 관한 것이다.

우리가 성경, 믿음, 하나님, 예수님, 성령님을 체험하는 것에 관해 아무리 이야기한다 할지라도 우리가 하나님과 함께 시간을 보내지 않는 한, 단지 멀리서 흥미로운 개념들만을 생각하는 것에 불과하다. 우리가 기도 가운데 마음을 열어 기꺼이 하나님의 사랑의 음성을 듣고 응답할 때 영성생활은 탄생되며 실현된다. 기도는 우리의 하나님과의 관계가 탐구되고, 양육되고, 깊어지는 장소이다.

예배, 성경연구, 혹은 봉사와 같은 선한 행동들이 우리의 기도와 분리되어

*Greeves*, ed. Walter Hooper (New York: Macmillan, 1979), 361.

있을 때, 그것은 죽은 것과 같다. 우리는 어떻게 하나님께서 우리 안에서 시작하신 일을 지속할 수 있는지에 대해 많은 아이디어들을 가지고 있다. 그러나 우리는 성령의 방식을 추구하는 대신에 우리의 영적 양육과 성장을 우리 자신의 방식대로 추진하려는 오류에 너무도 쉽게 빠져들 수 있다. 어떤 좋은 계획과 태도들이 성경과 우리의 목적에 모두 합당할 수 있다. 그러나 삶의 우선순위의 결정과 삶의 정돈을 위한 하나님의 도우심, 그리고 삶의 순간순간을 이끄시는 하나님의 인도하심을 구하지 않고 어떻게 우리가 보기에 좋아 보이는 자신의 생각에 따른 행동이 아닌 하나님의 뜻과 의도에 합당한 행동을 할 수 있겠는가? 우리가 지속적으로 기도할 때 기도가 우리의 의도와 행동에 많은 영향을 미친다는 것을 종종 확인한다.

기도를 보다 자세히 살펴볼 기회를 갖는다는 것은 영성지도가 제공하는 선물들 중 하나이다. 영성지도자와 피지도자는 피지도자의 기도에 주목하면서 상당한 시간을 함께 보낸다. 그들은 함께 기도를 살펴보기 위해 기도하고, 기도를 자세히 검토하고, 성령께서 피지도자가 어떻게 기도하기를 원하시는지를 성찰한다. 아래의 자료들은 기도의 영역에서 제기되는 몇 가지 주제들에 대한 보다 분명한 이해를 제공해 줄 수 있을 것이다.

## 성경의 기도들

"주여, 제가 믿습니다. 저의 믿음 없음을 도와주소서"(막 9:24).

"하나님 이 죄인을 불쌍히 여기소서"(눅 18:13).

"아버지, 이름이 거룩히 여김을 받으시옵소서. 당신의 나라가 임하옵소서. 우리에게 일용할 양식을 주옵소서. 우리가 우리에게 죄 지은 자를 사하여 준 것같이, 우리의 죄를 사하여 주옵소서. 우리를 시험에 들게 하지 마옵소서"(눅 11:2-4).

"이러하므로 내가 하늘과 땅에 있는 각 족속에게 이름을 주신 아버지 앞에 무릎을 꿇고 비노니 그 영광의 풍성을 따라 그의 성령으로 말미암아 너희 속 사람을 능력으로 강건하게 하옵시며 믿음으로 말미암아 그리스도께서 너희 마음에 계시게 하옵시고 너희가 사랑 가운데서 뿌리가 박히고 터가 굳어져서 능히 모든 성도와 함께 지식에 넘치는 그리스도의 사랑을 알아 그 넓이와 길이와 높이와 깊이가 어떠함을 깨달아 하나님의 모든 충만하신 것으로 너희에게 충만하게 하시기를 구하노라 우리 가운데서 역사하시는 능력대로 우리의 온갖 구하는 것이나 생각하는 것에 더 넘치도록 능히 하실 이에게 교회 안에서와 그리스도 예수 안에서 영광이 대대로 영원 무궁하기를 원하노라 아멘"(엡 3:14-21).

## 기독교 전통에 등장한 기도들

가장 자비로우신 하나님, 당신께 죄를 지었음을 고백합니다. 생각으로, 말로, 그리고 행동으로, 우리가 이미 행한 것으로, 그리고 아직 행하지 않은 것으로. 우리는 전심으로 당신을 사랑하지 않았습니다. 우리는 이웃을 우리 자신과 같이 사랑하지 않았습니다. 참으로 죄송한 마음으로 겸손히 회개합니다. 당신의 아들 예수 그리스도를 위하여 우리에게 자비를 베푸시고, 우리를 용서하옵소서: 그로 인해 우리는 당신의 뜻 안에서 기뻐하며, 우리는 걷겠습니다, 당신의 이름의 영광에 이르는 길을 따라. 아멘.

"죄의 고백," 공동기도집[4]

---

4) "A Confession of Sin," *The Book of Common Prayer* (New York: Seabury Press, 1979), 116-17.

하늘에 계신 우리 아버지, 당신의 이름이 거룩히 여김을 받으시옵소서. 당신의 나라가 임하옵시며, 당신의 뜻이 하늘에서 이루어진 것같이 땅에서도 이루어지이다. 우리에게 일용할 양식을 주옵시고 우리가 우리에게 죄지은 자를 용서한 것같이 우리의 죄를 용서하옵소서. 우리를 시험에 들게 하지 마옵시고, 다만 악에서 구하옵소서. 나라와 권세와 영광이 당신께 영원히 있나이다.

"주 기도," 공동기도집[5]

당신의 영이 제 안으로 들어와 온전히 저를 채워 주옵소서. 당신의 나라가 하늘에서 임한 것같이 이 땅에서도 임하옵소서. 저의 뜻이 온전히 당신의 뜻과 같이 되게 하옵소서. 나의 필요들이 적절한 양만큼, 적절한 방식으로, 적절한 때에 채워지게 하옵소서. 적절한 사람들을 적절한 때에, 적절한 방식으로 제 삶에서 만나게 하옵소서. 적절한 생각들이 완벽한 시점에, 완벽한 순서로, 적절한 때에, 적절한 방식으로 떠오르게 하옵소서. 나의 영혼의 가장 깊고 참된 바람이 적절한 때, 적절한 방식으로 이루어지게 하옵소서.

글렌 클락[6]

영원하신 분.

　침묵

　　나의 말들의 근원이신:

　질문자

　　나의 질문들의 원천이신:

　사랑

---

5) "The Lord's Prayer," *The Book of Common Prayer*, 336.

6) Glenn Clark, *I Will Lift up Mine Eyes*(San Francisco: Harper & Row, 1937), 23-25.

나의 모든 사랑의 암시이신:

혼란

　나의 안식의 유일한 거처이신:

　신비이신 분

　나의 치유와 참 자아가 발견되는 깊음이신:

　이제 저를 당신의 임재 안에 품으소서

　당신의 평화를 제게 회복하소서

　당신의 권능으로 저를 새롭게 하소서

　당신의 은총 안에 거하게 하옵소서. 아멘.

테드 로더[7]

오! 주님, 취하소서. 받으소서. 저의 모든 자유와, 저의 기억과, 저의 이해와, 저의 모든 의지를. 나의 존재의 모든 것, 나의 소유의 모든 것은 당신께서 내게 주신 것입니다. 그것을 다시 당신께 돌려 드립니다. 당신의 선한 뜻대로 사용하옵소서. 제게 오직 당신의 사랑과 은총을 주옵소서: 당신으로 제게는 충분하오니, 다른 것을 구하지 않나이다.

로욜라의 이냐시오[8]

내 마음을 당신께 드립니다, 주님. 기꺼이 그리고 영원히.

장 깔뱅[9]

---

7) Ted Loder, *Guerrillas of Grace: Prayers for the Battle* (Philadelphia: Innisfree Press, 1984), 5.

8) Ignatius of Loyola in *The Joy of Listening to God*, ed. Joyce Huggett (Downers Grove, Ill.: InterVarsity Press, 1986).

9) *Seal of John Calvin in the Reformation Window*, Westminster Presbyterian

# 기도의 본질

기도는 태도이면서 동시에 행동이다. 기도를 통해 하나님의 사랑을 향해 우리 자신을 개방한다. 왜냐하면 우리는 하나님의 음성을 경청하고, 하나님께 응답하며, 하나님에 의해 변화되는 하나님의 동반자가 되기를 바라기 때문이다. 우리는 하나님께 직접적으로 우리의 마음을 표현한다. 또한 종종 주의 기도나 타인의 기도문을 사용하여 기도한다. 때때로 우리의 말은 줄어들고 사라지는 대신, 주의를 기울여 하나님의 음성을 경청하는 기도를 드린다. 우리가 솔직하게 말하고 하나님의 영을 경청하도록 만들어주는 것은 무엇이든 우리의 기도를 촉진시킨다.

기도를 통해 자신을 드러내고, 우리의 삶을 성찰하며, 하나님의 임재와 인도를 인식함으로써 하나님의 사랑에 응답한다. 우리가 더욱 온전히 깨어서 하나님께 감사하며 우리의 삶을 하나님께 개방함에 따라, 우리와 하나님의 사랑의 관계는 발전한다. 기도는 참으로 하나님의 은혜에 의존한다. 성령이 우리가 하나님의 임재를 인지할 수 있도록 하지 않는 한, 우리가 교제나 기도가 이루어지고 있다는 느낌을 갖지 못한다. 그러면 기도는 아마도 공허하며 어리석은 행위처럼 여겨지게 될 것이다. 우리는 자신을 하나님께 개방하려고 노력한 채 기다린다. 그러나 우리가 하나님과 깊이 연결되었다는 느낌을 가질 수 있을 것이라고 말할 수는 없다. 하나님께서는 우리를 기도로 초대하신다. 따라서 우리가 하나님께서 우리와 의사소통을 하길 원하신다고 가정하는 것은 타당하다. 그러나 하나님께서 언제, 어떻게, 무엇을 우리에게

---

Church, Minneapolis.

말씀하실 것인가는 우리의 통제를 벗어난다. 우리가 하나님과 의사소통을 하고 있다는 느낌을 가질 때, 우리는 기도가 선물이라는 것을 알아차리게 된다.

## 어떻게 기도할 것인가

우리는 아마도 교회에서 제시한 방식에 따라 기도하기 시작할 것이다. 혹은 우리와 하나님과의 관계의 특징에 적합한 것으로 여겨지는 방식에 따라 기도를 시작할 것이다. 아니면 기도하는 법에 대해 생각하지 않은 채 그냥 시작할 수도 있다. 어떤 사람은 기도하는 법을 배우기 위해 성경을 공부한다. 그들은 예수님의 기도에 특별한 관심을 기울이며, 예수님의 기도 방식에 영향을 받고자 한다. 그들은 예수님께서 제자들에게 가르쳤던 주의 기도와 성경에 기록된 다른 기도들을 사용하여 정규적으로 기도한다. 우리는 우리 자신과 타인의 경험으로부터, 교회의 가르침과 기록된 자료들로부터 기도에 대한 아이디어를 얻는다. 우리의 기도는 기도란 무엇인가에 대한 우리의 견해와 기도의 적절한 주제와 방식들이 무엇인가에 대한 우리의 믿음에 의해서도 영향을 받는다.

기도가 자연스럽게 흘러나올 때, 우리는 기도가 힘이 들지 않기 때문에 기도에 대해 별로 생각하지 않을지도 모른다. 우리는 열린 마음으로 하나님을 향해 맞추어져 있는 상태로 의사소통을 하고 있다는 느낌을 갖는다. 많은 사람은 자신들이 곤경에 처해 있거나 혹은 기쁨에 겨워 있을 때, 가장 진실한 기도를 드린다고 느낀다. 이러한 순간들에 처해 있을 때, 우리는 스스로 기도하는 자신을 발견하고 놀랄지도 모른다. 왜냐하면 우리는 기도를 시작해야겠다는 분명한 의도를 언제 갖게 되었는지를 기억할 수 없기 때문이다. 한 순간의 사건들, 어떤 광경, 혹은 어떤 느낌이 우리를 기도로 인도했다. 마치 우리의 참 자아가 그냥 소리 높여 말하는 것처럼 여겨진다. 어떤 것이 우리의 일상적 존재 방식을 뚫고 들어왔다. 우리는 안도감과 해방감을 느낀다. 참으로 관심을 갖는 것과 연결되었다는 느낌을 주는 경험을 하게 되기 전까지, 우리는 아마도 하나님, 타인들, 그리고 우리 자신과 유지해 왔던 관계를 인지하지 못할 수도 있다.

삶에 대한 우리의 기대들이 채워지지 않고 있다는 것을 인지할 때, 많은 기도들이 발생한다. 우리가 하나님과 기도를 포기하지 않는 한, 우리가 육체적으로나 정서적으로 고통 가운데 있을 때 기도를 하기 위해 많은 격려를 필요로 하지는 않는다. 우리가 하나님께로부터 멀어지면 우리는 덜 기도하게 되고, 인간관계의 도움과 이성의 작용을 통해서 혹은 도피하거나 자신의 힘으로 삶의 도전들을 처리하려는 경향을 띠게 된다. 그러나 위기에 처하지 않았더라면 전혀 기도하지 않았을 사람들이 위기에 처해 기도하게 된 경우가 많다.

계속된 감정의 소용돌이가 끝나갈 무렵 기도에 사로잡히게 되면, 우리의 기도는 직접적이며, 참되며, 효과적인 것으로 여겨진다. 그러나 우리가 고통이나 기쁨의 장소에 머물러 있든지 아니면 보다 안전한 중간지대로 나아가든지, 우리가 더욱 기도의 깊이로 나아가고자 소망하는지의 여부에 관해 많은 것을 배워야만 한다.

의도와 훈련은 기도생활에 필수적이다. 기도생활이라는 것이 있다면, 그것은 아마도 일상생활과 다르지 않을 것이다. 일상생활은 어떤 형태를 반복하여 그것을 구조화하는 것을 필요로 한다. 또한 정체되는 것을 방지하기 위해 다양성과 개입을 필요로 한다. 우리가 기도의 구조를 형성하였을 때, 우리는 기도의 방법에 관한 결정보다는 기도 그 자체에 에너지를 집중할 수 있게 된다.

## 기도의 전환

잠시 몇 분간의 시간을 내어 생각나는 기도의 종류들을 기록해 보라. 수많은 종류의 기도가 있다는 것을 알게 될 것이다.[10] 하나님께서 사람들을 각각 서로 다른 때에 서로 다른 기도로 초대하신다는 것은 분명하다.

기도에 관해 생각하는 한 가지 방식은 기도 그 자체를 살펴보는 것이다. 우리는 어떻게 기도하는가? 우리의 기도에 관해 좋게 여겨지는 것과 좋지 않게 여겨지는 것은 무엇인가? 우리가 기도에 관해 씨름하는 한 가지 이유는 기도가 변화한다는 사실 때문이다. 우리가 기도에 관심을 기울이지 않고 기도를 양육하지 않으면, 기도는 약화되고 심지어 사라지게 된다. 우리가 주의를 기울이면, 우리 자신과 우리의 기도는 흥미롭게도 성장하게 된다. 다음의 대화는 이를 잘 보여준다.

**피지도자**: 저는 최근에 질병과 하나님에 대한 생각을 많이 하고 있습니다.

---

10) 예배기도(하나님께 찬양하기), 자연스런 기도(상황에서 솟아나오는), 고백기도, 성경 읽기에 대한 응답으로서의 기도, 신심 어린 글쓰기로서의 기도, 왜라고 묻는 기도, 불만을 고하는 기도, 과거에 유효했던 기도들을 반복하는 기도, 방언기도, 끈질긴 기도, 치유기도. 어떤 사람은 집단으로 기도하는 것을 불편해 하는 자신의 성향을 설명하면서 관조적 기도라고 목록에 기록했다. 리처드 포스터의 기도에 관한 탁월한 책, *Prayer: Finding the Heart's True Home* (San Francisco: HarperSanFrancisco, 1992)은 21가지 서로 다른 기도들을 설명하고 있다.

지도자: 꽤 큰 주제처럼 들리는군요.

피지도자: 제게는 너무도 큰 주제입니다. 그러나 때때로 일들이 그렇게 전개되어 그 일들에 관해 기도를 시작하게 됩니다. 내 친구는 암으로 3년동안 씨름하고 있습니다. 많은 사람들이 암으로 씨름하고 있다는 것을 압니다. 그러나 이것은 제게 불공평하게 느껴집니다. [침묵이 흐름. 피지도자는 할 말을 생각하고 있는 것 같음.] 내 친구는 수많은 세월 동안 기막힌 일들을 참고 견디었습니다. 그것은 공평치 못한 일인 것 같습니다. 그의 전 가족은 한 사람씩 힘겨운 상황, 즉 독재, 감시, 자유의 박탈, 투옥을 피해 미국으로 이민을 갔습니다. 그들은 엄청난 개인적 희생을 치르며 떠났습니다. 그 전환기는 참으로 힘들었습니다. 수년 후에야 그들의 삶은 정상적인 상태가 된 것 같았습니다. 그들은 막 새로운 삶을 즐기기 시작했습니다…그런데 암이 생긴 것입니다.

지도자: 그 일이 당신의 기도에 어떤 영향을 미쳤습니까?

피지도자: 저는 그들을 위해 또는 그들과 함께 기도했습니다. 적절한 때에 적절한 자원을 만날 수 있도록, 치료의 효과가 나타나도록, 치유가 일어나도록 기도했습니다. 나는 그들과 함께, 나 홀로, 다른 사람들과 함께 기도했습니다. 당신도 느끼듯이, 최근의 나의 기도의 에너지는 하나님께 향하기보다 그들에게 향하는 것처럼 느껴집니다. 내가 의미하고자 한 바를 정확히 설명할 수 있을지 확신이 없습니다. 그러나 제 자신이 하나님께보다는 그들에게 보다 강하게 개방되어 있다고 느낍니다.

지도자: 좀 더 이야기해 주시겠습니까?

피지도자: 때때로 그들을 위해 기도할 때, 하나님과 진실되게 연결되는 것이라기보다는 마지못해 연결되는 것처럼 느껴집니다. 또 다른 때에는 전혀 다르게 느껴집니다. 나는 내게 요구되는 것이 무엇인지에 대한 분명한 인식

을 가지고 있습니다. 내 기도가 때때로 하나님이 아니라 나 자신에게 말하는 것처럼 느껴지는 이유가 궁금합니다. 혹시 상황에 대한 나의 염려가 너무도 커서 그렇게 된 것이 아닐까 의심스럽습니다.

지도자: 모든 사람들이 때때로 그렇게 느낄 것이라 생각합니다. 그러나 당신은 이 특별한 기도에 관해 의미 있는 몇 가지 통찰을 깨달았다고 말했습니다.

피지도자: 그 통찰들은 아직도 밑그림 차원입니다. 감정이 기도의 효과에 대한 최종적 판단 근거가 될 수 없다는 것을 압니다. 하나님께서는 별로 영적이지도 않은 부주의한 나의 기도에도 놀라운 방식으로 응답하시는 것 같습니다. 그러나 내 친구의 경우는 전혀 다른 이야기입니다. 기도가 공허하다고 느껴질 때, 나는 기도하는 방식이나 기도의 내용이 무엇이든지 간에 그것을 그만두려고 합니다. 만일 내가 어떤 사람들과 함께 있다는 것은 그들에게 나의 느낌을 말하는 것을 의미하며, 우리가 함께 잠시 동안 침묵 가운데 거할 수 있는지를 묻는 것을 의미합니다. 나는 시간을 내어서 하나님께 무슨 일이 진행되고 있는지, 어떻게 기도해야 하는지, 누구를 위해 기도할 것인지, 무엇에 관해 기도할 것인지를 여쭤봅니다. 이러한 상황에서 어떻게 기도할 것인가에 대한 수많은 생각들이 쉽게 떠오릅니다. 만일 내가 암과 투쟁하고 있다면, 나는 타인이 나를 위해 기도해 주었으면 하는 내용이 아주 많으리라는 것을 압니다. 아무것도 일어나지 않고 있다는 느낌은 하나님께서 다른 종류의 기도를 원하신다는 것을 의미할지도 모릅니다. 당신도 아시다시피, 나는 내적 평화를 위해 기도할 수 있습니다. 성령의 격려를 받아 치료의 후유증이 생기지 않도록 기도할 수 있습니다. 내가 말하고자 하는 바는 더 많이 경청하도록, 하나님의 마음을 더욱 알도록, 이 시점에서 가장 적절하다고 여겨지는 것을 기도하도록 하나님께서 저를 부르신다고 느낀다는 것입

니다.

**지도자**: 당신이 실제로 그렇게 기도했을 때 어떤 일이 벌어질까 궁금하군요.

**피지도자**: 나는 아마도 내적인 열정을 얻을 수 있으리라 생각됩니다. 마치 무언가를 할 수 있으리라 생각하는 것처럼 말입니다. 왜냐하면 나는 상황이 바뀌게 되기를 간절히 원하기 때문입니다. 내가 극도로 긴장되어 있는 것처럼 보일 것입니다. 나의 여정에 대해서와 같이 타인의 여정에 대해서도 하나님을 신뢰한다는 것은 동일하게 어려운 일일 것입니다. 나는 내 친구의 여정에 혹은 하나님의 여정에 개입하여 장애물이 되기보다는 그 여정에 동행하면서 도움이 되고 싶습니다.

하나님과 긴밀하게 연결되어 있다는 느낌을 가질 때, 혹은 그러한 관계를 갈망할 때 우리는 보다 의도적으로 기도하게 된다. 그러면 우리는 자신에게 중요하게 생각되는 것을 하나님께 이야기함으로써 기도를 시작할 수 있다. 우리는 원하는 것, 소망하는 것, 혹은 두려워하는 것을 이야기한다. 만일 계속해서 기도하게 되면, 우리 자신에 대한 관심은 타인의 필요에 대한 인식으로 인도된다. 우리는 타인의 필요를 우리의 기도 안에 포함한다. 중보기도에 대한 헌신은 점차 커진다. 하나님께서 용서, 사랑의 친절, 긍휼, 자비, 인도, 능력을 우리가 기대하는 것 이상으로 나뿐 아니라 타인에게도 베푸신다는 것을 알게 될 때, 우리 기도의 내용, 자세, 질은 그 영향을 받게 된다. 하나님과의 깊은 친밀함 속에서 주어지는 특질들은 우리의 기도를 변화시키기 시작한다.

우리의 기도는 하나님의 마음과 소망을 향해 자라간다. 우리가 타인의 필요와 소망들을 위해 기도할 때조차도, 우리는 하나님께서 무엇을 어떻게 간구하기를 원하시는지를 경청하고자 한다. 중보기도 대상자를 하나님께서 선정하시기를 우리는 점점 더 원하게 된다. 만일 우리가 기도 목록을 사용해서 많은 사람들을 위해 지속적으로 중보기도를 해 왔다고 자부심을 느낀다면, 우리는 기도 목록이란 문제로 씨름할 수도 있다. 하나님께서 우리의 방식을 재평가하도록 요청하고 계실 수도 있다는 것을 고려하는 것은 어려운 일이다. 혹은 그 목록을 일정 기간 동안 완전히 무시하고 성령께서 우리의 기도를 인도하신다는 것을 신뢰하는 것은 어려운 일이다.

중보기도에 대한 헌신의 마음을 상실하거나 타성에 젖은 상태가 되지 않도록 하기 위해서 우리의 동기에 관해 질문을 해보는 것은 현명한 일이다. 하나님의 의도를 배워 갈수록, 우리는 성령의 인도하심에 순종하는 법을 배우게 된다.

하나님과의 관계에 주의를 기울이겠다는 선택을 할 때나 성령께서 우리의 영성 생활을 일깨우고 심화시키는 활동을 하고 계시다는 것을 느낄 때, 우리의 기도는 새로운 방식으로 생동감을 띠게 된다. 그러한 기도는 처음에는 말이 많을 수 있다. 긴 기도 목록을 작성해서, 그에 충실하게 기도할 수도 있다. 이전에 생각하거나 깨닫지 못한 것들에 관해 기도하게 된다. 우리는 거의 모든 것에 관해 하나님과 함께 논의한다.

인생의 힘든 시기를 거치고 있을 때, 나는 그 시점까지의 내 전 인생에 관해 기도하고 싶은 느낌을 가졌다. 나는 내가 성장했던 집과 학교들을 찾아가서 그 근처 주차장에 차를 주차하고 난 후, 그 각각의 장소에서 일어났던 일들과 경험들에 관해 기도했다. 하나님께서 나의 모든 것을 이미 알고 계셨다는 것을 나는 알았다. 기도를 하자, 나 자신을 보다 하나님께 개방할 수 있게끔 느껴졌다. 그것은 하나님께서 나의 모든 생각과 모든 호흡, 모든 행동과 관계 안에 임재하시기를 내가 얼마나 간절히 원해 왔던가를 하나님께 아뢰는 나의 방식이었다. 이러한 종류의 말을 사용한 기도는 내 안에 있는 하나님의 사랑, 하나님을 향한 나의 사랑, 하나님의 임재를 바라는 나의 소망으로부터 샘솟는 것처럼 느껴졌다. 나는 가족들, 친구들, 하나님께서 떠오르게 하는 모든 것을 위해 기도했다.

어떤 단계에 이르러서는 말을 사용하는 기도가 이전과 같은 만족감을 주지 못하게 된다. 그러한 때에 우리는 기도에 대한 헌신과 흥미가 약해지는 것에 약간의 수치심을 느낄 수 있다. 그리고 우리 스스로가 부족한 사람처럼 느껴져, 그에 관해 다른 사람들과 대화하려 하지 않는다. 기도는 지루하고, 마치 우리 자신에게 독백하는 것처럼 여겨진다. 다음에 무엇을 해야 할지를 알지 못한 채, 혼란스러움을 느낄 수도 있다. 우리는 기도를 그만 두거나 혹은 공허한 기도를 의무감에 사로잡혀 계속할지도 모른다. 마치 곤경에 처했다는 느낌은 우리가 어떻게, 왜, 무엇을 기도하는지에 대해 보다 면밀한 검토를 할 수 있게 해준다. 아래의 대화를 통해 피지도자가 이런 경우를 어떻게 묘사하고 있는지를 살펴보도록 하자.

피지도자: 나는 하나님과 내가 이 위대한 사랑의 관계를 더욱 강하게 만들어 갈 것이라고 생각했습니다. 하나님께서 항상 나와 함께 계신 것 같았습니다. 나는 행복하게 재잘거렸고, 하나님은 들으시고 응답하신다고 느꼈습니다. 이제는 먹통이 되어 버린 전화선과 같습니다. 독백하고 있는 것처럼 느껴집니다. "여보세요, 여보세요. 거기 누구 없어요? 무응답."

지도자: 그것을 어떻게 생각하시나요?

피지도자: 정말 무엇을 생각해야 할 지 모르겠어요. 먼저 저는 제 죄를 찾아보았죠.

지도자: 그래서요?

**피지도자**: 나의 통상적인 몇 가지 경향성을 발견했습니다. 하나님의 돌보심을 신뢰하지 않는 것, 염려, 뭐 그런 것들이죠. 그러나 성령께서 내게 어떤 것을 보여주실 때와 같이 내 마음을 흔드는 것은 없었습니다.

**지도자**: 당신의 생활은 어떻습니까?

**피지도자**: 바쁘죠. 그러나 별 문제 없는 것 같아요. 나는 매일 아침 출근하기 전에 시간을 내어 기도합니다. 가족생활도 만족스럽습니다. 가족생활이 어떻다는 것은 당신도 아시지 않습니까. 우리는 많은 활동에 참여하고 있고, 시간을 내어 우리 교회가 후원하고 있는 해비타트 활동에도 참여하고 있습니다.

**지도자**: 당신의 삶은 놀랍게도 잘 균형 잡힌 것처럼 들리는군요.

**피지도자**: 그래요. 비록 짧은 순간이긴 하지만, 안도감이 느껴집니다. 그러나 그것은 신비의 일부입니다. 좀 전에 내 기도가 죽어가고 있다고 말씀드렸죠. 그것도 한 번 이상 말이에요. 그렇게 말할 때 나는 내가 선한 것들에, 심지어 하나님에게조차 너무 지나치게 몰입하고 있다는 것을 깨달았습니다. 그러나 나는 내가 인간이라는 사실을 잊었습니다. 나는 너무 과중한 짐을 지었고, 염려했으며, 인간보다는 기계가 되어 갔습니다. 나의 주목적은 일을 잘 처리하는 것이었습니다. 내가 일을 잘 처리하려 할 때, 많은 좋은 것은 뒷전으로 물러나게 됩니다. 나의 관계들, 즉 타인들과 하나님과의 관계들은 관심 밖에 놓이게 됩니다. 마침내 하나님을 위한 시간을 낼 수 있게 되었을 때, 그것은 마치 이렇게 말하는 것과 같았습니다. "이제는 당신의 차례입니다. 우리 서둘러야 합니다." 서두르지 않고 기도를 위해 충분한 시간과 공간을 마련했을 때, 기도하고 있다는 느낌과 관계를 갖고 있다는 느낌이 점차적으로 되돌아옵니다. 그러나 정반대의 경우도 있습니다. 나는 그것도 경험합니다. 지나치게 하늘의 사람이 되어 이 땅에서는 오히려 좋은 사람이 되지 못

하는 것에 대한 진부한 표현을 당신도 아시지 않습니까. 기도 시간, 성경 연구, 피정, 영성일지 기록—나는 너무도 나, 나의, 나의 것, 나 자신에 몰입되어 갔습니다. 그것은 마치 집착과 같은 것이었습니다. 처음에는 그것들이 하나님과의 관계에 좋은 영향을 미쳤습니다. 그러나 그 후에는 하나님과 나 사이에 문이 닫힌 것처럼 느껴졌습니다. 나를 깨우는 소리가 어디서부터 들려왔는지 기억할 수는 없습니다. 그러나 들려왔습니다. 나는 주위를 둘러보기 시작했습니다. 성령께서 나 자신의 중심으로부터 멀어져서 하나님에게로 그리고 타인을 위한 하나님의 마음을 경청하는 방향에로 나를 초대하셨습니다.

**지도자**: 지금은 어떻습니까?

**피지도자**: 잘 모르겠습니다. 생각할 수 있는 모든 것을 검토했습니다.

**지도자**: 당신이 수많은 가능성들을 탐구하고 있는 것처럼 들립니다. 하나님께서 무어라고 말씀하십니까?

**피지도자**: 하나님이요?

**지도자**: 당신의 기도는 어떤 것입니까? 기도 중에 무슨 일이 벌어집니까?

**피지도자**: 아무것도 벌어지지 않습니다. 이미 말한 것처럼 말이에요.

**지도자**: 아무것도 벌어지지 않는 것이란 어떤 것인가요?

**피지도자**: 기도 시간을 내었을 때, 나는 일지를 기록함으로 나 자신을 하나님께 드림으로써 기도를 시작합니다. 그리고 기도 목록을 꺼내어 거기에 적힌 사람들을 위해 기도하기 시작합니다. 그때 나는 무엇인가가 빠져 있다고 느낍니다. 마치 나 자신에게 독백하고 있다고 느껴집니다.

**지도자**: 그것은 당신에게 하나의 변화인가요?

**피지도자**: 그것은 늘 그랬어요.

**지도자**: 글쎄요. 당신이 설명한 바에 따르면, 당신의 기도는 지금까지 많은

말과 많은 이야기를 포함해 온 것 같은데요.

**피지도자**: 그래요.

**지도자**: 하나님께서는 당신과 의사소통을 하기 위한 실제적 기회를 얻으셨나요?

**피지도자**: 그랬다고 생각합니다. 당신이 그렇게 말하니까 드는 생각인데, 기도 시간의 대부분을 내가 말하는 것으로 채운 것 같습니다.

**지도자**: 아마도 하나님께서는 당신이 보다 많이 경청하도록 초대하고 계신 것 같군요. 하나님께서 말씀하시도록 초대하고, 기도의 주제도 하나님께서 설정하시도록 허락하는, 보다 명상적인 방식으로 당신이 기도하기를 하나님께서 원하시는 것 같군요.

**피지도자**: 어떻게 그렇게 할 수 있나요?

**지도자**: 성경을 가지고 기도하는 것이 좋은 출발점이 될 수 있습니다. 다음 번 만날 때까지, 성경 구절을 가지고 기도하는 방식에 대해 기록된 이 페이지를 읽고 난 후 다음의 방식에 따라 기도해 보십시오. 스스로를 고요하게 함으로써 하나님께 경청할 수 있도록 자신을 준비시키십시오. 그리고 성경 구절을 당신의 기도의 출발점으로 사용하십시오. 성경 구절을 한 번에 한 단어나 구절씩 천천히 읽으십시오. 어떤 단어나 구절에 머물러서, 그것을 수차례 반복해서 읽을 수도 있습니다. 그리고 침묵의 시간을 가지십시오. 다시 천천히 묵상하듯이 읽으십시오. 당신이 하나님께 어떤 반응을 하는지를 주목하십시오. 읽음과 침묵의 기다림의 시간을 반복하십시오. 그 과정이 자연스럽게 진행되도록 하십시오. 아마도 당신이 기도하고 싶어 하는 성경 구절들이 생겨날 것입니다.

**피지도자**: 내 기도 목록은 어떻게 하고요?

**지도자**: 성경과 함께 기도할 때는 그것을 한 쪽으로 밀쳐놓을 수 있습니다.

그 후에 하나님께서 그것을 사용해서 기도하기를 원하시는 것 같은 느낌이 들 때, 사용하십시오. 그렇지 않다면, 하나님께 물으십시오. 내가 기도하기를 원하시는 것이 있는지를. 혹은 당신의 기도 목록을 정중히 하나님께 올려드린 후, 어떤 일이 발생하는지를 보십시오.

**피지도자**: 상당히 다른 방식처럼 들리는군요. 그러나 당신의 제안을 기꺼이 시도해 보겠습니다.

우리는 이 대화로부터 기도가 변하는 시기에 탐구해 볼 필요성이 있는 것들이 매우 많다는 것을 알 수 있다. 기도가 사라지는 이유들의 목록을 기록할 수 있다면 좋은 일이다. 매우 일반적인 방식으로 우리는 그것을 기록할 수 있다. 우리는 기도에 영향을 미치고 있는 다양한 종류의 태도들, 행동들, 삶의 상황들을 고려할 수 있다. 또한 우리가 하나님을 불쾌하게 하고 있는지, 혹은 하나님의 뜻으로부터 벗어나고 있는지의 여부를 고려할 수 있다. 기도를 하나님께서 우리에게 다가오시도록 허락하는 도구이기보다는 우리 자신의 만족을 위한 도구로 사용했는지의 여부를 성찰할 수도 있다. 기도가 하나님이 아니라 우리 자신만을 위한 것이 되었을 때, 우리 자신을 위해 우리 자신에게 관심을 기울이게 되었을 때 기도는 메마르게 된다.

때때로 우리는 그 정반대의 문제도 안고 있다. 우리가 기도하고, 봉사하고, 시간과 에너지를 소비하고, 많은 일을 하면서도 기도와 역할을 효과적으로 감당하기 위해서는 계속되는 재공급이 필요하다는 것을 잊어버렸을 때 우리는 탈진될 수 있다. 우리는 기도를 위한 보다 여유 있는 시간을 확보할 필요가 있으며, 조용한 피정의 시간이나 여가와 휴식과 놀이를 필요로 한다. 때때로 다른 사람들의 경험과 지혜가 담긴 책들을 읽음으로써 우리의 기도를 방해하는 장애물이 무엇인지, 우리 자신과 우리의 난관들이 무엇인지를

인지하는 것이 도움이 된다.[11]

우리가 여러 시대와 여러 교단과 문화에 걸쳐 크리스천들의 삶과 훈련이 어떠했는지에 관한 글을 읽을 때, 우리는 기도의 성장에 일정한 패턴들이 있음을 발견한다. 이러한 패턴들은 자기 주도적인 기도로부터 하나님의 초대와 인도하심을 보다 분명하게 받는 기도로의 점진적인 성장을 반영한다. 물론 그 어떤 기도이든, 그것은 하나님의 주도적 행위에 대한 응답이다. 왜냐하면 비록 우리가 그것을 인식하지 못할 때조차도, 참된 기도란 하나님의 개입이 없이는 불가능하기 때문이다. 그러나 우리는 오직 그 관계를 인간의 측면에서만 이야기할 수 있다.

기도가 변하는 방식들에 관해 이야기할 수 있는 길들이 매우 많다. 아빌라의 테레사(Teresa of Avila)는 1525년에 영성생활이란 주님께서 잡초를 뽑고 좋은 식물을 심어 놓은 정원과 같다고 기술했다. 테레사는 기록하기를 "그 정원은 네 가지 방식으로 물을 줄 수 있다고 여겨집니다. 첫째, 샘으로부터 물을 길어서 주는 방법인데, 우리의 많은 노고를 필요로 합니다. 둘째, 물을 기계로 길어 올릴 수 있을 때, 물레방아나 양동이를 사용하는 방법입니다. 셋째, 개울이나 시내를 사용하여 물을 주는 방법입니다. 이 방법은 땅을 훨씬 쉽고 깊숙하게 적시기 때문에 자주 물을 줄 필요가 없어, 정원사의 노동을 덜어 줍니다. 마지막으로, 장대비를 통해서 물을 주는 방법입니다. 주께서 비를 내리실 때, 우리는 아무런 노동을 할 필요가 없으며, 앞에 언급했던

---

11) Mary Coelho, "Removing Obstacles in Prayer," *Review for Religious* (March 1981): 182-91.

그 어떤 방법과는 비교할 수 없을 만큼 좋은 방법입니다."[12]

테레사는 기도의 시작과 진행이 어떤 활동을 포함하고 있는지, 그리고 어떻게 기도가 변화하면서 명상, 하나님께 경청하기, 관조로 나아가게 되는지를 설명한다. 그녀는 하나님께서 기도에 열심인 영혼을 인도하신다고 말한다. 그녀는 또한 기도자들이 하나님과 사랑의 교제를 심화 발전시켜 감에 따라 직면하게 되는 장애들을 설명한다.[13]

기도를 배우기 시작한 초기 단계에서는, 하나님의 주도성이 이후에 느끼게 되는 것만큼 독특하게 혹은 빈번하게 인지되지 않을 수도 있다. 매우 일반적인 형태로 인지할 뿐이다. 오랜 기간 기도해 온 사람은 자신들의 기도가 점차적으로 변화하게 된 것을 증언한다. 그들은 하나님께서 어떻게 기도를 통제하고자 하는 자신들의 욕구를 약화시키셨는지를 설명한다. 하나님께서는 하나님의 인도함을 받은 기도의 열매를 우리가 충분히 맛보게 함으로써, 우리가 보다 기꺼이 그 방향으로 나아가도록 만드신다. 우리가 보다 하나님께 중심을 두게 됨에 따라, 성령은 성령의 인도하심을 감지하여 따를 수 있는 우리의 능력을 증대시키신다.

참된 기도를 방해하는 것은 오히려 하나님께로부터 배울 수 있는 기회를 제공한다. 기도가 사라지는 그 순간이 하나님께 이 변화가 무엇을 의미하는

---

12) Teresa of Avila, *The Life of Teresa of Jesus*, trans. and ed. E. Allison Peers (New York: Image Books, 1960), 127-33.

13) A Discalced Carmelite Nun, *A Guide to the Stages of Prayer according to St. Teresa of Jesus and St. John of the Cross*, Imprimature, Leo C. Byrne, D.D. Coadjutor Archbishop of St. Paul-Minneapolis (1971), 이 책은 기도에 관한 테레사의 가르침을 분명하게 설명한 책으로, 분량은 작지만 아주 탁월한 책이다.

지를 묻기 시작할 수 있는 최적의 순간이다. 그러고 난 후 우리는 하나님께서 인도하시기 전까지 계속해서 질문하며, 탐구하고, 경청한다. 이러한 과정은 몇 날, 몇 주, 혹은 몇 달이 걸릴 수 있다. 때때로 하나님께서 무언가 새로운 것을 가르쳐 주기 위해서 우리의 주목을 사로잡길 원하시기 때문에, 참된 기도가 사라지는 것 같은 일이 발생할 수 있다. 우리는 기도가 잘 진행될 때는 전혀 새로운 것을 추구하지 않는다. 왜냐하면 우리는 만족하기 때문이다. 새로운 것을 탐구하도록 우리에게 동기 유발을 해 주는 것은 불만족이다.

기도생활이 어려움에 직면하게 되어 영성지도를 처음으로 찾아오게 된 사람들이 있다. 그 어려움의 본질을 파악하게 되기 전까지, 성령께서는 우리에게 작은 여러 단계들을 거치게 하신다. 우리의 개념들, 해석들, 반응을 타인과 함께 토론해 보는 것은 도움이 된다. 앞서 언급한 바와 같이, 우리의 기도에 관해 타인과 함께 이야기하는 것은 도움이 될 수 있다. 그러나 영성지도와 같은 틀 안에서 이러한 일을 하게 되면, 우리가 얻을 수 있는 유익은 타인의 통찰을 단순히 듣는 것 이상이다. 영성지도자와 피지도자 모두 피지도자의 기도에 관해 하나님께 질문한다. 그들은 기도를 하는 것과 기도에 대해 이야기하는 것을 동시에 행한다.


## 묵상기도

음성기도가 덜 만족스러운 사람은 묵상에 이끌림을 받는다. 이 경우가 바로 위의 축어록에서 피지도자가 언급한 내용에 해당한다. 묵상이란 말을 적게 하고 하나님의 음성을 듣는 자세를 갖도록 격려하는 기도의 방식이다.

성령께서 우리를 이런 형태의 기도로 이끄신다는 느낌을 갖는다면, 우리는 그 기도를 시도해 볼 수 있다. 우리는 피지도자에게 제시된 성경 본문을 이러한 방식, 즉 천천히 침묵의 시간을 가지면서 읽을 수 있다. 이렇게 함으로써 우리는 성령의 음성을 경청하기 위하여, 그리고 우리의 일상적 흥미로부터 주의를 되찾아오기 위하여 성경의 말씀과 함께 머무를 수 있다. 우리는 그 성경 구절을 통해서 떠오르는 것에 대해 기도함으로써 반응할 수 있다. 또한 성령께서 우리 안에 감동을 주시는 것이 무엇인지를 주목하면서, 성경을 읽고 조용히 기다리고 기도를 드리는 행위를 반복할 수도 있다.[14]

성경은 하나님과 하나님의 교훈과, 말씀, 그리고 이적들에 관해 묵상하도록 우리를 격려한다.

---

14) 성경과 함께 기도하는 한 가지 방법은 (1) 기도하는 마음으로 본문을 선정한다; (2) 방해받지 않을 곳에 편안하게 자리를 잡는다; (3) 하나님의 임재에 감사드리며 성령께 시간과 당신 자신을 드린다; (4) 성경 구절을 읽기 시작하면서, 성경을 읽는 것이 자신에게 어떻게 느껴지는지를 하나님께 아룀으로써 자신의 삶의 언어와 접촉한다(기대감이 있는가? 따분한가? 피곤한가? 행복한가?); (5) 성경 구절을 천천히 읽는다. 단어나 구절을 반복해서 읽을 수도 있다. 생각이나 감정을 자극하는 곳이 어디인지를 주목하라. 하나님께 그것이 무엇에 관한 것인지를 질문하라. 성경 본문을 다시 읽으라. 적절하다고 생각되는 방식대로 기도하라. 더 이상 어떤 것도 자극하는 것이 없을 때까지, 읽고 경청하는 것을 반복하면서 성경 본문에 머무르라. 그리고 하나님께 감사를 드려라. 다음 성경 본문으로 이동하거나 끝내도 된다. 당신은 아마도 영성일지를 기록하고 싶을 것이다.
Telma Hall, *Too Deep for Words: Rediscovering Lectio Divina with 500 Scripture Texts for Prayer*(New York: Paulist Press, 1988); David Rosage, Speak Lord, *Your Servant Is Listening*(Ann Harbor, Mich.: Servant Publications, 1987); Norvene Vest, *Gathered in the Word: Praying the Scripture for Small Groups*(Nashville: The Upper Room, 1996); Jim Wakefield, *Listening Prayer: A New Annotation and Introduction to the Spiritual Exercises of St. Ignatius*(1990), *Our Saviour's Lutheran Church*, 1040 C. Avenue, Lake Oswego, OR 97034; 503-635-4563에서 구할 수 있음. 이 책은 성경 구절을 묵상함으로써 그리스도와 우리와의 관계를 심화시키도록 우리를 초대한다. 그리고 이 책의 일러두기는 특별히 개신교인들을 위해 작성된 것이다.

"하나님이여 우리가 주의 전 가운데서, 주의 인자하심을 생각[묵상]하였나이다"(시 48:9).

"복 있는 사람은 악인의 꾀를 좇지 아니하며 죄인의 길에 서지 아니하며 오만한 자의 자리에 앉지 아니하고 오직 여호와의 율법을 즐거워하여 그 율법을 주야로 묵상하는 자로다"(시 1:1-2).

"곧 여호와의 옛적 기사를 기억하여 그 행하신 일을 진술하리이다 또 주의 모든 일을 묵상하며 주의 행사를 깊이 생각하리이다"(시 77:11-12).

"나로 주의 법도의 길을 깨닫게 하소서. 그리하시면 내가 주의 기사를 묵상하리이다"(시 119:27).

"주의 말씀을 묵상하려고 내 눈이 야경이 깊기 전에 깨었나이다"(시 119:148).

묵상할 때 우리는 그 어떤 것 위에 거한다. 우리는 성경 본문과 함께 머무르거나, 하나님에 대한 아이디어와 함께 머무르거나, 창조 세계 안에 이루어지는 하나님의 역사에 주의를 기울인다.[15]

---

15) 기도에서 경청하는 것을 배우는 것은 말하는 것을 배우는 것보다 더 어렵다. 성경을 읽고, 탐구하고, 경청하는 기도를 실험해보기 원하는 사람들에게 유용한 좋은 자료가 있다. 아래의 목록들은 그 중 일부이다. Walter Brueggemann, *Praying the Psalms*(Winona, Minn.: St. Mary's Press, 1986); William E. Hulme, *Celebrating God's Presence: A Guide to Christian Meditation* (Minneapolis: Augsburg, 1988); Benedict J. Groeschel, *Listening at Prayer*(New York: Pualist Press, 1983); Leanne Payne, *Learning to Hear God's Voice and Keep a Prayer Journal* (Grand Rapids: Baker, 1994); William R. Callahan, *Noisy Contemplation: Prayer for Busy People with Deep Faith* (Hyattsville, Md.: Quixote Center,

렉치오 디비나, 거룩한 독서는 오랜 기독교 역사를 지닌 묵상의 한 형태이다. 하나님의 음성을 경청하는 방법으로서 성경을 사용하기를 원하는 사람들에게 하나의 틀을 제공한다. 렉치오 디비나는 네 부분으로 이루어진다: 렉치오(*lectio*), 독서; 메디타치오(*meditatio*), 묵상; 오라치오(*oratio*), 기도; 컨템플라치오(*contemplatio*), 관상. 렉치오는 하나님께서 말씀하시기를 소망하면서 성경을 읽는 것이다. 이 단계에서, 우리는 하나님의 영께서 우리가 보아야 할 필요가 있는 것을 보여주시기를 요청한다. 메디타치오의 단계에서 우리는 더 깊이 들어간다. 성경의 본문을 시각적으로 그려보거나, 혹은 단어나 구절을 탐구할 수도 있다. 이 단계는 지적인 질문, 숙고, 혹은 연구를 포함할 수 있는 통합을 위한 시간이다. 오라치오 단계에서, 우리는 읽은 것과 성찰한 것에 응답하면서 기도한다. 기도는 짧을 수도 있으며, 하나님과 주고받는 대화일 수도 있다. 기도가 우리에게 새로운 아이디어를 제공하면, 우리는 다시 읽거나 더 깊이 묵상하기를 원할 수도 있다. 컨템플라치오는 하나님과 사랑의 침묵 안에서 쉼을 갖는 것이다. 참된 관상(관조)은 선물이다. 그것은 우리가 스스로 획득할 수 있는 것이 아니다. 우리는 다만 그 선물을 받을 준비를 할 수 있을 뿐이다. 성경을 읽고 성경과 함께 기도하는 것은 하나님의 음성에 대한 민감성을 개방시켜 준다.

12세기 카르투지오 회 수도자는 렉치오 디비나를 이렇게 묘사했다:

"독서는 복 받은 인생의 달콤함을 추구한다. 묵상은 그것을 감지하며, 기도는 그것을 요청하고, 관상은 그것을 맛본다. 독서는 말하자면 음식 전체를

---

1994).

입에 집어넣는 것이다. 묵상은 그것을 씹어서 잘게 부수며, 기도는 그것의 맛을 추출하고, 관상은 기쁨과 새 힘을 주는 달콤함 그 자체이다.[16]

우리가 묵상으로 연결되는 음성기도나 독서를 할 때, 우리의 내면은 천천히 속력을 늦추어 우리가 사물을 다른 관점에서 볼 수 있게 해준다. 속력을 늦추는 행위는 우리의 기도뿐 아니라 일상생활에도 영향을 미친다. 벚꽃이 만개한 시기에 남편과 내가 워싱턴 D. C.에 있었을 때, 우리는 울창한 벚꽃 숲길을 운전하는 것을 즐겼다. 그러나 우리가 차에서 내려 해변에까지 이르는 길을 따라 걸었을 때, 또 다른 세계가 우리 앞에 펼쳐지는 것 같았다. 꽃가지들이 우리의 머리칼과 어깨를 스쳐 지나가며 하늘을 뒤덮고 있었다. 우리는 연한 핑크빛 꽃들, 부드러운 향기, 가지들의 모양, 그늘에 은둔한 그리고 햇빛에 노출된 꽃과 잎들의 형태, 빛의 반사들에 완전히 몰입되었다. 곧 우리는 몇몇 벌들의 소리를 제외하곤 침묵 가운데 걷고 있는 자신을 발견했다. 우리는 걸음을 늦추면서 주변을 찬찬히 경험했다. 이 행위는 우리의 관점을 바꾸어 놓았다. 묵상은 멀리서나 빠른 속도로 진행하면서는 알아차릴 수 없는 우리 내면과 외부의 세부적인 것을 잠시 멈추어 서서 자세히 살펴보도록 우리를 초대하는 것이다. 묵상은 성령의 임재에 대한 우리의 감지를 증대시키며, 감사와 예배를 고취시킨다.

속력을 늦추는 행위는 하나님과 우리 자신에 대한 견해를 변화시킨다. 우리가 종종 침잠하려고 노력할 때 수많은 생각들이 우리 안에서 아우성치고 있다는 것을 인식하게 된다. 그리고 과연 우리의 마음이 평화롭게 될 수 있

---

16) Guigo II. Vest, *Gathered in the Word*로부터 재인용함.

을까 의문이 들기도 한다. 때때로 이 내적 소용돌이는 우리가 기도를 통해 하나님께로 가져가야 할 것이다. 아니면, 그것은 성령께서 우리가 단순히 무시하기를 원하시는 소음이다. 성령께서는 우리가 소음을 무시하고 마음을 성경이나 자연을 통해 하나님께로 향하기를, 기도에 집중하기를 원하신다. 묵상기도는 그 효과가 내면으로부터 외부로 서서히 드러나는 치유의 능력도 지니고 있다. 신뢰가 깊어짐에 따라 우리는 조금씩 더 자유로운 상태에서 우리 자신을 하나님께 개방하며, 보다 온전히 성령께 협력하게 된다. 이것은 마치 하나님과 만족스런 교제를 즐기는 곳, 즉 우리의 참된 본향을 발견하는 것과 같다.

낭비하는 시간처럼 보였던 기도의 시간을 통해 맺어진 열매를 경험할 때, 우리는 하나님을 만나기 위한 시간과 공간을 최우선으로 확보하고자 한다. 우리는 하나님과의 우정을 즐기길 원하며, 신뢰도 자라간다. 그러면 기도는 정해진 시간을 넘어 일상의 삶까지 흘러넘쳐 온다. 비록 기도를 위한 특정한 시간을 마련하는 것이 여전히 중요하지만, 우리는 일상생활의 모든 순간들 또한 하나님의 임재를 경험할 수 있는 때라는 것을 깨닫는다. 우리는 삶의 한복판에서 경청하고 기도하는 법을 배운다.

그러나 어느 순간에 이르면, 묵상기도 또한 생동감을 잃은 것처럼 느껴진다. 성경이나 경건서적을 읽음으로써, 혹은 다른 수단들을 사용해서 하나님의 음성을 경청할 수 있도록 우리 자신을 준비시킬 때 그것들이 하나님과의 사랑의 나눔을 도와주기보다는 오히려 방해하고 있다고 느낀다. 마치 성경이 방해가 되는 것처럼 느껴질 수도 있다. 이것은 우리가 성경을 더 이상 읽거나 묵상할 필요가 없다는 것을 의미하지 않으며, 오히려 우리의 기도가 변하고 있다는 것을 나타낸다.

하나님께서 우리를 새로운 것 혹은 익숙하지 않은 것으로 부르고 계신다는 것을 감지한다면, 우리는 아마도 그것에 저항할지도 모른다. 왜냐하면 우리는 상처받기 쉬운 상태가 되는 것을 원치 않기 때문이다. 우리는 하나님께서 우리를 어디로 인도하시는지에 대해 궁금해 할 수도 있다. 또 다른 경우에는, 기도의 변화가 오랜 시간에 걸쳐 진행되기도 한다. 이러한 진행이 아주 천천히 전개되어서 우리가 그것을 인지하지 못할 수도 있다. 그러다 어느 날 갑자기, 우리가 다른 방식으로 기도하고 있다는 것을 깨닫기도 한다.

## 관상(관조)기도

묵상기도가 사라질 때, 성령께서는 우리를 관상기도로 이끄신다. 관상기도는 하나님을 사랑의 눈으로 바라보는 것, 하나님의 사랑 안에 쉼을 갖는 것, 혹은 마음의 기도로 묘사된다. 이러한 형태의 기도는 종종 말을 전혀 사용하지 않거나 단지 조금만 사용할 뿐이다. 관상기도의 경험은 온화한 상호적 사랑과 같다. 이 기도는 우리의 행위에 관한 것이라기보다 우리와 하나님과의 관계 그리고 우리의 여러 관계들을 음미하는 것에 관한 것이다. 그러나 행위가 중요하지 않게 된다는 것은 아니다. 왜냐하면 하나님을 향한 우리의 갈망이 커지면 커질수록, 하나님이 원하시는 일을 행하고자 하는 갈망과 의지 또한 커지기 때문이다. 행위의 토대는 사랑이다. 우리를 위한 하나님의 사랑과 세계를 위한 하나님의 사랑이 그 행위의 기반이다. 우리 안에 거하는 하나님의 사랑에 의해 촉발되어, 많은 사람들이 이전에는 선택하리라 꿈에도 생각하지 않았던 일들에 참여하게 된다. 그러나 그들은 또한 관계 그 자체가 자신들에게 생명을 주는 것이며, 가정처럼 느끼게 하는 것이라는 확신을 갖게 된다.

최근까지도 개신교인들 안에서는 관상에 대한 가르침이나 논의가 많지 않았다. 그러나 하나님께서 우리를 관상으로 초대하고 계시다고 느낀다면, 우리가 읽고 숙고할 수 있는 좋은 자료가 많이 있다. 다음의 인용은 관상에 대해 말하고 있다.

마치 예술가가 자신의 명작을 감상하는 것같이, 자신이 연구했던 것의 세부적인 부분과 요소요소들을 감상하는 것같이, 우리의 영혼이 단순한 믿음의 눈으로 일정 시간 동안 하나님 그분 자신을 바라보며 사랑하는 데 익숙해지는 것은 단지 조금씩 이루어진다. 참으로 여기에서는 하나님의 특별한 개입이 아니라, 살아있는 믿음과 성령의 감추어진 활동을 전제로 하는 일상적인 심리적 과정이 발생하는 것 같다.[17]

하나님께서는 우리의 영혼에 이루 말할 수 없는 사랑을 부어주신다.

이 사랑이 있기에 우리는 직관을 사용해서 이해할 수 있다. 누군가가 우리의 응시를 하나님께 고정하게 한다.[18]

관상의 신비는 (그것은 하나의 신비이다) 부활한 그리스도와 그분의 행동이 우리의 영혼 안과 위에 임재하신 것이다.[19]

관상은 사랑이신 하나님의 영에 의해 우리의 마음이 어루만져지는 경험이다. 관상은 우리의 영혼이 사랑이신 하나님께 사로잡혀서, 사랑에 겨워 사랑이신 그분께 주의를 집중하며 침묵 가운데 기다리라는 것이다. 우리가 이

---

17) Adolph Tanquerey, *The Spiritual Life*, trans. Herman Branderis, rev. ed. (Westminster, Md.: Newman Press, 1930), 646.

18) Guigo II. Vest, *Gathered in the Word*, 33로부터 재인용함

19) Ibid., 35.

변화시키는 사랑에 의해 치유되고 회복됨에 따라서, 우리의 모든 기교와 방법들은 망각된다. 관상가들은 이러한 중심적 경험을 토대로 이웃을 사랑하고 섬긴다.[20]

우리는 모든 것 가운데서 하나님과 함께 있기 위해 우리 자신을 더욱 내줄 수 있는 방법을 배움으로써, 조금씩 관상기도에 마음이 내키게 된다. 그러나 우리의 힘과 노력으로 관상기도에 들어갈 수는 없다. 참된 관상은 선물이다. 다행히, 하나님께서는 모든 사람들에게 관상의 즐거움을 일견하게끔 하시는 것 같다.

관상의 방식에 따라 타인을 위해 기도한다는 것은 의도적으로 우리 자신을 타인을 위해 하나님께 드리는 것으로 묘사된다. 그러나 관상기도에서 우리는 하나님께 어떤 것을 구하는 대신에, 하나님을 사랑하기 위해 우리 자신을 하나님께 개방한다. 그럼에도 불구하고 우리의 마음을 이런 방식에 따라 하나님께 개방해 나가면, 우리는 삶을 구성하는 모든 사람들과 환경을 지니고 우리의 있는 그대로의 모습으로 하나님께 나아간다. 관상의 기도자들은 자신의 관심과 자기 자신을 사랑의 정황 속에서 하나님께 드린다. 그들의 기도는 간구하는 것이 아니라 타인을 위한 하나님의 사랑의 통로가 되고자 자원하는 것이 된다. 그러나 그들 또한 특별한 자신들의 의도, 바람, 혹은 필요를 위해 자신을 하나님께 드리며, 그것을 위해 간구하기도 한다.

우리가 지속적으로 기도하면, 음성기도, 묵상기도, 관상기도에 대해 더 많이 배우게 될 것이다. 그러나 기도는 엄격하게 일직선의 형태로 발전하지 않

---

20) Joann Nesser, "Love," *Laudem Gloriae* (Winter 1998): 1.

는다. 우리는 한 형태의 기도에 편안함을 느낄 뿐 아니라 다른 기도 방식을 탐구하기도 한다. 우리는 성령의 인도하심과 우리의 바람과 필요의 영향에 따라 앞뒤로 이동할 수 있다.

## 방언기도

방언기도가 기도의 발전 단계에 적합한 것인지에 대해 의문을 품는 사람들이 있다. 방언기도는 음성기도, 묵상기도, 혹은 관상기도 모두 안에 존재할 수도 있다. 나는 처음에 여러 가지 방언으로 기도했던 사람들, 방언을 묵상의 방식으로 사용했던 사람들, 방언찬양의 기도를 하면서 점차 관상으로 인도된 사람들을 알고 있다. 나는 잘 모르지만, 사람들이 방언의 은사를 받았을 때 하나님께서 그들에게 가르쳐 주시는 기도가 무엇이든지 간에, 그것은 그들의 방언기도에서나 자국어를 사용한 기도에서 분명하게 드러날 것이라고 생각해 본다.

성령의 은사를 두려워할 때도 있고, 반대로 환영할 때도 있다. 우리의 배경이 우리의 반응에 큰 영향을 미친다. 성령의 은사들과 방언기도에 대해 더 많이 배우기를 원한다면, 이 문제들에 관한 성경 구절들을 읽고 우리에게 적합한 것이 무엇인지를 하나님께 묻는 것으로 출발하는 것이 좋다. 성령의 은사를 사용하는 현대 크리스천들에 관한 글들을 읽는 것도 도움이 될 수 있다. 때때로 직접 그런 사람들을 만나 질문을 하면서 대화하는 것이 가장 큰 도움이 될 수 있다. 방언기도에 관해 이야기해 줄 적합한 사람을 찾는 것 그 자체가 기도의 제목이 되기도 한다. 간혹 성령께서 피지도자로 하여금 방언기도를 탐구하도록 초대하신다.

# 영성지도와 기도

기도가 성숙해 감에 따라 우리의 기도는 점차 더 성령의 자극을 통해 흘러나온다. 우리는 하나님과의 관계에서 발생하는 것에 보다 세밀한 주의를 기울인다. 더욱더 규칙적인 기도생활에 헌신하게 된다. 여전히 기도 시간을 확보하기 위해 씨름하지만, 바쁘고 복잡한 일상생활에도 불구하고 기도를 향한 우리의 열망은 점점 더 커진다. 지속적인 기도와 기도에 관한 영성지도자와의 대화를 통해서 우리의 지식과 인식의 한계가 보다 분명해진다. 참된 기도는 하나님의 인도하심을 의지하는 것이라는 점을 우리는 더욱 깨닫는다. 이 점은 언제나 올바른 사실이다.

기도에 부여한 우리의 우선순위, 기도에 들인 시간의 양, 기도의 빈도수, 기도의 주제, 기도에 대한 우리의 태도는 모두 증감을 반복하며 변한다. 성취를 존중하는 미국적 사고방식은 우리가 마치 종착점에 도달한 것, 즉 관상기도를 하는 것이 가장 최상인 것처럼 생각하게 만들 수 있다. 그러나 성령께서는 오늘 우리의 수준에서 단순히 하나님과 함께 있음을 즐기도록 우리를 격려하신다. 우리는 성령께서 초대하시는 기도의 형태가 무엇인지를 알기 원하며, 온 마음으로 그 기도를 드리길 원한다. 영성지도는 기도의 전환기에 있는 우리를 도와줄 수 있다. 영성지도는 또한 설정된 기도 방식을 통해 하나님께서 우리를 축복하시는 그 지점에 우리가 더 깊이 머무를 수 있도록 돕는다. 영성지도를 통해서, 많은 사람들이 기도에서 요구되어지는 것이 무엇인지를 파악하는 최선의 길은 하나님께 묻는 것이라는 점을 발견한다.


## 기도에 영향을 줄 수 있는 것들

본서 3장 "누가 영성지도를 받으러 오는가?"에서는 오늘 우리의 모습을 형성할 뿐 아니라, 언제 그리고 어떻게 영성지도에 참여할 것인지에 대한 결정에 영향을 미치는 우리의 인간적 고유함에 대해 논의했다. 나는 신체의 유전적 유산과 가족의 특징들, 다양한 개인의 삶의 역사들, 그리고 삶의 각 단계의 특징들에 관해 기술했다. 우리의 기도에 영향을 미치는 요인들은 끝없이 많다. 그러나 모든 사람들에게 영향을 미치는 세 가지 측면이 있다. 신앙에 대한 우리의 이해, 우리의 개성, 우리의 신앙 여정 단계가 바로 그것들이다.

성경은 신앙에 대한 다양한 이해를 내포하고 있다. 우리의 이해가 그것들 중 어떤 것들과 보다 더 동일시될 수도 있다. 우리 자신이 신앙의 여정 가운데 있다고 생각하는가? 이처럼 신앙을 여정으로 보는 이해는 출애굽에서 기인한다. 이것은 하나님의 직접적 인도에 따라 광야와 은총을 맛보며, 약속의 땅으로 나아가는 것을 내포한다. 혹은 바울이 히브리서 12:1에서 언급한 것처럼, 우리 자신이 경주를 하고 있다고 생각할 수 있다. 우리는 진보를 방해하는 것은 그 무엇이나 버린다. 혹은 요한복음 15장에 묘사된 것처럼, 우리는 포도나무에 달린 가지가 되도록 부르심을 받았다고 생각할 수도 있다. 풍성한 열매를 맺는 삶이 되도록, 우리는 온전히 하나님을 의지한다. 우리는 우리 자신을 한 성령에 의해 생성된 공동체의 지체로 생각하는가? 그 공동체의 구성원들은 각각 기도, 훈련, 섬김의 분야에서 다양한 은사를 소유하고 있다고 믿는가(고전 12:14-31)? 우리와 하나님과의 관계는 고린도전서 2:6-16에 묘사된 것처럼 감추어진 신비인가? "하나님이 자기를 사랑하는 자들을 위하여 예비하신 모든 것은 눈으로 보지 못하고 귀로도 듣지 못하고 사람의 마음으로도 생각지 못하였다." 혹은 굶주린 자에게 먹을 것을 주고, 옥에 갇힌 자를 방문하는 것에 관해 언급한 마태복음 25:37-40의 말씀이 신앙의 삶에 대한 당신의 이해를 표현하고 있다고 생각하는가?

이 모든 것들 외에도 성경에는 신앙의 이해에 도움을 줄 수 있는 다른 내용들이 많이 있다. 그러나 비록 이 모든 것들이 진리의 측면들을 나타내고 있지만, 이 모두를 동시에 실행하는 것은 불가능하지는 않다 할지라도 대단히 어려운 일이다. 하나님과의 관계를 발전시키는 데 있어 가장 중요한 것이 무엇인지는 각 시기마다 다르다. 수년 동안 어느 한 신앙의 이해를 주도적으로 지니고 있다가, 그 다음에는 다른 것이나 혹은 여러 가지를 조합한 신앙의 이해가 더욱 의미 있게 느껴진다. 신앙에 대한 이해는 기도에 대한 이해를 형성한다. 또한 그것은 하나님은 누구신가, 하나님은 어떤 분과 같이 여겨지는가, 하나님과의 관계 안에서 우리가 살아가야 할 방식은 무엇인가에 대한 우리의 이해를 형성한다.

우리가 10장, "하나님 체험"에서 언급한 바와 같이, 개별성이 우리의 기도에 영향을 미치는 두 번째 요소이다. 우리의 개성이 기도와 하나님 체험에 대한 인식에 어떤 영향을 미치는가? 그것이 어떤 차이를 만들어 내는가? 우리의 특정한 기호들, 가령 함께하기 보다는 홀로 기도하는 것을 선호한다거나, 하나님께 도움을 요청하는 것보다 하나님을 찬양하는 것을 즐겨 선택하는 것은 우리의 개성과 상응한다고 말하는 사람들이 있다. 그러나 꼭 그렇다고 확신하지 못하는 사람도 있다. 왜냐하면 하나님의 은혜는 제한되지 않기 때문이다. 우리가 개인의 특성에 따라 선호하는 기도의 범주가 형성된다고 생각하든 그렇지 않든 상관없이, 어떤 사람들에게는 생명을 주는 것이 다른 사람에게는 죽이는 것이 될 수도 있다는 것은 분명하다. 우리가 누구인가, 우리의 하나님과의 관계는 어떤 모습인가, 우리의 개별성이 기도에 도움이 되는 것과 그렇지 않은 것에 어떤 영향을 미치는지를 아는 것은 중요하다. 우리가 우리 자신과 기도와 신앙의 삶에 대한 지식을 지닌다면, 그 지식은 어려움에 지나치게 곤란을 겪지 않도록 우리를 도와줄 수 있다. 또한 그것은 우리의 기도와 하나님과의 관계를 신뢰하도록 도와줄 수 있다. 우리 자신에 대해 무지하거나 기도와 신앙의 특징들을 알지 못한다면, 우리는 기도가 사라지거나 힘들어질 때 혹은 하나님에 대한 느낌이 희미해질 때 우리 자신과 하나님 혹은 환경을 비난하게 되기가 쉽다.

신앙생활은 종종 여정으로 간주된다. 왜냐하면 우리가 어딘가를 향해 나아가고 있으며, 우리가 이동해 감에 따라 우리에게 적절한 것들이 변한다는 것은 분명하기 때문이다. 일련의 이론가들은 신앙이 연속적으로 연결된 단계들을 따라 성장한다는 것을 관찰해 왔다. 그들은 사람이 자신들이 속한 신앙여정의 단계에 합당한 방식에 따라 신앙을 이해하고, 성찰하고, 실천한다고 믿는다. 그러나 신앙의 발달 단계는 우리의 연령의 단계와 반드시 일치하지는 않는다. 예를 들면 중년의 나이임에도 불구하고 하나님과의 관계에 주의를 집중하는 것은 걸음마 단계에 속한 사람도 있다.

신앙에 관한 모든 발달 이론들은 유사한 전개 과정을 언급한다. 그것은 대체로 다음의 단계들을 포함한다:

1. 하나님의 사랑을 깨닫게 되며, 하나님께 헌신하게 됨

2. 하나님에 대해 연구하고 배움.

3. 질문을 함.

4. 받고 줌—하나님과 이웃을 섬기기 위해 하나님과 사람들에게 다가감.

5. 하나님께 더 깊이 나아감.

6. 과격한 무법자의 단계. 하나님께 온전히 굴복할 것인지의 여부를 결정 혹은 재결정함.

7. 세상에 존재하는 선과 악의 신비를 인정함. "그럼에도 불구하고, 나는

하나님을 신뢰한다"라고 말할 수 있는 능력. 더욱더 타인을 향해 그리스도를 닮은 긍휼을 보임. 하나님을 더욱 사랑함.

자신의 신앙 여정이 이러한 단계에 잘 부합되는 사람도 있다. 그러나 이것이 모든 사람들에게 부합되는 것은 아니다. 신앙의 성숙 과정을 설명하는 방식들은 많다. 그 중에 우리의 경험과 더욱 부합되는 것이 있을 수 있다.[21]

신앙에 대한 이해, 개성, 신앙의 발달 단계는 하나님, 우리 자신, 우리의 영적인 훈련을 바라보는 데 사용되는 흥미로운 렌즈들이다. 그러나 때때로 이러한 정보는 우리의 기도를 혼란시킨다. 관련이 없는 정보들은 우리들을 가장 도움이 되는 것으로부터 벗어나게 할 수 있다. 종종 우리가 진실로 갈망하는 것은 우리 자신을 보다 자세히 볼 수 있게 해 주는 통찰력 있는 방식들이 아니라 하나님의 사랑과 임재에 대해 보다 깊이 인식할 수 있게 되는 것이다. 그러나 이 경우에도, 우리는 이러한 것들에 대해 더 많이 배우는 것이 우리의 관계와 기도를 강화시켜 줄 것인지의 여부를 하나님께 물을 수 있다.

---

21) Teresa of Avila, *Interior Castles, trans. and ed. E. Allison Peers* (New York: Double-day, 1989); Janet O. Hagberg and Robert A. Guelich, *The Critical Journey: Stages in the Life of Faith* (Salem, Wis.: Sheffield Publishing Company, 1995); James W. Fowler and Sam Fowler, *Stages of Faith: The Psychology of Human Development and the Quest for Meaning* (San Francisco: Harper & Row, 1981). 이 책은 신앙 단계에 대한 대화의 문을 열었다. 이 책의 출판 이래로 많은 사람들이 긍정적으로, 부정적으로, 그리고 명료화하는 방식으로 이 책에 반응해 왔다.

# 하나의 특별한 고려: 영성지도 회기 중 치유기도

일반적으로 영성지도는 하나의 치유 관계로 간주될 수도 있다. 왜냐하면 영성지도를 통해 은혜에 대한 장애물들과 저항들이 드러나기 때문이다. 그러나 치유를 위한 구체적인 기도들 또한 영성지도의 일부가 될 수 있다. 치유를 위한 기도는 특별한 은사를 받은 사람들이 하는 것이라고 생각하는 영성지도자들도 있다. 그러나 또 다른 영성지도자들은 그리스도와 성령의 치유적 임재에 대해 언급한다. 그들은 하나님께서 언제 치유기도를 하도록 그들에게 요청하시는가를 알고자 한다. 또 어떤 영성지도자들은 자신들이 치유기도를 위한 준비가 되어 있지 않다고 생각하여, 다른 영성지도자에게 피지도자를 위탁하기도 한다.

이 문제에 관해 우리가 어떤 생각을 하든, 때때로 성령께서 치유에 초점을 맞추시기도 한다. 이럴 경우, 치유를 위한 특별한 기도가 영성지도에서 필요하게 된다. 피지도자가 치유기도에 관해 언급할 준비가 되어 있지 않거나, 어떻게 기도해야 하는지를 모를 수도 있다. 영성지도자가 하나님과 피지도자에게 경청할 때, 성령께서 기도할 필요가 있는 내용이 무엇인지를 드러내실 것이다. 영성지도자들이 기도할 때, 그들은 아마도 그 기도의 중요성을 이해하지 못할 수도 있다. 영성지도자는 적절하다고 생각하는 방식에 따라 단순하게 소리를 내어 기도할 것이다. 그 기도를 들을 때, 피지도자들은 성령의 치유의 손길을 경험할 수 있다. 피지도자들은 아마도 내적인 안도감, 결심, 상한 감정의 치유, 혹은 신체적 변화까지 경험할 것이다. 그들은 이것들이 하나님께로부터 왔다는 것을 안다.

지도자들은 기도를 통해서 피지도자를 조종하려는 어떠한 경향성도 생겨나지 않도록 조심해야 한다. 지도자들은 성령의 초대에 응답하려는 개방적이고 자원하는 마음을 구해야 한다. 기도가 끝났을 때, 그들 중 한 사람이나 양자 모두는 이러한 형태의 치유기도가 현재의 상황에서 피지도자에게 가장 적합한 것이라는 사실을 인식할 것이다. 성령의 초대에 응하면서 지도자가 이러한 기도를 했을 때, 기도는 그 자체의 생명을 지니고 있다. 아마도 지도자와 피지도자 모두 기도의 내용과 이어 발생한 치유에 깜짝 놀라게 될 것이다.

또 어떤 경우에는, 적절한 치유기도의 형태가 영성지도의 대화를 통해 분명해지기도 한다. 그러면 지도자와 피지도자는 함께 기도할 것인지를 의논하고, 성령의 인도하심을 같이 분별한다. 때때로 감정의 치유, 육체의 치유, 영적 치유, 혹은 관계의 치유를 위한 기도들이 요구될 것이다. 이러한 기도들은 보통 하나님께서 영성지도의 대화를 통해서 어떤 문제를 표면으로 떠오르게 하셨다는 인식을 반영한다. 또한 피시도자가 그리스도의 치유의 손길을 갈구하고 있다는 인식을 반영한다. 피지도자들은 종종 하나님과 타인에 대한 자신들의 민감성을 방해할 수 있는 옛 상처들을 언급한다.

치유기도의 필요가 제기될 때, 지도자들은 성령의 인도하심을 구하지 않은 채 자동적으로 치유기도의 실행을 결정하지는 말아야 한다. 지도자들은 치유기도를 위한 하나님의 초대를 받았을 수도 있고, 그렇지 않았을 수도 있다. 이것은 피지도자와 하나님이 함께 시간을 내어 분명하게 판단할 문제이다. 아마도 치유를 위한 피지도자의 기도가 가장 중요할 것이다. 그러나 그룹이나 교회에서 치유를 위한 기도를 할 수도 있다.

영성지도자들은 어떤 것을 교정해야 한다는 충동을 극복하고 하나님의 뜻이 무엇인지를 경청하는 것이 중요하다. 우리의 특정한 문제들이 하나님에 의해 아름답게 사용되는 경우도 상당히 있다. 지도자들은 종종 곧바로 치유기도를 하지 않도록 요구된다. 그 대신 피지도자와 동행하면서 명백하게 드러나는 것에 대해 피지도자와 함께 기도하며, 그 과정을 인도하시는 하나님을 신뢰해야 한다.

물론 둘 중 한 사람이나 혹은 두 사람 모두 치유를 위한 기도를 할 수 있다. 때때로 피지도자는 영성지도 회기 중에 치유를 위한 소망을 아뢰는 기도를 소리 내어 할 필요가 있다. 아니면 그들은 영성지도 시간 외에 홀로 혹은 타인들과 함께 기도하는 것을 선택할지도 모른다. 치유를 위한 기도가 필요하다고 여겨질 때조차도 어떤 종류의 치유기도를 해야 하는지 정확히 알 수 없을 수도 있다. 우리는 단지 보다 깊은 온전함을 위한 주님의 바람만을 느낄 뿐인지 모른다. 영성지도자는 성령과 피지도자에게 주의 깊은 경청을 해야 하며, 명료한 의사소통을 하고, 피지도자에게 적절한 기도의 방식을 선택할 자유를 주어야 한다. 그렇지 않으면, 피지도자는 지도자가 강요하고 있다고 느낄 수 있다. 지도자들은 반드시 그들의 기도를 하나님께서 인도하시도록 간구해야 한다. 그래서 그들의 기도가 피지도자를 조종하거나, 피지도자에게 영향을 미치거나, 지도자 자신의 생각을 전달하는 도구가 되지 않도록 해야 한다.

치유기도 시 신체적 부분의 사용에 관한 성령님의 인도하심에 주의를 기울이는 것이 중요하다. 때때로 이마에 기름을 바르거나 손을 머리나 어깨에 올려놓은 채 기도하는 것이 적절할 때가 있다. 우리는 앉거나 서거나 무릎 꿇을 수도 있다. 그리스도의 삶, 죽음, 부활을 통해 표현된 하나님의 사랑을 인지하는 방식으로서, 그리고 인간의 치유를 위한 원천으로서 성찬을 함께 나누는 영성지도자와 피지도자들이 더러 있다.

영성지도자들은 사용될 기도의 방식들에 관해 기도해야 한다. 성령의 인도하심은 무엇인가? 우리가 어떻게 하나님과 협력하도록 요청받았는가? 우리 자신의 생각은 무엇인가? 상황과 사람을 교정하려는 유혹은 정기적으로 찾아온다. 우리는 그 유혹을 하나님께 올려 드릴 필요가 있다. 우리는 자신이나 타인을 교정하도록 부르심을 받지 않았다. 다만 그리스도 안에서 하나님과 깊이 연결되도록 부르심을 받았다. 그리스도는 우리를 온전하도록 초대하신다.

지도자와 피지도자 모두 가능한 기도의 방식을 탐구할 때 특정한 기독교 전통과 그들 자신의 기도의 역사, 희망들, 기대들에 의해 영향을 받는다. 성령께서 인도하는 대로 기도하고자 하는 우리의 열린 마음은 우리를 새로운 영역으로 이끌어 간다. 치유기도의 결과들은 종종 우리의 기대와 다르지만, 그것은 우리를 위한 하나님의 임재, 돌봄, 창조 사역의 분명한 증거가 된다.

비록 치유기도 시에 불편한 순간들이 있을 수 있지만, 기도를 끝마치는 순간에 우리는 종종 하나님이 원하시는 바를 기도했다는 인식이 동반하는 성취감을 경험한다. 우리는 하나님께서 우리의 기도를 들으셨다는 느낌을 가질 수도 있다. 그 느낌은 우리가 하나님의 의도를 표현했는지의 여부, 하나님의 의도를 잘 이해했는지의 여부, 혹은 바른 방식에 따라 기도했는지의 여부와 상관이 없다. 기도는 하나님께서 치유의 손길로 우리의 삶을 만져 주시길 바라는 갈망을 표현한다. 그러면 우리는 성령이 주시는 충만한 평안과 우리의 맡은 바를 완수했다는 성취감을 경험한다.

치유기도 후에, 우리는 단시간 내에 변화의 증거를 발견할지도 모른다. 혹은 다음날이나 다음 주에 천천히 점진적으로 그 증거들이 나타날 수도 있다. 변화의 발생 유무와 상관없이 우리는 계속해서 대화하고, 기도하고, 주님의 인도하심을 요청할 필요가 있다. 그러는 동안 내내 우리는 우리의 일차적 의도가 하나님의 것이 되는 것이며, 하나님을 사랑하고, 따르고, 섬기는 것임을 기억할 수 있기를 원한다. 기도가 우리가 하나님의 사랑을 더욱 온전히 깨닫도록 해 주었을 때, 우리가 기도했던 특정한 치유를 받았는지의 여부와

상관없이 우리는 은혜를 경험한다.[22]

영성지도의 대화 중에, 지도자들과 피지도자들은 기도와 그 기도가 인도하는 곳에 깊은 주의를 기울인다. 많은 것들이 내외적으로 기도에 영향을 미친다는 것을 우리는 안다. 이러한 것들 중에 우리 자신이나 우리의 기도를 바라보도록 이끄는 것들이 있다. 또 다른 것은 우리 자신이 아니라 하나님께 초점을 맞추도록 우리를 이끈다. 때때로 우리는 성령의 음성을 경청하여 응답하고자 하는 깊은 열망을 지니고 있을 때조차도 기도의 여정에서 빗나갈 때가 있다. 어떤 때에는 지나치게 내적으로 협소화하여 우리 자신만을 바라봄으로써, 하나님의 위대하심과 하나님의 뜻을 바라보지 못하게 되기도 한다. 또 다른 때에는, 우리의 기도가 지나치게 외적인 것에 초점을 맞추게 되어 하나님의 빛과 생명 앞에 개방되어질 필요가 있는 우리 마음의 어떤 것을 보지 못할 수도 있다. 이럴 경우 영성지도는 우리가 건강한 거리 둠을 유지한 채 우리의 기도를 바라보도록 도와줄 수 있다.

## 성찰을 위한 질문

하나님께서 우리를 어떤 방식의 기도로 초대하고 계신지를 탐구하는 데 도움이 되는 하나의 방법은 기도에 관해 기도하는 것이다. 아래의 질문들은

---

22) 다음의 책들은 치유에 관한 탁월한 성경적 그리고 경험적 통찰들을 담고 있다. Francis MacNutt, *Healing* (New York: Doubleday, 1990); Leanne Payne, *The Healing Presence* (Grand Rapids: Baker, 1989); *Restoring the Christian Soul through Healing Prayer: Overcoming the Three Great Barriers to Personal and Spiritual Completion in Christ* (Grand Rapids: Baker, 1991).

그러한 과정을 시작하기 위한 좋은 출발점이 되어 줄 것이다.

1. 당신의 기도 방식들은 무엇입니까? 어떻게 이러한 특정의 기도 방식을 선택하게 되었습니까? (당신은 아마도 기도의 자서전을 기록하고 싶어 할지도 모릅니다)

2. 당신의 기도 방식들은 어떻게 당신의 몸, 정신, 감정, 의지, 상상력, 기억들을 포함합니까? 혹은 어떻게 그것들에 주의를 기울입니까?

3. 기도할 때 어느 순간에, 어디에서 생동감을 경험합니까?

4. 기도가 당신에게 어떤 영향을 미친다고 생각합니까? 아니면, 당신의 삶의 환경이나 다른 것들에게 어떤 영향을 미치는 것을 경험합니까?

5. 성령께서 당신을 어떤 방식의 기도로 인도하고 계시다고 생각합니까? 당신이 이것이 하나님의 바람이라고 생각하게끔 만드는 것은 무엇입니까?

6. 기도와 관련하여 당신의 바람들은 무엇입니까?

7. 질문 1-6까지의 답변을 숙고해 보십시오. 그리고 아래의 문장을 완결해보십시오.

　　나는 ＿＿＿을 배웠다.

　　나는 ＿＿＿ 을 재차 배웠다.

　　나는 ＿＿＿에 놀랐다.

　　나는 ＿＿＿을 항상 알고 있었다.

시간을 내어 당신이 인지한 것을 가지고 기도해 보십시오.

8. 다음의 문장을 완결해 봄으로써, 당신의 기도 생활을 탐구해 보십시오.

내가 기도를 위해 시간을 내었던 마지막 때는 _____였다.

나의 기도에 가장 도움이 되는 장소는 ___이다.

기도하기에 가장 좋은 시간은 _____이다.

지금 나에게 좋게 여겨지는 기도의 방법은 _____이다.

기도를 위해 성경을 사용하는 나의 방식은 _____이다.

때때로 기도 중에 나는 _____

기도할 때, 하나님은 _____

나의 기도에 대해 _____와 함께 이야기한다.

나의 생활은 나의 기도에 _____영향을 미친다.

나의 기도는 나의 생활에 _____영향을 미친다.

나는 ___와 함께 기도한다.

기도 중에 하나님께서 나를 만져주시는 방식은 _____이다.

내가 선호하는 하나님의 이름은 _____이다.

하나님께서 원하시는 것을 아는 나의 방식은 _____이다.

나의 기도는 나를 ___로 인도한다.

교회에 가는 것은 나의 기도에 ___영향을 미친다.

나의 기도는 교회와 나의 관계에 ___영향을 미친다.

삶은 일반적으로 나의 기도에 _____영향을 미친다.

지금 하나님께 말씀드리고 싶은 것은 _____이다.

내 기도생활에서 발생했으면 하고 원하는 것은 _____이다.

기록한 것을 살펴보십시오. 그것들 중에 성령께서 기도나 성찰을 통해 더욱 세밀한 주의를 기울이도록 당신에게 요청하고 있다는 느낌을 갖게 하는 것들에 원을 그려 표시해보십시오. 그 문장들에 대한 당신의 반응들은 아마도 기도에 관해 어떤 다른 것을 생각나게 할지도 모릅니다. 그 생각나는 것을 몇 단어나 문장으로 기록해보십시오. 그것은 당신의 중요한 기억들을 되살리는데 도움을 주어서, 당신이 기도에 대해 느꼈던 이 통찰들에게로 추후에라도 되돌아오게끔 해줍니다.

9. 기도에 관해 인지하게 된 것은 무엇입니까?

타인이 당신에게 기도에 관해 말해 주었으면 하는 것은 무엇입니까?

당신이 기록한 것을 살펴보십시오. 당신에게 가장 중요하게 느껴지는 두세 가지를 선택해 보십시오.

제13장

# 분별

나는 반드시 내 마음의 움직임들에 주의를 집중하는 법을, 그 움직임들을 타인의 도움을 받아 현명하고 주의 깊게 살펴보는 법을, 그리고 그 움직임들을 계속 반복해서 시험해 보는 법을 배워야만 한다. 이 과정에서 나는 두 가지 어려운, 겉으로 보기에 양립이 불가능해 보이는, 태도들을 배워야만 한다. 나 자신과 나의 반응을 신뢰하는 것이 그 하나며, 또 다른 하나는 나 자신이 얼마나 쉽게 미혹당하는 가를 인정하는 것이다. 분별은 하나님께서 하나님을 나의 경험 가운데 드러내 보이실 것이라는 사실을 믿는 것을, 그리고 그와 유사한 경험을 분별없이 쉽게 믿어버리는 경향성을 주의 깊게 경계하는 것을 필요로 한다.

윌리엄 베리[1]

너희는 이 세대를 본받지 말고 오직 마음을 새롭게 함으로 변화를 받아 하나님의 선하시고 기뻐하시고 온전하신 뜻이 무엇인지 분별하도록 하라.

로마서 12:2

---

1) William Barry, "Toward a Theology of Discernment," *The Way Supplement 64*(Spring 1989): 136.

이것은 하나님의 영이 내게 말씀하신 것인가, 아니면 다른 어떤 것인가? 나는 어떤 방식으로 결정하는가? 하나님의 임재, 바람, 뜻에 대한 질문의 답을 찾는 것을 종종 분별이라 부른다.

분별은 수많은 아이디어들과 느낌을 구별하여, 하나님께로부터 온 것을 알아내는 것이다. 그렇게 하기 위해서, 우리는 성령께 깨어 있으면서 현재 발생하고 있는 것을 인식할 필요가 있다. 또한 하나님의 주도와 우리의 응답 사이에 존재하는 크고 미묘한 차이들을 감지할 필요가 있다.

우리의 분별 능력은 관찰하려는 자발성에 의해 영향을 받는다. 우리의 삶을 면밀히 살펴보면, 우리는 끝없이 밀려오는 자극의 물줄기 중 그 일부분에만 의식을 집중하고 있다는 것을 알게 된다. 우리들 중에 내적 경험들보다 외적인 대상, 관계, 경험을 보다 쉽게 알아차리는 사람들이 있다. 그러나 내적인 문제에 먼저 주의를 기울이는 사람도 있다. 우리는 우리에게 주어지는 모든 정보에 동등한 주의를 기울일 수는 없다. 특정한 시간에 실제로 벌어진 일 안에는 우리가 그 일에 관해 인식하는 것보다 훨씬 더 많은 것들이 내포되어 있다. 우리가 지각하는 것들 중에는 일정 시간 동안 우리의 에너지와 주의를 끄는 것들이 있는가 하면, 그냥 배후에 머무르는 것들도 있다. 그러나 중요한 인간관계와 같은 것은 수년 동안 우리의 에너지와 주의를 끌어당긴다.

앞에 언급한 내용이 특별히 새롭거나 놀랄 만하지는 않지만, 그것은 우리가 얼마나 많은 것들에 주의를 기울이고 있는지를 깨닫도록 도와준다. 다시 말하면 우리가 스쳐지나가듯 감지한 것은 무엇이며, 의도적으로 주의를 집중한 것은 무엇이며, 무시한 것이 무엇인가를 알아차리도록 도와준다. 우리의 생각, 행동, 경험을 더욱 자세히 살펴보면, 우리가 그동안 얼마나 많은 정보를 알아차리기 못했는가를 깨닫고 놀라게 된다.

보다 의도적으로 우리의 삶을 살펴보면 우리의 마음과 정신에 떠오르는 것들이 모두 다 자신에게서 기원(起源)한 것은 아니라는 사실을 알게 된다. 비록 많은 생각과 태도들을 우리의 것으로 쉽게 단정하지만, 우리는 우리 자신에게 기대한 것보다 훨씬 더 깊은 긍휼이나 은혜를 우리 안에서 발견하기도 한다. 또 정반대로, 나 자신의 비열함보다 더욱 비열한 어떤 것을 인식하기도 한다. 우리는 이러한 것들이 우리 자신의 것이 아니라는 것을 분명하게 안다. 그것은 다른 근원에서 유래했다. 최선의 인식과 응답을 하지 못하도록 우리를 미혹하는 악한 근원에서 유래한 것을 의심하도록 성령께서는 우리를 자극하고 불안하게 만드신다. 이러한 성령의 활동을 알아차린다는 것은 고무적인 일이다. 우리는 우리의 태도들, 의견들, 그리고 행동들의 참된 근원을 이해하고 알아차릴 수 있기를 원한다. 분별의 연습이 그것을 도와줄 수 있다.

성경 말씀과 같은 외부적 자료들을 통해서 하나님의 의사소통을 발견하든, 아니면 우리의 기도를 관찰하고 성찰하는 것과 같은 내부적 자료를 통해서 하나님의 의사소통을 발견하든, 우리와 하나님의 관계의 분석은 그것과 상관없이 우리의 마음 안에 존재하는 소란스럽고 시끄러운 환경에서 이루어진다. 때때로 내부와 외부로부터 주어지는 연속적인 자극들 가운데서 하나님의 임재, 은혜, 그리고 말씀을 발견한다는 것은 지난한 과제처럼 느껴진다.

우리의 마음에서 떠오르는 것을 인식하는 데 점차 익숙해짐에 따라 우리가 인식하지 못한 것들이 너무도 많음으로 인해 성령께서 말씀하신 것을 쉽게 놓칠 수 있다는 것을 알게 된다. 동시에 우리는 성령의 직접적인 자극과 초대에 바르게 응답한 경우도 많다는 것을 발견한다. 분별을 지속적으로 시행하면, 우리는 성령의 인도하심을 경청할 수 있는 우리의 능력을 더욱 신뢰할 수 있게 된다.

그러나 무엇보다 먼저 우리는 분별의 두 영역을 고찰할 필요가 있다. 분별의 첫 번째 영역은 영적 경험들이다. 즉 영적 경험이 하나님께로부터 온 것인지의 여부를 분별하는 것이다. 두 번째 영역은 분별의 시행 방식들이다.

## 분별과 하나님 체험

"하나님이 이르시되 이리로 가까이 오지 말라 네가 선 곳은 거룩한 땅이니 네 발에서 신을 벗으라. 또 이르시되 나는 네 조상의 하나님이니 아브라함의 하나님, 이삭의 하나님, 야곱의 하나님이니라."(출 3:5-6)

"내가 아직 너희와 함께 있어서 이 말을 너희에게 하였거니와 보혜사 "곧 아버지께서 내 이름으로 보내실 성령 그가 너희에게 모든 것을 가르치고 내가 너희에게 말한 모든 것을 생각나게 하리라. 평안을 너희에게 끼치노니 곧 나의 평안을 너희에게 주노라. 내가 너희에게 주는 것은 세상이 주는 것과 같지 아니하니라. 너희는 마음에 근심하지도 말고 두려워하지도 말라."(요 14:25-27)

비록 불타는 떨기나무 가운데 계신 하나님을 보지는 못했을지라도, 당신은 하나님을 만났다는 느낌을 가지고 있을 것이다. 당신이 하나님을 만나고 있다는 것을 확신했을 때의 경험을 생각해 보라. 당신이 그러한 경험을 많이 했다면, 지금 주의를 집중해야 할 필요가 있는 경험이 그 중 어떤 것인가를 하나님께 여쭤 보라. 그것은 바로 당신이 하나님을 향해 생동감을 느끼고, 성령의 음성을 경청하기 위해 마음을 개방한 때임에 틀림없다. 그것은 최근의 경험일 수도 있고, 상당히 옛날의 경험일 수도 있다. 잠시 멈춰서, 어떤 것을 고찰하고 싶은지를 곰곰이 생각해 보라. 그 후 고요한 가운데, 당신이 선택한 경험에 근거하여 당신과 하나님과의 관계가 어떠한지, 그리고 그 관계의 특질들이 무엇인지를 성령께서 보여주시도록 간구하라. 당신의 경험을 기도하는 마음으로 살펴본 후, 다음의 질문에 답하여 보라.

1. 당신은 그 하나님 체험을 어떻게 묘사하겠는가?
2. 당신은 어떻게 느꼈는가?
3. 좋게 여겨지는 것은 무엇인가? 그 체험의 어느 부분에서 두려움을 느꼈는가? 그 체험은 무엇과 같았는가?
4. 당신이 선택한 그 체험의 질, 특징, 맛들을 당신은 어떻게 묘사하겠는가? 그 체험에서 하나님은 어떤 분과 같았는가? 당신은 누구와 같았는가?
5. 그 체험의 단기적인 그리고 장기적인 결과들은 무엇이었는가?
6. 그 체험이 제기하는 질문들은 무엇인가?

하나님과 함께 우리 자신의 역사를 살펴보는 것은 추후에 발생될 경험들의 진위를 분별하는 데 도움을 준다. 참됨이 입증된 하나님 체험은 계속해서 일어날 하나님 체험들의 진위를 판별하는 하나의 기준이 될 수 있다. 그러나 우리는 그 체험이 어디에서 기인한 것인지, 그 순간 우리의 마음에서 무슨 일이 일어나는지, 그 체험은 우리의 기도와 어떤 관련이 있는지를 반드시 물어야만 한다. 우리는 특정한 체험이 우리의 태도와 일상생활에 어떤 영향을 미치는지, 그리고 계속 진행될 하나님과의 관계에는 어떤 영향을 미치는지를 인지할 필요가 있다. 우리는 어떻게 타인에게 반응하고 있는가? 우리는 체험으로부터 흘러나온 은총이나 변화들을 어떻게 묘사하는가?

어떤 사람의 체험이 참된 하나님 체험이라면, 거기에는 참된 하나님 체험임을 규정짓는 특징들이 내포되어 있다. 그 특징들은 삶의 의미 있는 통합을 창출하며, 자신이나 타인을 위한 좋은 열매를 맺으며, 자신에게만 몰두하는 경향성을 약화시키는 것들이다.[2]

그러나 하나님과의 만남에 대한 즉각적 반응은 그와 같지 않을 수 있다. 우리는 당혹감과 혼란스러움을 느낄 수 있으며, 심지어 그 경험이 긍정적이었다는 확신이 서지 않을 수도 있다. 우리는 상상을 초월하는 사랑을 인식할 수도 있다. 우리의 통상적인 자아 인식과 개인적인 경계선은 그 순간 존재하지 않는 것처럼 느껴질 수도 있다. 이것은 우리를 당황하게 한다. 그래서 우리는 자기 몰두, 자기 보호, 그리고 그 체험의 분석에 빠져들 수 있다. 우리는 하나님의 거룩함을 경외하는 상태에 거하거나, 그동안 한 번도 경험해 보지 못한 방식으로 온전함을 경험할 수도 있다. 우리는 거룩한 분이신 하나님과 교제하기에는 우리 자신이 너무도 보잘것없게 느껴져서 숨고 싶어 할지도 모른다. 왜 하나님께서 특정한 방식을 사용하여 우리에게 다가오시는지, 혹은 왜 하나님께서 우리와 함께 계시지 않는 것처럼 느껴지는지를 상당히 오랜 기간 동안 알 수 없을 때가 있다. 그 기간은 몇 날, 몇 달, 심지어 몇 년이 될 수도 있다. 우리의 하나님 체험이 위의 어떤 경우에 해당하든지와 관계없이 기도, 성경 연구, 홀로 있음, 영성일지 작성을 통해서 얻게 된 우리의 체험에 주의를 집중할 필요가 있다. 우리는 또한 영성지도자나 신뢰할 수 있는 다른 사람들과 함께 우리의 경험에 대해 이야기하고 싶어 한다.

---

2) Gerald May, "Authentic Spiritual Experience," *Shalem News 12*, no. 1 (February 1988): 5.

하나님과의 만남들이 우리를 깜짝 놀라게 하거나 당혹하게 만드는 새로운 시야들을 제공해 줄 때조차도, 그 만남들은 하나님을 보다 더 깊이 만나길 원하는 간절한 열망을 우리 안에 불러일으킨다. 우리는 하나님과 궁극적인 사랑의 관계 안에 거하도록 창조되었다. 그것 외에는 그 어떤 것도 우리의 영혼을 만족시킬 수 없다.

우리의 경험을 고찰할 때, 우리는 자신의 "영적 지문"에 관해 배울 수 있다. 우리는 하나님께서 우리를 어떻게 창조하셨는지를 깨닫게 되며, 점점 우리의 역사와 문화의 방해를 덜 받게 된다.

이전에 경험했던 것과는 다른 하나님 체험을 할 때, 우리는 질문을 하게 된다. 아래에 제시된 영성지도의 대화는 그 예들 중 하나이다.

지도자: 이스라엘 성지순례는 어땠습니까?

피지도자: 흥미로웠고, 굉장했고, 어리둥절했고, 지쳤습니다. 이 외에도 더 많은 느낌들이 있었습니다. 아마도 기억하시겠지만, 나는 이번 여행 중 어디에서 하나님의 손길을 경험하게 될까 궁금해 했습니다. 예수님께서 사셨던 땅에 있다는 것이 무엇과도 같을까라는 흥미를 느꼈습니다. 나는 계속해서 자문했습니다. 어디서 하나님을 만나게 될까? 무엇이 나를 감동시킬까? 무엇이 중요할까? 하나님께서 내게로 가까이 다가오실 수 있다는 것은 경이로운 일이라고 생각합니다. 그곳이 겟세마네 동산일까, 아니면 베다니일까? 마리아와 마르다의 이야기는 항상 내게 특별했습니다. 혹은 엠마오로 가는 도상일까? 하나님을 만나는 가능성들에 관한 수많은 생각들이 내게 떠올랐습니다.

지도자: 그래서요?

피지도자: 하나님께서는 나를 또 한 번 놀렸습니다. 나는 그것을 예상했어

야 했습니다. 내가 생각했던 장소들에서는, 그 어떤 의미 있는 만남도 경험하지 못했습니다. 그것은 교육적이었고 흥미롭기는 했으나, 알맹이가 빠져 있었습니다. 여보세요, 여보세요, 하나님, 당신은 어디 계십니까? 응답이 없었습니다. 서쪽 통곡의 벽 앞에 서는 날까지 아무런 응답이 없었습니다. 많은 유대인들이 그곳에 기도하러 옵니다. 남자는 한 쪽 편에, 여자는 다른 쪽 편에 서서 기도하죠. 사람들이 무언가를 기록한 작은 종이를 벽 틈새에 끼워 넣는 것을 볼 수 있습니다. 마치 하나님께서 그들의 메시지를 읽으실 것처럼 말입니다. 약간은 어색했습니다. 그럼에도 종일토록 기도해 왔던 내용을 종이에 기록하기로 마음먹었습니다. 내 기도를 벽 틈에 끼워 넣기 위해서 여성들이 서 있는 편으로 갔습니다. 가까이 다가가자, 많은 여성들이 손을 머리 위로 들어 벽을 짚고 기도하고 있는 것을 보았습니다. 나도 그렇게 하기로 마음먹었습니다. 왜 그렇게 해야 하는지는 알 수 없었지만, 그냥 그렇게 했습니다. 그러자 나는 즉각적으로 흐느껴 울기 시작했습니다. 눈물이 주체할 수 없이 흘렀습니다. 나는 기도했습니다. 참으로 기도했습니다. 나에게 드는 모든 생각을 말씀드렸습니다. 눈물이 잦아들자, 나는 우리 그룹의 한 여성이 내 곁에 있다는 것을 알았습니다. 그녀 역시 울고 있었습니다. 우리는 침묵 가운데 서로를 쳐다보았습니다. 우리는 상당한 시간 동안 그곳에 머물러 있었습니다. 그리고 천천히 그룹에게로 되돌아왔습니다.

지도자: 그리고 어떻게 되었습니까?

피지도자: 함께 이야기할 수 있는 사람이 있다는 것이 참으로 좋았습니다. 왜냐하면 그녀와 나는 모두 하나님의 만지심을 경험했지만, 무슨 말을 해야 할지 그리고 그것을 어떻게 생각해야 할지를 몰랐기 때문입니다.

지도자: 왜 그것이 군중이나 열기, 그리고 이국적인 것이나 피곤함에 대한 감정적 반응이 아니라 하나님 체험이라고 생각하게 되었습니까?

**피지도자:** 그때 나의 눈물은 아주 깊은 곳에서 흘러나온 것 같았습니다. 내 영혼보다 더 깊은 곳에서요. 나는 하나님 체험을 간구했었습니다. 마치 그곳에서 이스라엘을 향해 울고 계신 하나님의 마음을 느낀 것 같았습니다. 그것은 경험적으로나 논리적으로도 적합했습니다. 그것은 내가 결코 잊을 수 없는, 그리고 전혀 기대하지 않았던 경험이었습니다.

**지도자:** 그 경험이 하나님과의 관계나 미래에 대해 당신께 무언가를 말하는 것이 있습니까?

**피지도자:** 내가 하나님을 울타리 안에 가두려 하지 않는 것이 중요하다고 느꼈습니다. 나의 이해와 범주를 넘어서서 계신 하나님을 초청하고, 그 하나님께 나아가고, 성령께서 하나님의 바람을 내게 보여주시기를 소망하는 것이 중요하다고 느꼈습니다. 때로 나는 마치 나 자신이 나의 영적 생활을 총괄하고 있는 것처럼 행동했습니다. 그렇지 않다는 것이 분명해졌습니다. 하나님께서 내게 말씀하기를 원하실 때, 그 하나님의 음성을 경청할 수 있도록 나 자신이 열려 있기를 소망하며 기도합니다.

참된 하나님 체험은 종종 연달아 이어지는 질문을 야기한다. 또한 그것은 우리가 이해했던 하나님보다 더 크신 하나님을 일견한 경험을 남긴다.

## 분별의 방식들

우리의 분별 방식을 성찰함에 따라, 우리가 어떻게 실제적으로 결정과 행동에 도달하게 되는지를 발견할 수 있다. 우리를 위한 하나님의 뜻을 발견하기 위해 우리가 하는 일은 무엇인가? 하나님의 초대와 안내를 듣고 보기 위해 노력할 때, 우리가 실제적으로 하는 일은 무엇인가? 때때로 우리가 했다고 생각하거나 말하는 것이 실제로 행했던 것과 다르다는 것을 발견하고 우리는 놀란다. 이것 자체가 나쁘거나 혹은 좋거나 하지는 않지만, 대신 우리에게 교육적인 정보를 제공해 준다.

우리들 대부분은 스스로 선호하는 익숙한 분별의 방식을 가지고 있다. 우리는 그 방식을 거의 자동적으로 사용한다. 그것은 성경을 읽는 특정한 방식, 의논할 수 있는 신뢰할 만한 사람을 찾는 것, 혹은 조용히 피정을 갖는 것 등을 포함한다. 우리는 이러한 방식들이 만족스러웠기 때문에, 그것들이 모든 경우에 다 적합한지 혹은 하나님께서 그것들에 대해 어떻게 생각하시는지를 탐구하려고 하지 않는다. 우리는 크고 작은 기회들이 주어졌을 때, 분별의 방식에 관해 기도하는 것이 익숙하거나 혹은 익숙하지 않을 수도 있다. 그러나 우리가 신앙의 여정을 걸어가는 동안 다양한 사람들, 정황들, 경험을 사용하여 하나님의 말씀을 분별하기를 성령께서 원하신다는 것은 분명하다. 우리는 다음의 기도를 계속해서 드려야 한다. "하나님의 영이시여, 제가 어떻게 분별하기를 원하십니까?"

크리스천들은 상당히 폭넓은 다양한 분별의 방식을 사용해 왔다. 그것들 모두는 하나님께 열린 마음으로 기도하는 것에 중점을 둔다. 그러한 방식들에는 성경 읽기, 가르침, 예배, 기도, 금식, 타인과의 컨설팅, 하나님에 대한 우리 자신의 느낌, 침묵, 독거, 그리고 성찬 등이 포함된다. 자기 집착으로부터 벗어나 자유로운 상태에서 하나님을 경청하고 따를 수 있도록 우리를 일깨울 수 있는 것이라면, 그 어떤 것이나 분별을 도와줄 수 있다.

분별은 하나의 삶의 중요한 방식이 될 수 있다. 다시 말하면 분별은 늘 하나님께로 향하는 습관, 그리고 하나님께서 말씀하시는 것이면 무엇이든지 경청하려는 습관이 될 수 있다. 이 점에서 분별은 신앙생활과의 분리가 불가능하다. 그러므로 신앙생활과 분리된 채로 분별을 탐구하는 것은 어렵다. 그리고 사람들이 하나님의 뜻을 찾고자 할 때, 그들이 실행하는 행동들을 결정하는 분별의 방식이 있다.

우리의 분별의 방식들이 하나님의 뜻을 발견하도록 우리를 계속해서 돕는다면, 우리는 다른 방식을 탐구할 필요가 없다. 그러나 때때로 우리는 과거에 좋은 결과를 도출했던 방식을 사용하여 성령의 인도하심을 감지하려고 노력했음에도 불구하고 만족할 만한 결론을 얻지 못할 때도 있다. 그러면 우리는 하나의 특정한 분별 방식에 너무 지나치게 의존해 온 것이 아닌지, 그리고 우리가 의식하지 못한 채 하나님보다는 방식을 더 신뢰한 것은 아닌지를 질문하게 된다. 분별을 배울 수 있는 모든 기회들은 우리의 주의를 하나님의 영을 철저히 의지하는 데 집중하도록 요구한다. 우리는 종종 우리가 하나님과의 열려진 관계, 즉 판에 박힌 것과 같은 형태로 축소될 수 없는 관계 안에 있다는 것을 기억할 필요가 있다.

## 분별의 요소들

비록 분별의 방식이 유일하지 않고 우리가 특정한 경우를 위한 하나님의 뜻을 의도적으로 구하지만, 분별의 과정에는 공통적으로 등장하는 요소들이 있다.

의도적으로 하나님의 영이 우리에게 말씀하시도록 초대하는 것.
성령의 의도를 정확하게 감지하여 해석할 수 있는 은혜를 구하는 것.
분별을 구조화하기 (이번 분별 과정의 초점은 무엇인가? 우리는 무엇을 추구하고 있는가?)

성경, 기도, 정보를 모아 평가하는 다른 도구들을 사용하는 것.

분별의 전 과정에 걸쳐 계속해서 기도하기.

잠정적인 결론에 도달하기.

그 결론을 시험하기.

결정에 근거하여 행동하기, 그리고 드러나는 것을 인지하기.

삶의 정황과 선호하는 방식 때문에 이러한 요소들이 다양한 순서로 등장하기도 한다. 예들 들면 우리가 의도적으로 하나님의 인도하심을 요청하기 전에, 분별의 초점이 분명해질 수도 있다. 혹은 분별의 과정을 밟아가는 것이 현명할 것이라고 결정하기 전에, 우리는 질문을 고찰하여 잠정적 결론에 도달할 수도 있다. 때때로 우리에게 중요한 질문이 자료에 내포되어 있다는 것을 이해하기 전에, 우리는 다양한 근원으로부터 자료를 입수한다. 종종 분별은 고정된 순서대로 시작되지 않는다. 분별의 필요성은 삶과 삶의 도전들의 흐름의 자연스런 결과로 생겨난다. 알 수 없는 어느 시점에, 우리는 하나님의 시각과 인도하심에 대한 우리의 갈망을 인지하여 분별의 과정에 참여하게 된다.

## 분별에 영향을 미칠 수 있는 요인들

분별의 필요는 결코 사라지지 않는다. 분별을 필요로 하는 어떤 상황들, 즉 인생의 반려자나 직업을 선택하는 것과 같은 상황들은 다른 상황들보다 더욱 중요하다. 이와 같은 인생의 주요한 선택들은 우리 삶에 큰 영향을 미친다. 그러나 어떤 선택이 종국에 가장 중요한 것으로 판명될 것인지를 판단하는 것은 종종 우리 능력 밖의 일이다.

선택에 직면했을 때, 우리는 종종 직접적이고 즉각적인 반응을 한다. 왜냐하면 요구되는 것이 무엇인지가 분명하기 때문이다. 사실, 우리가 매우 쉽게 결정을 내리는 것을 보고 스스로 놀란다. 우리가 분별의 과정에 대해 생각하기도 전에, 모든 것이 처리된다. 이처럼 명확한 선택은 하나의 신적 선물이다.

우리가 장점과 단점을 모두 지닌 두 가지 좋은 안을 놓고 선택해야 하는 상황에 직면했을 때, 우리는 종종 하나님의 뜻을 정확히 파악하기 위해 더 많은 도움을 얻기 원한다. 그리고 하나님의 뜻을 보다 명확하게 파악하길 갈망한다.

애매한 상황에서 하나님의 뜻을 인지하여 따르는 우리의 자유를 훼손시킬 수 있는 요인들을 보다 예민하게 인식하게 된다. 우리가 두려워하는 것이든 바라는 것이든 그 무엇이나 우리를 어긋나게 할 잠재력을 지니고 있다. 우리는 우리의 두려움과 바람들이 무엇인지를 지칭하고, 성령의 인도를 감지하도록 도전받는다. 예수님께서 겟세마네 동산에서 자신의 뜻과 하나님의 뜻을 놓고 씨름한 것이 진퇴양난의 한 예이다. 우리 역시 종종 하나님의 길과 우리의 개인적 선호 사이에서 선택해야 하는 상황에 직면하게 된다.

우리는 하나님의 사랑과 신실하심을 신뢰하도록 돕는 것에 주의를 기울임으로써, 그리고 우리의 두려움과 바람들을 인식함으로써 분별의 과정을 도울 수 있다. 우리는 우리에게 영향을 미치는 것이 무엇인지를 찾아내길 원하며, 관찰한 것을 가지고 기도하길 원한다.

때때로 우리는 중요한 정보를 숨기는 경향이 있다. 다음의 요인들은 분별에 영향을 미치는 자발성의 측면을 지적한다. 이 특징들을 읽고 나면, 분별을 위한 우리의 자유, 즉 하나님을 청종하는 우리의 자유에 중요한 것들이 무엇인지 알게 될 것이다.

**하나님의 선하심과 관대하심을 신뢰하는 자발성.** 하나님은 당신을 사랑하신다. 하나님은 당신이 하나님만을 위해서 뿐 아니라 당신을 위해서도 최선의 길을 선택하기를 원하신다. 우리는 하나님께서 불가능한 과제를 우리 홀로 떠맡도록 하지 않으셨다는 사실을 재차 확신시켜 주시길 간구한다(우리의 두려움 중 더러는 성령의 임재, 혹은 하나님의 돌보심과 인도하심을 의심하는 것으로부터 파생된다). 우리의 결정이 자신이나 타인들에게 파괴적이지 않을 것이리라는 확신을 성령께로부터 얻기 원한다. 우리는 분별의 과정 가운데 발생하는 모든 것들 안에서 하나님의 임재를 발견할 수 있는 은혜를 위해 기도한다.

**치러야 할 대가가 무엇이든지 간에 하나님의 길을 따르려는 자발성.** 하나님을 경청하고 따르는 우리의 헌신의 정도를 설명할 때는 솔직한 것이 중요하다. 때때로 우리는 하나님의 관점을 듣기 원하지만, 성령께서 보여주신 것을 가지고 무엇을 할 것인지에 관해서는 확실하지 않을 수도 있다. 우리를 주저하게 만드는 이유에 대해 우리는 솔직하길 원한다. 우리가 보다 더 자발적이 되기를 원하는지에 대한 확신이 없을 때조차도, 우리는 하나님께서 우리의 태도를 더욱 부드럽게 만들어 주시길 간구할 필요가 있다.

**진실하기를 원하는 자발성.** 하나님께서는 우리가 진실하기를 원하신다. 우리가 실제로 생각하고, 느끼고, 믿고, 바라고, 두려워하는 것을 솔직하게 말하기를 하나님은 원하신다. 그것들이 설령 우리에 대해 무엇을 드러내든지 상관없이, 하나님은 우리가 솔직하길 원하신다. 가령, 나는 인내하고 싶어 한다. 내가 생각하고 느끼는 것을 그대로 드러낼 때 나는 종종 나 자신, 타인들, 그리고 하나님께 무척이나 성급한 내 모습을 보게 된다. 내가 솔직할 때, 하나님께서는 내가 무시하고 싶어 하는 것을 열어 보여주신다.

**우리 자신의 웰빙에 대한 감각을 인지하는 자발성.** 우리의 의사 결정 능력은 굶주림, 분노, 외로움, 질병 혹은 피로에 의해 강하게 영향을 받는다. 우리가 그러한 상태들을 경험할 때, 훨씬 여유로운 상태에서 새로운 조건들을 검토할 수 있게 되기 전까지 이전의 결정을 유지하는 것이 현명하다.

우리의 선호도를 인지하고, 그에 관해 기도하려는 자발성. 우리가 선택할 수 있는 조건들이 무엇이며, 우리의 선호도가 무엇인지를 확인할 필요가 있다. 그리고 두려움과 바람들 중 어떤 것이 우리의 판단에 영향을 주고 있는지에 대해 숙고할 필요가 있다.

**분별의 단 한 가지 방식에만 의존하지 않으려는 자발성.** 우리는 특정한 상황에 적합한 분별의 방식이 무엇인지를 하나님께 물을 필요가 있다. 가령 피정을 하는 것, 타인에게 조언을 구하는 것, 가능한 대안들의 목록을 기록해 보는 것 등등에서 어느 것이 적합한 방식인가를 하나님께 물어야 한다. 구체적인 기회나 분별의 과정을 통해서 성령께서 우리에게 배우도록 요청하시는 것은 무엇인가? 이에 대한 대답이 이 질문의 유일한 결과물은 아닐 것이다. 우리는 질문의 답을 추구하는 과정 자체를 통해 하나님을 더욱 신뢰하게 된다.

**한 원천에만 매달리지 않고 다양한 정보에 개방되려는 자발성.** 분별의 질문에 대한 답변은 예상하지 못했던 원천에서 나올 수도 있다. 주어진 분별의 주제에 대한 정보를 충분히 갖지 못한 아이나 어른은 단순히 최선이라고 생각하는 대답을 제시할 것이다. 성령께서는 다양한 정보를 통한 하나님의 인도하심에 우리들이 개방되어 있기를 원하신다.

**능동적이거나 수동적이 되려는 자발성.** 우리는 모든 적절한 정보의 취득을 간절히 바란다. 그러나 때때로 하나님은 우리가 능동적으로 행동하기보다 기다리기를 요청하신다. 우리는 하나님께서 우리와 타인에게 속한 정보가 무엇인지를 드러내 주시도록 기도할 필요가 있다. 모든 사람들에게 속한 것으로서 함께 나눌 필요가 있는 것은 무엇인가? 하나님께 속한 것은 무엇인가? 우리는 어떻게 기도해야 하는가? 어떻게 행동해야 하는가?

**대면하려는 자발성.** 하나님의 마음과 생각을 분별해 감에 따라, 우리는 불유쾌하고, 불편하며, 원치 않는 정보들을 계속해서 언급해야 할 필요가 있을지도 모른다. 우리는 하나님의 뜻이 분명해지기 전까지 이러한 과정을 계속할 필요가 있다.

**기다리라는 응답을 받아들이는 자발성.** "예"나 "아니오"라는 응답의 시기가 무르익었다고 생각할 때, 혹은 재정적 고려사항들, 일의 환경들, 관계들 때문에 응답해야 하는 압박감을 느낄 때, "기다리라"는 음성을 듣는 것은 힘든 일일 것이다.

**행동의 과정에 대한 분명한 이해를 하기까지 요구되어지는 시간은 얼마든지 드리겠다는 자발성.** 마감 시한에 쫓기게 되면, 우리는 그것에 대해 기도하게 된다. 때때로 우리는 최선이라고 여겨지는 것을 따라 행동할 필요가 있다. 다시 말해서, 만일 하나님의 뜻이 우리가 선택한 것이 아니라면, 성령께서 우리에게 하나님의 뜻을 드러내 보이실 것이라는 확신을 갖고 행동해 나가는 것이 필요하다.

성경을 최상의 권위로 삼으려는 자발성. 우리가 생각한 해결책은 그 무엇이나 성경과 조화를 이루어야 한다. 그러면 우리의 해결책은 하나님의 의도와 조화를 이루게 될 것이다.

계속해서 기도하려는 자발성. 분별을 함에 있어서 우리는 우리의 느낌이나 생각과 상관없이 계속해서 기도해야 한다. 불편함을 느끼는 잠시 동안 우리는 기도를 쉴지도 모른다. 그러나 우리의 근본 태도는 다음과 같아야 한다. "하나님, 제가 비록 도망가더라도 다시 돌아올 수 있도록 도와주십시오. 그러고 싶지 않을 때라도 당신께 돌아올 것입니다. 저는 계속해서 당신과 진실한 의사소통을 할 것입니다." 하나님께 되돌아갈 수 있기 위해서 우리는 때때로 홀로 있는 시간을 필요로 한다.

그룹 분별에서 사용되어질 수 있는 과정을 이해하려는 자발성. 그룹에서 각 개인은 특정한 분별 과정에 참여할 것인지의 여부를 결정할 필요가 있다. 각개인은 조종되지 않은 채 자유롭게 결정을 내려야만 한다.

위에 언급된 것을 통해서 분별의 작업을 해나갈 때, 다양한 생각들과 느낌들이 자극되어 떠오르게 될지도 모른다. 우리는 그러한 과정을 통해서 많은 정보를 모은다. 어떤 특정한 생각들이나 감정들로 인해 우리 자신이나 타인을 판단하는 대신에, 우리가 얻은 정보를 기도로 가져가는 것이 중요하다. 우리는 자신이나 타인을 강요하여 변화시키려고 하지 않는다. 우리 자신의 참된 견해와 반응에 따르길 원하며, 또한 하나님께서 이 모습 이대로의 우리자신과 함께 분별의 과정에 참여해 주시길 원한다. 하나님께 대한 개방성은 성령의 음성을 경청하는 우리의 능력과 하나님께 순종하는 우리의 용기를 훼손시킬 수 있는 많은 것을 인식하여 방출하도록 돕는다.

로욜라의 이냐시오는 하나님의 음성을 듣기 위해 개발해야 할 다섯 가지 추가적 영역에 관해 기술했다.

1. **내적 자유**—우리는 내적 자유를 개발해야 한다. 그래서 부, 명예, 교만에 의해 흔들리지 않아야 한다. 내적 자유의 결핍은 삶을 하나님 중심이 아니라 우리 중심으로 살아가게 만든다. 자기 중심의 경향성은 참된 분별을 방해한다.

2. **지식**—우리 자신, 우리의 가장 깊은 바람, 그리고 우리의 개인적 은혜와 유혹의 역사를 아는 것은 분별을 위한 핵심적인 배경을 제공해준다. 교육을 통한 지식은 우리가 비판적으로 사고할 수 있도록, 복잡성을 인식할 수 있도록, 구조와 체계를 이해할 수 있도록 도와준다. 하나님께서 우리가 어떤 존재가 되기를, 우리가 어떤 일을 하기를 원하시는 지에 관한 구체적인 지식이 필요하다.

3. **상상력**—분별의 과정은 우리가 쉼을 갖고 재충전되었을 때 더욱 생동감을 띨 수 있다. 왜냐하면 그럴 때 우리는 새로운 가능성들을 상상할 수 있게 되기 때문이다. 새로운 가능성들을 상상할 수 없을 때, 우리는 참으로 곤경에 처하게 된다.

4. **인내**—하나님을 기다리는 것은 어렵다. 성실하게 우리 자신의 발달 과정을 기다리는 것은 어렵다. 우리는 즉각적으로 손에 넣을 수 있는 것에 안주하려는 유혹에 빠지기가 쉽다. 우리는 또한 삶의 얽힌 실타래들이 풀어질 때를 기다리거나 삶의 전환기에 속해 있음을 인식하면서 기다리는 대신에 억지로 안을 짜내려는 유혹에 빠지기가 쉽다.

5. **행동하는 용기**—하나님의 뜻이 분명하게 여겨질 때조차도 우리의 결정을 인정하지 않거나 지지하지 않는 사람들이 있을 수 있다. 우리는 그 결정의 열매를 살펴봄으로써, 분별의 결론을 확인할 필요가 있다. 우리가 행동을 시작함에 따라 무슨 일이 발생하는가? 계속해서 기도하는 것이

중요하다. 우리를 부르신 하나님은 또한 우리와 동행하신다.[3]

이냐시오의 영신수련에 참여한 크리스천들이 많이 있다. 이 영신수련은 영적 분별에 대해 더욱 배우고자 하는 의도로 성경 읽기, 기도, 그리고 영성 일지의 작성을 매일 시행한다. 이냐시오는 분별의 세 가지 경우에 대해 기술했다. 첫째, 하나님께서 직접적으로 우리를 부르실 때이다. 즉 하나님께서 우리를 직접적으로 만나 주셔서, 하나님의 뜻이 너무도 분명하여 특별한 분별의 과정을 필요로 하지 않는 경우이다. 이때 우리에겐, 하나님의 확인을 요청하는 기도만이 필요하다. 둘째, 선택해야 할 사안들을 고려할 때 우리 안에 느껴지는 감정들에 주의를 기울이는 경우이다. 이냐시오는 우리가 사안들을 놓고 기도해야 하며, 그 사안들이 우리 안에 야기하는 영적 위안(consolation)과 영적 황량(desolation)의 패턴들을 인지해야 한다고 말한다. 영적 위안은 활기를 얻고, 희망에 차며, 영적인 만족을 느끼는 것을 말한다(때때로 우리가 경험하는 고통과 어둠도 영적 위안일 수도 있다. 왜냐하면 그 고통과 어둠이 우리를 하나님께로부터 멀어지는 하는 것이 아니라 하나님께로 가까이 나아가게 하는 것일 수도 있기 때문이다). 영적 황량은 활기를 잃거나 하나님께로부터 멀어짐을 느끼게 되는 것을 말한다. 우리의 느낌을 주목하여, 그것들에 대해 기도하는 것이 중요하다. 셋째, 우리가 이성에 초

---

3) James Wakefield, *Listening Prayer: A New Annotation and Introduction to the Spiritual Exercises of St. Ignatius of Loyola*(1992)는 Our Saviour's Lutheran Church, 1040 C. Avenue, Lake Oswego, OR 97034; 503-635-4563에서 구할 수 있다. 또한 다음의 자료들을 보라. Wilkie Au, *By Way of the Heart: Toward a Holistic Christian Spirituality* (New York: Paulist Press, 1989), 76-78; Philip Boroughs, "Using Ignatian Discernment," *Review for Religious 51*, no. 3(May/ June 1992): 373-87.

점을 맞추는, 혹은 가능한 안들의 효과들을 논리적으로 성찰하는 것에 초점을 맞추는 경우이다. 때때로 자신과 같은 상황에 처한 사람이 자신에게 찾아와서 조언을 구할 때 어떤 조언을 해줄 것인가를 상상해보는 것도 하나님의 뜻을 분별하는 데 도움이 된다. 혹은 자신이 죽음을 눈앞에 두고 있다고 상상하면서, "내가 무엇을 하고 싶어 했을까?"를 생각해보는 것도 분별에 도움을 준다.

기도 가운데 발생한 우리의 감정들을 사용하여 결정에 도달했다면, 그 상황의 여러 측면들을 논리적으로 검토해 봄으로써, 그리고 우리의 결정에 대해 하나님께서 확증해 주시기를 요청함으로써, 우리의 결정을 시험해 볼 것을 이냐시오는 권면한다. 반면 우리가 이성을 통해 결정했다면 그 결정을 놓고 기도하면서 우리 안에 어떤 감정들이 발생하는지를 살펴보아야 한다. 우리가 이성과 감정이 일치하는 확실한 분별의 결론에 이르렀을 때 더 이상 사안들을 살펴보는 것을 그치고 마음의 평화를 맛본다.

분별의 과정에 참여하는 것은 특정한 상황을 위한 하나님의 뜻을 발견하는 것 이상의 유익을 제공한다. 우리가 의도적으로 분별에 참여할 때, 우리는 하나님과의 관계 안에 우리가 미처 알지 못했던 그리고 우리를 깜짝 놀라게 하는 측면들이 있음을 발견한다. 또한 우리 자신의 마음의 바람들에 더욱 귀를 기울이게 된다.

## 분별과 그리스도의 몸

분별은 종종 우리가 지니지 않은 은사들에 의존한다. 우리들은 서로의 통찰들, 자원들, 그리고 기도를 필요로 한다. 성경은 교회를 그리스도의 몸으로 지칭한다. 그리스도의 몸이란 그리스도를 머리로 하고, 각 개인들이 지체로 기능하여 협력하는 공동체를 말한다. 우리 인간의 몸의 한 부분이 모든 일을 다 수행하는 것은 불가능하다. 마찬가지로 신앙 공동체의 어떤 한 사람이 필요한 모든 일, 심지어 우리 자신을 위한 모든 일을 수행하는 것은 불가능하다. 우리는 서로 도와가며 하나님을 사랑하고, 하나님의 음성을 듣고, 하나님을 예배하도록 창조되었다. 크리스천은 기도, 예배, 봉사의 영역에서 서로를 돕는다. 우리는 일대일 관계나 소그룹 혹은 대그룹의 관계를 통해서 서로를 격려한다. 그리고 함께 기도하고 성찰하면서 하나님의 임재와 뜻을 분별한다. 퀘이커 교도들과 같은 그룹들은 그룹이 개인의 분별을 도와줄 수 있는 체계화된 방식을 지니고 있다. 이러한 분별을 위한 그룹들은 명확 위원회(Clearness Committee)라고 불린다. 이 위원회는 다섯 혹은 여섯 사람으로 구성되며, 질문은 하되 대답을 주지는 않는다.[4]

우리의 분별의 방식과 하나님께서 말씀하신 것이라고 믿는 바를 누군가와 함께 이야기하는 것은 도움이 될 뿐만 아니라 필수적으로 해야 하는 핵심적인 것이다. 많은 사람들이 이러한 이유로 인해 영성지도에 참여한다. 영성지도의 대화에서 우리는 분별의 기회들, 가능성들, 그리고 선택들에 관해 설명하고, 논의하고, 기도한다.

---

4) Parker J. Palmer, "The Clearness Committee: A Way of Discernment," in *Communion, Community, Commonweal: Readings for Spiritual Leadership*, ed. John S Mogabgab (Nashville: The Upper Room, 1995), 131-36; Richard J. Foster, *Celebration of Discipline: The Path to Spiritual Growth* (San Francisco: Harper & Row, 1988), chapter 12, "The Discipline of Guidance"(집단 분별에 관한 탁월한 논의임).

# 분별의 주제들

모든 영성지도의 만남들은 분별의 측면을 담고 있다. 왜냐하면 영성지도의 대화들은 성령의 음성을 다른 것들과 구별해 내는 것을 최우선의 과제로 삼기 때문이다. 피지도자들이 제기하는 주제들은 그들의 태도와 선택들, 삶의 스타일에 대한 고려사항들, 결정해야 할 사항들, 하나님을 신뢰함으로 성령의 초대에 자유롭게 응답할 수 있는 영역들, 성령의 자극들에 저항을 느끼는 영역을 포함한다. 사실, 하나님의 뜻에 관해 제기하는 질문들은 그 무엇이나 분별의 주제가 될 수 있다. 분별의 주제는 선택들, 관계들, 어디서 살며 누구와 살 것인지, 어떤 흥미로운 것을 어떤 방식으로 추구할 것인지, 어떻게 하나님을 사랑하고, 하나님과의 관계 안에서 어떻게 살 것인지의 문제를 포함한다. 분별의 질문을 다음의 질문들과 관련된 하나님의 의도가 무엇인가라는 질문으로 요약될 수 있다. 나는 누구인가? 나는 누구와 함께 있어야 하는가? 나는 무엇을 해야 하는가? 나는 어디로 가야 하는가? 이 모든 것은 무엇을 의미하는가? 성령께서는 내가 하나님을 사랑하고 섬기도록 지금 어떻게 초대하고 계시는가?

영성지도 만남에서 빈번하게 떠오르는 주제는 교회의 선택과 교회 사역에의 참여에 관한 분별이다. 우리는 하나님과의 관계를 심화시키라는 부르심을 경험할 때, 타인들과의 관계가 악화되는 것 같이 느낄 수도 모른다. 우리는 혼란스러움, 좌절, 분노, 실망감을 느낀다. 왜냐하면 다른 교인들은 유사한 부르심, 하나님을 향한 유사한 비전과 바람을 느끼지 못하는 것같이 보이기 때문이다. 영성지도의 관계는 하나님이 우리 교회나 우리가 속한 영적 공동체들에 관해 우리에게 말씀하시는 것을 탐구할 수 있는 안전하고 비밀이 보장되는 공간을 제공한다.

우리는 때때로 하나님의 영이 우리가 함께 예배드리던 공동체를 떠나도록 요청하기도 하신다고 믿는다. 이러한 분별은 최대한 조심스럽게 접근해야 한다. 그리고 그러한 움직임을 고려하도록 만드는 복합적인 동기들에 주의를 기울여야 한다. 우리는 그리스도께서 우리가 하나님에게서 부여받은 잠재력과 자유를 발휘하여 살아갈 수 있는, 우리 자신이 될 수 있는, 하나님의 뜻을 배울 수 있는, 하나님의 은혜를 타인과 나눌 수 있는 공동체에 속하기를 원하실 것이라고 희망한다. 하나님께서는 우리가 지금의 공동체에 남아 있거나, 같은 교단에 속한 다른 교회로 옮겨 가거나, 혹은 다른 교단에 속한 교회로 이동하기를 원하실지 모른다. 그러나 우리가 이동할 준비가 되어 있다고 생각할 때조차도, 하나님께서는 때때로 우리에게 머무르도록 지도하신다.

## 분별을 인지하기

하나님의 영의 인도하심은 확인할 수 있는 여러 가지 특징을 지닌다. 그 중 어떤 것은 판단이 용이하나, 어떤 것은 어렵다. 제안된 행동이 그리스도의 가르침, 성품, 행동과 조화를 이루는 것인지의 여부를 묻는 것이 판단을 위한 핵심적인 질문이다. 우리의 결정을 따라 행하면, 우리의 행동은 그리스도를 반사하는 것일까? 우리의 행동이 그리스도의 삶의 원리를 반사하는 것일까?

두 번째로 중요한 질문은 성경과의 관련성이다. 우리가 고려하고 있는 안은 성경의 가르침과 어떻게 부합되는가? 그 안에는 어떤 성령의 열매—사랑, 기쁨, 평화, 인내, 친절, 양선, 충성, 온유, 절제—가 배태되어 있는가? 우리의 마음을 하나님께 맞출 수 있는 은총을 구하면서, 우리는 성경과 그리스도와의 관계라는 렌즈들을 통해서 가능한 선택 안들을 조사해야 한다.

그러나 이미 언급한 바와 같이 우리가 두 가지 가치 있는 안들, 즉 모두 다 그리스도의 삶과 성경의 가르침에 부합되는 두 가지 행동 방식들에 직면하게 되는 경우가 매우 많다. 이 두 안들을 검토해 본 후에도 우리는 여전히 혼란스러울 수 있다. 기도하는 마음을 지니고, 그 안들을 머리로만 가상적으로 시행해 보는 것은 어떤 안이 하나님의 뜻에 더욱 적합한 것인지를 인지하는 데 도움을 줄 수 있다. 하나의 안을 선택했다고 가정하고, 그로 인해 생겨난 생각과 느낌을 인지한다. 즉 우리가 활기와 흥분을 느끼는지, 아니면 에너지가 약화되는 것을 느끼는지를 살펴본다. 우리는 또한 가능한 안들과 관련하여 우리의 기도와 하나님과의 관계에 어떤 일들이 발생하는지를 살펴볼 수 있다. 우리의 기도가 생동감이 넘치고 감동적인가, 아니면 침몰하는 것 같은가? 우리와 이와 같은 방식으로 가능한 안 하나하나에 하루 내지는 이틀의 시간을 부여하여 그 각각의 안에 대해 생각하고, 기도하고, 숙고한다.

우리의 결정에 뒤이어 우리의 마음과 외적 환경에 무엇이 발생하는지를 관찰하는 것 또한 중요하다. 하나님의 영이 우리를 특정한 방식으로 인도하실 때, 외적 환경들은 하나님의 인도에 대한 우리의 내적 감각과 부합될 것이다. 상황이 우리가 예상한 대로 진행되지 않을 때는, 시점이 적절하지 않거나 우리가 성령의 인도하심을 잘못 이해하고 있는 것이다. 적절한 때가 이르러 하나님께서 인도하시는 길이 열리기 전까지 기다리는 대신에, 우리는 상황을 강제로 창출하기 위해 에너지를 낭비하기도 한다.

# 분별과 평안

　기독교의 분별 전통에 따르면, 하나님의 인도하심을 감지하여 따를 때 우리는 평안, 안정감, 고요함을 경험하게 된다. 그러면 우리는 더 이상 안들을 검토하지 않을 뿐 아니라 혼란스러움도 겪지 않게 된다. 우리는 마음에 평안을 얻게 된다.

　그러나 평안 그 자체는 우리가 하나님의 인도에 따라 가고 있다는 것을 확증해 주는 충분한 증거가 되지 못한다. 고의적으로 하나님으로부터 멀어지고 있는 사람도 적어도 일정 기간 동안은 거짓 평안을 경험할 수 있다. 어떤 사람이 성경의 원리와 그리스도의 방식과는 반대되는 가치들과 행동들을 선택한 후에도 평안을 느낀다면, 그것은 분별을 계속해야 한다는, 그리고 "성경과 분명히 반대되는 것에 대해서도 왜 나는 평안을 느끼는가?"라는 질문을 해야 한다는 신호이다.

　분별은 우리 자신의 은혜와 유혹의 역사라는 틀 안에서 반드시 재구성되어야만 하는 복합적인 과정이다. 하나님의 뜻에 관한 분별은 공식을 따르는 것이 아니다. 그것은 하나님과의 관계와 하나님과 함께해 온 개인적 역사로부터 흘러나오는 것이다. 이 사실은 심지어 예수 그리스도의 삶에서도 발견된다. 누가복음 4장에는 예수님께서 40일간 금식하신 후 광야에서 사탄에게 시험받으시는 장면이 기록되어 있다. 사탄은 1) 돌을 빵으로 변화시키도록, 2) 사탄을 경배함으로 세상 나라의 영화와 권위를 받도록, 3) 하나님께서 천사를 보내어 구해줄 것이기 때문에 성전 꼭대기에서 뛰어내리도록 예수님을 시험했다. 사탄은 예수님께 세상의 악을 다루는 것에 관한 하나님의 뜻을 기다리지 않은 채 그 자신이 하나님의 아들이라는 것을 확언하라고 유혹한다. 세 가지 시험 모두 다 그리스도로 하여금 소명을 하나님의 방식이 아닌 그의 방식대로 수행하라는 것과 관련된 것이다. 그러나 예수께서는 성경 말씀을 통해서 하나님과 하나님의 방식을 언급하시고 사탄을 물리치신다.

똑 같은 핵심적인 유혹—하나님의 방식이 아니라 자신의 방식에 따라 삶을 살고 소명을 수행하라는 것—이 겟세마네 동산에서의 예수님의 씨름 안에도 존재한다. 동산에서 밤이 이르기 훨씬 전, 예수님은 하나님의 뜻을 따를 것을 결정하시고 제자들에게 자신이 십자가에서 죽게 될 것이라는 말씀을 하신다. 예루살렘으로 발걸음을 향했을 때, 예수님은 죽음을 향해 나아가고 있다는 것을 알았다 (마 26:1-2). 겟세마네 동산에서, 예수님은 이 순간에 하나님께 예라고 말씀드리면 죽음이 매우 가까워진다는 것을 아시고 예수님은 비탄과 절망에 직면하시게 되었다.

예수님께서 십자가의 길을 자신의 운명으로 이해하셨다는 것을 우리는 성경을 통해서 안다. 예수님과 압바(Abba)와의 관계, 그리고 아버지께서 원하시는 것만을 행하려는 패턴이 예수님의 삶의 토대였다(요 8:28-29). 예수님은 그 어떤 분별의 공식이나 법칙들을 초월하는 하나님 아버지에 대한 깊은 신뢰와 자발성을 지니셨다.

예수님은 조롱과 십자가 처형의 엄한 과정이 실행되도록 허용함으로써 분별했던 것을 따랐다. 예수님은 십자가에서 처형을 당했던 사람들이 그랬던 것처럼 감정적인 그리고 육체적인 고통을 겪으셨다. 그리고 예수님은 추가적으로 세상의 모든 죄의 무게를 짊어지셨다.

그럼 평안이란 무엇인가? 샬롬(Shalom)? 구약 성경에서 샬롬—평안—이란 단어는 웰빙, 성취, 완성, 만족을 의미한다. 그것은 내적 조화, 안정감, 고요함의 느낌을 지칭한다. 하나님은 샬롬의 원천이며, 참된 평안의 근원이며, 거룩한 온전함의 창시자이다. 예수님은 단지 분별의 부산물로서가 아니라 지속적인 삶의 방식으로서 하나님의 충만함과 아버지와의 교제 안에서 살았다. 예수님은 하나님의 평안으로 충만했다.

예수님은 제자들에게 평안에 대해 말씀하시면서 그들을 평안으로 축복하셨다. "평안을 너희에게 끼치노니 곧 나의 평안을 너희에게 주노라 내가 너희에게 주는 것은 세상이 주는 것 같지 아니하니라. 너희는 마음에 근심도 말고 두려워하지도 말라"(요 14:27). 바울은 빌립보서에서 하나님의 평안에 대해 말했다, "아무것도 염려하지 말고 오직 모든 일에 기도와 간구로, 너희 구할 것을 감사함으로 하나님께 아뢰라. 그리하면 모든 지각에 뛰어난 하나님의 평강이 그리스도 예수 안에서 너희 마음과 생각을 지키시리라"(빌 4:6-7). 그러나 예수님께서 십자가에서 절규하실 때, 그 소리는 평안의 소리가 아니었다. "나의 하나님, 나의 하나님, 어찌하여 나를 버리셨나이까"(마 27:46). 이 절규는 황량, 고뇌, 인류의 깨어짐에로의 그리스도의 참여로부터 나온 것이다. 예수님은 성경을 잘 알고 계셨기 때문에, 시편 22편의 첫 구절을 사용하여 소리쳐 기도한 것이라고 말하는 학자들도 있다. 그러나 황량에서 위안으로 이동해 가는 시편 22편의 나머지 부분을 사용해서, 예수님께서 침묵으로 계속 기도하셨는지는 아무도 모른다. 거기에는 응답되지 않은 질문들이 많이 존재한다. 항상 함께하신 하나님께서는 예수님이 그 임재를 인식할 수 있었는지의 여부와 관계없이 그 고통의 과정에도 예수님과 함께 하셨다. 아마도 오늘날 크리스천들의 경험을 살펴보면 예수님을 이해하는 데 도움을 얻을 수 있다. 분별에 참여하여 분별의 기도를 삶의 선택을 위한 토대로 삼는 사람은 다음의 것을 행한다.

그들의 마음 안에 있는 모든 것을 공개하고, 어떤 것도 하나님께 감추지 않는다.

볼 수 있기를 간구한다.

그들 자신과 그리고 하나님과 씨름한다.

그들은 하나님의 바람들을 경청한다고 믿는다.

기꺼이 하나님께서 그들에게 보여주신 것을 선택한다. 심지어 개인적인
　고통의 순간에도, 그리고 적절한 선택처럼 보이지 않을 때에도 기꺼
　이 그것을 선택한다.

　그들이 이것을 행할 때, 그들은 생각과 감정의 일치를 포함한 깊은 내적
일치에 이르게 된다. 혹은 하나님께서 요청하시는 것에 대해 이성적인 이해
에 이르지 못한다 할지라도, 그들은 하나님의 요청에 대해 정당함을 느끼며,
그것에 따라 행동하는 것에 대해서 평안함을 느낀다. 그들이 말하는 바가 샬
롬처럼 들린다. 즉 하나님의 충만함이 그들 안에 거하는 것처럼 들린다. 거
기에는 내적 안정감이 존재한다. 그들은 성령께서 주신 마음의 질을 경험한
다. 그러나 그 마음의 질을 경험하기 위해선 그들 자신의 자발적 동의가 필
요하다. 우리는 하나님께로부터 온 것이라고 믿는 것에 동의를 한 후에 온화
함을 경험할지도 모른다. 결론을 얻기 위한 씨름은 계속된다. 우리가 결론을
향해 나아갈 때 아직도 드러나지 않은 많은 어려움들에 직면한다. 우리는 또
한 기쁨을 경험한다. 마치 영혼을 통해 흘러나오는 생수와 같이 무어라 정의
하기 어려운 기쁨, 우리가 치러야 할 희생이나 복종을 아주 작아 보이게 만
드는 기쁨을 경험한다. 그 기쁨을 주시는 분은 하나님이시다. 그 기쁨이 너
무도 좋아서, 우리는 그 기쁨이 없었다면 결코 탐구하지 않았을 많은 것을
기꺼이 탐구한다. 하나님 때문에 동의한 것은 무엇이나 선으로 인도된다. 그
것의 정당함은 결코 부정할 수 없다. 우리는 어떤 것이 정당하다고 느끼지
만, 그 이유에 대해서는 모를 수도 있다. 많은 것들이 우리 시야의 한계 너머

에 존재한다. 그러나 우리는 하나님께서 함께하시고 확증하신다는 것을 안다.

우리가 하나님의 평안을 경험할 때, 그 평안은 상황에 의해 제거되지 않는다. 아무리 어려운 상황이라 할지라도 말이다. 하나님의 평안은 혼란스러운 표피적 생각들, 느낌들, 그리고 육체적 고통 그것들 밑에 온전한 모습으로 머물러 있을 수 있다. 우리의 관심을 끄는 것이나 우리를 곤란하게 하는 것들로부터 우리 자신을 부드럽게 분리시키면서 기도를 통해 하나님께로 향할 때, 우리는 우리를 지탱해 주는 평안의 임재를 발견하고 놀라기도 한다.

때때로 사람은 평안함, 명확함, 확고함, 모든 것을 끌어안은 온전함을 느낀다고 말한다. 그들은 이러한 평안을 최상의 혹은 초월의라는 용어를 사용하여 설명하려고 시도한다. 그러나 그들은 자신들이 느낀 것을 정확하게 전달할 수 있는 용어를 찾는 것을 포기하게 된다. 왜냐하면 그 경험은 말로는 설명할 수 없는 것이기 때문이다. 그들은 자신들이 성령의 바람을 깨달아 동의하였을 때 하나님에 의해 이끌리어 말할 수 없는 평안에 의해 떠받쳐진다. 그들의 관심을 사로잡았던 환경은 대수롭지 않게 여겨지거나 존재하지 않은 것처럼 여겨진다. 그들의 마음 안에 있는 모든 것들이 정확히 있어야 할 자리에 있는 것같이 느껴진다.

깊은 내적 평안이나 말로 표현할 수 없는 평안은 때때로 우리가 하나님의 뜻에 합한 것을 선택했다는 확증이기도 하다. 비극적이고 혼돈된 상황들 한 가운데서도 이러한 평안을 경험했던 사람을 나는 알고 있다. 그 사람의 평안을 지켜봄으로써, 나는 예수님께서 그러한 평안을 경험하셨다는 것을 믿게 되었다. 십자가라는 견딜 수 없이 두려운 고통 그리고 평안이 내포된 하나님의 온전함이 서로 공존했다.

# 분별의 신비

분별이 분명할 때 우리는 때때로 해야 할 일이 무엇이며, 그 시점이 언제인지를 안다. 우리는 또한 그것을 할 에너지도 지니고 있다는 느낌을 갖는다. 적어도 하나님께서 지금 우리에게 행하도록 요청하시는 것이 무엇인지는 분명하다. 그런 연후, 성령께서 우리의 다음 발걸음을 인도하실 것이다. 비록 현재 행하는 것이 얼마나 오래 걸릴지, 그리고 다음의 단계가 무엇일지에 관한 정보가 하나도 없다 할지라도 말이다. 또 어떤 때는 심지어 하나님의 뜻을 분별하기 위한 모든 과정을 수행한 이후에도, 하나님의 뜻을 잘 알게 되었다고 말하기가 곤궁스럽다. 마치 하나님께서 우리가 다음 단계를 잘 알지 못한 채 기꺼이 아무 조건도 없이 하나님을 신뢰하기를, 불확실함을 지니고 살아가기를, 계속해서 믿음과 사랑을 지니기를 원하시는 것같이 느껴질 때가 있다. 분별의 결과가 드러나는 것은 우리의 순종적 응답과 행위에 달려 있다. 성령께서는 오랜 기간 동안 상황의 분명한 파악을 위해 기도하게끔 우리를 인도하신다. 그러나 여전히 많이 것들이 하나님의 신비 안에 감추어져 있다.

분별은 복잡한 주제이다. 우리는 단지 그 문만을 열었을 뿐이다. 우리는 하나님께서 우리에게 고유하게, 개인적으로, 인격적으로 다가오신다는 것을 기억할 필요가 있다. 그러나 분별에는 주목할 필요가 있는 중요한 요소들이 있다. 우리가 어떤 방식을 사용하든, 우리가 어떤 질문을 놓고 기도하든 분별의 과정은 하나님의 사랑, 우리의 자발적 응답과 복종, 우리의 관점 대신 하나님의 관점을 선호하는 것을 포함한다.[5] 우리가 하나님의 인도를 분별할 때 다음의 것을 찾는다. (1) 그리스도의 태도와 행동과 부합됨, (2) 성경적 가르침, 가치들과 일치함, (3) 우리의 개인적 역사와 현재 지닌 하나님과의 관계에 부합됨, (4) 다양한 관계들과 상황들을 통해 우리 안에 맺힌 성령의 열매, (5) 하나님의 요청이라고 믿는 것에 대한 개방적 태도, (6) 내면의 중심에 자리 잡은 평안의 느낌.

참된 분별은 대부분 마음의 태도와 관련되어 있다. 즉 하나님과 하나님의 길을 사랑하고 갈망하는 태도이다. 열린 마음으로 경청함, 기꺼이 하나님을 신뢰함, 모든 것이 은혜에 달려 있다는 인식들이 성령의 자극을 알아차리게 하는 토대이다. 만일 분별에 관해 보다 더 철저한 탐구를 원한다면, 참고문헌에 제시된 서적들부터 시작하는 것이 좋을 듯하다.

---

5) 분별의 방식들에 관한 설문서에 응답하면서, 신학교 학생들은 그들이 적어도 한 번 이상 사용한 있는 도움이 될 만한 방식을 기록했다. 그것은 다음과 같다: (1) 성령의 음성을 구하고 경청하는 것, (2) 성경, (3) 홀로 있음, 조용한 장소, 명상, 관상, (4) 타인들—신뢰하는 친구들, 가족 구성원들, 때때로 높은 위치에 있는 사람들, 그리고 아이들, (5) 책들—기독교 고전들, 자서전들, 문학 작품, 찬송가, (6) 기도의 과정, (7) 예배와 예배 공동체, (8) 음악—음악을 감상하거나 찬양함, 찬송가, 명곡, 그레고리안 성가, 명상곡을 노래함, (9) 직관, (10) 설교들, (11) 현재 삶의 경험들과 환경들, (12) 과거의 경험들, (13) 논리적 일관성, (14) 공개적으로 혹은 비공개적으로 주어진 기회들, (15) 공통된 흐름, 수렴, 조화, (16) 분별의 은사와 은총을 특별히 구함, (17) 일지의 기록, (18) 확인과 확증, (19) 금식, (20) 학문적 자료들, (21) 지속적으로 반복해서 떠오르는 생각들의 역할로 인해 명확해지는 경험, (22) 다양한 가능성들을 고찰할 때 느끼는 긴장과 같은 육체적 반응들, 운동, 산책, 마사지를 포함한 신체적 영향들, (23) 자연—하나님의 창조세계, 자연이 아름다운 장소나 삭막한 장소에 있는 것.

# 성찰을 위한 질문

1. 분별에 대해 어떤 경험을 가지고 있습니까?

2. 당신의 분별의 역사를 몇 부분으로 나눈다면, 그 각 부분에 적합한 명칭을 붙여 보십시오. 분별의 과정, 분별에 대한 인식, 분별에 사용된 특정한 방식들은 어떻게 변화했습니까?

3. 어디로부터 분별에 대한 정보를 구합니까?

4. 기도와 성경이 당신의 분별의 과정과 어떤 관련을 맺습니까?

5. 다른 사람도 그 분별의 과정의 한 부분을 담당합니까? 누구입니까? 당신이 느끼는 하나님의 뜻과 비교하여, 다른 사람의 아이디어와 의견에 어느 정도의 무게를 둡니까?

6. 어떻게 어떤 특정한 정보의 원천이 신뢰할 만하다는 결정을 내립니까?

7. 당신이 선호하는 분별의 방식은 무엇입니까?

8. 당신이 시도한 바 있는 것으로, 도움이 되지 않은 분별의 방식은 무엇입니까?

9. 하나님께서 당신에게 말씀하시는 것을 잘못 해석한 적이 있습니까? 그 결과는 어떠했습니까? 언제 어떻게 재분별의 과정을 밟았습니까? 무엇이 당신이 은혜, 자유, 그리고 회복을 경험하게 했습니까?

10. 분별에 관한 어떤 질문을 가지고 있습니까? 분별과 관련하여, 성령께서 당신이 더 성장하도록, 혹은 더 탐구하도록 요청하시는 영역이 있습니까?

11. 당신은 분별의 과정과 질문에 관해 누구와 함께 이야기할 수 있습니까?

제14장

# 기독교 훈련

교회와 모든 종교의 깊은 전통들 안에 있는 참된 영적 훈련의 역사는 인간
이 거룩한 분을 이해하도록 돕는 것이다. 그래서 우리는 1) 거룩한 자양분
을 거부하지 않는다; 2) 그 거룩한 자양분을 위한 공간을 내부에 우리 안에
허용함으로써 그것을 수용한다; 3) "인조 첨가물"을 참된 것으로 잘못 간주
하지 않는다; 4) 거룩한 자양분의 힘을 자아의 왕국을 건설하는 데 사용하
지 않는다.

틸덴 에드워즈[1]

"피곤합니까? 지쳤습니까? 종교로 인해 탈진했습니까? 내게로 오십시오.
나와 함께 휴식을 취합시다. 그러면 당신은 당신의 삶을 회복할 것입니다.
나는 당신께 참된 휴식을 취하는 법을 보여주겠습니다. 나와 함께 걷고 나
와 함께 일합시다. 내가 어떻게 행하는가를 주목해 보십시오. 강요되지 않
은 은총의 리듬을 배우십시오. 나는 무거운 것이나 맞지 않는 것을 당신 위
에 올려놓지 않습니다. 계속 나와 동행하십시오. 그러면 자유롭고 경쾌하
게 사는 법을 배울 것입니다."…
"이것이 내가 당신이 하기를 원하는 것입니다: 조용하고 한적한 장소를 발
견하십시오. 그러면 하나님 앞에서 역할극을 하는 유혹에 빠지지 않을 것

---

1) Tilden Edwards, *Spiritual Friend: Reclaiming the Gift of Spiritual
Direction*(New York: Paulist Press, 1997).

입니다. 당신이 감당할 수 있을 만큼 단순하고 정직하게 그냥 그곳에 있으십시오. 그러면 초점이 당신으로부터 하나님께로 옮겨갈 것입니다. 그리고 당신은 하나님의 은총을 감지하기 시작할 것입니다."

마태복음 11:28-30; 6:6 메시지

우리는 다시 한 번 영성지도를 하나의 기독교 훈련으로 간주함으로써, 그리고 일반적인 훈련을 보다 자세히 살펴봄으로써, 하나님께서 우리의 신앙 여정을 계속해서 인도해 주시길 간구함으로써, 빙 돌아 이 장에서 제자리로 오게 되었다. 우리는 이미 영성지도가 많은 기독교 훈련 가운데 하나임을 언급했다. 그러나 영성지도는 사람들로 하여금 다른 훈련의 방식을 선택하여 시행하도록 격려하는, 이러한 지속적 훈련의 습관이 주는 유익을 탐구하고 인지할 수 있는 환경을 제공하는 훈련이다. 나는 당신이 영성지도에 관해 배웠던 것이 모든 기독교 훈련을 통해 성령의 초대를 이해하고 감지하도록 돕는 데 어떤 영향을 미치는지를 살펴보기 원한다.

## 기독교 훈련을 설명하기

기독교 훈련이란 우리가 하나님을 경청하여 따르도록 돕는 것이다. 기독교 훈련은 하나님의 영께 보다 의도적으로, 보다 온 마음으로 귀 기울여 응답할 수 있도록 우리 자신을 준비시키기 위해 우리가 행하는 어떤 것을 의미한다. 우리는 하나님만을 위한 시간과 공간을 따로 확보함으로써, 하나님께는 보다 더 주의를 기울이고 우리 마음과 생각과 삶에 밀려들어 오는 다른 것들에는 덜 기울이려고 노력한다. 이러한 훈련 방식들 그 자체는 아무런 힘이나 유익함을 지니고 있지 않다. 그러나 우리는 성령께서 그것을 사용하여 우리가 하나님, 문화, 우리 가족들, 우리 자신들을 하나님의 시야로 바라볼 수 있게 해주시고, 더욱 깨어 하나님께 주의를 기울일 수 있도록 도우실 것이라고 희망한다.

루벤 좁(Rueben Job)은 감리교 감독이며, 목회자며, 저술가이고, 피정 지도자이다. 그는 노스 다코다(North Dakota) 평원의 풀집에서 살았던 자신의 이야기를 통해서 훈련의 역할에 대해 말한다.

나는 노스 다코다의 한 농장에서 성장했다. 1920년대에 태어났고, 먼지 폭풍으로 고통을 겪는 시기를 살았다. 눈을 감으면, 나는 지금도 여전히 흙먼지로 뒤덮인 담장들, 눈과 같이 바람에 날려 4 피트 높이로 굽이치며 솟아오르는 흙먼지 기둥을 볼 수 있다. 뜨겁고 건조한 바람이 부는 하늘을 가로질러 와서 태양을 가려버리는 검은 구름과 같은 메뚜기 떼의 모습은 내가 결코 잊어버릴 수 없는 기억이다.

그러나 우리의 농장은 먼지 폭풍의 황량함과 파괴의 한복판에 있는 작은 오아시스와 같은 것이었다. 거기에는 단 하나의 이유가 있었다. 우리는 결코 마르지 않는 깊은 샘을 가지고 있었다. 여름이나 겨울이나, 이 깊은 샘은 계속해서 생명의 물줄기를 공급해 주었고, 그로 인해 정원, 나무들, 동물들과 우리의 가족들은 이 엄청난 국가적 재앙의 시기에서도 살아남기에 충분한 자양분과 식량들을 얻을 수 있었다. 영적 훈련은 우리가 그와 같은 샘들을 오직 하나님께로부터 우리에게 오는 생명의 원천으로 삼도록 도와준다.

먼지 폭풍이 종종 사납게 프레리의 농장을 덮치기도 했지만, 바람이 속삭이는 소리와 같이 잔잔할 때도 있었다. 그럴 때, 농장 한가운데 있는 40피트 타워의 거대한 풍차는 조용했고, 깊은 샘으로부터 신선한 물도 끌어올릴 수가 없었다. 이와 같이 바람이 잔잔한 날에는, 나의 아버지는 타워로 올라가서 8피트나 되는 거대한 풍차바퀴가 바람에 돌아가게 만들었다. 아버지는 풍차바퀴가 움직이기 시작할 때까지 그 한 쪽 끝을 잡아당기곤 했다. 일단 풍차가 돌아가기 시작하면, 풍차는 근처 나뭇잎을 살랑살랑 흔드는 미풍을 받으며 물을 뿜어 올린다.

영적 훈련은 우리가 바람에 돌아가도록, 하나님께로 향하도록, 하나님의 영에 의해 형성되고 능력을 부여받도록 돕는다. 그것은 풍차의 돌아감과 같은 것일 수 있다. 그래서 모든 창조 세계 가운데서, 특별히 우리의 전체적 삶 가운데서 하나님의 임재를 인식할 수 있도록 돕는다.[2]

영적 훈련에 참여함으로 맺게 될 잠재적 열매는 주의 위대한 계명을 수행하도록 우리를 돕는다. 그것은 마음을 다하고 목숨을 다하고 뜻을 다하여 주 하나님을 사랑하고 우리의 이웃을 내 몸과 같이 사랑하라는 계명이다 (마 22:37-38). 그 훈련은 하나님을 경청하여 따르는 우리의 능력과 의도를 고양시킨다(16장 "영성지도의 잠재적 유익들"을 보라).

기독교 훈련은 예배, 성경공부, 기도와 같이 익숙한 방식을 개인적으로 또한 집단적으로 추구하는 것을 포함한다. 그러나 크리스천들 또한 금식, 섬김, 단순한 삶, 창조세계의 아름다움 안에서 하나님을 찬미함, 그 외에도 여러 가지 훈련에 참여한다.[3] 침묵이나 홀로 있음과 같은 훈련은 방해받지 않

---

2) 루벤 좁은 1997년 에큐메니칼 팀과 함께 미 해군, 해병대, 해안 경비대 군목들을 위한 전문적인 워크숍을 인도할 때 이 이야기를 했다. 그의 허락을 받아 사용했다.

3) 크리스천들이 하나님의 음성을 경청하고 성령이 주시는 감동과 변화를 받기 위해 자신을 준비시킬 때 행하는 훈련은 다음의 것을 포함한다: (1) 성경공부, (2) 기도, (3) 성찬, (4) 친교 그룹/친교의 책무, (5) 고해(정화의 방식), (6)자기 평가(계몽의 방식), (7) 그리스도의 생애에 초점을 둠(연합의 방식), (8) 경건 서적 독서/성경 독서, (9) 침묵, (10) 명상, (11) 금식/섭생 훈련, (12) 단순성-가난의 서원, (13) 복종-순명의 서원, (14) 순수-순결의 서원, (15) 예배, (16) 봉사, (17) 고백, (18) 인도,

은 채 하나님께 주목할 수 있는 기회를 제공한다. 이러한 행동들이 습관적이고 반복적인 삶의 패턴이 될 때, 그것은 훈련과 동일시된다. 그것은 의도성을 가지고 적절한 간격을 둔 채 정규적으로 수행됨에 따라 하나의 수행 방식이 된다. 우리가 하나님의 음성을 경청하여 따르려는 최우선적 의도를 지니고 정규적으로 시행하는 유익한 활동은 그 어느 것이나 크리스천 훈련이라고 불릴 수 있다.

한 친구가 보스턴 오케스트라 홀에서 있었던 루돌프 서킨(Rudolf Serkin)의 피아노 콘서트에 대해 이야기했다. 보스턴 청중은 종종 까다롭고, 교양 있고, 지치게 만드는 관중들로 간주된다. 왜냐하면 그들은 음악계가 제공하는 탁월한 음악을 많이 들었기 때문이다. 어느 봄날 저녁, 아무도 그들을 기다리고 있는 것이 무엇인지를 추측할 수 없었을 것이다. 루돌프 서킨 또한 알지 못했다. 그 콘서트는 루돌프가 베토벤의 열정 소나타를 연주함으로써 끝났다. 그는 그 곡을 전에도 많이 연주했었다. 그러나 그날 밤 그는 단지 인간의 기교를 넘어서는 연주를 했다. 마지막 부분의 연주가 끝나자, 청중은 열

---

(19) 경축, (20) 매일의 기도 언약, (21)노래와 찬양, (22) 성경 구절 암송, (23) 테이프를 들음, (24) 매일 주를 증거함, (25) 적절한 경제 청지기 의식, (26) 환경 청지기 의식, (27) 사회정의, (28) 옥에 갇힌 자를 방문함, (29) 긍휼의 희생적 행위, (30) 가정 제단, (31) 배우자를 위한 기도, (32) 하나님과 함께 고요히 보내는 날들, (33) 영적 생활 피정들, (34) 영성지도, (35) 영성일지 작성, (36) 증언, (37) 독백, (38) 몸의 상태, (39) 세족, (40) 의식성찰, (41) 영적 순례, (42) 규칙을 설정, (43) 현재의 순간을 사는 것, (44) 안식일, (45) 기도의 시간들, (46) 예술적 활동-회화, 춤, 극장, 음악 그룹, 마임, 시, (47) 영적 독서-전기들, 자서전들, 기독교 고전들, (48) 비밀 엄수-하나님과 함께/하나님을 위해서 우리가 한 일에 대해 침묵하기, (49) 놀라움이 있는 곳을 방문하기-자연미나 인간의 아름다운 창조물이 있는 곳, 황폐한 곳, 중요한 사건이 발생했던 곳, (50) 정원 가꾸기, (51) 일/일상적 활동/직장, (52) 꿈을 주목하기, (53) 당신 스스로 첨가한 방식들.

화와 같은 기립 박수를 보냈다. 그러나 그것으로 충분하지 않았다. 그들은 의자 위로 올라서서 환호했다—환호하고, 손뼉치고, 소리치고, 춤을 추었다. 왜냐하면 성령께서 오셨기 때문이었다. 오직 하나님만이 그러한 순간을 주신다. 그러면 루돌프 서킨은 그와 같은 순간을 위해 무엇을 했는가? 그는 매일 하루에 8시간씩 피아노 연습을 했다. 성령께서 오실 때, 그 그릇은 준비되어 있었다.[4]

이 이야기는 성령의 임재를 위한 준비됨을 고양시킬 수 개인적 훈련의 역할에 대해 말해 준다. 그것은 단지 우리의 활동에 관한 것만이 아니다. 그것은 또한 하나님께서 우리에게 주신 은사를 정확히 이해하여, 그 이해에 걸맞게 활동하는 것에 관한 것이기도 하다. 달라스 윌라드(Dallas Willard)는 자신의 책, 『영성 훈련』(The Spirit of the Disciplines)에서 하나님의 독생자인 예수께서 어떻게 사람들의 눈을 피해 준비의 삶을 사셨는지를 지적한다. 성경은 예수님께서 기도와 은둔에 헌신했으며, 성부 하나님과의 관계에 깊은 주의를 기울일 뿐 아니라 성령 하나님께 개방성을 지녔다는 것을 설명한다. 윌라드의 책은 예수님께서 행하셨던 것과 같은 훈련에 참여하지 않은 채 그리스도를 닮은 삶을 살 수 있으리라고 희망하는 것은 오류라고 도전한다.[5]

풍차를 돌리는 것과 피아노를 연주하는 것과 같은 이야기들은 우리가 어떻게 우리 자신을 성령의 역사에 일치시킬 수 있는가를 보여준다. 그것은 성

---

4) Madeleine L'Engle, "The 10,000 Names of God," *Stately Lecture*, Bethel College, 1979.

5) Dallas Willard, *The Spirit of the Disciplines* (San Francisco: Harper & Row, 1988).

령께서는 은혜로 예기치 않게 우리를 방문하실 것이라는 우리의 희망을 일깨운다. 훈련은 우리에게 세상 안에서 하나님의 삶에 이르는 길을 열어준다.

## 훈련은 전인을 위한 것이다

훈련은 인간의 모든 면에 영향을 미친다. 그것은 성육신적이다. 우리가 인간을 물질과 비물질의 측면을 포함한 전인적 존재로 받아들일 경우, 그 훈련은 단지 영적이지만은 않다. 기독교 훈련은 몸, 지성, 감정, 의지, 상상력, 그리고 기억들을 포함한다.

### 몸

비록 우리가 태도와 행동을 변화시킬 수 있는 우리의 생각과 감정의 일부에 주의를 집중하는 데 익숙할지 모르지만, 우리들 가운데 많은 사람은 기독교 훈련에 포함된 육체적 요소에 대해 거의 주의를 기울이지 않는다. 사실 우리는 종종 우리의 몸을 단순히 무시한다. 몸을 고려하지 않고도 원하는 대로 나아갈 수 있다고 생각한다. 심지어 우리의 몸이 즐거움이나 불평을 통해 어떤 것에 반응하고 있다는 것을 감지할 경우에도, 우리는 하나님께서 이 감각들을 사용하여 무엇을 가르치려고 하시는지에 대해 질문하려 하지 않는다. 그러나 우리가 그것들에 주목하는지의 여부와 상관없이, 몸은 훈련의 실행의 한 부분이며, 다양한 훈련이 쉽게 느껴지는지 아니면 어렵게 느껴지는지에 공헌을 하며, 그들의 결과에도 영향을 미친다.

몸의 상태, 자세, 편안함은 영향을 미친다. 가령 우리가 기도를 위해 선택한 몸의 자세는 우리의 태도, 떠오르는 주제들, 언어, 하나님께 드리는 말과 주의 집중의 질, 이동—기도에 따라 우리의 행동을 변화시킴—을 선택하기 전까지 기도 가운데 머물러 있을 수 있는 우리의 능력에 영향을 미친다. 우리는 육체적 감각들이 배고픔, 만족, 포만, 피곤 혹은 편안한 쉼 등과 관련되어 있고, 이 모든 것들이 훈련 가운데 있는 우리의 주의집중과 인식력에 영향을 미친다는 것을 경험한다.[6]

우리의 몸은 너무도 분명하게 직접적으로 반응하기 때문에 우리가 그 몸의 단서를 무시하거나 억누르는 대신에 기꺼이 그것을 인지하려고 할 때, 우리의 몸은 중요한 정보의 원천이 될 수 있다. 우리는 몸이 영적 분별에서 중요한 역할을 할 수 있다는 것을 의식하지 못할 수도 있다. 그러나 근육의 긴장과 이완은 종종 인간들 사이의 만남에서와 같이 하나님의 초대에 대한 우리의 수용과 거부에 실마리를 제공해 준다.

예를 들면 우리가 하나님과 함께할 시간을 따로 확보하고자 노력할 때, 우리는 육체적으로 조급하거나 압박받는 느낌을 빈번하게 경험한다. 기도를 통해 우리의 조급한 느낌이 무엇 때문인지, 그것이 지나치게 많은 스케줄과 관련이 있는지, 하나님과 홀로 있는 것을 피하려고 하는 것인지, 아니면 다른 어떤 이유 때문인지를 탐구할 수 있다. 또 어떤 때는 일종의 거룩한 여가를 즐기고 있는, 바쁜 스케줄 가운데서도 육체적인 차분함을 경험하고 있는

---

6) 기도의 다양한 자세를 실험해 보는 것은 도움이 된다. 얼굴을 바닥에 대고 누운 자세로 시작할 수 있다. 그리고 난 후 무릎 꿇고, 앉고, 선 자세를 번갈아 가며 실행해 볼 수 있다. 손의 다양한 자세도 실험해 보라. 함께 모음, 손바닥을 위나 바닥을 향하게 함, 머리 위로 들어 올림 등을 시행해 보라. 충분한 시간을 들여 각 자세를 시행해 보고, 그 자세로 무엇에 관해 기도하는 것 같은지를 인지해 보라. 보다 심각한 기도에 적합해 보이는 자세가 있는가? 어떤 자세가 평범하거나 지루하게 느껴지는가? 어떤 자세에서 당신이 참된 기도를 하게 되고, 생동감을 느끼는가? 시간을 내어 몸이 당신의 기도에 미치는 영향에 대해 성령께서 가르쳐 주시기를 간구하라.

우리 자신을 발견한다. 우리는 또한 의미 깊은 관계 안에서 하나님과 함께 있기 위해 필요한 시간은 얼마든지 기꺼이 투여하는 자신을 발견한다. 이것 역시 통찰의 원천이 되기도 한다.

때때로 몸의 반응들은 우리가 어떤 것을 회피하고 있다거나, 혹은 우리에게 적절하지 않는 경험이나 환경들 안으로 우리 자신을 밀어 넣고 있다는 것을 알려준다. 몸의 어느 부분, 즉 머리, 목, 어깨, 등, 위에 있는 근육의 긴장이나 통증은 우리의 삶에 대한 실마리를 제공한다. 우리의 몸이 불평하는 것을 인지하면 마음과 정신의 감추어진 장애물을 감지할 수 있다. 그리고 우리는 그것을 기도로 가져갈 수 있다. 우리는 또한 우리 몸의 반응에 대해 기도할 수 있고 하나님께 그 반응들이 의미하는 바가 무엇인지를 물을 수 있다.

육체적 활동이 자신들을 고요하게 만드는 데 도움을 주어, 성령과 자유로이 대화를 나눌 수 있게 된다고 말하는 사람들이 있다. 산책, 조깅, 스케이팅, 수영, 혹은 다른 종류의 반복적인 동작 등은 그들의 기도를 돕는다. 그들은 움직이기 시작할 때 자신들의 생각이 하나님께 집중되어 마음에서 떠오르는 모든 생각들, 감정들, 질문들, 염려를 하나님께 이야기하게 된다고 말한다.

내게는 수영이 그와 같은 것이다. 나는 강의를 한 후 종종 수영장에 간다. 물속으로 들어갔을 때, 나는 하나님께 좋은 일들과 좋지 않은 일들에 관해 이야기한다. 그 순간은 보고의 시간이 된다. 떠오르는 생각이면 무엇이든 하나님께로 흘러가도록 허락한다. 계속해서 수영장을 왕복하면서 나 자신과 염려를 하나님께 모두 털어 놓는다. 그러고 난 후 내 기도는 점점 단순해진다. 때때로 "감사합니다" 혹은 "당신을 사랑합니다"와 같은 한두 단어나 구절의 기도로 변해 간다.

앉아 있는 것보다 움직이는 것이 어떤 사람들에게는 더욱 하나님의 사랑의 임재를 인식할 수 있을 뿐 아니라 하나님과 더욱 함께 있을 수 있도록 해준다. 이러한 신뢰를 토대로 그들의 기도는 직접적인 관심의 대상 밖에 있는 사람들과 환경에까지 확대된다. 그들은 평소 자기 마음과는 달리 훨씬 더 큰 사랑이나 긍휼의 마음으로 중보를 하고 있다고 느낀다. 그들은 하나님께 기도하고 있는 것만이 아니라 하나님과 함께 기도하고 있다는 것을 느낀다.

리처드 포스터(Richard Foster)는 농구의 슛을 하는 운동이 어떻게 자신의 영적 훈련의 일부가 되었는지를 설명한다.

> 어느 여름 나는 매일 저녁 10시경에 작은 농구 코트로 나갔다. 그 농구 코트는 우리가 현관 도로에 설치해 놓은 것이었다. 나는 홀로 하나님께서 그날의 영적 명세서를 작성해 주시기를 요청하면서, 농구 슛을 했다. 많은 것들이 기억의 표면으로 떠올랐다. 물론 거기에는 죄도 있었다: 화난 말, 무례함, 타인에게 용기를 북돋워줄 기회를 놓침. 그러나 거기에는 선한 것도 있었다: 작은 순종, 침묵기도, 적절하게 사용된 말. 이것은 오직 그 해 여름에만 있었던 일이다. 나는 결코 그 경험을 반복하려고 노력하지 않았다. 그러나 그것은 일종의 의식 성찰의 경험이었다.[7]

육체적 활동에 참여한 사람들 중에는 분주함으로부터의 해방을 경험하여, 심지어 운동 중에도 기도에 주의를 더욱 집중할 수 있게 된 사람도 있다. 또 다른 사람은 운동 후에 그들이 기도에 보다 질 높은 주의 집중을 할 수 있게 되었다는 것을 발견한다. 반대로 육체적인 활동을 멈추는 것을 그들 자신

---

7) Richard Foster, *Prayer: Finding the Heart's True Home* (San Francisco: HarperSanFrancisco, 1992), 34

의 정신적, 육체적인 활동을 흘려보내고 하나님께 주의를 집중하고자 하는 그들의 바람을 선언하는 것으로 간주하는 사람들이 있다. 그들은 장소를 선정하여 기도하고, 일지를 기록하고, 성경을 연구하고, 혹은 다른 훈련에 참여하는 동안 그곳에서 머물기로 결정한다. 그들 역시 시작할 때 그들 자신의 소란스러운 소리를 인지한다. 마치 그들의 몸만이 유일하게 고요한 것처럼 느껴진다. 그러나 이 고요함 속에서 그들은 그들의 마음과 감정의 경주와 방황을 인식하게 된다. 그리고 그것을 점차 흘러가게 하고, 그들의 생각과 주의를 하나님께 집중한다. 그들은 편안하면서도 그들을 깨어 있게 해 주는 몸의 자세를 선택한다.

센터링 기도를 시행하는 사람은 침묵 가운데 기다린다. 그 기도는 "예수 그리스도, 하나님의 아들이시여, 이 죄인을 불쌍히 여기소서"라는 기도를 반복하거나, 자신들이 스스로 선택한 말들, 가령 "주님, 당신을 사랑합니다"라는 말을 반복하는 것을 포함한다. 어떤 사람은 관상기도에 이르기 위한 하나의 방식으로 센터링 기도를 사용한다. 또 다른 사람은 성경과 함께 기도하는 렉치오 디비나가 관상기도로 인도하는 것을 체험한다. (12장, "기도"를 보라). 어느 경우든, 말은 하나님을 향한 우리의 사랑을 표현하는 하나의 방식이다. 그러나 말은 하나님의 사랑의 임재를 경험하는 우리의 감각에 종속적이다.[8]

우리 중 그 누구도 하나님에 관한 한 그 어떤 것도 발생시킬 수는 없다. 그

---

8) Thomas Keating, *Intimacy with God* (New York: Crossroads, 1994); Basil Pennington, *Centered Living: The Way of Centering Prayer* (New York: Image Books, 1988); William Volkman, *Basking in His Presence: A Call to the Prayer of Silence* (Glen Ellyn, Ill.: Union Life Ministries, 1994).

러나 우리 자신을 하나님께 드릴 수 있고, 자신을 개방할 수 있으며, 성령께 우리의 기도를 도와 달라고 요청할 수 있다. 육체적 고요함은 우리가 내외적 활동의 회전목마에서 내려서, 우리의 자아-중심적인 집착을 벗어나도록 도와줄 수 있다.

### 지성

우리의 정신은 하나님께로부터 주어진 놀라운 선물이다. 우리는 하나님을 위해서, 하나님과 함께 그것을 사용할 수 있다. 때때로 우리가 더욱 열심히, 힘을 다해 공부하도록 하나님께서 초대하고 계시다는 것을 느낄 때가 있다. 우리가 무엇을, 어디에서, 누구와 함께 공부해야 하는지를 알 수도 있다. 그리고 우리가 성령께 협력하는 것은 지적 노력과 도전을 포함한다. 또 어떤 때에는 하나님께서 우리가 인간의 지적 한계에 더욱 주목하게 하신다. 사실, 하나님의 영이 우리가 기꺼이 알지 못한 채 하나님을 신뢰하도록, 그리고 신비와 타자성과 알 수 없음을 더욱 수용하도록 격려하고 있다는 것을 발견한다. 철저한 조사나 연구를 통해서도 알 수 없을 때, 우리는 자신의 능력이 아니라 하나님에 대한 신뢰를 확장하도록 요청받고 있다고 느낀다. 우리의 핵심적인 질문은 "특정한 기간 동안 특정한 기독교 훈련을 수행할 때, 우리가 어떻게 지성을 사용하기를 하나님은 원하시는가?"라는 것이다.

### 감정

우리는 또한 감정을 통해서 성령의 자극을 경험한다. 때때로 하나님께서는 감정에 주의를 기울이도록 우리에게 요청하신다. 그렇지 않았다면 우리 스스로도 제대로 감지하지 못했을 감정에, 혹은 적절한 이름을 발견할 수가 없어서 명명할 수 없는 감정에 주의를 기울이도록 하나님은 우리를 초대하신다. 하나님께서 우리가 우리 자신을 표현하기를 원하신다는 것은 분명하다. 또한 우리는 하나님께서 우리의 감정들을 경청해 주실 뿐 아니라, 그 감정들에 관해 우리를 도와주시기를 요청한다. 하나님께서는 우리가 그 감정들의 정체와 원천을 알아낼 수 있도록, 그리고 건강하고 경건한 감정들에 이끌리도록 우리를 도우신다. 우리는 또한 특정한 상황에 대한 우리의 느낌이 아무리 좋을지라도 하나님께서는 우리가 그것에서 멀어지도록, 우리의 강한 감정을 무시하고 하나님이 선택하신 방식대로 행동하도록 요청하고 계심을 깨닫는 경험을 할 수도 있다. 그래서 또 한번 기독교 훈련의 영역에서 우리의 초점은 하나님께 있다. 우리의 감정에 초점을 두기보다 성령께서 무엇을 느끼도록 우리를 초대하시는지, 하나님께서 어떻게 그 감정들에 주의를 기울이도록 우리에게 요청하시는지를 자문할 필요가 있다. 우리는 그 감정들을 표현해야 하는가, 그 감정에 따라 행동해야 하는가, 아니면 그냥 그 감정을 느낀 채로 기다리면서 하나님을 주목해야 하는가?

기도의 방식들, 성경 읽기, 여러 훈련은 강한 감정들을 불러일으키고, 그 감정에 대한 우리의 다양한 반응을 야기한다. 하나님은 이러한 감정들과 이 감정들에 대한 우리의 인식을 사용하여, 우리가 그에 관해 기도할 때 우리를 가르치신다. 우리는 때때로 그 감정들을 정면으로 응시하지 못하고 부끄러워 피할 수도 있다. 왜냐하면 안정되었다가도 곧 이어 불안해 하는 우리의 감정의 기복을 보면 스스로 당황하게 되기 때문이다. 우리는 너무도 흔들리는 자신의 모습을 보고 우리가 영적이지 않으며 어리석은 존재라고 생각할 수도 있다. 우리는 또한 침몰하는 감정들이 우리의 천박함을 드러내는 표시라고 두려워할 수도 있다. 그러나 우리가 감정의 요동 가운데서도 하나님과 함께 기도 가운데 머물면 많은 것을 얻게 된다. 우리가 자원하여 그렇게 머물 때, 하나님은 우리 자신, 타인들, 삶의 상황들, 하나님의 신실한 사랑에 대해 많은 것을 우리의 감정을 통해 드러내신다. 우리가 모든 감정을 하나님께 개방할 때 두려워할 것이 아무것도 없다. 그 감정이 아무리 극단적이거나 용납할 수 없는 것처럼 보인다 할지라도 말이다.

어떻게 우리의 감정을 하나님께 표현해야 하는지에 대해 알고 싶어 할 때, 시편으로 기도하는 것은 우리에게 큰 위안을 준다. 시편은 폭넓은 인간의 감정들을 포함하고 있다. 우리가 용납하기 힘든 감정을 표현한 시편을 묵상하면 하나님의 돌봄의 범위가 얼마나 큰지에 대해 배우게 된다.[9]

## 의지

많은 감정들이 우리의 의지를 인지하도록 도와준다. 왜냐하면 그 감정들은 우리의 바람들과 두려움들, 선호하는 것들과 회피하는 것을 둘러싸며 소용돌이치기 때문이다. 의지는 자발성/의도성의 중심이다. 의지는 하나님과의 관계에 대한 순간적인 질문이나 오랫동안 고심해 온 질문이 자리 잡고 있는 장소이다. 우리는 자신의 의지와 그 과정들을 기꺼이 인지하려고 하는가? 우리는 하나님을 받아들이고 있는가, 아니면 하나님께 저항하고 있는가? 우리는 자신의 자발성과 의도성에 대해 인식하고 싶어 하지 않을 수도 있다. 왜냐하면 우리가 보게 될 것을 두려워하기 때문이다. 하나님께서 우리가 인식하지 못하고 있는 우리 자신의 측면들을 드러내시도록 하나님을 신뢰하는 것이 현명한지에 관해 우리는 의문을 제기할 수도 있다. 우리는 또한 감내할 수 있는 이상으로 우리의 자발성과 의도성을 바라보게 됨으로써 당

---

9) Walter Bruggemann, *Praying the Psalms* (Winona, Minn.: St. Mary's Press, 1983).

황하게 되지 않을까 염려할 수도 있다.

기독교 훈련의 실천을 통해서 우리는 우리의 자발성과 의도성에 보다 친숙하게 되며, 그 둘 사이의 경계선에 대한 보다 분명한 이해를 얻게 된다. 이 경계선은 어떤 때에는 확고하고, 또 다른 때에는 유연하다. 우리는 어떤 영역에서는 자발적이며, 다른 영역에서는 덜 자발적이고, 또 다른 영역에서는 하나님께 저항한다. 우리의 자발성과 의도성을 상세하게 인식하게 될 때, 우리는 하나님께 응답할 수 있는 수많은 기회들을 알아차린다. 우리 자신의 이러한 측면들을 인지하게 되면, 기도와 성찰을 위한 새로운 가능성들이 계속적으로 열리게 된다.

### 상상력

상상력 역시 우리를 하나님께로 가까이 인도할 수도 있고 멀어지게 할 수도 있다. 우리가 기독교 훈련을 실천할 때 상상력을 경건한 방식으로 사용하는 연습을 함으로써 상상력을 개발한다.

상상력을 의도적으로 사용하는 기독교 훈련이 더러 있다. 예를 들어 성경을 기도와 묵상을 위한 토대로 사용하는 한 가지 방식은 성경을 읽고 난 후 마치 우리가 그 성경의 장면 안에 있는 것처럼 생각하고 기도하는 것이다. 장면은 어떠했는가? 상황은? 등장인물은 누구인가? 날씨는 따뜻했는가, 차가웠는가? 미풍이 불었는가? 우리는 무엇을 보고, 듣고, 맛보고, 만지고, 냄새 맡았는가? 우리는 어떻게 느꼈는가? 우리는 성령께서 특정한 사건을 보여주시기를 간청할 수 있다. 혹은 우리가 그 장면 가운데 존재했다면 어떻게 행동했을 것인가를 성령께서 우리에게 보여주시기를 간청할 수 있다. 우리는 성경 본문을 조용히 혹은 소리 내어 수차례 읽고, 그 가운데 몰입하고, 기도하고, 하나님의 음성을 경청하고, 우리가 인지하는 것에 응답한다. 성경을 읽는 이러한 방식은 기독교 훈련에서 상상력을 적절하게 사용하는 한 가지 예이다. 우리는 우리의 상상력을 하나님께 드린다. 그리고 성령께서 상상력을 통해서 우리에게 말씀하시도록 초대한다.

### 기억

기억은 훈련을 실천하는 데 영향을 미치며 때때로 우리의 훈련과 기도에 자양분을 공급하고, 우리를 하나님께로 인도한다. 하나님께서 우리에게 은혜를 베풀어 주신 과거를 기억할 때 하나님께서 지금 필요로 하는 곳에 임재하고 계시다는 것을 더욱 신뢰하게 된다. 이것은 우리가 희망을 가지고 기도와 다른 훈련에 참여하도록 도와준다. 그러나 우리가 유쾌하지 못한 경험을 기억해 낼 때, 그 기억들은 우리를 하나님께로부터 멀어지게 한다. 이런 경우 우리는 그 생각을 따름으로써 훈련에 대한 것을 쉽게 잊어버린다. 우리는 해결되지 않은 경험을 만족할 만한 방식으로 해결할 수 있기를 희망하면서 그 경험을 재방문하는 경향이 있다. 그러나 계속해서 기억을 떠올리는 것과 그 기억을 기도로 가져가는 것 사이에는 차이가 있다. 우리는 그 기억을 하나님의 임재와 치유에 내맡길 수 있는 곳으로 가져갈 필요가 있다.

우리의 몸, 지성, 감정, 의지, 상상력, 그리고 기억은 늘 우리와 함께 있으면서 하나님의 음성을 경청할 수 있도록 영향을 미치는 6가지 요소이다. 우리는 이 요소들 중 어느 것 하나도 훈련의 중심으로 삼고 싶어 하지 않는다. 그러나 하나님께서는 그 모든 것을 사용하셔서 통찰과 영적 회복을 허락하신다. 훈련의 종류나 시기에 따라 이 요소들 중에서 강조되는 것들이 각각 다르다. 우리는 이 요소들을 중요하게 생각할 필요가 없는 때와 성령께서 이 요소들에 큰 관심과 기도를 기울이도록 우리에게 요청하시는 때를 구별할 필요가 있다.

# 기독교 훈련의 실천을 촉진시키는 방법

규칙을 세우는 것, 장소를 따로 정하는 것, 영성일지를 기록하는 것, 영성지도에 참여하는 것은 하나님께서 특정한 기간에 사용하도록 우리를 초대하시는 훈련이 무엇인가를 분별하는 데 도움을 줄 수 있는 네 가지 방법들이다.

## 규칙을 세우는 것-길을 찾으려고 귀를 기울이는 것

규칙을 세우는 것 혹은 길을 찾으려고 귀를 기울이는 것은 단순히 훈련에 관한 성령의 자극을 성찰하고, 그에 관해 기도하고, 깊이 숙고하는 것을 의미한다. 무엇을, 언제, 어디서, 어떻게, 누구와 함께라는 질문들이 우리 기도의 의도적인 부분이 된다. 때때로 우리 스스로 몇 가지 훈련을 선택하여 그것을 우리가 감당할 수 있는 방식으로 결합하는 것이 더욱 쉬울 것 같이 느껴지기도 한다. 그러나 기도와 성찰의 과정을 통해 우리의 훈련을 결정할 때, 우리는 더욱 즐겁게 그 훈련에 참여할 수 있고, 그 훈련 자체를 위해 기계적으로 참여하는 것을 피할 수 있게 된다. 하나님께서 초대하시는 훈련에 참여하는 것은 그 훈련이 하나님과 함께 있고 하나님을 경청하는 것에 관한 것이라는 기대와 색조를 처음부터 설정하는 것이다. 이러한 형태의 계획은 우리의 바람들이 성령님께 달려 있음을 구체적으로 표현하는 것이다.

일단 하나님께서 우리를 초대하고 계시는 훈련에 대한 아이디어를 갖게 되면, 우리는 잠정적인 계획을 세운다. 어떤 방식에 따라 그 훈련을 실행할 것인지, 어느 정도의 시간을 투여할 것인지, 어느 정도의 간격을 유지할 것인지, 언제 어디에서 무슨 목적으로 참여할 것인지 등을 결정한다. 하나의 규칙이나 계획은 보통 상당수의 훈련을 포함한다. 그 중에는 매일 실행해야 하는 것들도 더러 있다. 또 다른 것은 주 2-3회, 주 1회, 월 1회, 일 년에 몇 회 정도 실행되어져야 한다. 계획은 개인, 소그룹, 대그룹 훈련을 모두 포함할 수 있다.

규칙이나 계획을 갖는 것은 도움이 될 수도 있고 해가 될 수도 있다. 우리가 계획을 우리 자신과 우리의 영적 발달을 통제하는 방식으로 채택한다면, 그 계획은 해가 될 수 있다. 은혜를 시야에서 놓쳐 버리고 영적인 선한 행실을 하는 것에만 매몰되기 쉽다. 또한 하나님의 거룩하심이 아니라 우리 자신의 거룩함에 대한 생각들에 사로잡히기 쉽다. 우리는 그릇 나갈 수 있다. 그러나 우리가 성령의 인도하심을 구하면서, 열린 마음으로 규칙을 만드는 데 최선을 다한다면 우리는 저해하기보다는 도움을 주고 자유롭게 해 주는 훈련을 선택하게 될 가능성이 훨씬 더 많다. 우리가 계속해서 하나님의 음성을 경청하면서 우리의 계획의 성장과 변화를 기꺼이 수용한다면, 그 과정은 우리 자신의 것이 아니라 우리 삶 안에서 활동하시는 성령의 것이 될 수 있다.

전형적인 규칙이나 계획이란 없다. 그러나 다음의 훈련이 빈번하게 등장한다: 성경 읽기, 개인기도, 침묵과 홀로 있음, 피정, 홀로 하는 산책, 고전과 현대의 경건 서적 독서, 영성지도, 세상에 대한 자각, 청지기 의식, 가족 훈련, 적절한 식사와 수면의 습관, 운동, 어떤 것들에 대한 절제. 더러의 사람은 바쁜 와중에도 빼먹지 않을 최소한의 훈련을 규칙 안에 포함한다. 그들은 또한 시간의 압박이 덜할 때 행할 수 있는 훈련, 혹은 하나님께서 보다 많은 시간과 공간을 확보하도록 요청하신다고 느낄 때 행할 수 있는 훈련을 계획한다. 좋은 규칙은 우리가 간신히 행하는 어떤 것이 아니다. 오히려 그것은 우리가 어떤 존재가 되고자 하는지를 드러내 주는 것이다. 규칙은 하나님과의 사랑의 관계를 심화시키고자 하는 우리의 의도를 뒷받침해 주는 실행 방식을 포함해야 한다.

비록 우리가 계속해서 유연성을 보장한다 할지라도, 계획을 갖는 것의 장점 중 하나는 우리가 매일 무엇을 할 것인가를 결정하는 데 시간과 에너지를 낭비할 필요가 없다는 점이다. 우리가 규칙적인 실천을 위해 선택한 훈련은 보통 우리와 하나님과의 관계의 여러 측면들을 반영한다. 일상의 경험과 삶의 하중 가운데서도 어떻게 우리 자신을 하나님의 사랑에 개방할 수 있겠는지에 관해 성령의 인도하심을 구하면서 기도, 성찰, 참된 마음의 열망을 살펴봄으로써 우리의 훈련 과정을 설정한다.

다른 사람들의 훈련을 알아보는 것은 선택 가능한 안들을 고려할 때 도움이 된다. 나는 25년 이상 계속해서 성장하고 변화해 가는 규칙에 따라 살아가고 있는 저술가 친구가 있는 것에 감사한다. 그녀는 저술하고, 여행하고, 강연할 때 규칙적으로 매일 아침과 저녁에 성경을 읽고 기도하며, 시간을 내어 영성일지를 기록하고, 침상에 들기 전에 홀로 고요한 시간을 갖는다. 그녀는 또한 자주 성만찬에 참여한다. 그녀는 교회 공동체에 참여하고 예배하고 가르친다. 그녀는 이것이 하나님의 음성을 경청하고, 하나님을 누리고, 삶을 행복하게 영위하는 데 필요한 것이라는 사실을 알게 되었다. 그녀를 관찰함으로써 용기를 얻어, 나는 내 안에 하나님의 생명을 북돋기 위한 훈련이 무엇인가를 파악하여 실천하게 되었다.

### 장소를 따로 정하는 것

우리 삶의 복잡성과 끈질긴 자기 이익의 욕구가 종종 우리를 영적 훈련으로부터 멀어지게 한다. 기도와 명상, 성경 읽기, 영성일지 작성, 그리고 다른 훈련을 위한 장소를 따로 갖는 것이 하나님으로부터 멀어짐을 약화시킬 수 있는 구체적인 방식이다. 그것은 마치 도서관에서 독서에 집중하기 위해 양옆이 막혀 있는 책상을 찾아가는 것과 마찬가지로 우리가 집중할 수 있도록 도와준다. 훈련의 실행을 위해 우리가 따로 설정한 장소로 가는 것은 일상의 생활에서 의도적인 영적 훈련의 실행으로 전환할 수 있도록 우리를 도와준다.

때때로 우리가 선택한 장소는 우리가 하나님과 함께 시간을 보내는 것을 얼마나 진지하게 생각하는가를 알 수 있는 실마리를 제공한다. 때때로 우리의 선택은 다른 종류의 정보를 드러낸다. 우리는 기도 의자나 구석으로 찾아가 기도하는가, 아니면 책상에 그냥 머무른 채 기도하는가? 장소는 우리의 의도나 급박성을 드러내며 우리가 대수롭지 않은 방식으로 어떤 것을 행하고 있다는 것을 암시하거나, 관계에 집중하기보다 지나치게 기계적으로 통제되어 가고 있다는 것을 암시한다. 한 장소가 자동적으로 다른 장소보다 더 좋은 것은 아니다. 그러나 그 장소를 선택하게 한 우리의 동기가 무엇인가를 인지하는 것은 도움이 될 수 있다. 그 어떤 장소도 그 자체가 무엇을 가능하게 하는 마법이 아니다. 하나님은 장소에 구애받지 않으시고 우리를 만나신다. 사실, 영성훈련을 추구해 온 많은 사람은 그들이 제단을 준비하면 불은 다른 어떤 곳에서 붙는다는 것을 인지해 왔다. 우리가 훈련을 수행하는 동안에 특별히 영적인 것을 느끼지 못할 때조차도, 우리는 그 훈련의 열매를 일상생활의 한복판에서 감지하게 되는 경우가 많다.

### 영성일지 기록하기

하나님과의 관계에 대한 영성일지를 기록하는 것이 기도와 삶 가운데 역사하시는 하나님의 임재를 발견하는 그들의 능력을 고양시키는 것을 체험한 사람들이 있다. 그들은 또한 영성일지의 기록이 과거의 삶 가운데 임하실 하나님의 역사를 기억하는 능력을 증대시킨다는 것을 발견한다. 그러한 영성일지는 다양한 내용을 포함할 수 있다: 성경의 일부분; 성경의 구절이나 사건에 대한 개인의 질문이나 통찰을 포함한 반응들; 슬픔, 기쁨, 객관적인 관찰들; 하나님께서 그들에게 인지하도록 촉구하시는 것 같은 내용에 대한 기술. 영성일지를 기록하는 사람들 중에는 하나님께 편지 쓰기를 좋아하는 이들도 있다. 혹은 기도를 기록하거나 기도에 관해서, 즉 어떻게 기도하며, 무엇을 기도했으며, 기도의 질은 어떠했는지를 기록하는 사람들이 있다. 그들은 하나님과의 관계에서 발생하는 의사소통의 원활함과 답답함의 흐름, 혼란, 사랑에 관해 기록한다.

영성일지의 목적은 하나님과의 관계에서 발생하는 것들에 관한 우리의 인식과 해석의 스냅 사진을 모아두는 것이다. 우리의 신앙 이야기를 기록하는 것은 우리의 이해와 영성훈련의 방식을 형성해 온 경험을 읽고 기억하는 데 도움이 된다. 우리가 마음을 성령께 열었던 상황이나 하나님의 도우심으로 어려움을 이겨낸 때들을 읽게 되면 현재와 미래에 대한 희망을 하나님께 둘 수 있게 된다. 우리의 생각들, 감정들, 기도들, 행동들은 우리의 영적 여정의 토대가 되는 하나님 체험들을 재방문 함으로써 큰 영향을 받을 수 있다.

영성일지들은 그것을 기록하는 사람들만큼이나 고유하고 개인적이다. 사람은 내용에 따라 다른 스타일을 채택하여 기록한다. 성경을 기록할 때, 그들의 반응을 기록할 때, 질문을 기록할 때, 인용을 할 때 각각 다른 스타일을 채택한다. 영성일지를 성경, 질문, 기도 목록, 혹은 적절한 다른 영역으로 분류해 놓는 사람들이 많다. 영성일지를 기록하는 옳고 그른 방식이 따로 있지 않다. 하나님과의 열린 대화와 하나님께 주목하는 것을 가능하게 하는, 그리고 단순히 일상의 활동들을 기록하는 것에 그치지 않는 기록 방식은 그 어느 것이나 적절하다.

영성일지가 영적 발달의 효과적인 도구가 되기 위해서는 반드시 사적 (private)이어야 한다. 우리가 하나님께 드러내어 표현할 필요가 있는 많은 것은 우리가 다른 사람들과 논의하고 싶어 하지 않는 것들이다. 그 일지에는 적어도 우리의 참된 마음, 태도, 희망, 두려움들이 토로되어 있다. 같이 사는 사람들과 함께 프라이버시의 필요성에 대해 논의하는 것은 중요하다. 프라이버시의 존중을 요청하고도, 영성일지에 특정한 주제를 기록할 때는 암호를 사용하는 것을 편안해 하는 사람들이 있다. 영성일지를 기록하는 영성훈련을 탐구하고 싶어 하는 사람들을 위한 좋은 자료가 많이 있다.[10]

영성일지를 기록하는 많은 사람은 자신들이 영성지도에 참여할 때 그 일지가 많은 도움을 주는 것을 발견한다. 그들은 지난번 영성지도 이후로 기록한 일지를 읽어봄으로써 영성지도를 준비한다. 그리고 영성지도자와 이야기할 내용에 대해 기도한다.

### 영성지도에 참여하기

영성지도는 다른 영성 훈련과 자연스럽게 연결되는 훈련이다. 영성지도의 만남은 다른 기도하는 사람과 함께 우리가 실천하고 있는 훈련을 논의하고 검토할 수 있는 기회를 제공한다. 피지도자들은 아마도 성령께서 자신들에게 행하도록 요청하셨다고 믿는 특정한 훈련에 관해 이야기할 수 있다. 그들은 어느 영역에서 쉽게 순종하여 분명한 유익을 얻게 되었는지, 그리고 어디에서 저항을 경험했는지를 이야기함으로써 자신의 반응을 설명할 수도 있다. 그들은 또한 자신들이 어느 특정한 훈련에 지나치게 치중했는지의 여부를 논의하거나 언제 그들의 실천이 만족스럽지 못하거나 부적절하게 느껴지는지에 관한 질문을 제기할 수 있다. 그들은 자신들이 흥미를 잃거나 지

---

10) Ron Klug, *How to Keep a Spiritual Journal* (Minneapolis: Augsburg, 1993).

루하게 된 이유들을 발견하려고 시도한다. 뿐만 아니라 그들은 성령께서 자신들을 다른 훈련으로 이끄시는지의 여부, 혹은 같은 훈련을 다른 방식으로 행하도록 이끄시는지의 여부를 조사할지도 모른다. 때때로 우리는 기도, 성찰, 하나님과 영성지도자와의 대화를 통해서 훈련을 재조정하여, 그 훈련이 우리의 하나님과의 관계를 계속해서 새롭게 반영할 뿐 아니라 그 관계를 심화시킬 수 있도록 해야 한다.

영성지도의 만남은 단지 우리가 어떤 훈련을 어떤 방식으로 수행해야 하는지를 논의하는 기회를 제공하는 것 이상이다. 영성지도는 하나님께서 우리의 삶 전체에서 의도하시는 바를 분별할 수 있는 능력을 고양시킨다. 일상생활과 영성지도를 포함한 훈련의 실천은 흥미로운 방식으로 서로 뒤섞여 있다. 훈련의 실천 덕분에, 놓쳐 버렸을 많은 것을 감지하여 숙고할 수 있게 된다. 이것은 우리의 기도와 행동에 영향을 미치고, 이 영향은 다시 역으로 훈련의 실천에 영향을 미친다. 이것은 삶과 성찰에 근거한 실천을 원의 요소로 삼는 순환의 과정이 된다. 우리는 영성 훈련과 삶의 한복판에서 하나님께 경청하고, 영성지도의 대화를 통해서 감지한 것을 고찰한다.

## 이것은 참으로 기독교 훈련인가?

때때로 우리는 마치 훈련이 모든 사람들에게 같은 방식으로 작용해야 하는 것처럼 행동한다. 그렇지 않은 경우에는 무언가 잘못되었다고 추정한다. 그러나 이것은 우리가 알고 있는 사실과 맞지 않다. 우리는 인간의 개성이 다양하다는 것과 하나님께서 우리를 고유하고 유일한 존재로 창조하셨다는 사실을 알고 있다.

그러나 우리가 누구이며, 성령께서 이끄시는 훈련이 무엇이든지 간에, 우리 모두는 그 훈련으로부터 어떤 유익을 얻기를 희망한다. 훈련의 유용성을 결정하는 특질은 무엇인가? 유용성이란 우리가 하나님께 주의를 집중할 수 있도록 도와주는 것을 말한다. 이러한 질문을 놓고 기도하고 생각할 때, 우리는 핵심적인 요소 몇 가지와 덜 중요한 요소 몇 가지를 지적할 수 있다. 그 요소들의 목록은 아래와 같다. 그것은 우리가 훈련과 실천에 관한 통찰을 하나님께 구할 때 도움을 줄 수 있을 것이다.

기독교 훈련에 참여할 때, 우리는 다음과 같은 유익들을 감지하게 될 것이다:

**우리는 안정되며 하나님께 초점을 맞추게 된다.** 우리는 고요해진다. 소란함과 요란함을 흘려보내고 우리를 창조하시고, 부르시고, 사랑하시고, 구속하시고, 우리의 삶에 개입하시는 한 분 하나님께 초점을 맞춘다.

우리 자신을 하나님께 개방한다. 그렇게 함에 따라, 우리는 방어적이 되기보다 더욱 하나님을 신뢰하게 된다. 우리는 항상 말하려고 하기보다 들을 준비가 되고 들을 수 있게 된다. 우리는 하나님과 함께 있고, 하나님께 주목하고, 하나님께 자신을 내어드리게 된다.

**우리는 하나님 인식이 고양됨을 경험한다.** 우리는 하나님, 우리가 갖는 신과 인간의 사랑의 관계, 거룩한 가치들의 고유한 특질들을 알아차린다. 우리는 하나님이 어떤 분이신지, 하나님의 의도가 무엇인지를 이해하기 시작한다. 또한 하나님을 아는 것과 우리 자신이 하나님께 알려지도록 허락하는 것들의 또 다른 측면들을 개발한다.

**우리는 하나님의 온전함과 관련하여 자신이 한계를 지닌 인간이라는 사실을 더욱 자발적으로 인정하게 된다.** 우리는 스스로 통제하려는 의지, 즉 "나는 그것을 내 힘으로 할 수 있어"라고 말하는 의지를 흘려보낸다. 우리는 우리가 하나님을 더욱 온전히 의존하게 만드는 태도를 개발한다.[11]

**우리는 하나님께 굴복한다.** 훈련은 우리가 하나님의 방식을 채택하도록, 우리 자신보다 하나님을 선호하도록 도와준다. 우리가 조금이나마 정직할 때, 우리는 얼마나 빈번하게 그리고 얼마나 많이 우리가 자신의 방식을 좋아하는지, 그리고 스스로가 통제하는 자가 되기를 선호하는지를 일견하게 된다. 때때로 하나님께서는 우리가 하나님을 위하여 우리 자신을 대적하도록 인도하시는 것처럼 느껴진다. 그래서 우리 자신을 흘려보내고, 하나님의 신실하심과 충분하심을 바라볼 수 있게 해준다. 훈련은 하나님께 굴복함으로 맺어진 즐거운 결실을 상기시켜 준다. 심지어 그 굴복 자체가 유쾌하지 않게 느껴질 때조차도 말이다.

**우리는 우리를 위한 하나님의 사랑을 믿는다.** 영성훈련은 하나님의 사랑을 알아차리도록, 또한 그 하나님의 사랑과 연결되도록 우리를 돕는다. 훈련에 참여하고 있을 때 우리가 정죄 받는 느낌이 든다면, 그 훈련은 무언가가 잘못되었다. 우리는 요구되어지는 것이 무엇인지를 성령께서 보여주시도록 요청할 필요가 있다. 그러나 우리가 이러한 스스로의 명예를 훼손하는 형태의 질문을 하는 동안, 하나님의 영은 우리가 주목할 필요가 있는 영역을 직면하게 하신다. 이러한 경우에, 하나님의 사랑은 우리를 정화시킨다. 이러한 하나님의 사랑은 좋게 느껴지지 않을 수도 있다. 특별히 하나님께서 우리가

---

11) Gerald G. May, *Will and Spirit: A Contemplative Psychology* (San Francisco: Harper & Row, 1982), 5-6

좋아해 온 태도와 훈련 방식들로부터 우리를 결별시킬 때는 더욱 그러하다. 여전히 우리는 하나님께서 우리를 새로운 피조물로 살아가도록 부르고 계시다는 것을 기억할 필요가 있다. 그 부르심은 하나님의 깊은 사랑의 행위이다. 하나님은 우리를 사랑하시고, 우리의 자유와 온전함을 소망하신다.

**우리는 하나님에 의해 새롭게 된다.** 영성훈련을 통해서 하나님은 우리의 마음과 생각과 태도와 행동들을 청결하게 하시고, 정돈하시고, 새롭게 하신다. 하나님께서는 우리를 자기 중심성에서 멀어지도록 이끄시며, 우리의 사랑과 인지 능력을 저해할 수 있는 삶의 퇴적물들을 제거하신다.

**우리는 하나님의 음성을 경청할 수 있도록 자유롭게 된다.** 영성훈련은 보다 큰 객관성을 확보하게 하고, 이해하고 감상하고 분별할 수 있는 공간을 제공한다. 우리의 경청하고, 상호작용하고, 질문을 제기하고, 기다리고, 응답하고, 행동하는 능력은 자라난다. 우리는 자신의 욕구와 두려움들에 의한 압박을 덜 받게 된다. 우리의 자유는 확대되어 하나님이 바라시는 것을 탐구한다. 성령께서 제기하시는 것이면 무엇이든지 그것을 경청하고, 그것에 관심을 기울이고, 그것에 반응하는 자유가 우리 안에서 자라난다.

**우리는 계속해서 전진한다.** 우리는 곤경에 오래 머물러 있지 않으려는 경향이 있다. 왜냐하면 지속적인 영성훈련은 우리를 방해하는 것들이 무엇인지를 파악할 수 있도록 도와주기 때문이다. 하나님의 영은 우리에게 실행되어져야 할 필요가 있는 것을 보여주신다. 하나님은 은혜로 우리를 감동시키시거나, 우리의 행동이나 태도에 구체적인 변화를 이루도록 요청하신다. 우리가 그 요청에 순종함에 따라 하나님께서는 우리를 분개하는 태도나 자기연민의 태도로부터, 절망의 태도나 절뚝거리는 자기 중심성으로부터, 혹은 우리를 엇나가게 하는 수많은 태도들로부터 벗어나게 하신다(비록 위의 언급이 사실이지만, 우리가 그 어떠한 훈련을 하든지 혹은 하나님을 찾기 위해 그 어떠한 노력을 기울이든지 관계없이 하나님께서 응답하지 않으시는 것처럼 느껴지는 기간이 크리스천의 삶에는 존재한다. 그 어떤 것도 우리의 전진에 도움을 주지 못하는 것같이 느껴진다. 우리는 분리됨과 외로이 홀로 있음을 경험한다. 이러한 경험들은 영혼의 어두운 밤이라고 불린다. 어둠은 하나님의 행동이 우리에게 감추어졌다는 것을 의미한다. 이러한 기간 동안 우리와 동행해 주며, 우리와 함께 기도하고, 함께 기다릴 수 있는 영성지도자를 갖는 것은 큰 도움이 된다).

**우리는 열매를 감지한다.** 우리에게 적합한 훈련에 참여함에 따라, 우리는 갈라디아서 5:22-23의 성령의 열매인 사랑, 기쁨, 평화, 인내, 친절, 양선, 충성, 온유, 절제가 보다 빈번히 우리의 생각, 기도, 말, 행동에 맺히는 것을 감지한다. 우리가 항상 성령의 열매를 맺는 데 있어 성장을 보이는 것만은 아니다. 그러나 때때로 성령께서 우리가 오직 하나님에게서만 기원할 수 있는 긍정적 변화들을 발견하게 하신다.

**우리는 만족감의 증가와 하나님을 향한 열망의 증대를 경험한다.** 우리는 보다 깊은 만족감과 하나님과 함께하는 즐거움을 발견한다. 그리고 동시에 이전보다 더욱 하나님을 향한 갈증을 경험한다. 우리는 보다 온전히 만족해 한다. 그러나 동시에 더욱더 하나님과의 관계 안에 살아가는 경험으로 되돌아오도록 우리를 이끄는 강력한 이끌림을 경험한다.

어떤 훈련이 기독교의 훈련으로 간주되기 위해서는 위에 언급된 특질들 중 몇 가지는 담보해야 한다. 그 특질들의 빛 아래서 당신이 실천하고 있는 훈련을 살펴보는 것이 도움이 된다. 그러한 분석을 할 때, 부드럽고 비판적이지 않는 태도를 유지하는 것은 하나님께서 당신을 보다 효과적인 방식으로 인도하고 계시는지의 여부를 분별하는 데 도움을 줄 수 있다.

심지어 가장 최선의 계획도 얼마 후에는 단순한 일상의 과정이 되어 버릴 수 있다. 우리의 실천이 무감각해지거나 활력을 잃게 될 때, 우리는 이러한 현상을 의도적으로 기도의 제목으로 삼을 필요가 있다. 우리의 실천이 성령의 음성을 경청하여 순종하도록 우리를 격려하는 대신에 하나님과 우리 사이를 방해하는 것처럼 느껴질 수도 있다. 주기적으로 우리 모두는 하나님에 의해 재각성될 필요가 있다. 성령께서 우리를 얼굴과 얼굴을 맞대는 관계로 초청하시는 경우에, 우리는 깜짝 놀란다. 왜냐하면 우리는 우리 자신이 표류하고 있음을 깨닫지 못하고 있었기 때문이다. 하나님께서는 진정성을 회피하는 우리의 방식에 도전하신다. 이것은 우리들 중 몇 사람이 아닌 모두에게 해당되는 것이다. 우리는 하나님과 하나님의 은혜에 의존한다. 하나님을 의지하는 것이 겸손과 안도감을 제공한다. 우리가 정직할 때, 우리는 기꺼이 성령께 귀를 기울이고 성령과 협력하기 위해 노력하는 것을 제외하고는 할 수 있는 일이 많지 않다는 것을 인정한다. 하나님께서 그 나머지 모두를 행하실 것이다.

## 익숙하지 않은 훈련을 탐구하기

때때로 성령께서 이름은 알고 있으나 실제로는 경험해 보지 못한 기독교 훈련에 관해 더 많이 배우도록 우리를 초대하고 계심을 감지한다. 우리는 특정한 훈련에 호기심을 가지며, 그것에 관해 더 많이 알고 싶어 할 수도 있다.

성경이 말하는 바는 무엇인가? 다른 크리스천들은 그 훈련에 어떻게 참여해 왔는가? 그들은 자신들의 동기들, 행동들, 하나님의 개입을 감지하는 것에 대해 어떻게 기술해 왔는가? 우리는 그 훈련에 이미 참여하고 있는 사람들과 대화하길 원할 수도 있다. 혹은 기꺼이 우리와 함께 그 훈련을 탐구해 줄 신뢰하는 친구들과 논의하고 싶어 할 수도 있다.

하나님께서는 많은 이유들로 인해 훈련에 관해 배우도록 우리를 자극하신다. 배움의 초기에는, 그 훈련이 우리에게 분명하게 이해되지 않을 수도 있다. 어떤 경우에는 성령께서 오직 한 훈련에 대해서만 배우도록 우리에게 요청하신다. 또 다른 경우에는 하나님께서 우리가 어떤 훈련에 참여하도록 인도하신다. 그러나 만일 우리가 한 번에 한 걸음씩 전진해 가면서 하나님과의 대화를 계속 유지해 나간다면, 하나님께서 의도하신 바는 그 무엇이든지 결국에는 우리에게 분명해진다.

어느 한 훈련을 탐구해 가면서, 우리는 우리의 동기에 주목하기를 원한다. 하나님께서 우리를 제자로 부르고 계시는가? 아니면, 다른 사람이 행하고 있기 때문에 우리가 흥미를 느끼는 것인가? 혹은 우리가 읽고 들은 것 때문에 호기심을 갖는 것인가? 우리는 영적 유행 때문에 매력을 느낄 수도 있다. 익숙하지 않은 훈련이 멋있어 보이거나 보다 기독교적인 것같이 보일 수 있다. 우리가 새로운 훈련을 실천했을 경우 우리 자신에 대해 어떻게 생각할 것 같은지, 그 훈련이 우리를 그리스도께로 이끌어갈 것 같은지에 관해 하나님께서 우리에게 보여주시기를 간구할 필요가 있다. 뿐만 아니라 우리는 우리의 흥미의 뿌리가 무엇인지를 보여주시도록 하나님께 간구할 필요가 있다. 하나님의 생각에서 비롯된 훈련은 보통 우리를 섬기는 자의 태도와 행동에 이르도록 인도해 간다.

일정 기간 동안 하나의 훈련을 가상적으로 상상해서 실천해 보거나 아니면 실제로 실천해 보는 것은 하나님의 인도에 대한 우리의 감지를 확증하는 데 도움이 된다. 이렇게 할 때 우리는 보통 그 훈련이 하나님께 개방하여 응답하도록 우리를 도울 것인지의 여부를 알게 된다. 이 여부가 "예스"(yes)이든 "노"(no)이든, 그 모두 은혜의 선물이다. 이러한 과정을 통해서 우리는 하나님이 어떻게 우리와 함께 계시는지에 관해 더욱 배우게 된다. 또한 하나님께서 다른 "예스"를 가지고 계시기 때문에 성령께서 우리에게 "노"라고 말씀하신다는 사실을 배운다. 하나님께서 우리와 함께 계시는 방식을 배운다는 것은 우리와 하나님의 관계의 고유함에 대해 배운다는 것을 의미한다. 다시 말하면 그 관계가 무엇인지, 그 관계가 무엇처럼 느껴지는지, 어떤 것이 하나님께로부터 연유된 것인지의 여부를 어떻게 분별하는지에 대해 배운다는 것이다.

일정 기간 동안 어떤 훈련에 대해 배우고 또 그것을 정규적으로 시행한 후에, 우리는 그것을 우리의 삶에 통합시킬 준비가 되었다고 느낄 수 있다. 그러면 그 새로운 훈련은 약간 전면에서 물러나서 기존의 다른 훈련과 더불어 자리를 잡게 된다. 그리고 우리는 다른 것들과 마찬가지로 통상적인 시간의 양과 강조를 그 훈련에 투여한다. 이런 시점에 이르러, 우리는 새롭게 배운 훈련을 우리 자신의 방식에 따라 자유롭게 발전시킬 수 있게 된다. 아마도 우리는 집중적인 연구의 대상을 다른 것으로 변경할 것이다.

때때로 새로운 훈련이나 기존 훈련의 새로운 실행 방식들이 옛 것을 대치한다. 또 다른 시기에, 우리는 새로운 실행 방식을 우리 삶의 패턴과 통합시킨다. 둘 중 어느 경우이든, 우리는 다음 달이나 수개월 후나 일 년 후에 시행할 훈련을 결정하기 전에 우리의 개성과 배경을 고찰하길 원한다. 우리는 믿음이 무엇이며 하나님과의 관계의 특징들은 무엇인지, 어떤 방식으로 성령의 예비하심과 부르심을 감지하는지에 대해 고찰하길 원한다.

# 기독교 훈련을 통해 깊어지기

기독교 훈련에 참여함으로써, 우리는 성령과 협력하고자 하는 우리의 바람과 의도를 실행한다. 그렇게 함에 따라 우리는 격려 받고, 지도 받고, 치유되며, 도전 받고, 사랑 받으며, 새롭게 되고, 하나님과 거룩한 삶을 향해 부름을 받는다.

하나님께서 언제 어디서든 계시고, 훈련 이외의 많은 것들도 우리와 하나님과의 관계를 깊게 하는 데 공헌하는 것이 사실이지만, 우리는 더욱 온전히 하나님과 함께 있고, 하나님께 주목하고, 하나님께 응답하기 위해 시간과 공간을 내는 것이 우리의 일상생활에 의미 있는 변화를 초래한다는 것을 발견한다. 훈련은 영적 여정에 동행하는 신앙의 동료들과 같다. 우리가 가장 추구하고 바라는 유익은 하나님과의 동료애를 깊게 하는 것이다. 우리는 다른 추구들로부터 벗어나서 우리의 가장 친한 친구이며, 사랑하는 구원자이며, 거룩한 분이시며, 창조주시며, 하나님이신 분의 세미한 음성을 듣고자 한다.

## 성찰을 위한 질문

1. 영성훈련과 관련된 당신의 역사는 무엇입니까? 어떤 것을 사용했습니까? 몇 번이나 훈련을 바꾸었습니까? 그 역사가 훈련에 대한 현재 당신의 흥미에 어떤 영향을 미치고 있습니까?

2. 영적 규칙을 세우십시오. 이 시기에 당신의 삶이 활짝 피어나도록 도울 수 있는 것은 무엇입니까? 하나님께서 창조하신 그대로의 당신이 되도록, 그리고 하나님께서 초대하신 삶의 온전함에 이른 당신이 되도록 당신을 도울 수 있는 것은 무엇입니까? 어떤 훈련이 생명을 주는 것처럼 여겨지며, 어떤 것

들이 활기 없고 지루하거나 탈진하게 하는 것처럼 여겨집니까?

제3부

# 영성지도에서 예상되는 어려움과 유익


인내 가운데 당신의 영혼을 붙잡아 두십시오

영혼을 소유하십시오.
살아 있는 새를 붙잡고 있는 방식대로
당신의 영혼을 붙잡으십시오.
당신의 두 손으로 감싸 안아,
그 깃털의 떨림을,
어린 새의 온기를,
그 연약한 저항의 불안감을,
한 쪽 손바닥에 전달되어 온 심장의 박동을,
이른 아침의 한 줄기 빛에 안절부절 못하는 것을 느껴 보십시오.

그것을 계속해서 붙들어 두십시오,
손가락으로 만든 인내의 새장 안에,
이 약속을 그 새의 목에 있는 푸른빛으로 두르십시오,
활짝 열린 문과 같이 아침이 오기 전까지
날개 깃을 떨면서 기다리십시오.
하나님께서 당신의 손가락을 열고 속삭이십니다. 날아라!

루시 쇼[1]

---

1) Luci Shaw, *Angels of Light* (Wheaton: Harold Shaw, 2000).

# 제15장

# 공통적인 어려움의 영역

우리들이 겪는 갈등과 어려움의 대부분은 삶의 영적인 측면과 실제적인 측면을 통합된 전체의 두 부분으로 간주하는 대신에, 그것을 분리해서 다루려고 하는 데서 파생한다. 만일 우리의 실제 생활이 자신의 이익에 중심을 두고 있으며, 소유로 인해 혼란을 겪고, 야망. 열정. 욕구. 염려에 의해 빗나가게 되고, 우리 자신의 권리와 우월의식, 미래에 대한 염려, 혹은 성공에의 갈망에 휩싸여 있다면 우리의 영적 삶은 이 모든 것들에 반하는 것일 거라고 기대할 필요는 없다. 영혼의 집은 그렇게 용이한 계획에 의해 세워지는 것이 아니다. 그 집에는 방음막이 전혀 없다. 비록 불편할지라도 성령의 요구가 가장 최우선적으로 중요하다는 확신이 영혼에 가득할 때에만, 번지르르한 수사학으로 포장된 소란한 소리들로 모든 세미한 음성들을 가라 앉혀 버리는 이의 제기의 소음들이 사라질 것이다.

에블린 언더힐[1]

내가 확신하노니 사망이나 생명이나 천사들이나 권세자들이나 현재 일이나 장래 일이나 능력이나 높음이나 깊음이나 다른 어떤 피조물이라도 우리를 우리 주 그리스도 예수 안에 있는 하나님의 사랑에서 끊을 수 없으리라.

---

1) Evelny Underhill, *The Spiritual Life*(Wilton, Conn.: Morehouse Barlow, 1955), 33-34.

하나님을 따르는 것을 시작했을 때 우리의 그 결심과 열망을 방해하는 장애물들이 무엇인지를 우리는 모른다. 그러나 우리가 어려움들을 직면하게 될 것이라는 사실은 안다. 우리는 때때로 그 여정이 가치가 있는 것인지를 묻는다. 혹은 하나님을 향한 우리의 헌신이 구체적인 행동으로 나아가게 될 정도로 충분한지의 여부를 적어도 한 차례 이상 질문한다. 우리가 하나님께 더욱 온전히 주목하여 응답함으로써 우리의 믿음을 깊게 하기로 마음을 먹었을 때, 반대하는 다른 목소리들이 존재한다. 그 반대의 목소리 중에는 우리 내면으로부터 흘러나온 것들이 있고, 우리 자신의 방식에 대한 선호의식에 뿌리를 둔 것들도 있다. 또 어떤 목소리는 가족, 친구, 문화로부터 들려온다. 또한 출처가 영적인 존재인 목소리도 있다.

우리는 때때로 기도, 성경연구, 예배 혹은 봉사와 같은 훈련에 저항하는 자신을 발견한다. 비록 우리가 좋은 의도를 가지고 하나님의 음성을 듣는 데 전심을 기울인다 할지라도 문제에 봉착하게 되는 때들도 있다. 상황이 우리가 기대한 것과 다르게 전개된다. 영성지도에서, 이러한 장애물은 하나님의 음성을 경청하고자 하는 우리의 갈망을 추구하지 못하도록 방해하는 것들로 등장한다. 우리는 여느 기독교 훈련과 같이 영성지도가 항상 평탄하게 진행되지만은 않는다는 것을 발견한다.

우리는 문제를 찾아 나서길 원치 않는다. 그러나 잠재적 어려움들을 생각해 보는 것은 문제를 미리 발견하여 대처할 수 있도록 우리를 도와준다. 그럼으로 인해 우리는 더 큰 문제의 발생을 피할 수 있게 된다. 문제를 사전에 파악하는 것은 은혜와 도움을 구하는 구체적인 기도를 하게끔 우리를 인도한다.

영성지도에서 발생하는 문제는 두 개의 범주로 구분할 수 있다: (1) 영성지도의 관계에서 생겨나는 방해와 관련된 것들, (2) 우선적으로 피지도자와 하나님과의 관계에 속하는 것들. 그러나 이 둘은 서로 영향을 주고받는다.

물론 우리는 모든 발생 가능한 어려움들을 예측할 수는 없다. 또한 그 중 어떤 어려움에 직면하게 될 것인지를 추측할 수도 없다. 우리는 예상되는 어려움을 생각하는 데 지나치게 몰입되는 대신, 하나님을 신뢰하길 소망한다. 우리는 하나님에 대한 우리의 의존을 긍정할 필요가 있으며, 필요한 때에 우리에게 경고하는 성령님의 능력과 열망을 신뢰할 필요가 있다. 또한 잠재적인 관심사를 고려할 때조차도 우리를 인도하시는 성령님을 신뢰할 필요가 있다. 어떤 것들이 골칫거리나 우리를 혼란케 하는 것이 될 수도 있지만, 그러나 그 어떤 것들도 우리를 하나님의 사랑에서 떼어 낼 수 없다는 것을 기억해야 한다(롬 8:38-39를 보라). 영성지도의 관계에 존재하는 잠재적 어려움의 영역을 조사할 때, 이러한 생각을 마음에 새기는 것은 대단히 중요한 일이다.

## 적절한 간격을 발견하기

우리는 어린 시절엔 의존하며, 청소년기엔 독립성을 배우며, 성년기엔 상호의존을 향해 성장해 나간다. 영성지도에 발생한 도전의 일부는 피지도자를 위하여 성령의 음성을 경청하는 영성지도자와 피지도자 사이에 어느 정도의 상호의존이 적절한 것인지를 알아내는 것이다.

의존, 독립, 상호의존은 관계에서 반복적으로 발생한다. 우리가 느끼는 근접성(closeness)과 의존성(dependency)의 정도는 일이 어떻게 진행되고 있는지에 대한 우리의 감각과 관련되어 있다. 일의 진행에 대한 우리의 감각은 성령의 임재를 감지함, 하나님께서 무엇에 우리의 주의 집중을 요구하시는가를 알아차림, 그리고 기도의 상태를 감지함을 포함한다. 영성지도자와 피지도자 사이가 보다 더 가까워져야 하는가, 혹은 더 멀어져야 하는가를 선택하기 위한 건강하고 유용한 범위가 존재한다. 만일 우리가 영성지도자에 대해 지나치게 의존적이거나 혹은 독립적이면, 우리는 믿음의 성장을 위한 지원을 받기보다 오히려 하나님께 주의를 기울이지 못하고 빗나가게 될 수 있다.

### 의도적 독립

우리가 너무 독립적으로 머물러 있으면 영성지도자의 하나님 임재에 대한 감지, 영성지도자의 분별 혹은 사랑의 조언에 충분한 주의를 기울이지 않게 된다. 우리는 또한 경청하고 배우기에 충분할 정도로 우리 자신을 내주지 않게 된다. 우리는 자신의 방식을 너무 지나치게 고집함으로써 의미 있는 상호작용을 할 수 없을 정도로 부자유하게 될 수도 있다. 우리가 너무 독립적일 때, 영성지도자에게 들었던 것에 관해 기도하지 않거나, 그것에 적절한 관심을 보이지 않은 채 잊어버리기도 한다. 물론 우리의 궁극적인 관계는 인간과의 관계가 아니라 하나님과의 관계이다. 그러나 아마도 우리는 성령께서 우리를 영적 동반 관계로 부르셨다고 믿었기 때문에 영성지도를 받게 되었을 것이다. 그렇다면 우리가 영성지도자의 말을 경청하지 않을 때, 그것은 하나님의 음성을 경청하여 따르는 우리의 능력을 약화시킬 수도 있다.

### 불건강한 의존

불건강한 의존은 의도적인 독립과는 정반대에 위치한다. 그러나 그것은 우리의 하나님과의 관계에 해가 된다. 왜냐하면 우리가 영성지도자를 지나치게 의존하면, 하나님을 덜 의존하게 되기가 쉽기 때문이다. 우리가 영성지도자에게 지나치게 의존하게 될 가능성은 다음과 같은 다양한 변수들에 의해 영향을 받는다: (1) 우리의 배경, (2) 우리의 나이, (3) 우리에게 중요한 다른 관계들에 대한 우리의 만족도(가족, 친구, 교회 식구, 직장 동료), (4) 위기를 겪고 있는지의 여부, (5) 멘토, 목회자, 권위가 있는 사람, 친구와 상호작용을 하는 우리의 통상적 스타일, (6) 우리 자신에 대해 책임을 지려 하는 헌신도, (7) 영성지도자를 구하도록 격려하시는 성령님의 특별한 초대, (8) 관계들 안에 존재하는 불균형을 인식하여 언급하려고 하는 우리의 자발성.

어떤 면에서는 영성지도자를 의존하는 것이 조금도 그르지 않다. 영성지도에 참여할 때마다 성령께 개방하려고 하는 우리의 의도와 대화 때문에, 우리는 의식적으로 자신을 상처받기 쉽고 다소 의존적인 입장에 놓이게 한다. 우리는 영성지도자가 기꺼이 우리와 함께 하나님의 음성을 경청하리라고 신뢰하고 있다. 때때로 영성지도자가 우리를 위해 성령께 온전히 주목하는 것처럼 여겨져, 우리는 그 영성지도자에게 매달리고 싶어지기도 한다. 왜냐하면 그렇게 하는 것이 안전하다고 느끼게 만들기 때문이다. 하나님께서 다른 사람을 통해서 우리에게 접촉해 오셨다는 깨달음은 우리가 하나님을 구할 때마다 그 사람을 찾아가게 만들 수도 있다.

여기에는 건강하고 예상된 측면도 있다. 왜냐하면 우리가 만남의 약속을 정하기 때문이다. 그러나 그것만을 배타적으로 추구하는 것은 문제를 발생시킨다. 마치 이 관계가 하나님께서 우리에게 말씀하실 때 사용하시는 바로 그 유일한 사람, 그 유일한 장소 혹은 그 유일한 방식을 제공하는 것처럼, 우리가 영성지도자와 함께 있을 때 중요한 모든 것들이 발생하는 것처럼 행동하길 우리는 원치 않는다. 우리 자신의 영적 생활을 영성지도 영역 밖에서는 점점 덜 추구하고 있다는 것을 인지한다면, 우리는 성령보다는 영성지도자를 더욱더 의존해 가고 있지는 않는지를 질문할 필요가 있다. 만약 그렇다면 하나님과의 관계의 친밀성은 위험에 처하게 될 수 있다. 또한 우리가 하나님을 영성지도자로 대치하고 있지는 않는지에, 혹은 영성지도자의 여정을 복사하고 있지는 않는지에 주의를 집중할 필요가 있다.

### 하나님을 영성지도자로 대치하는 것

이따금 우리가 위협적으로 느껴지는 경험이나 아이디어에 직면하면, 영성지도자의 지각력만을 의지하려는 유혹에 빠지기도 한다. 우리는 기도하고, 주의 깊게 생각하고, 분별하고, 스스로 결정해야 할 책임을 조금만 감당하면서 반응하기도 한다. 알지 못하는 영역을 지날 때 안내자를 갖고자 하는 우리의 강한 욕구는 우리가 너무도 단단히 타인에게 고착되어 있다는 것을 인식하지 못하도록 방해한다. 짧은 기간 동안 밀착되어 있는 것은 이해할 만하다. 그러나 오랜 기간 동안 그러는 것은 우리나 하나님이 원하는 바가 아니다. 우리는 성령님을 직접적으로 만나길 소망한다. 우리가 상처받기 쉬운 상태, 연약한 상태, 혹은 불확실함에 떠는 상태에 있을 때, 우리는 우리의 가장 간절한 소망이 빗나가게 되는 것을 원치 않는다.

만일 우리가 불건강한 의존을 심화시키고 있다는 생각이 들면, 보다 의도적으로 주님과의 대화, 기도, 성경 읽기, 예배, 일상의 선택을 지속함으로써 새로운 시각을 얻을 수도 있다. 적절한 영성훈련으로 되돌아가거나 그것을 선택하면, 우리는 성령께서 조정을 원하시는 곳이 어디인지를 인지할 수 있게 된다. 동시에 우리는 의존의 대상을 영성지도자로부터 하나님께로 옮기는 대신에, 영성지도자로부터 우리 자신에게로 옮기게 되기가 쉽다는 사실을 기억해야 한다.

이따금 성령은 우리가 어떻게 어려움에 처하게 되었는지를 알려 주심으로, 똑같은 방식으로 빗나가게 되지 않을 수 있는 길을 지적해 주신다. 그러나 우리는 지나치게 분석적이 되거나 자기 비판적이 됨으로써, 우리의 빗나감의 경험으로부터 배울 수 있는 것을 놓칠 수 있다. 자신을 지나치게 비판하는 것은 성령께서 우리를 더욱 큰 자유로 인도해 가시는 통로가 되는 개방성과 기도하는 마음으로 바라보는 객관성을 상실하게끔 만들 수 있다. 우리는 하나님만을 주목하며 머물러 있기를 원한다. 그리고 어떠한 상황 속에서도 하나님에 대한 우리의 신뢰가 더욱 증대되는 은총을 얻고자 원한다. 우리 자신을 하나님을 향해 닫음으로써 우리가 의도적으로 하나님의 바람과 반대되는 길을 걸을 때에도, 아니면 삶의 분주함이 우리를 일에 몰두하게 함으로써 우리가 무의도적으로 그렇게 할 때에도 우리를 찾으시는 하나님의 갈망을 깨닫기만 한다면 우리는 하나님의 깊은 사랑과 은총에 대한 감사를 경험할 수 있다.

### 영성지도자의 여정을 복사하는 것

하나님의 초대에 응해 우리는 어떤 사람을 영성지도자로 선택한다. 그러나 우리는 또한 그 사람의 기도나 섬김, 자원봉사 활동, 가르치는 능력, 위원회 활동, 환대, 표현력, 혹은 곤경에 처했을 때 하나님을 신뢰하는 방식에 이끌려 영성지도자를 선택하기도 한다. 우리는 그 사람이 직면했던 많은 도전들을 알아보아, 그 사람이 우리의 씨름들을 도와줄 수 있을 것인지를 알고 싶어 한다. 아마도 우리는 그 사람의 공적인 혹은 개인적인 삶의 어떤 것을 보고, 그 사람이 하나님의 벗이라는 신뢰를 하게 되었을 수도 있다. 어떤 특정한 사람을 영성지도자로 고려하게 만드는 것은 우리가 소유하고 싶어 하는 특정한 은총이나 경건한 습관과 태도들을 그 사람 안에서 발견하게 된 것과 관련이 있을 수 있다. 그런 사람에게 영성지도를 받고자 끌리는 것은 당연하다. 그러나 우리는 성령께서 우리를 다른 사람의 하나님과의 관계를 그대로 복사하도록 부르지 않으셨다는 사실을 기억할 필요가 있다.

우리가 성령의 음성을 듣는 것으로부터 벗어난다는 것과 영성지도자의 영적 여정을 복사하고 있다는 것을 드러내 주는 증거는 매우 미묘하여 포착하기 힘들거나 아니면 정반대로 노골적일 수 있다. 영성지도자의 삶이 은총 가득한 것으로 여겨질 때, 우리는 영성지도자와 똑같은 방식으로 하나님과의 관계를 이끌어 가고 싶어 한다. 영성지도자가 행한 것과 같이 우리가 반응한다면 하나님께서 우리에게도 똑같은 방식으로 은총을 주실 것이라는 기대를 갖게 된다. 훌륭하고, 학식 있고, 비범한 믿음을 소유한 분의 피지도자라는 사실이 타인들에게 알려지는 것을 자랑스럽게 생각하는 자신을 발견할 수도 있다. 우리는 하나님과의 관계에 대해서보다 영성지도자에 대해서, 그의 기도와 삶과 영성훈련에 대해서 보다 빈번하게 이야기할지도 모른다. 때때로 우리의 가족이나 친한 친구들은 우리가 마치 그 영성지도자처럼 행동하기 시작했다고 말한다.

우리가 정기적으로 "나의 영성지도자가 말하기를…"이라고 말하는 것을 듣는다면, 그것은 우리의 하나님과의 관계를 되돌아보아야 할 때가 되었다는 것을 의미한다. 우리가 영성지도자가 행하는 영성훈련을 선택하고, 같은 기도 방식을 사용하고, 교회를 옮겨 같은 교회에 출석하고, 같은 책들을 읽음으로써 영성지도자와 똑같은 시간 계획을 세운다는 것을 깨닫는다면, 우리는 자신의 기도, 동기들, 하나님과의 관계를 조사해 볼 필요가 있다.

때때로 하나님께서는 사람들을 동일한 길로 인도하신다. 또한 성령께서 우리가 도달하기를 원하시는 구체적 행동들의 산 모델이 될 수 있는 사람들을 우리에게 보여주시기도 한다. 그러나 성령께서 타인의 발자취를 그대로 따르도록 초대하시지 않는 한, 그렇게 하는 것은 우리와 하나님과의 관계의 고유한 맛을 상실하게끔 만들 수 있다. 게다가 우리가 찬사를 아끼지 않는 다른 사람들 안에 있는 어떤 것은 하나님께서 우리에게 주시고자 하는 것과 다를 수 있다.

우리가 영성지도자의 영적 여정을 복사하고 있다는 것을 깨닫는 때가 바로 기도 가운데 하나님께로 되돌아가고, 우리 자신의 고유함과 우리를 향한 하나님의 뜻을 알 수 있도록 간구해야 할 적기(適期)이다. 우리는 인간들 사이의 유사점들과 차이점들을 인정하고, 그것을 소중하게 여길 수 있게 되길 간구한다. 우리는 또한 우리 모두가 하나님께서 각자에게 원하시는 바의 존재가 되어갈 수 있는 자유를 간구한다.

### 상호의존

양자가 독립적인 정체성을 유지하면서도 그리스도 안에서 삶을 공유하고 있다는 의식을 계속해서 가질 수 있는 건강한 상호의존의 범위가 존재한다.

때때로 영적인 메마름의 시기에 인내하느라 씨름할 때, 혹은 하나님의 음성을 경청하고 따르는 새로운 방식을 배울 때, 영성지도자의 기도에 의존하는 것은 위로가 된다. 성령께서 우리를 익숙지 않은 생각, 경험, 혹은 행동으로 초대하고 계신 것처럼 여겨질 때, 우리는 영성지도자에게 의존하여 후원과 교제를 얻고자 한다. 우리가 하나님의 친밀한 사랑 가운데 머무를 수 있는지, 혹은 하나님의 외관상의 부재를 견딜 수 있는지에 대한 확신이 없을 때, 우리는 영성지도자가 기도하는 마음으로 우리와 함께한다는 확신을 갖기 원한다. 영적 메마름의 시기는 하나님을 신뢰하라는, 이전보다 더 하나님을 의지하라는 초대장이다. 이로 인해 우리는 다른 사람을 덜 의존하고, 대신에 하나님을 더욱더 의존하게 된다. 이따금 영성지도자와의 대화는 단지 확인하는 배경을 제공하는 것에 그치기도 한다.

영성지도자와 피지도자 사이에 존재하는 밀착과 거리 둠의 패턴의 변화는 보통 우리와 하나님과의 관계에 대한 정보를 담고 있다. 그 정보는 우리가 기도해야 할 주제가 된다. 대부분의 영성지도의 짝들은 그들의 만남의 시간이 적절하고 만족스러운 상호의존의 상태임을 발견한다. 양자 사이의 적절한 거리 간격을 발견하는 것은 영성지도에서 지속적으로 추구해야 할 영역이며, 계속해서 변화하는 영역이다.

아래의 질문에 대한 답은 영성지도자와 피지도자가 양자 사이의 적절한 상호의존의 정도를 분별할 때 도움이 되는 정보를 제공해 준다.

- 당신은 당신의 영성지도자나 피지도자에 대해, 그리고 당신의 대화에 대해 어떻게 느끼는지를 정직하게 말해 보라.

- 당신은 영성지도자나 피지도자를 환영하는가? 그리고 당신은 영성 생활에 대해 경청하고 말할 수 있는 기회를 환영하는가, 아니면 스스로 자기 방어적이라고 느끼는가?

- 당신은 영성지도자나 피지도자를 위해서 기도하는가? 어떻게? 성령께서 당신이 기도하기를 원하시는 것 같은가? 아니면, 상대방을 위해 기도하는 것이 당신의 의무라고 생각하기 때문에, 기도하는 것을 우선시하는가?

- 당신의 영성지도자나 피지도자의 하나님과의 관계에 대해 무엇을 감지하는가?

- 영성지도의 만남들을 통해 얻어진 정보들을 가지고 무엇을 하는가?

- 양자가 함께 있을 때 서로가 상대방을, 상대방 안에 계신 하나님을, 서로의 상호의존을 받아들인다는 것을 알 수 있는 실마리는 무엇인가?

- 당신은 약속된 영성지도에 일찍, 혹은 정확히, 혹은 늦게 도착하는가?

- 영성지도에 가는 것을 생각할 때 당신의 몸의 반응은 어떠한가? 긴장되는가, 아니면 편안한가? 이 몸의 반응은 당신에게 무엇을 말해 주는가?

- 영성지도의 대화를 하는 동안 하나님, 당신 자신의 마음, 당신의 영성지도자나 피지도자에 대한 당신의 태도는 어떠한가? 개방적인가, 아니면 폐쇄적인가? 무엇이 당신이 마음의 문을 닫게 하거나 방어적이 되게 하는가?

이러한 질문에 답을 한 후, 우리는 영성지도의 관계가 의존이나 의도적인 독립으로 기울어지고 있는지에 관한 분명한 분별을 할 수 있도록 하나님의 도우심을 구하는 기도를 할 필요가 있다. 만일 우리가 영성지도의 관계에 대해 염려한다면, 우리는 영성지도자와 함께 우리가 느끼는 불균형감에 대해 논의하고 싶어 할 것이다. 만일 우리가 영성지도자에 대해 객관적인 자세를 견지할 수 없을 징도로 우리의 자유에 대해 염려와 혼란스러움을 느낀다면, 우리는 제삼자와 논의하고 싶을 것이다.

## 자유를 약화시키는 것

영성지도를 받음으로 인해 우리가 하나님을 더욱 허물없이 편안한 분으로 경험하게 되었는지의 여부를, 혹은 성령의 임재를 감지하여 응답하는 능력이 저하되는 경험을 하게 되었는지의 여부를 조사할 필요가 있다. 우리가 불건강한 영성지도의 관계에 처해 있다면, 그것은 성령을 감지하여 참되게 살아가는 우리의 자유를 약화시킨다. 절뚝거리는 다른 인간관계들과 마찬가지로, 영성지도의 불건강한 관계도 우리에게 해를 끼칠 수 있다.

우리의 자유가 약화되고 있다는 일차적인 인식이 항상 신뢰할 만한 것은 아니다. 우리의 상처받기 쉬운 영역이 드러난 후에 자유의 약화를 경험하게 될 수도 있다. 우리는 어떤 문제에 대한 논의의 예상되는 결과들을 두려워하기도 한다. 그러나 어느 정도의 시간이 흐른 후에, 우리는 하나님이 여전히 우리와 함께 계시다는 사실과 우리의 영성지도자는 비밀 준수를 유지하면서 우리를 위해 계속 기도할 것이라는 사실을 깨닫고 두려워할 필요가 없음을 알게 된다. 그리고 난 후 우리는 발생한 것들에 대해 기도와 성찰을 하면서, 불필요한 자기 방어는 그 무엇이나 흘려보낸다.

영성지도의 관계에서 자유를 경험하게 되리라는 것이 우리의 자연스런 가정이기 때문에 영성지도가 하나님의 음성을 듣고 순종하는 우리의 자유를 저해하고 있을 때에는, 하나님께서 우리에게 경보를 발해 주시길 요청할 필요가 있다.

## 주의를 빗나가게 하는 성의 측면들

주의를 빗나가게 하는 성의 측면들은 다양한 방식으로 나타난다. 우리는 그 중 두 가지를 다룰 것이다. 그 하나는 성, 영성, 그리고 우리의 온전한 자아 사이의 연관성을 제대로 인식하지 못한 것과 관련이 있다. 나머지는 영성지도자와 피지도자 사이에 생겨난 성적 매력과 관련된 것이다.

다양한 이유들 때문에 우리는 우리의 성적 인식을 단순히 무시하려 하거나, 아니면 억누르려고 한다. 그러나 만일 하나님께서 성에 대한 생각, 감정, 행동의 영역에서 우리의 성장을 초대하고 계시다면, 우리는 주의를 기울이지 않음으로써 그 성장을 방해하고 있는 것이다. 때때로 하나님께서는 우리가 보다 온전한 남성과 여성이 되도록 격려하신다. 이따금 종교적 하위문화는 마치 무성(無性)의 존재인 것처럼 행동하도록 우리를 권면한다. 그러나 하나님께서는 우리를 남성과 여성으로 창조하셨고, 보시기에 좋았더라고 말씀하셨다. 성경은 남성과 여성 됨이 의미하는 모든 것(성욕, 성, 성별)을 누리고 그 진가를 인정하도록 우리를 초대하고 있다.

또 어떤 경우 보다 만족스런 일상의 인간관계들과 하나님과의 관계를 유지하며 살아가기 위해선, 우리의 성적 그리고 성별의 관심들 중 일부를 직면해서 해결하는 것이 중요하다. 가령 목회 사역에로의 부르심을 강하게 느끼는 한 여성이 단지 여성이라는 이유만으로 그 부르심을 따르는 데 방해 받음을 느낀다면, 그녀는 이러한 관심들(성별)을 언급할 필요가 있다. 혹은 만일 한 남성이 다른 것들이 더욱 중요한 상황에서 자신의 생각이 성을 향해 표류하는 것을 인지한다면, 이것은 그가 성과 성욕이 자신에게 의미하는 바에 보다 면밀한 주의를 기울일 필요가 있다는 것을 암시하는 실마리이다. 아마도 하나님은 그의 성적인 생각들, 욕구들, 바람들을 인지하도록 그를 격려하고 계실 것이다. 우리가 적절한 방식에 따라 성과 성욕에 주의를 기울인다면, 그 성과 성욕들은 다른 문제들이 중심적일 때에 우리를 덜 방해하게 된다.

피지도자나 지도자가 성적으로 상대방에게 끌린다는 것을 인지할 때, 성욕은 우리의 주의를 성령의 음성을 경청하는 것으로부터 딴 곳으로 돌리게 한다. 성적 이끌림은 다양한 형태로 등장할 수 있다: 친밀감의 감지, 육체적 욕구 혹은 우리의 전 자아—영, 정신, 몸—를 가지고 다른 사람에 대해 느끼는 사랑을 표현하고 싶어 하는 갈망. 그러한 이끌림이 분명할 때 보호, 안내, 그리고 하나님이 기뻐하시는 것을 행하려는 용기를 위해 계속해서 기도하는 것이 중요하다.

영성지도의 관계에서 발생한 성적 이끌림을 논의해야 할지의 여부를 결정하는 데에는 주의 깊은 분별이 요구된다. 그러한 논의는 문제를 해결하기보다 오히려 더 큰 흥미를 일으킬 수도 있다. 한 편으로 성령께서 그러한 논의를 하도록 요청하실 때가 종종 있다. 성적인 자극들이 하나님, 우리 자신, 아니면 우리의 주의를 하나님의 음성을 경청하는 것으로부터 다른 데로 돌리게 하는 영적인 존재의 영향 중 어디로부터 기인한 것인지에 관계없이, 그것들이 하나님의 초대에 의해 드러나게 되었을 때 그것은 성령에 의해 하나님께 대한 우리의 의존도를 증대시키는 데 사용될 수 있다. 그러나 성적 이끌림 때문에 양자가 하나님의 음성을 경청하는 데 주의를 기울일 수 없게 된 것이 분명하다면, 그 영성지도의 관계를 종결하는 것이 올바른 결론이다.

때때로 우리가 성적인 이끌림을 느낄 때, 성령께서는 기다리고 기도하고 아무것도 하지 말기를 우리에게 요청하시기도 한다. 하나님께서는 우리가 성적 이끌림에 대해 언급하지 않은 채 기다리기를 원하시기도 한다. 우리가 그러한 감정들을 즐기거나 논의하거나 행동에 옮기지 않을 때, 그것은 종종 사라지기도 한다. 그러나 우리는 이 문제에 관해 계속 기도할 뿐 아니라, 책임성을 강화하기 위한 수단들을 영성지도 관계 외에서 찾아 제공하도록 하나님의 요청을 받는다. 성적인 감정이 곧바로 영성지도를 끝내야 한다는 신호인 것은 아니다. 그러나 특별히 우리의 친밀성에 대한 욕구가 다른 관계들에서 적절한 방식으로 채워지지 않을 때, 우리는 상황을 부정확하게 판단하여 쉽게 스스로를 속일 수 있다. 바로 그렇기 때문에 성적인 문제는 항상 복잡하다.

악한 존재는 종종 하나님을 사랑하고 섬기길 원하는 사람들을 부적절한 성적 행동으로 이끌어 들이려고 유혹한다. 이러한 사실에 대한 인식은 성적인 흥미와 질문들과 자극들을 무시하지 않고, 우리 자신과 하나님 앞에서 솔직하게 그것들에 주의를 집중할 수 있도록 우리를 도와준다.

# 영성지도를 유일한 길이라고 생각하는 것

피지도자들 중에는 영성지도를 통해서 자신들이 경험한 하나님의 임재와 사랑과 인도에 너무도 감격해서, 모든 크리스천들이 반드시 영성지도를 받아야만 한다고 생각하는 사람들이 더러 있다. 하나님의 사랑을 더욱 깊이 느끼게 하고, 하나님에 대한 우리의 응답을 고양시키기 위해 성령님께서 사용하시는 훈련에 대해서 우리들은 쉽게 흥분하는 경향이 있다. 그러나 영성지도는 다른 기독교 훈련과 마찬가지로 모든 사람들에게 혹은 항상 어느 때든지 필요한 것은 아니다.

때때로 성령께서는 홀로 있어 외로움을 느끼도록 우리를 초대하신다. 사실 우리는 외로움을 느끼면서도 당분간 성령께서 그러한 외로움을 경험하도록 우리를 초대하고 계심을 깨닫는 때가 있다. 물론 우리의 동기를 살피고, 그 동기에 대해 기도하는 것이 현명하다. 왜냐하면 우리는 타인을 필요로 하지 않는다고 생각하기가 쉽기 때문이다. 그러한 생각은 착각이다. 성령께서 현 시점에 우리를 영성지도의 관계로 부르고 계시지 않을 수도 있다. 성령께서 우리에게 그러한 돕는 관계들에로의 참여를 요구하실 때, 우리는 다음 중 어떤 종류에 참여할 것인지를 분별할 필요가 있다: 상담, 멘토링, 제자훈련, 영성지도, 혹은 다른 것들.

하나님과의 친밀한 관계를 발전시키는 데 흥미를 갖는 모든 사람은 반드시 영성지도자를 만나야 한다고 암시하는 것만도 해(害)가 될 수 있다. 피지도자들이 영성지도가 필요한 것인지를 물어오는 사람들에게 줄 수 있는 최선의 도움은 영성지도의 방식을 본떠서 행하는 것이다. 즉 피지도자들은 그 사람들이 하나님과의 관계에 대해 이야기할 때 기도하는 마음으로 그들과 함께 성령의 음성을 경청하는 것이다. 그러한 경우에, 피지도자들은 영성지도자처럼 행동해야 한다는 말이다. 우리가 영성지도자의 역할을 할 때, 아마도 우리는 피지도자가 해야 할 것을 처방하는 영성지도가 영성지도의 중요한 목적, 즉 하나님의 뜻을 발견하도록 피지도자를 돕는 것에 어긋남을 깨닫게 될 것이다.

## 우리를 영적 성장의 주요한 원인으로 생각하기

믿음의 성장은 하나님의 선물이다. 바울 사도는 고린도전서 3:6에서 "나는 심었고 아볼로는 물을 주었으되 오직 하나님은 자라나게 하셨나니"라고 말씀하셨다. 우리가 아무리 성장을 격려한다 할지라도, 참된 변화는 하나님께로부터 나온다. 그러나 우리는 영성지도에의 참여가 우리의 내적 변화와 삶의 변화를 가져오는 주요한 요인으로 생각하기도 한다. 왜냐하면 우리가 영성지도를 통해 이전에 했던 것 이상으로 하나님께 주의를 집중하고 있기 때문이다.

우리 자신 안에서 자기 의를 발견하면 우리는 불안해 한다. 우리가 본 것을 부정하거나 우리의 자기 중심적 생각들에 의해 당황하기도 한다. 혹은 우리는 자기 중심적 생각들 자체를 알아차리지 못할 수도 있다. 우리가 다른 사람들보다 더 거룩하다고 느낄 때, 우리의 그러한 생각은 하나님께로부터 나온 것이 아니다. 자기를 부풀리는 태도는 하나님과 우리 사이에 장애가 된다. 또한 그것은 우리와 타인과의 관계를 저해하고, 우리를 향한 그리고 우리를 통한 성령의 기름 부음의 흐름을 방해한다. 우리의 그런 태도를 발견할 때, 기도하면서 우리를 하나님께 개방하고, 영성일지를 기록하고, 혹은 영성지도자와 함께 이야기하는 것들이 그러한 태도로부터 벗어나도록 우리를 도와줄 수 있다.

## 유머 감각의 결여, 우리 자신에 대해 명랑함

영적 성장으로 인도하리라고 소망하는 길을 의도적으로 걷기 시작한 사람은 보통 진지한 자기 성찰을 통해 그렇게 결정한 것이다. 그들은 하나님이 누구시며, 하나님과 어떤 관련을 맺도록 부르심을 입었는지, 삶의 의미는 무엇인지, 구체적으로 그들의 삶의 의미는 무엇인지를 탐구하고 싶어 한다. 이러한 탐구는 기본적이면서 중요한 가치와 선택들을 반영한다.

그러나 우리가 이러한 여정을 통제하고 있다고 믿음으로써, 그 여정 자체를 무력하게 만들어 버릴 수도 있다. 어떤 사람은 자신들과 영성지도에 참여한 사람들의 성장에 대한 책임이 자기에게 있다고 느낀다. 그들은 자신들의 통제를 벗어난 것들에 대한 책임감으로 짓눌리게 된다. 그러한 태도는 타인을 하나님께로 이끌기 위해 우리 안에 있는 성령의 충만함을 나누고자 소망하는 것과는 다른 것이다.

때때로 우리는 우리 자신을 비웃거나, 우리 자신과 다른 사람들을 생각하며 웃거나, 우리의 비현실적인 책임의식에 대해 웃기도 한다. 웃음이란 자기를 부풀리는 생각을 흘려보내고, 자신의 피조물이 아닌 하나님의 피조물이 되도록 우리를 자유하게 하는 데 도움을 준다. 우리가 하나님 안에 거할 때 쉽게 쉼을 누릴 수 있다. 그리고 그곳에는 웃음, 명랑함, 그리고 기쁨을 위한 공간이 존재한다. 이것은 하나님의 자비, 은혜, 돌봄을 신뢰하는 우리의 자유가 증대되었다는 증거들이다.

# 상처받기 쉬움을 인식하는 것

삶, 하나님, 그리고 영성지도의 본질은 우리가 그것을 통제할 수 없다는 사실을 확증한다. 우리는 어떤 것이 논의의 주제로 떠오를 것인지, 혹은 어떤 행동으로 성령께서 우리를 초대하실 것인지에 대해 예측할 수 없다. 우리는 우리 자신을 선한 크리스천으로 생각하거나, 아니면 적어도 다른 크리스천만큼은 선한 크리스천으로 생각할 수도 있다. 그러나 영성지도에서 핵심적 주제는 다른 사람들과 비교하는 것이 아니라 성령의 인도하심에 주의를 집중하는 것이다. 우리는 자존감, 자기 지각력, 그리고 우리가 얼마나 면밀히 성령의 음성을 경청하여 성령과 협력해 왔는지에 대한 우리의 인식 등에 충격을 받을 것이다. 스스로 중요하다고 말한 것에 대해 전혀 기도해 오지 않았다는 것을 발견하고 놀란 적이 나에겐 수없이 많았다. 혹은 적어도 내가 구체적으로 설명한 방식대로 기도해 오지 않았다는 것을 발견하고 놀라곤 했다. 이러한 정보는 영성지도자가 "요즘 당신의 기도가 어떻습니까?"라는 질문을 할 때 표면으로 떠오른다. 우리는 새로운 인식에 의해 상처를 받을 수도 있다. 심지어 우리가 하나님에 의해 학대받고 있는 것같이 느끼거나, 아니면 정반대로 우리를 향한 하나님의 사랑의 심오함과 온전함에 의해 깜짝 놀라기도 한다. 성령께서 우리에게 보여주시거나 우리에게 질문하시는 것이 항상 어려운 것만은 아니다. 그러나 종종 기대 이상으로 어려운 경우도 있다. 순결함에 대한, 그리고 하나님과 타인에게 주의를 집중하는 것에 대한 성령의 생각은 우리 자신의 생각을 뛰어넘는다.

우리는 영성지도에서 다른 사람들과 한 번도 나누어 본 적이 없는 많은 것을 비교적 쉽게 이야기한다. 이러한 방식으로 우리의 통상적인 경계선을 넘어가는 것은 우리의 의도 이상으로 우리가 상처받기 쉬운 상태에 있다고 느끼게 만든다. 영성지도는 배우자나 가족이나 친한 친구들하고도 나누지 않은 주제들에 대한 대화를 포함한다. 때때로 이러한 대화는 놀랍고 신나게 느껴지고, 우리를 자유하게 한다. 또한 우리는 때때로 뒤로 물러나거나 도망가려 하고, 적어도 숨을 고르는 동안의 시간만큼은 숨고 싶어 한다.

우리의 영적 여정에는, 기도에서 황량함을 경험하며 성경 읽기와 성도들의 교제와 하나님과의 관계가 갈 바를 알지 못하는 상태에 놓여 있는 것 같은 시기가 있는가 하면, 하나님께서 우리를 축복하고 계시다는 것을 알고 깊이 감사하는 마음을 지니는 시기도 있다. 또한 우리가 두려움을 느끼게 되는 순간들도 있다. 위험을 무릅쓰고 자기 굴복과 기도의 길을 따라 너무도 깊이 들어온 것이 아닌가라는 질문을 하면서, 주님에 대한 우리의 의존의 정도가 깊어짐을 경계하기도 한다. 우리는 또한 상상했던 것 이상으로 보다 강력하게 그리스도와 하나님과 성령님의 임재를 경험함으로 놀라기도 한다. 우리는 어떻게 하나님과 함께 있을 것인지를 염려하며, 성령께서 우리에게 요청하시는 것을 걱정하기도 한다.

피지도자들 중에는 상처받기 쉬운 상태에 놓임으로 인해, 그리고 위협을 느낌으로 인해 영성지도를 떠나는 사람도 더러 있다. 그들은 정보, 책임성, 심지어 하나님의 사랑을 자신들이 생각한 만큼 원하지 않고 있다는 사실을 발견한다. 그러나 피지도자들이 두려움과 상처받기 쉬운 마음을 기도와 영성지도의 대화로 가져갈 때, 그들은 종종 성령께서 드러내시는 모든 것을 수용하여 응답할 수 있는 능력을 성령께서 증대시키시는 것을 발견한다. 자신들의 능력이 증대되었다는 것을 깨닫는 것, 그것에 대해 의도적으로 기도하는 것, 주님의 도움을 구하는 것 등은 하나님과의 관계를 심화시키는 길을 열어 줄 수 있다. 다른 상황에서는 번창할 수 없는 많은 은혜들이 우리의 한계를 인식하고 하나님께로 달려갈 때 번창하게 된다.

# 문제가 되는 영성지도의 관계들

우리의 최선의 노력과 기도에도 불구하고 영성지도의 관계가 항상 잘 진행되는 것만은 아니다. 관계가 풍성하지 않을 때, 피지도자는 누구의 잘못인지에 대해 궁금해 하기 쉽다. 그것은 자신의 잘못인가, 지도자의 잘못인가, 하나님의 잘못인가, 아니면 악한 존재의 잘못인가? 우리는 그러한 질문에 상당히 많은 시간과 에너지를 투여할 수도 있다. 그러나 우리의 실망이나 분노를 기도로 가져가서, 성령께서 이러한 상황을 통해서 우리에게 말씀하시는 것을 듣고자 하는 것이 더욱 중요하다.

우리의 영성지도에 대한 기대들이 충족되지 않을 때 우리는 때때로 그러한 상황을 단지 불쾌하게만 여길 뿐이다. 그러나 그러한 상황으로 인해 망연자실하기도 한다. 어느 기간 동안에는 영성지도자가 하나님을 바라보고 하나님을 누리게 하는 통로들 중 하나가 된다. 그래서 우리가 영성지도자에 대해 실망하거나 분노할 때 하나님께서 우리에게 상처를 주셨다고 느낀다. 정상 궤도에 있지 않는 영성지도의 관계 때문에 우리가 하나님의 신실하심에 의문을 제기할 때 우리는 우리의 관심사에 대해 답함으로써 그것을 해소하려 하거나, 즉각적으로 모든 것을 정상적으로 되돌리려고 하지 않은 채 우리와 함께 걸어갈 기도하는 친구의 후원을 필요로 한다. 우리가 또 다른 영성지도나 심지어 하나님을 기꺼이 다시 신뢰할 수 있게 되기까지는 시간이 걸릴 것이다.

때때로 영성지도의 관계가 효과적으로 작용하지 않을 수 있다. 왜냐하면 서로의 짝이 잘 맞지 않기 때문이다. 그들은 서로 너무 달라서 상호간에 의미 있는 연결고리를 만들 수 있는 공통의 인식들을 충분히 지니고 있지 못할 수 있다. 말들은 배경, 교육, 그리고 경험의 차이에 따라 사람들에게 서로 다른 의미로 받아들여질 수 있다. 이런 경우에 성령과 상대방에게 주의를 기울이며 개방성을 지니기 위해서는, 그들이 너무 많은 노력을 해야 한다. 또 한편으로 어려운 관계들 중에서도 풍성한 열매를 맺게 되는 경우가 있다. 그리고 그 어려운 관계가 하나님께서 초대하신 것일 수도 있다. 그러므로 서로 다르다는 것만으로는 영성지도의 관계를 끝낼 수 있는 충분한 이유가 되지 못한다. 성령께서 끝내도록 우리를 인도하시지 않는 한에서는 말이다.

영성지도의 관계 중에는 시작은 성공적이지 않았으나 갈수록 좋아지는 관계가 있는가 하면, 반대로 시작은 좋았으나 점점 나빠지는 관계들도 있다. 그러나 영성지도의 관계가 뒤뚱거리는 때라 할지라도, 영성지도자와 피지도자는 모두 관계의 질과 색깔에 대한 책임을 공유하며, 계속해서 기도해야 할 책임도 나누어 갖는다. 그 어느 쪽도 침묵 가운데 고통을 감내하는 것으로는 유익을 얻지 못한다. 영성지도자와 피지도자가 서로 짝이 잘못 맺어졌다는 증거들이 드러날 때, 그들은 함께 그리고 홀로 기도하면서 그들의 관심사를 함께 논의하고, 적절한 행동을 결정할 필요가 있다.

영성지도에서 기도의 진정성을 분별하는 것이 영성지도자와 피지도자 사이의 관계에서 발생하는 방해들에 의해 불가능하게 될 수도 있다. 가능한 한 즉각적으로 문제가 있는 관계에 주의를 집중하는 것은 어려움의 시기를 단축하도록, 그리고 양자가 문제를 언급하여 서로를 돌보고 하나님께 다시 초점을 맞추도록 도와주기도 한다.


## 희망을 가질 이유

나는 영성지도자와 피지도자들이 고찰할 필요가 있는 몇 가지 영역을 설명했다. 실제로 우리의 어려움의 목록은 인간관계들 안에서 발생할 가능성이 있는 장애들의 목록만큼이나 길 수 있다. 우리는 이러한 어려움의 가능성들 때문에 낙심하게 되기 쉽다. 그러나 우리는 단지 우리 자신과 우리의 선한 의도와 지혜와 기술을 의존하는 것이 아니라는 사실을 기억할 필요가 있다. 영성지도의 관계는 시작부터 끝까지 성령을 의존하는 것이며, 바로 여기에 우리의 희망이 있다.

## 성찰을 위한 질문

우리의 주의를 산만하게 할 가능성이 있고, 문제를 야기할 가능성이 있는 영역을 생각해 보고 기도함으로써, 우리는 도움이 되는 정보를 얻을 수 있다.

1. 의존, 독립, 상호의존—이 단어들을 사용하여 당신의 현재의 관계를 설명해 보십시오. 당신이 균형을 잃었을 때 당신은 보다 의존적이 되는 경향이 있습니까, 아니면 보다 독립적이 되는 경향이 있습니까?

2. 성령의 음성을 듣는 당신의 능력이나 자발성을 저해하는 것은 무엇입니까?

3. 언제 당신은 다른 사람의 행동을 모델로 하여 닮고자 원합니까? 그 결과는 어떠했습니까?

4. 당신의 성이 어떤 점에서 선물입니까? 당신 자신과 타인의 성과 관련하여 어느 정도의 단계에서 당신은 편안함을 느낍니까? 당신의 경험에서 성과 영성은 어떤 관련이 있습니까?

5. 어떤 사람은 다른 사람들이 행하는 것을 행하고, 어떤 사람은 그 정반대의 것을 행하고, 또 어떤 사람은 그 중간의 행동을 택합니다. 기독교 훈련과 관

련하여, 당신은 어떤 훈련을 실천합니까? 집단으로 혹은 개인으로 행하는 훈련은 무엇입니까?

6. 당신은 얼마나 기꺼이 당신과 하나님과의 관계에서 요구되어지는 것을 제공합니까? 당신이 그렇게 하도록 공간을 만드는 데 도움을 주는 것은 무엇입니까?

7. 짝이 잘못 맺어진 관계에 대한 당신의 경험은 무엇입니까? 당신은 보통 그러한 관계에 머무릅니까, 재빨리 빠져 나옵니까, 아니면 머물러야만 한다고 생각하는 기간보다 더 오랫동안 머무릅니까?

8. 짝이 잘못 맺어진 영성지도의 관계에 대한 당신의 자연스러운 반응은 무엇입니까?

# 제16장

# 영성지도의 잠재적 유익

성경적으로 말하면, 영성생활이란 단순히 우리 안에 거하시는 하나님의 영의 활력과 영향력을 증대시키는 것이다. 그것은 우리를 창조주와 피조물 모두와의 교제로 이끌어가는, 인간의 영 안에서 발생한 성령의 장엄한 안무(按舞)이다. 그러므로 영성생활은 관계에 토대를 둔다. 영성생활은 하나님께서 우리와 관계를 맺는 방식, 그리고 그 하나님께 응답하는 우리의 방식과 관련이 있다.

크리스천의 경험에서, 성령의 역사는 그리스도의 형상을 닮도록 우리를 인도하신다: "주는 영이시니 주의 영이 계신 곳에는 자유함이 있느니라. 우리가 다 수건을 벗은 얼굴로 거울을 보는 것같이 주의 영광을 보매 저와 같은 형상으로 화하여 영광으로 영광에 이르니 곧 주의 영으로 말미암음이니라"(고후 3:17-18).

마조리 J. 톰슨[1]

그러나 계명을 준수하는 사람으로 당신이 알고 있는 경건한 사람, 그의 영혼이 당신의 영혼과 일치하는 사람, 당신이 실패한다면 슬퍼할 사람과 항상 함께 머물라. 그리고 그 사람을 당신의 영혼의 고문으로 삼으라. 왜냐하면 그보다 더욱 당신에게 신실한 사람은 없기 때문이다. 때때로 그 사람의

---

1) Marjorie J. Thompson, *Soul Feast: An Invitation to the Christian Spiritual Life* (Louisville: Westminster/John Knox Press, 1995), 6.

영혼이 망루 높은 곳에 앉아 있는 일곱 사람들보다 정보를 더 잘 제공해 준다. 그리고 이러한 것들 외에도, 가장 높으신 분인 하나님께 기도하라. 그러면 그분이 당신의 길을 진리로 지도할 것이다.

집회서 37:12-15

영성지도나 다른 기독교 훈련에 참여하는 것이 자동적으로 하나님의 음성을 경청하고 따르는 사람으로 우리를 변화시키지는 않을 것이다. 오직 하나님만이 성령의 초대와 우리의 자발적 협력을 통해서 그것을 성취하실 수 있다. 우리는 영성지도를 통해 영적으로 깨어나 하나님께 우리의 마음을 맞추길 희망한다. 그러나 영성지도가 우리의 그러한 희망의 성취를 보장해줄 것이라고 제안하는 것은 적절하지 않다. 우리가 실행하고 있는 영성훈련의 효과들은 은혜와 하나님께 협력하려는 우리의 자발성에 달려 있다. 우리의 희망은 영성지도에 있는 것이 아니라, 하나님께 있다.

우리는 하나님과 더욱 친밀한 가운데 살아가기를, 하나님의 영의 임재를 감지하기를, 하나님의 바람과 가치들에 주의를 집중하기를 소망하기 때문에 영성훈련에 참여한다. 우리는 하나님께서 영성지도의 과정을 사용하여 우리의 사랑을 더욱 심화시키시길 소망한다. 즉 우리는 우리의 마음과 뜻과 힘을 다하여 하나님을 사랑하고 우리의 이웃을 내 몸처럼 사랑하게 되기를 소망한다(마 22:37-38; 막 12:30-31; 눅 10:27).

우리는 영성지도를 통해서 무엇이 발생할 것인지를 예측할 수 없다. 그러나 사람들이 자신의 마음을 기도가 중심인 환경 안에서 돌봄으로 인해 강화될 수 있는 분명한 것들이 있다. 비록 영성지도가 경건한 태도를 창출하지는 않지만, 그것은 종종 하나님의 임재와 활동을 분별하도록 사람들을 돕는다.

그것은 또한 성령의 음성을 듣고 응답하고자 하는 그들의 지속적인 바람을 격려하고 지지한다. 많은 피지도자들은 또한 그들의 인식, 감사하는 마음, 신뢰가 개발되는 것을 알아차린다. 그리고 그들은 하나님, 성경, 그리고 기도와 관련하여 응답하는 것이 빈번해짐을 알아차린다.

아래 내용들을 읽으면서 종종 기억해야 할 것은 하나님과의 친밀함이 변화를 일으키고 영성지도가 많은 유익을 제공한다 할지라도 가장 중요한 것은 하나님과 우리의 사랑의 친밀함 그 자체라는 사실이다. 다시 말하면, 하나님의 사랑 안에 거하고 그 사랑으로 인해 살아가는 것을 배우는 것이 가장 중요한 일이다.

## 인식의 증대

일정 기간 영성지도에 참여한 후에 우리가 빈번하게 하나님의 임재를 인지하게 되었다는 사실에 놀라기도 한다. 아마도 이전에는 우리 자신을 기도하는 사람으로 간주했지만, 영성지도를 통해서 우리는 이전의 기도에서는 발생하지 않았던 많은 것을 발견하기 시작한다. 삶의 보다 많은 부분들이 기도로 연결되고, 보다 많은 선택들이 기도에 뿌리를 두게 된다. 우리는 과거와는 다른 것을 보고 듣는다. 점증하는 민감성의 빛은 모든 것을 보다 분명히 이해하도록 돕는다. 성령의 조용하고 세미한 음성을 보다 쉽게 듣게 되고, 다른 음성들과의 구별도 보다 쉽게 이루어진다. 이것은 마치 이전에는 배경 음악이었던 것이 이제는 전면의 멜로디가 된 것과 같다.

### 불편함

우리의 점증하는 인식은 우리가 언제 그리고 왜 불편함, 불안함, 혼란스러움을 느끼게 되는지를 알아차리도록 도와준다. 우리는 자신에 대한 관심 (self-concern)이 우리의 많은 지각활동과 해석 작업의 중심에 자리 잡고 있다는 것을 안다. 또한 우리는 종종 우리 자신을 위해서 일들이 다르게 전개되면 좋겠다고 바라지만, 타인을 위해서 더 좋은 것이나 하나님을 더욱 기쁘시게 해드리는 것에 대해서는 별로 생각하지 않는다는 것을 안다. 성령께서는 우리가 성경적 원리와 가치들에 직면했을 때, 우리를 자극하는 감정과 생각을 인지하여 반응할 수 있도록 우리를 도우신다. 우리는 하나님을 위해서 불편함을 감수하려는 자발성이 증대됨을 느낀다. 즉 보다 그리스도처럼 되기 위해서, 하나님께서 창조하셨고 우리가 그렇게 되도록 초대하시는 우리의 참된 자아에 보다 일치하기 위해서, 하나님과의 교제에 근거하여 살아가는 데 필수적인 은혜에 보다 수용적이 되기 위해서 불편함을 감수하려는 자발성이 증대됨을 감지한다. 때때로 우리는 우리가 발견한 것들 때문에 수치스러움을 느끼며, 그렇게 되지 않았으면 하고 소원한다. 그러나 우리가 본 것, 특별히 우리 자신에게서 발견한 것에 의해 곤란을 겪을 때, 우리는 하나님에게서 멀어지지 않고 하나님께로 달려가는 법을 조금씩 배운다. 우리의 지각에 성령의 조명이 비추어질 때 우리는 결코 온전히 편안해 할 수가 없다. 그러나 삶을 회복시키는 은혜가 불편함과 편안함 모두를 통해 우리를 만지시고, 하나님을 향해 깨어 있기를 원하는 우리의 소망을 풍요롭게 한다.

### 편안함

영성지도를 통해서 우리는 하나님의 위로하고 지지해 주는 사랑과 하나님의 임재를 보다 잘 인식하게 된다. 우리는 하나님의 가까이 계심에 대한 민감성을 더욱 지니기 위해 기도한다. 또한 외부의 환경이나 이성적 설명에 의해 깨어져 버리지 않는 평안을 위해 기도하여 응답을 받는다. 하나님께서 우리를 안심시키신다. 노리지의 줄리안이 받은 확증의 말씀, "모든 것이 잘될 것이다. 모든 것이 잘될 것이다. 모든 일들이 잘될 것이다"는 모든 것을 합력하여 선을 이루시는 하나님의 사랑의 의도를 우리에게 상기시켜 준다.2) 기도, 경청, 분별을 위해 동행하는 사람을 갖는다는 것은 성령의 위로하시고 힘 주시는 임재를 알아차리도록 우리를 도와줄 수 있다.

### 하나님께로 가까이

우리는 하나님께로 더 가까이 나아감을 느낀다. 왜냐하면 우리는 영성지도자와의 대화를 통해서 하나님을 향한 우리의 사랑, 갈망, 열심, 신뢰에 대한 증거들을 보기 때문이다. 그러나 우리가 하나님께 더 가까이 다가섰을 때, 우리는 또한 우리의 마음과 정신이 종종 우리 자신의 길을 가려고 한다는 것을 인지한다. 하나님과의 밀접성에 대한 깊은 인식은 성령의 자극을 따를 것인지 아니면 거부할 것인지에 대한 우리의 선택을 보다 의식적으로 인식할 수 있게 해준다.

### 인성과 신성

영성지도에 참여함에 따라 우리는 종종 우리가 완전한 척할 필요가 없다는 것을 알게 된다. 왜냐하면 우리의 흠 있는 인성과 하나님의 관대한 사랑과 신실한 돌봄이 드러나기 때문이다. 우리 스스로를 완전하다고 인식하거나 그렇게 표현하는 한, 우리는 하나님에 의해 자유롭게 되도록 우리 자신을 내드리지 못한다. 그러나 우리의 한계를 인정했을 때, 우리의 생각과 행동들은 스스로 완전하다는 착각에 의해 채색되지 않게 된다. 자신과 타인을 교정하려는 우리의 노력과 욕구는 점점 감소한다. 왜냐하면 인간을 위한 하나님의 사랑은 우리의 행동 유무와 아무런 상관이 없다는 것이 너무도 분명하기 때문이다. 우리는 우리의 인성을 감추거나 비난하는 대신에, 오히려 그 인성을 우리에게 부여된 하나님의 선물로 여겨 기뻐하는 보다 큰 자유를 경험한다. 하나님의 사람이 된 것, 하나님을 하나님으로 받아들인 것, 하나님께서 의도하신 바 참된 인간이 되는 것은 참으로 엄청난 구원이다. 다시 말하면 하나님과의 교제 가운데 살아가는 것은 참으로 놀라운 구원이다. 영성지도는 우리가 하나님, 우리 자신, 타인들을 인정하고, 수용하고, 사랑하도록 도와줄 수 있다.

### 하나님의 초대

하나님의 초대는 우리가 영성지도에서 의식적으로 들으려고 할 때 보다 분명해진다. 하나님은 항상 크고 작은 경험들, 생각들, 감정들, 기도들을 통해서 하나님을 사랑하고 우리를 위한 하나님의 사랑을 누리도록 우리를 초대하신다. 매 순간 하나님과의 교제로 우리를 초대하시는 하나님의 사랑이 우리에게 제공되고 있다. 때때로 성령께서는 그리스도의 형상이 우리 안에서 더욱 온전히 이루어지도록 간구할 것을 우리에게 요청하신다. 우리는 그 사실을 감지한다. 혹은 성령께서는 구체적인 기회들을 통해서 우리가 세상 한복판에서 하나님의 사람이 되도록, 하나님을 더욱 신뢰하는 사람이 되도록 인도하신다. 이것이 우리가 영성지도에 참여할 때 성령께서 우리에게 보다 빈번하게 말씀하시는 것은 아니지만 우리가 그것을 행할 때 늘 살아 계셔서 함께하시는 하나님의 임재에 더욱 깨어 있게 된다.

### 자발성과 의도성

우리가 계속해서 언급해 온 바와 같이, 자발성은 의도성의 반대이다. 자발성은 독립적으로 살아가는 것이 아니라 하나님의 펼쳐진 자기 계시를 따르는 것과 관련이 있다. 영성지도에 참여함에 따라 우리의 자발성은 성장한다. 성령의 음성을 경청하는 자발성, 하나님의 길에 우리의 길을 복종시키는 자발성, 하나님께서 말씀하신 바가 불확실할 때 기다리는 자발성이 우리 안에서 증대된다. 우리는 종종 인내하지 못하며 급하게 서두른다. 영성지도는 우리가 인내를 기르도록, 그리고 기꺼이 하나님께 주의를 집중한 채 성령께서 하나님의 뜻을 드러내실 때까지 이미 알고 있는 것에 계속해서 머물러 있도록 도와준다. 자발성은 하나님을 신뢰하는 것의 일부이다. 때때로 이것은 마치 무언가를 실행하기를 선호할 때 그냥 앉아 있는 것과 같은 것이다. 기다리고 있는 때보다 하나님의 영을 향해 나아가며 응답하고 있을 때 자발성을 조금 더 쉽게 발휘할 수 있다. 그러나 항상 그런 것은 아니다. 왜냐하면 때때로 성령께서는 우리가 과거의 익숙한 경험들로부터 벗어나서 하나님을 새로운 방식에 따라 따르도록 요청하시기 때문이다. 영성지도의 동반자 관계는 우리가 자발성과 의도성의 흐름을 확인하고, 그것에 대해 기도하도록 도와준다.

### 진리

분별을 장려하는 기도의 정황 가운데 얻어진 정보에 주의를 집중할 때, 진리를 보다 쉽게 인지할 수 있게 된다. 우리의 하나님 경험과 삶에 대한 생각을 영성지도자에게 이야기하는 것은 우리가 하나님께서 우리와 함께하신다는 사실을 기억하고 고려하도록 도와준다. 우리는 우리에게 중요한 것이 무엇이며, 우리의 응답 방식이 어떠한지를 알게 된다. 우리에게 발생한 것들 가운데 참된 것을 분별해 내는 능력이 조금씩 자라나는 것을 경험한다. 성령의 음성을 보다 가까이에서 경청함에 따라, 우리는 하나님께서 보내신 메시지를 구별하는 법을 배운다. 우리는 영성지도가 참된 것을 알아내는 우리의 능력을 촉진시킨다는 것을 안다.

## 영적인 도전들

영성지도의 참여를 통해서 영적으로 성장해 감에 따라, 우리는 우리를 향한 하나님의 바람들이 도전이 없는 상태로 진행되어 가지 않는다는 것을 감지한다. 때때로 그것은 마치 우리 자신의 저항이나 고집 이상의 어떤 것을 직면한 것같이 느껴진다. 우리가 어긋나갔거나 곤경에 처해 있다는 것을 알고 있음에도 불구하고, 우리를 방해하는 것들이 무엇인지를 알 수 없을 때가 있다. 혼란의 원인이 우리 자신, 타인들, 상황들, 하나님, 악한 존재들 중 어느 것인지를 분별하려고 시도할 때, 함께 이야기할 수 있는 영성지도자를 갖는 것이 좋다. 성령께서 자아 중심주의를 벗어나서 그리스도처럼 되는 것을 향해 나아가도록 우리를 부르심에 따라, 영적 도전들에 대한 우리의 인식 능력은 더욱 예리해진다. 영성지도를 통해서 우리는 하나님의 도움을 더욱 의지하는 법을 배울 수 있다. 그리고 의심스러운 영적 경험이나 하나님께 대한 우리의 저항을 혼자 독립적으로 다루는 대신에 무엇을 해야 하는지를 성령께 물어 보는 법을 배울 수 있다. 영성지도를 통해서 우리는 영적인 혼돈을 보다 민첩하게 알아내게 되고, 하나님께로 신속하게 되돌아가는 법을 배우게 되며, 성령과 협력하는 법을 더욱 알게 된다.

## 인식의 유익함들

하나님은 영성지도를 사용하셔서 우리의 인식을 발전시키신다. 우리의 인식의 발전은 교대로 우리 자신, 타인들, 그리고 세상 안에서 하나님을 발견하는 우리의 능력에 영향을 미친다. 만일 우리가 하나님께서 우리의 시야를 넓히시도록 허락한다면, 우리는 일상적으로 보아온 것 이상을 볼 수 있게 된다. 우리는 창조세계, 피조물, 사람들, 체제들, 기관들, 경험들, 그리고 우리 자신의 삶 속에서 이전보다 훨씬 더 많은 것을 볼 수 있게 된다.

이것이 우리를 항상 행복하게 만드는 것만은 아니다. 나는 국제 교단 회의에서 여성들이 자신들의 이야기를 할 때 화가 났으며 그 이야기를 듣기가 힘들었던 것을 기억한다. 나는 하나님께서 인도하셔서 그 회의에 참석했다고 생각했다. 그러나 그 회의는 매우 불쾌한 것이 되어 갔다. 나는 많은 나라와 인종 그룹들을 대표하는 여성들의 고통 가득한 이야기를 들을 필요가 있는지를 하나님께 물었다. 매일 오후 다섯 분의 여성이 박해, 불의, 냉대를 통과한 자신들의 여정에 대해 이야기했다. 그리고 그들은 하나님께서 그 여정에 어떻게 함께하셨으며, 어떻게 그들을 위로하고 인도하셨는지를 이야기했다. 나는 하나님께 모든 사람들의 슬픔을 알고 있는 고통을 어떻게 견디시는지 물었다. 이러한 경험들과 질문들, 그리고 그 경험들의 영향으로 말미암아 변하게 된 내 기도의 방식들은 나의 영성지도자와의 대화 주제가 되었다. 나는 하나님의 마음을 일견했으며, 기도와 돌봄을 필요로 하는 곳들을 보다 잘 발견해 낼 수 있었다.

하나님께서 우리의 여정에 출현시키신 것을 보다 면밀하게 살필 때 수많은 새로운 통찰들과 질문들이 떠오를 수 있다. 시야를 넓히는 것은 인간의 일상생활로 여겨 왔던 것들의 고유함, 아름다움, 그리고 힘 안에 현존하는 하나님과 하나님의 은혜를 발견하여 감사할 줄 아는 우리의 능력을 촉진시킨다.

### 감사

우리가 하나님, 타인, 우리 자신, 그리고 총체적인 삶을 통제하려고 에너지를 사용할 필요가 없을 때, 우리는 보다 자유롭게 하나님과 그것들의 참된 모습을 인정하고 감사한 마음을 갖게 된다. 영성지도를 통해서 우리 자신의 관심사에 대해서는 주의를 덜 기울이게 되고, 하나님의 사랑의 임재에 보다 주의를 기울이게 된다. 우리는 더욱 긴장을 풀고 편안해지며, 일상의 평범한 생활 가운데 발견된 선물들을 음미하며, 깊은 기쁨을 발견한다.

### 하나님께

감사는 사랑으로 흘러가는 통찰을 포함한다. 감사가 넘쳐날 때 하나님과 하나님의 풍성한 돌보심이 우리에게 보다 분명해진다. 우리는 인간의 한계와 실패에도 불구하고, 우리의 삶에서 기쁨을 얻고 그 삶을 더욱 누리게 된다. 즐거움으로 불평을 대체한다. 왜냐하면 우리가 세상에서 하나님과 하나님의 생생한 임재를 더욱 많이 보게 되기 때문이다. 하나님께 대한 감사가 더욱 커지면 우리의 지평도 확대되어 우리 자신의 사랑이나 삼위일체의 한 위격에만 초점을 맞추는 대신에, 삼위일체의 세 위격—하나님 아버지, 그리스도 독생자, 성령—모두와 그들의 창조, 구속, 지속적인 생명 부여의 행동들에 초점을 맞춘다. 하나님의 특질들과 속성들이 보다 더 우리의 초점의 대상이 된다. 우리는 더욱 하나님의 임재, 인도, 사랑의 돌봄을 감사하게 된다.

### 이웃에게

영성지도를 통해서 활기 넘치는 기도와 기독교 공동체의 세계적 차원의 네트워크가 보다 가시화된다. 우리가 성령께 보다 개방적일 때, 하나님은 믿음의 사람들을 우리의 믿음의 여정에 보내 주신다. 우리는 그들과 대화하며, 그들에게서 배운다. 우리가 혼자가 아니라는 것을 알기 시작한다. 때때로 영성지도자는 피지도자에게 크리스천들의 삶과 믿음의 여정에 대한 글들을 읽도록 제안한다. 그들의 이야기는 피지도자들이 크리스천들의 믿음에 대한 수많은 표현들에 익숙해지도록 도와준다. 피지도자들은 문화, 인종, 나라, 사회계층, 교단의 차이와 관계없이 모든 사람들을 더욱 존중하게 되며, 자신들과 다른 사람들을 소중히 여기는 법을 배우게 된다.

## 자기 자신에게

일반적으로는 인류를, 구체적으로는 우리를 향한 하나님의 사랑이 보다 분명해짐에 따라 우리의 지각, 해석, 자아 개념들은 변화한다. 자신에 대해 보다 친절한 태도를 취하고 있다는 것을 인지한다. 우리는 하나님의 사랑을 받을 자격이 없다는 것을 깨닫지만, 동시에 우리를 향한 하나님의 사랑을 감지한다. 우리는 성령과 협력하기를 원하며, 하나님의 도움 없이 참된 우리 자신이 될 수 있다는 환상을 갖지 않는다. 우리는 점점 더 자신을 있는 그대로 수용하게 된다. 또한 하나님의 창조 계획 안에 있는 우리의 최종적인 모습과 성령께서 우리를 그 모습으로 인도해 가시는 방식을 더욱더 인정하고 감사할 수 있게 된다. 우리는 보다 자유롭게 되어 하나님께서 모든 사람에게 복을 주신다는 것을 기뻐한다. 성령께서 우리 자신의 처소와 삶으로 우리를 인도하실 것이라는 사실을 신뢰할 때, 우리는 자신을 타인과 비교하거나 경쟁의식에 빠지지 않게 된다. 하나님의 나라 안에는 모든 사람들을 위한 처소가 있다는 것을 우리는 깨닫는다.

우리의 거짓 겸손과 자기 비하 또한 점점 줄어든다. 우리는 개방적인 삶을 살 수 있으며, 우리의 완전하지 못함으로 인한 방해를 덜 받게 된다. 우리는 우리의 한계를 깔보지 않는다. 한계를 지니지만 하나님의 사랑을 온전히 받는 존재라는 것을 점점 더 수용한다. 우리는 해방되어 우리 자신에 대해 현실적이 됨과 동시에 하나님을 신뢰하게 된다. 하나님의 사랑과 성령의 임재에 대한 우리의 인식 때문에, 우리의 주의 집중의 중심이 이동한다. 우리는 자신에 대해서 덜 강박적이 되며, 타인에 대해 보다 관심을 갖게 된다. 모든 사람을 향한 하나님의 사랑을 인식하는 것이 점점 더 중요하게 되며, 그것은 과거보다 훨씬 더 우리의 주의를 차지하게 된다.

### 삶에게

일상의 삶은 하나님께서 주신 것이라는 사실이 보다 분명해진다. 그리고 미, 복잡성, 다양성, 신비, 인간의 몸과 정신과 감정과 관계의 여러 측면들, 피조 세계를 인식하여 그 가치를 인정하는 태도가 성장한다. 우리는 매 순간 맛, 향기, 할 일, 친구, 기도, 사고방식, 하나님을 인식함 등의 고유함을 더욱 잘 이해한다. 내적인 차분함이 이러한 것을 음미할 수 있게 해준다. 패턴들과 기회들은—과거, 현재, 그리고 가능성—선물로 간주된다. 때때로 우리는 고난을 통해 찾아오는 은혜에 대해서도 감사할 수 있다. 그리고 산산이 부서지는 경험 가운데서도 은혜를 발견할 수 있다.

하나님을 하나님으로, 우리 자신을 하나님의 사랑받는 자로, 타인들과 세계 안에 계신 하나님을, 창조세계의 아름다움 안에 있는 거룩한 빛을, 그리고 일상생활의 평범함의 비범함을 인식하고 감상하는 우리의 능력이 하나님을 감지할 때마다 확장된다. 영성지도는 사람들이 하나님께서 주신 삶에 대한 감사, 음미, 경축을 심화시키도록 돕는다.


# 신뢰

제4장 "영성지도와 신뢰"에서 우리는 하나님, 우리 자신, 타인을 신뢰하는 우리의 자발성에 영향을 미치는 개인의 신뢰 역사의 여러 측면들을 고찰했다. 그리고 그것이 영성지도에의 참여를 준비하는 데 어떤 영향을 미치는지

를 고찰했다. 일단 우리가 영성지도에 참여하게 되면, 우리는 우리의 신뢰에 도전하는 것이 무엇인지에 대해 이야기한다. 그리고 적절하게 신뢰했을 때 기뻐한다.

신앙 여정의 초기에는 성령께서 하나님에 대해 충분히 보여주셔서, 우리가 하나님을 신뢰할 수 있을 것처럼 보인다. 우리의 신뢰는 하나님의 사랑, 임재, 인도를 경험함에 따라 증대된다. 조금씩 하나님의 영이 임재하시며, 계속해서 임재하실 것이며, 필요한 것이면 무엇이든지 우리에게 보여주실 것이라는 사실을 보다 온전히 신뢰하게 된다.

하나님은 보다 복잡하고, 분명하지 않으며, 우리의 마음을 흔드는 도전들과 기회들을 통해서 신뢰를 증대시키도록 우리를 초대하신다. 우리는 우리 자신, 타인들, 전문가의 의견, 돈, 시간, 다양한 종류의 개인과 기관의 힘, 그리고 다른 많은 것을 신뢰하는 우리의 경향성을 알아챈다. 영성지도를 통해서 우리가 그동안 무엇을 의지해 왔는가를 알기 시작하며, 주께서 하나님이 아닌 것들에 대한 우리의 의존성을 약화시켜 주시길 간구하기 시작한다. 우리의 신뢰가 깊어짐에 따라, 하나님은 우리가 결과를 예측하지 못하는 우리의 무능력에 대한 염려를 덜 하게끔 만들어 주신다. 우리의 편안함과 신뢰는 우리의 선견지명과 능력에 대한 평가에 달려 있지 않고, 점점 더 하나님께 달려 있게 된다. 하나님께서 우리가 자신을 돌보는 것 이상으로 우리를 돌보시며, 우리에게 영향을 미치는 모든 것들도 돌보신다는 것을 반복적으로 인지함에 따라 신뢰는 깊어진다.

하나님을 향한 우리의 사랑도 자라간다. 우리는 성령의 음성을 듣고 신뢰 가운데 응답하고 있다는 것을 깨닫는다. 우리의 하나님 경험과 하나님께서 우리 가까이 계시며 우리의 일에 관여하신다는 인식은 어떤 중요한 문제에 관해 더욱 하나님을 신뢰하는 우리의 능력을 심화시킨다. 이것은 우리가 모든 것 가운데서 하나님을 신뢰하도록 이끈다. 우리는 그 어떤 것도 남겨 놓거나 배제하지 않은 채 모든 것 가운데서 하나님을 신뢰하게 된다.

하나님에 대한 우리의 신뢰가 자람에 따라, 우리는 또한 우리 자신과 영성지도자를 보다 온전히 신뢰하는 것 같다. 성령께서 우리 가운데 역사하신다는 것과 성령께서 영성지도의 관계를 사용해서 하나님과의 친밀성이 자라도록 우리를 양육하신다는 것을 알아차리는 민감성도 성장한다. 우리가 이 사실을 앎으로 인해, 우리의 두려움과 자기 방어적 태도는 줄어들게 된다. 그리고 이것은 우리가 서로를 그리고 더 나아가 하나님의 영을 신뢰하고 소중히 여기도록 도와준다.

## 영적 발달

우리가 삶의 여정을 따라 나아갈 때, 그리고 하나님의 벗으로 성장해 갈 때 많은 변화들이 발생한다. 하나님의 사랑을 인식하고 살아가는 것은 여정 중에 있는 우리들을 격려한다. 성령은 우리를 자극하시며, 우리는 우리의 행동을 고찰하여 수정한다.

우리가 영성지도에 참여할 때, 전환의 시기를 보다 신속하게 혹은 보다 수월하게 통과하는 것 같다. 우리가 곤경에 처해 있을 때 기도가 중심이 된 영성지도에서 우리가 겪는 장애와 혼란을 이야기하는 것은 우리가 상황을 보다 정확하게 분별하여 응답할 수 있도록 도와준다. 우리가 우리의 경험들, 인식들, 반응들의 보다 넓은 영역들에 더욱 세밀한 주의를 기울이고 있기 때문에, 우리의 결의는 점점 더 확고해진다.

그러나 때때로 우리가 성령과 협력하는 증거는 점진적으로 등장한다. 변화는 극도로 천천히 발생한다. 변화가 너무 천천히 발생하여, 우리는 한참 후에야 성찰을 통해 알게 되기 전까지는 그것의 발생조차도 알지 못한다. 때때로 우리는 단지 기다려야만 하는 상황에 놓이게 된다. 이것 역시 성장의 한 부분이다. 하나님의 영은 시기에 따라 다른 방식으로 우리와 관계를 맺지만, 결코 우리를 버리지 않으신다.

삶은 항상 변한다. 우리의 가치들도 변한다. 우리의 기도도 변한다. 우리에게 주어지는 하나님의 초대도 변한다. 우리가 하나님을 이해하고, 사랑하고, 따르는 방식도 변한다. 삶의 매 단계에는 새로운 친구들, 일, 놀이, 기도를 위한 가능성들이 있다. 영성지도는 우리가 조사할 필요가 있는 영역들과 구체적인 변화들이 우리를 어디로 인도하는지를 확인하도록 도와준다. 다시 말해 영성지도는 구체적인 변화들이 우리를 하나님께로 가까이 나아가도록 하는지 아니면 하나님에게서 멀어지게 하는지를 확인하도록 도와준다.

때때로 변화는 어렵다. 우리는 한때 편안했던 곳이 더 이상 적합하지 않다는 것을 깨닫는다. 우리가 어디에 속해 있는지를 분명하게 알지 못한다. 우리는 이전과는 다르게 혼란스럽고 상처받기 쉽다고 느낀다. 동시에 우리는 변화의 불편한 측면들에도 불구하고 우리가 얼마나 그 변화를 즐기는지를 발견하고 놀라게 된다. 성령님과 협력하는 것은 참으로 만족스럽다. 때때로 우리는 에너지, 기쁨 그리고 새로움의 느낌으로 충만하게 된다. 우리는 하나님과 함께 삶을 누린다. 온전함과 안정됨을 느끼며, 우리가 성장하고 있다는 느낌을 갖는다. 우리는 하나님의 바람들을 보다 빈번하게 고려하며, 이것은 타인에 대한 우리의 감응성에 영향을 미친다. 영성지도를 통해 초래된 행동의 변화들은 하나님, 이웃, 그리고 우리 자신을 더욱 사랑하도록 우리를 이끌어 간다.

# 반응들

영성지도에 참여한 사람들의 반응과 행동들을 그렇지 않은 사람들의 것과 비교하는 것은 도움이 되지 않는다. 우리는 타인의 동기는 말할 것도 없고, 우리 자신의 마음 안에 무엇이 있는지도 알지 못한다. 게다가 우리의 재능들, 영적인 은사들, 그리고 개성들은 우리가 특정한 형태의 행동들을 하게 한다. 어떤 사람은 천성적으로 온유하고 인내심이 있으나, 어떤 사람은 그렇지 못하다. 우리는 또한 서로 다른 한계들과 유혹들을 지닌다. 우리들 중에는 두려움으로 곤란을 겪는 사람이 있는가 하면, 분노와 염려로 더욱 곤란을 겪는 사람도 있다.

하나님은 우리가 장점과 약점의 영역 모두에서 성장하도록 격려하신다. 성령의 음성을 듣고 따르는 우리의 자발성이 특정한 결과를 형성하지만, 선한 행동들의 증거는 하나님의 영의 내주하심과 우리의 삶이 하나님과 서로 얽혀 짜였음을 나타낸다. 이것을 염두에 두고 우리가 하나님과 은혜에 의존함을 감사하면서 영성지도자와 피지도자가 관찰해 온 반응을 조사해 보자.

**피지도자는 하나님을 더욱 원한다.** 하나님을 향한 피지도자의 이끌림은 여러 가지 방식으로 나타난다. 즉 그것은 하나님과 홀로 있는 시간을 추구하고, 기도와 성경과 사람들 혹은 봉사를 사랑하는 것으로 나타난다. 비록 피지도자가 종종 그들을 향한 하나님의 사랑을 만족감과 충족감을 느끼는 방식으로 경험하지만, 그들은 계속해서 하나님과의 관계를 발전시키고자 열망한다.

**피지도자는 항상 기도하려고 애쓴다.** 이것은 그들이 바쁜 일상 가운데서도 하나님의 음성을 경청하기 위해 자신을 내드리려고 애쓰는 것을 의미한다.

이 때문에 그들은 언제 자신들이 균형을 잃었는지, 그리고 언제 의도적으로 하나님의 도우심을 더욱 간구해야 하는지를 보다 신속하게 인지한다. 피지도자들은 기도가 자신들의 삶의 전 영역으로 확장되고 있다는 것을 발견한다. 왜냐하면 그들은 더욱 의도적으로 모든 것에 대해 기도하려 하기 때문이다. 그들은 기도를 위한 시간을 따로 설정할 뿐 아니라 또한 기도가 일상생활 전반에 활력을 불어넣는 것을 발견한다. 그들은 하나님의 임재를 더욱 의식하며, 종종 하나님께 사랑 어린 세심한 신경을 쓴다.

**피지도자는 하나님의 사랑, 임재, 돌봄에 의해 고무된다.** 하나님과 하나님의 임재에 대한 인식의 심화는 하나님뿐 아니라 삶의 도전들에 대한 피지도자의 정서와 응답에 영향을 미친다. 그들은 자신들을 하나님에 의해 창조되어 역사의 특정한 시기를 살아가는 특정한 인간이 되도록 부름 받은 존재로 간주한다. 성령께서 함께 하시면서 그들에게 고유한 그들 자신이 되도록 격려와 힘을 주신다는 것을 인지할 때, 그들의 용기는 증대된다. 이러한 인식은 삶으로 흘러 들어가며, 제도 교회에서 제시하는 영성의 기준들을 지각하여 응답하는 그들의 방식에로도 흘러 들어간다. 보다 큰 자유를 소유한다는 것은 그들이 타인의 생각을 알고 싶어 안절부절 못 하지 않게 되었다는 것을 의미한다. 왜냐하면 그들은 하나님께서 원하시는 것을 보다 분명히 알게 되었기 때문이다. 하나님께서는 인간적으로 고안해 낸 영성이 아니라 참된 영성을 원하신다. 때때로 피지도자들은 하나님께로부터 기인하지 않은 그리고 성경적이지 않은 인위적인 기준들, 규칙들, 제한들을 인지하게 된다. 그들은 하나님과의 친밀한 관계가 그들로 하여금 성령의 자극에 의한 사고와 행동들을 알아차리도록, 그리고 보다 큰 자유를 지니고 살아가도록 한다는 것을 발견한다.

피지도자는 더욱더 개방적이며 주의를 집중할 수 있게 되었다고 말한다. 즉 더욱 그들 자신과 하나님께 개방적이 되었음을 느낀다. 영성지도를 통해서 피지도자들은 자신들을 보다 온전히 알게 되며, 보다 넓은 시야를 가지고 활동하게 된다. 상당히 분명한 경계선을 지닌 자아의 익숙한 부분들을 사용하여 활동하는 것이 일반적이다. 그러나 영성지도에서 그들은 그들의 개성과 잠재력의 잘 사용되지 않은 부분, 잘 인정받지 못한 부분들을 발견한다. 그들은 또한 자신들의 결점들과 하나님께 저항하는 방식을 더 잘 파악하게 된다. 비록 그들이 어떤 영역에서는 재능이 덜하고 다른 영역에서는 재능이 있다는 것을 이미 깨달았지만, 그들은 자신들의 새로운 면들을 발견하고 놀라곤 한다. 하나님께서 그들의 삶의 모든 영역에 참여하시도록 그들은 더욱 개방적이 되어 간다. 이것은 그들이 자신들을 약한 존재로 인식하는지, 아니면 강한 존재로 인식하는지의 여부와 관계가 없다. 그들 자신이 특정한 영역에서 얼마나 서투른가를 보는 것이 더 이상 과거에 그랬던 것처럼 위협적으로 느껴지지 않는다. 또한 그들은 자기 자신이 된다는 것이 의미하는 바를 더욱 잘 이해하게 되었음을 쉽게 확인한다. 이러한 자유의 증대는 그들을 인격이 통합된 사람으로 만들며, 완전의 성취를 희망하는 머나먼 날을 기다리는 대신에 현재 자신의 모습으로 하나님을 사랑하고 섬기도록 해준다.

피지도자의 내외적 행동들은 성장하여 그리스도의 마음과 정신을 반영한다. 그들은 자신의 상태와 욕구에 대해서 관심이 적어진다. 그들은 또한 자신들이 말하는 가치들과 실제 행동들 사이의 차이가 점점 줄어드는 것을 경험한다. 그들의 말은 그들의 행동에서 보다 빈번하게 반영된다.

피지도자들은 기도, 관계, 일의 우선순위를 선택하길 원하며, 성경적 가치관에 따라 활동하길 소망한다. 그들은 그렇게 할 수 있는 자유가 증대됨을 경험한다. 그들은 참여의 요청들에 대해 즉각적으로 "예스"라고 대답하거나 그들의 능력 밖이라는 이유로 즉각적으로 "노"라고 말하는 대신, 기도의 분별을 통해서 그것을 조사하려는 자발성과 능력이 자라는 것을 경험한다. 섬김을 위한 그들의 자발성의 증대는 하나님께서 특정한 일에 그들을 초대하신다는 인식의 증대와 함께 이루어진다. 그들은 질문한다. "주여, 이곳이 당신께서 인도하신 곳입니까?" 이것은 더 이상 그들이 기꺼이 이 세상에서 하나님의 백성이 되려하는가의 문제가 아니다. 오히려, 그들은 구체적인 것을 질문한다. 언제, 어디에서, 왜, 누구와 함께 등을 질문한다. 그들은 성령과 함께 협력하며 하나님의 인도를 따르기를 소망한다.

피지도자들은 의미 있는 상호작용과 관계들에 온전히 참여하려는 소망이 더욱 증대됨을 경험한다. 그들은 부분적으로만 참여하는 자신들의 방식을 인식하기 시작한다. 그들은 또한 여러 가지 것을 동시에 한꺼번에 생각하거나 행하려고 노력하는 것과 같이 자신을 여러 가지에 분산시키는 것의 특징들을 알아내게 된다. 그들은 특정한 한 장소에서 한 가지 일을 하는 사람이 되고자 하는 자신의 자발성을 스스로 고취시킨다. 피지도자들 중에는 "이제는 충분합니다. 하나님으로 충분합니다"3)와 같은 단순한 내면의 기도로 눈을 돌리는 사람들이 있다. 우리의 하나님과의 관계의 특징들은 우리가 다른 사람들과 관계를 갖는 방식에 영향을 미친다.

하나님에 대한 피지도자의 의존의 심화는 다른 사람들과의 관계로 흘러 들어간다. 그들은 자신들의 문제에 매몰되는 경향이 줄어드는 것을 경험하며, 보다 기꺼이 하나님과 타인에게 귀를 기울이며 응답할 수 있게 된다. 그들은 종종 이전보다 다른 사람들을 관리하거나, 통제하거나, 교정하려고 하지 않는다. 그들은 또한 자신들의 태도가 부드러워지며, 타인을 향한 사랑, 인내, 인정이 더욱 많아지는 것을 발견한다. 그들은 타인을 향한 하나님의 주도에 귀를 기울이고, 타인들이 하나님을 인지하여 즐거워하도록 격려한다.

피지도자들은 사회의 소외된 사람들에게 보다 관심을 갖게 된다. 왜냐하면 그들은 하나님께서 관심을 가지시는 것에 더 많은 관심을 갖기 시작했기 때문이다. 가난, 차별, 학대, 불공정 노동행위, 전쟁, 모든 종류의 부정의를 포함하여 인간의 슬픔, 타락, 속박의 원천이 되는 모든 것은 하나님의 관심의 대상이다.

모든 사람들을 위한 하나님의 사랑에 대한 인식의 증대는 피지도자들의 기도와 행동에 영향을 미친다. 피지도자들은 삶을 망연자실하게 하고 파괴하는 사회적 조건들을 인지하며, 그것을 기도로 가져간다. "하나님, 당신께서는 제가 여기서 무엇을 하길 원하십니까? 기도, 편지 쓰기, 데모, 권면, 자원봉사, 재정적 후원, 특정한 사람이나 특정한 그룹의 사람들과 함께 걷기 중에서 어떤 것을 하길 원하십니까?"

개인적인 참여가 첫 번째 반응은 아니다. 사회적 행동을 위한 가능성들은 먼저 기도를 통해 검토되어야 한다. 기독교 사회 행동의 뿌리는 하나님의 긍휼, 안내, 그리고 능력의 부여이다. 영성지도는 피지도자가 하나님의 바람들을 다른 가능성들과 구별하도록 도와준다. 영성지도는 또한 피지도자가 에너지와 지혜를 받아 적절하고 의미 있는 행동에 참여하도록 도와준다. 영성지도의 맥락에서 떠오른 사회참여는 성육신의 사랑을 구현한다. 그것은 약한 사람들을 돕는 강한 사람들, 가난한 사람들을 돕는 부자들, 혹은 어떤 사람들이 다른 사람들보다 더 낫다고 제안하는 다른 범주들에 뿌리를 두고 있지 않다. 오히려, 사회참여는 인간을 위한 하나님의 사랑에 근거를 둔다.

**피지도자는 사랑의 증대를 경험한다.** 그들은 하나님의 사랑을 감지하고, 음미하고, 수용하는 능력을 더욱 개발한다. 그들은 사랑의 구체화를 더욱 열망하며, 하나님께 사랑을 표현하기를 더욱 원한다. 그들과 다른 사람들과의 상호작용은 그들을 통해 흘러나오는 하나님의 사랑에 의해 보다 빈번히 특징지어진다.

## 마지막 말 한마디

어떤 특정한 인식, 인정 혹은 행동이 영성지도를 통해 강화된다 할지라도, 영성지도의 선물들은 오로지 하나님이 주신 것들이다. 우리는 이 선물들을 음미하고, 감사하고, 경축하고, 하나님께 봉헌한다. 성령께 귀를 기울이고 기도가 가득한 영성지도라는 정황에서 이야기하는 것은 우리의 영혼에 양식을 제공한다. 그것은 하나님의 품에 안기고자 하는, 그리고 자신의 삶을 거룩한 선물로 받아들이려고 하는 우리의 열망을 증대시킨다.

만일 당신이 이 책을 끝까지 읽었다면 당신은 당신의 신앙 여정을 고찰했으며, 당신의 하나님과의 관계의 여러 측면들을 탐구했으며, 새로운 질문들과 희망들을 발견했을 것이다. 하나님께서 당신을 초대하고 풍요롭게 하심에 따라, 그리고 당신이 계속해서 당신의 영혼을 돌봄에 따라, 당신은 거듭해서 다음의 것을 알아차리게 될 것이다.

삶의 거룩한 초대들
사랑의 관대한 은혜

# 성찰을 위한 질문

이 책의 각 장들을 되돌아보면서, 각 장의 맨 끝에 제시된 질문에 당신이 어떻게 응답했는지를 살펴보십시오. 그리고 다음의 질문에 대답해 보십시오.

1. 하나님과 당신의 사이는 지금 어떠합니까? 하나님께서는 어떻게 지금 당신과 함께 계시는 것 같습니까?

2. 하나님과의 관계에서 당신이 원하는 것은 무엇입니까?

3. 당신이 이끌림을 느끼는 영성훈련으로서, 하나님과의 사랑의 관계를 고취하고 후원할 수 있는 것은 무엇입니까?

4. 하나님과의 관계의 추구를 방해하는 것은 무엇입니까?

5. 성령께서 영성지도에 관해 당신께 무슨 말씀을 하시는 것 같습니까? 피지도자인 당신께, 영성지도자인 당신께 무슨 말씀을 하시는 것 같습니까? 개인 영성지도나 그룹 영성지도에 대해서는 무슨 말씀을 하시는 것 같습니까?

6. 당신에게 적합한 다음 단계는 무엇인 것 같습니까?

전능하신 주 하나님,

하늘과 땅의 창조주,

인류의 구원자의 복이

당신에게 임하기를,

당신 안에 거하기를,

당신의 마음의 노래가 되길,

당신의 입의 말이 되길,

당신의 삶의 능력이 되길,

오늘과 영원히,

아멘.

# 참고 문헌

## 영성지도

Barry, William A., and William J. Connolly. *The Practice of Spiritual Direction. New York: Seabury Press*, 1982. 이 책은 관계라는 관점을 통해서 독자들이 영성지도의 대화에 참여하는 것을 가능하게 해준다. 영성지도의 목적과 실제, 그리고 영성지도 안에서 발생하는 저항에 대한 설명을 포함하고 있다. 특별히 영성지도자로의 부르심을 느끼고 있는 사람들에게 적합하다.

Cambell Johnson, Ben. *Speaking of God: Evangelism as Initial Spiritual Guidance*. Louisville: Westminster/John Knox Press, 1991. 본서는 우리가 신앙의 여정을 걷고 있는 사람과 동행할 때 우리가 하나님의 인도하심을 발견할 수 있도록 도와준다.

Chan, Simon. "The Art of Spiritual Direction." In *Spiritual Theology: A Systematic Study of the Christian Life*. Downers Grove, Ill.: InterVarsity Press, 1998.

Edwards, Tilden. *Spiritual Friend; Reclaiming the Gift of Spiritual Direction*. New York: Paulist Press, 1997. 전통적인 기독교 훈련인 영성지도를 현대적 관점에서 다루었으며, 영성지도 연구의 토대가 되는 책이다. 영성지도에의 참여를 고려하고 있는 사람들 누구에게나 탁월한 자원을 제공해준다.

_____. *Tending the Soul: Companionship for the Deeper Spiritual Journey*. Mahwah, N.J.: Paulist Press, 2000. 관상적 임재에 특별한 강조점을 둔 것으로, 영성지도자와 피지도자를 위한 기본적 교재로 적합하다. 영혼을 양육하는 방식들과 영적 경험을 이해하는 방식을 포함하고 있다.

Gratton, Carolyn. *The Art of Spiritual Guidance*: A Contemporary Approach

to Growing in the Spirit. New York: Crossroads, 1992. 효과적인 영성
지도를 위한 풍부한 자료, 정보, 지침들을 담고 있다. 영성지도자에게 도
움이 되는 책이다.

Guenther, Margaret. *Holy Listening: The Art of Spiritual Direction*. New
York: Cowley Publications, 1992. 평신도들과 목회자들을 위한 영성지
도에 대한 부드럽고 기초적인 안내서이다. 영성지도의 심층적 측면들은
영성지도, 상담, 그리고 영성훈련의 관계들 사이의 차이점을 분명히 하는
방식으로 설명되어 있다. 독자들이 쉽게 읽을 수 있도록 배려한 책이다.

Jones, Alan W. *Exploring Spiritual Direction: An Essay on Christian
Friendship*. New York: Seabury Press, 1982. 영적 우정을 추구하는 사
람들에게 주어지는 학식 있고 지혜로운 격려가 담겨 있다.

Kelsy, Morton. *Companions on the Inner Way: The Art of Spiritual Direction*.
New York: Crossroads, 1983. 심리학, 관상적인 훈련, 그리고 기독교 신
앙에 관한 흥미로운 측면들을 포함하고 있다.

Leech, Kenneth. *Soul Friend: The Practice of Christian Spirituality*. San
Francisco: Harper & Row, 1977. 영성지도의 뿌리와 실제를 탐구하길
원하는 사람들 누구에게나 탁월한 자료를 제공한다. 교과서와 유사하다.
매우 도움이 됨.

May, Gerald G. *Care of Mind, Care of Spirit: Psychiatric Dimensions of
Spiritual Direction*. San Francisco: Harper & Row, 1982. 상담과 영성
지도 모두에 관심이 있는 개인들에게 탁월한 자료를 제공한다. 양자 사이
의 차이점을 명확히 하는 데도 도움이 됨.

Nemeck, Francis Kelly, OMI, and Marie Theresa Coombs, *Hermit. The Way
of Spiritual Direction*. Wilmington, Del.: Michael Glazier, 1989. 전통
적인 영성지도에 관한 책.

Neufelder, Jerome M., and Mary C. Coelho, eds. *Writings on Spiritual
Direction by Great Christian Masters*. New York: Seabury Press, 1982.
전통적인 자료들을 잘 모아 놓았다.

Peterson, Eugene. *The Contemplative Pastor: Returning to the Art of Spiritual
Direction*. Dallas: Word, 1989. 목회의 형태를 경영자 모델에서 영적 안

내자 모델로 바꿀 것을 권면함.

_____. *The Wisdom of Each Other: A Conversation between Spiritual Friends*. Grand Rapids: Zondervan, 1998.

_____. *Working the Angels: The Shaper of Pastoral Integrity*. Grand Rapids: Eerdmans, 1987. 기도, 성경, 영성지도가 목회자의 삶에서 행하는 역할을 설명함. 그러나 단지 목회자뿐 아니라 영적인 진실성을 추구하는 사람들에게 똑같이 적용될 수 있는 내용이다.

Rice, Howard. *The Pastor as Spiritual Guide*. Nashville: The Upper Room, 1998. 영성지도가 녹아들어간 목회 사역들에 대해 설명함. 교회 생활을 형성하는 데 좋은 자료임.

Ruffing, Janet. *Spiritual Direction: Beyond the Beginnings*. Mahwah, N.J.: Paulist Press, 2000.

_____. *Uncovering Stories of Faith: Spiritual Direction and Narrative*. Mahwah, N.J.: Paulist Press, 1989. 영성지도의 대화들을 내부로부터 경청하여, 그 대화들의 발전을 살펴봄.

Sellner, Edward C. *Mentoring: The Ministry of Spiritual Kinship*. Notre Dame, Ind.: Ave Maria Press, 1990. 아일랜드의 영혼의 친구를 포함한 영성지도의 모델들을 설명함. 영적 멘토로서의 C. S. 루이스에 대한 탁월한 장(chapter)이 들어 있음.

Thomas, Arthur D. "James M. Houston: Pioneering Spiritual Director to Evangelicals-Part 1." *Crux* 29 (September 1993). "James M. Houston: Pioneering Spiritual Director to Evangelicals-Part 2." *Crux* 29 (December 1993). 영성지도를 고려하고 있는 복음주의자들에게 좋은 논문임.

Webster, Douglas D. *Finding Spiritual Direction: The Challenge and Joys of Christian Growth*. Downers Grove, Ill.: InterVarsity Press, 1991. 성경적 맥락에서 영성지도를 설명하기 위해 야고보서를 사용함.

## 집단 영성지도, 집단 영적 형성, 그리고 소그룹

Benefiel, Margaret. "Spiritual Direction for Organizations toward Articulating a Model." *Presence* 2, no. 3(September 1996): 40-49.

Dougherty, Rose Mary SSND. *Group Spiritual Direction: Community for Discernment*. Mahwah, N.J.: Paulist Press, 1995. 개인 영성지도와 비교할 때, 집단 영성지도는 유사하면서도 독특한 가능성을 제공한다. 집단 영성지도를 이해하고, 시작하고, 성장시키는 데 사용될 수 있는 좋은 책이다.

Edwards, Tilden. *Spiritual Friend: Reclaiming the Gift of Spiritual Direction*. New York: Paulist Press, 1997.

Gorman, Julie A. *A Community That Is Christian: A Handbook for Small Groups*. Wheaton: Victor Books, 1993. 기독교 소그룹을 위한 매우 탁월한 자료임.

Johnson, David W., and Frank P. Johnson. *Joining Together: Group Theory and Group Skills*. 6th ed. Boston: Allyn and Vacon, 1996. 이 책은 집단 발달 이론과 집단 생활의 여러 측면에 대한 실제적인 훈련을 포함하고 있다.

May. Gerald G. *Pilgrimage Home: The Conduct of Contemplative Practice in Groups*. New York: Paulist Press, 1979. 그룹에서 관상기도와 관상적 경청을 격려하는 데 도움이 되는 방법들을 포함함.

Smith, Bryan James. *A Spiritual Formation Workbook: Small Group Resources for Nurturing Christian Growth*. San Francisco: Harper & Row, 1993. 기독교 영성의 다섯 흐름, 즉 거룩, 관상, 은사, 복음주의, 그리고 사회적 행동에 대해 설명함. 그리스도의 생애와 과거와 현재에 존재한 훈련을 통해 그 다섯 가지 흐름을 설명함. 소그룹의 영적 형성을 위한 탁월한 자료임.

## 성경

Brueggmann, Walter. *Praying the Psalm*. Winona, Minn.: St. Mary's Press,

1983.

Hall, Thelma. *Too Deep for Words: Rediscovering Lectio Divina.* New York: Paulist Press, 1988. 음성기도로부터 성경을 사용한 묵상기도로 옮겨가려는 사람들에게 도움이 됨.

Mulholland, M. Robert, Jr. *Shaped by the Word: The Power of Scripture in Spiritual Formation.* Nashville: The Upper Room, 1985. 하나님의 말씀에 거하는 법에 관한 탁월한 제안들이 들어 있음.

*The Spiritual Formation Bible: Growing in Intimacy with God through Scripture.* NRSV. Grand Rapids: Zondervan, 1999. 성경을 사용한 영적 형성을 위한 좋은 입문서임. 영적 형성에 대한 논문들과 성경과 관계를 맺는 다양한 방식들이 포함되어 있다.

Vest, Norvene. *Gathered in the Word: Praying the Scripture for Small Groups.* Nashville: The Upper Room, 1996. 영성지도를 위한 도움들과 그룹에 도움이 되는 제안들이 내포됨.

## 기도

Brother Lawrence. *The Practice of the Presence of God.* Washington, D.C.: ICS Publications, 1994. 파리의 한 수도원 주방에서 일하면서, 의도적으로 하나님의 임재 가운데 살아가려고 노력한 평신도 수사의 성찰을 기록한 책이다. 저자는 대략 1605-1691까지 살았다.

Brueggmann, Walter. *Praying the Psalm.* Winona, Minn.: St. Mary's Press, 1983. 기도의 탁월한 동반자가 되어 주는 책임.

Callahan, William R. *Noisy Contemplation: Deep Prayer for Busy People.* Hyattsville, Md.: Quixote Center, 1994. 기도를 위해 도움을 받는 것을 장려함.

Foster, Richard J. *Prayer: Finding the Heart's True Home.* San Francisco: Harper & Row, 1992. 기도에 대한 포괄적이고 현대적이면서 깊이 있는 고찰을 담고 있음.

*A Guide to the Stages of Prayer according to St. Teresa of Jesus and St. John* of the Cross. Imprimatur Leo C. Byrne D.D. Coadjutor Archbishop of St. Paul-Minneapolis, 1971. 테레사와 존의 지혜를 한 권에 모아놓아, 그들에 대한 이해에 도움이 됨.

Hallesby, O. *Prayer*. Minneapolis: Augsburg, 1975. 이 책은 한 노르웨이 복음주의 신학자에 의해 저술된 기도에 관한 고전이며, 19세기 스칸디나비아에서 일어난 복음주의 부흥의 생생한 경건을 반영한다. 영어로는 1931년에 처음으로 출판되었다.

Herman, E. *Creative Prayer, A Devotional Classic*. Edited by Hal M. Helms. Orleans, Mass.: Paraclete Press, 1998. 음성기도, 침묵기도, 명상, 마음을 하나님께 개방하기와 같은 기도의 방식들이 사람들로 하여금 기도하도록 격려하는 방식으로 제시되어 있다.

Hulme, William E. *Celebrating God's Presence : A Guide to Christian Meditation*. Minneapolis: Augsburg, 1988. 기독교 명상에 대해 잘 균형잡힌 입문서.

Job, Rueben, and Norm Sawchuck. *A Guide to Prayer for All God's People*. Nashville: The Upper Room, 1990. 영성 생활에 도움을 주는 자료임. 매일 성경 읽기를 위한 성경 본문들이 제시되어 있으며, 영적 독서를 위한 고전들의 짤막한 글들이 광범위하게 선정되어 있다.

Keating, Thomas. *Intimacy with God*. New York: Crossroad, 1995. 센터링 기도의 기원, 신학적 토대, 그리고 실천 방식이 명확하게 서술되어 있음.

Kelly, Thomas. *A Testament of Devotion*. San Francisco: Harper & Row, 1996. 경청하도록 부르심을 받았다고 느끼는 크리스천들을 형성하기 위해, 성경과 더불어 중요하게 사용되어 온 책임. 서문에서 제럴드 매이는 "이 책은 나의 삶의 가장 중요한 노력인 하나님의 임재를 연습하는 것을 위해 가장 도움이 되었던 자료이다"라고 피력한다.

Loder, Ted. *Guerrillas of Grace: Prayers for the Battle*. Philadelphia: Innisfree Press, 1984. 현대의 기도들을 잘 모아 놓은 책.

Nesser, Joann. *Journey into Reality through Prayer and God-Centeredness*. Prior Lake, Minn.: Living Waters, 1998. 기도를 통해서 독자들을 하나님과의 친밀한 관계로 인도한다.

_____. *Prayer: Journey from Self to God*. 1985. 이 책은 Christos Center for Spiritual Formation, Lino Lake, MN.으로부터 구할 수 있다. 기도를 깨어짐으로부터 온전함으로 나아가는 내적 여정으로 간주하며 탐구한다.

Payne, Leanne. *The Healing Presence*. Grand Rapids: Baker, 1989. Listening Prayer: Learning to Hear God's Voice and Keep a Prayer Journal. Grand Rapids: Baker, 1994. *Restoring the Christian Soul through Healing Prayer*. Grand Rapids: Baker, 1991. 이 세 권의 책은 성경, 신학, 그리고 경험에 토대를 두고 있으며, 하나님의 음성을 경청하기 위한 구체적인 제안들을 포함하고 있다.

Pennington, M. Basil. *Centered Living: The Way of Centering Prayer*. New York: Doubleday, 1988. 목회적 접근 방식을 사용하여 센터링 기도에 대해 명확하게 설명한다.

Peterson, Eugene. *Praying with the Psalms*. Grand Rapids: Zondervan, 1993. 기도를 위한 재미있고 명확한 교재.

Prather, Charlotte C. *A Generous Openness: Praying the Spiritual Exercises of St. Ignatius*. Petersham, Mass.: St. Bede's Publications, 1992. 저자는 이냐시오의 영신수련이 그녀 자신의 기도와 생활에 미친 영향을 나눈다. 그녀는 독자로 하여금 영신수련의 유익함을 오늘날의 삶과 영성에 접목시키도록 도와준다.

Steere, Douglas. *Dimensions of Prayer*. Nashville: The Upper Room, 1998. 기도에 대한 깊은 이해를 담고 있음. 독자들을 그들 자신의 고유한 기도로 초대하는 책임.

St. Teresa of Avila. *Interior Castle*. Translated and edited by E. Allison Peers. New York: Image Books, 1961.

_____. *The Life of Teresa of Jesus: The Autobiography of St. Teresa of Avila*. Translated and edited by E. Allison Peers. New York: Image Books, 1960.

_____. *The Way of Perfection*. Translated and edited by E. Allison Peers. New York: Image Books, 1964. 이 세권의 책들은 기도에 대한 아빌라의 테레사의 가르침을 담고 있는 기독교 고전들이다.

Swanson, Kenneth. *Uncommon Prayer: Approaching Intimacy with God.* New York: Ballantine/Epiphany, 1987. 기도의 성장을 자서전적 방식으로 다룬 책.

Volkman, Bill. *Basking in His Presence: A Call to the Prayer of Silence.* Glen Ellyn, Ill.: Union Life, 1996. 센터링 기도와 관상으로 인도된 한 개신교인의 신앙의 순례를 기술함. 자서전적이며 실제적임.

## 분별

Barry, William. *Paying Attention to God.* Notre Dame, Ind.: Ave Maria Press, 1990. 개인 분별과 공동 분별에 관해 다룬 부분이 있음.

Bouroughs, Philip C. "Using Ignatian Discernment." *Review for Religious* 51, no. 3 (May/June 1992): 373-87. 로욜라의 이냐시오가 제시한 세 가지 선택의 때와 분별력에 영향을 미치는 다섯 가지 요소들을 다룸.

Chan, Simon. "The Discernment of Spirits." in *Spiritual Theology: A Systematic Study of the Christian Life.* Downers Grove, Ill.: InterVarsity Press, 1998.

Farrow, Jo. "Discernment in the Quaker Tradition." *The Way Supplement* 64 (spring 1989): 51-62. 개신교인들이 고찰하는 데 도움이 된다.

Green, Thomas. *Weeds among the Wheat-Discernment: Where Prayer and Action Meet.* Notre Dame, Ind.: Ave Maria Press, 1984. 성경의 자료들, 예수님의 분별, 그리고 주의를 기울이는 이냐시오의 방법들에 대한 훌륭한 개관과 안내서이다.

Hardon, John. *Retreat with the Lord: A Popular Guide to the Spiritual Exercises of St. Ignatius of Loyola.* Ann Arbor, Mich.: Servant Publications, 1993.

Hugget, Joyce. "Why Ignatian Spirituality Hooks Protestants." *The Way Supplement* 68(summer 1990):22-34. 기도와 성경에 대한 탁월한 소논문임.

Hughes, Gerard. *God of Surprises.* Mahwah, N. J.: Paulist Press, 1985. 예수회

사제가 저술한 이 책은 서양 영성의 고전인 로욜라의 이냐시오의 책 『영신수련』(Spiritual Exercises) 안에 포함된 영적 가르침을 현대 독자들이 접근하기 용이하게 제시한다.

Rueben P. *A Guide to Spiritual Discernment*. Nashville: The Upper Room, 1996. 분별에 초점을 둔 성경과 다른 여러 글들의 모음집으로, 기도하면서 40일간 사용하도록 조직된 안내서이다.

Larkin, Ernest E. *Discernment as Process and Problem* . Denville, N.J.: Dimension Books, 1981. 분별에 관한 작고 명확한 책.

Lonsdale, David. *Listening to the Music of the Spirit: The Art of Discernment*. Notre Dame, Ind.: Ave Maria Press, 1992. 분별을 상세하고 주의 깊게 다룸.

McDermott, Gerard R. *Seeing God: Twelve Reliable Signs of True Spirituality*. Downers Grove, Ill.: InterVarsity Press, 1995.

Morris, Danny E. *Yearning to Know God's Will: A Workbook for Discerning God's Guidance for Your Life*. Grand Rapids: Zondervan, 1991.

Morris, Danny E., and Charles M. Olson. *Discerning God's Will Together: A Spiritual Practice for the Church*. Bethesda. Md.: Alban Publications, 1997. 집단 영적 형성과 교회에 유익함.

Olson, Charles M. *Transforming Church Boards into Communities of Spiritual Leaders*. Bethesda, Md.: Alban Publication, 1995.

Schemel, George, and Judith Roemer. "Communal Discernment." *Review for Religious* 40, no.6(November/December 1981): 825-36. 집단 상황에서 어떻게 분별에 주의를 기울일 것인가를 고려하는 데 도움이 되는 소논문.

Smith, Gordon T. *Listening to God: The Art of Discovering the Will of God*. Downers Grove, Ill.: InterVarsity Press, 1997. 그는 다른 견해들을 "청사진" 모델들과 "지혜" 모델들로 구분한다. 가장 중요한 핵심은 하나님과의 좋은 관계를 발전시키는 것이라고 그는 말한다.

Wakefield, Jim. *Listening Prayer: A New Annotation and Introduction to the*

*Spiritual Exercises of St. Ignatius.* 우리의 구원자의 루터 교회 ( O u r Saviour's Lutheran Church), 1040 Avenue, Lake Oswego, OR 97034; 503-635-4563 에서 구할 수 있다. 이냐시오 훈련에 대한 이 책의 해석은 개신교인들을 염두에 둔 개신교 목사에 의해 구상되었다. 이 책은 훈련의 참여를 위한 탁월한 가르침을 포함하고 있다.

"Discerning the Spirits." *Weavings* 10, no. 6(November/December 1995).

Willard, Dallas. *In Search of Guidance: Developing a Conversational Relationship with God.* San Francisco: Harper & Row, 1984. 분명한 견해가 있는 책.

Wolff, Pierre. *The Art of Choosing Well.* Liguori, Mo.: Liguori Publications, 1993. 이미 고전이 된 책임.

## 영성

Ackerman, John, *Spiritual Awakening: A Guide to Spiritual Life in Congregations.* New York: Alban Institute, 1994. 집단과 함께 사용할 수 있는 성찰 용지와 분명한 지침을 내포한 실제적이고 목회 지향적인 책이다. 이 책은 당신의 이야기를 말하는 것, 분별, 기도, 실습, 성격 유형들, 그리고 복종과 통제와 같은 주제를 포함한다. 영적 형성 집단을 시작하는 데 탁월한 도움이 됨.

Alexander, Don. *Christian Spirituality.* Downers Grove, Ill.: InterVarsity Press, 1998.

Au, Wilkie. *By Way of the Heart: Toward a Holistic Christian Spirituality.* New York: Paulist Press, 1989. 성경과 심리학적 연구에 기반을 둠. 이 책은 복음의 사랑으로부터 흘러나올 뿐 아니라 온전함과 거룩함을 향한 인간의 갈망을 통합하는 것을 목적으로 하는 기독교 영성의 모델을 명확하게 설명하고 있다. 탁월한 자료임.

_____. *The Enduring Heart: Spirituality for the Long Haul.* New York: Paulist Press, 2000.

Au, Wilkie, and Noreen Cannon. *Urging of the Heart: A Spirituality of*

*Integration*. New York: Paulist Press, 1995. 사람들이 영성지도에 가지고 오는 주제들임.

Benson, Bob, and Michael W. Benson. *Disciples for the Inner Life*. Nashville: Thomas Nelson, 1995. 성경, 고전적 저술들, 현대의 저술들, 그리고 찬송들과 기도들로부터 경건한 글들을 모아 놓음. 탁월한 참고문헌을 포함함.

Broyles, Ann. *Journaling: A Spirit Journey*. Nashville: The Upper Room, 1999. 성경, 인도자의 인도를 받은 명상, 꿈에 대한 반응과 대화를 영성일지에 기록하는 것에 관한 책이다. 좋은 자료임.

Edwards, Tilden. *Living in the Presence: Spiritual Exercises to Open Our Lives to the Awareness of God*. San Francisco: Harper & Row, 1995. 깊은 기도, 하나님께 대한 개방, 그리고 성장에 대한 가능성을 촉진하기 위해 고안된 많은 방법들, 과정들 그리고 경험을 포함함. 개인과 집단의 필요에 적용할 수 있는 많은 아이디어들이 있음.

Foster, Richard J. *Celebration of Discipline: The Path to Spiritual Growth*. San Francisco: Harper & Row, 1978. 기독교적 분별에 대한 읽기 쉬운 안내서.

_____. *Streams of Living Water: Celebrating the Great Traditions of Christian Faith*. San Francisco: Harper & Row, 1998. 기독교 영성의 여섯 가지 전통을 밝히고 설명함: 관조, 거룩함, 은사, 사회 정의, 복음주의, 성례전. 훌륭한 자료임.

Foster, Richard J., and Kathryn A. Yanni. *A Journal Workbook to Accompany Celebration of Discipline*. San Francisco: Harper & Row, 1992.

Griffin, Emilie. *Wilderness Time: A Guide for Spiritual Retreat*. San Francisco: Harper & Row, 1997. 이 친절한 안내서는 현대 기독교 영성 훈련에 내포된 영적 부흥의 놀라운 가능성을 드러내 보여준다. 이것은 개인이나 집단의 피정을 고안하기 위한 훌륭한 안내서이다.

Hagberg, Janet A., and Robert Guelich. *The Critical Journey: Stages in the Life of Faith*. Salem, Wis.: Sheffield, 1989. 이 책은 사람들이 자신들의 영적인 여정과 하나님의 초청에 참여하기 위해 감당해야 할 자신들의 몫을 인식하도록 도와준다. 개인과 집단에게 유익한 도움이 되고 건설적인

모델을 보여준다.

Huggett, Joyce. *The Joy of Listening to God*. Downers Grove, Ill.: InterVarsity Press, 1986. 한 사람의 발달 여정의 내부로부터 복음적이고, 은사적이고, 명상적인 기독교 영성을 묘사한다. 영적인 발달에 내포된 잠재적인 위험들도 다룸.

Job, Rueben P., and Norman Sawchuck. *A Guide to Prayer for All God's People*. Nashville: The Upper Room, 1990.

_____. *A Guide to Prayer for Ministers and Other Servants*. Nashville: The Upper Room, 1983.

Klug, Ronald. *How to Keep a Spiritual Journal*. Minneapolis: Augsburg, 1993. 사람들이 영성 일지를 쓰는 것을 고려하고 시작할 수 있도록 돕기 위한 명확하고 구체적인 자료임.

McGrath, Alister. *Christian Spirituality: An Introduction*. Malden, Mass.: Blackwell, 1999. 기독교 영성에 대해 새롭고 훌륭하게 다룸.

Mogabgab, John S., ed. *Communion, Community, Commonweal: Readings for Spiritual Leadership*. Nashville: The Upper Room, 1995. Weaving 에 게재되었던 영성훈련에 대한 소논문들의 훌륭한 모음집임.

Mulholland, M. Robert, Jr. *Invitation to a Journey: A Road Map for Spiritual Formation*. Downers Grove, Ill.: InterVarsity Press, 1993. 영적 형성의 본질, 창조, 경건한 영성, 고전적인 영성훈련, 사회적 영성 등과 같은 영적 형성의 주제들을 폭넓은 범위로 포괄함.

Norris, Kathleen. *The Cloister Walk*. New York: Riverhead Books, 1996. 자신의 삶을 형성한 기독교 훈련에 전적으로 참여한 한 여성의 여정과 헌신을 다룸.

Nouwen, Henri J. M. *Life of the Beloved*. New York: Crossroads, 1996. 우리 자신을 하나님의 사랑하는 친구로 여기며, 또한 그것이 무엇을 의미하는지를 보도록 격려함.

_____. *The Way of the Heart*. New York: Ballantine Books, 1981. 고독을 다른 사람들과 온전히 현존하도록 하는 준비로 여김. 정신의 기도, 마음의

기도, 쉬지 않는 기도, 그리고 그것들이 어디로 인도하는지에 대해 논의함. 영성훈련의 가능한 열매를 고찰하는 데 탁월함.

Oswald, Roy. *Personality Type and Leadership*. Bethesda, Md.: Alban Institute, 1988. MBTI(Myers-Briggs Type Inventory)와 관련되고, 서로 다른 유형의 사람들이 어떻게 함께 일하며 서로를 도울 수 있는지에 대한 유익한 안내서.

Pausell, William O. *Rules for Prayer*. New York: Paulist Press, 1993. 삶의 개인적인 규칙을 수립하는 것의 탁월한 예들을 제공함.

Seamands, David. *Healing Grace*. Wheaton: Victor, 1988. 우리가 왜곡된 하나님의 이미지와 제자도의 수행에 대한 덫으로부터 어떻게 자유하게 되는지에 대해 논의함.

Thompson, Marjorie J. *Soul Feast: An Invitation to the Christian Spiritual Life*. Louisville: Westminster/John Knox Press, 1995. 기독교 훈련에 참여하는 것에 관한 훌륭한 현대적 안내, 격려, 그리고 구체적인 제안을 포함함.

Underhill, Evelyn. *The Spiritual Life*. Wilton, Conn.: Morehouse Barlow, 1955. 기독교 영성 생활에 대한 고전임.

Willard, Dallas. *The Divine Conspiracy: Rediscovering Our Hidden Life in God*. San Francisco: Harper & Row, 1998. 현대 생활에서의 기독교 신앙에 대한 성찰을 위한 훌륭한 신학적 소논문.

_____. *Hearing God*. Downers Grove, Ill.: InterVarsity Press, 1999. 명확하고 분명하고 유익함.

_____. *The Spirit of the Disciplines: Understanding How God Changes Lives*. San Francisco: Harper & Row, 1988.

## 신학 잡지

*Presence: The Journal of Spiritual Directors International*. 한 해에 세 번 출판됨. 영성지도자를 위한 포럼을 제공함. 영성지도자를 훈련시키는 것과 영성지도의 실천에 대한 소논문들을 포함함. 1329 Seventh Avenue, San

Francisco, CA 94122-2507.

*Weavings: A Journal of the Christian Spiritual Life*. Nashville: The Upper Room. 영적 형성의 주제들을 다루는 격월간지.

## 웹 사이트

The Center for Spiritual Formation; http://www.cpcumc.org/spiritual/spirdir. htm

Shalem Institute for Spiritual Formation, 5430 Grosvenor Lane, Bethesda, MD 20814; http://www.shalem.org

The Spiritual Director: Helping People Hear God's Direction and Guidance; http://thespiritualdirector.org

Spiritual Dirctors International, 1329 Seventh Avenue, San Francisco, CA 94122-2507; http://www.sdiworld.org

The Upper Room, 1908 Grand Avenue, Nashville, TN 37202, 영성형성에 헌납된 훌륭한 웹 사이트를 가지고 있다. 이것은 전자와 인쇄물 자료들에 관한 정보를 포함한다; http://www.upperroom.org

또한 키워드 영성(spiritual) + 지도(direction)를 사용해서 인터넷 자료 찾기를 할 수 있다.